辽宁省精品课程教材

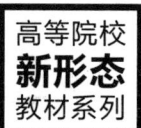

统计学原理

第4版

主编 宫春子 刘宝
参编 刘卫东 刘振东

Principles
of Statistics

本书根据应用型本科院校非统计专业"统计学"课程教学目标设计了内容体系。全书以统计数据收集、整理、分析和推断预测为核心，包括绪论、统计数据收集、统计数据整理、综合指标分析、抽样推断、假设检验、相关与回归分析、时间数列分析、统计指数分析、统计综合评价、Excel 在统计分析中的应用，共 11 章。本书以"便于师生教学互动，提高学生学习兴趣和学习效率"为宗旨，以提高学生数据分析能力为目标。前 10 章配有学习目标、主要学习内容、引例、同步思考、思考与练习，以及丰富的数字资源，如教学视频、知识拓展和部分习题参考答案，第十一章则以 Excel 2019 为工具演示了如何进行统计分析。此外，本书还配有立体化教辅资源，包括章后比较详尽的思考与练习的参考答案、PPT 教学课件、教学纲要、10 套模拟试题及答案、自动组题自动判卷考试系统等，供任课教师免费索取。

本书适合作为高等院校经济管理类非统计专业本科生的教材，也适合作为经济管理领域相关从业人员的参考书。

图书在版编目（CIP）数据

统计学原理 / 宫春子，刘宝主编 . -- 4 版 . -- 北京：机械工业出版社，2025. 2. --（高等院校新形态教材系列）. -- ISBN 978-7-111-77623-9

Ⅰ. C8

中国国家版本馆 CIP 数据核字第 2025NU6103 号

机械工业出版社（北京市百万庄大街 22 号　邮政编码 100037）
策划编辑：吴亚军　　　　　　　　责任编辑：吴亚军　高天宇
责任校对：任婷婷　马荣华　景　飞　责任印制：张　博
北京铭成印刷有限公司印刷
2025 年 6 月第 4 版第 1 次印刷
185mm×260mm・20 印张・495 千字
标准书号：ISBN 978 - 7 - 111 - 77623 - 9
定价：59.00 元

电话服务　　　　　　　　网络服务
客服电话：010-88361066　机 工 官 网：www.cmpbook.com
　　　　　010-88379833　机 工 官 博：weibo.com/cmp1952
　　　　　010-68326294　金 书 网：www.golden-book.com
封底无防伪标均为盗版　机工教育服务网：www.cmpedu.com

前　言

本教材自 2014 年 3 月首版出版以来，受到了广大应用型本科院校师生的普遍欢迎和好评，第 1 版先后 6 次印刷，第 2 版先后 10 次印刷，第 3 版先后 13 次印刷，累计 29 次印刷。随着社会经济的发展和进步，统计学的理论与应用也发生了变化，为了适应教学需求，我们再次对本教材进行了修订。第 4 版《统计学原理》在保持原教材特点和风格的基础上，着重在以下几个方面进行了改进和完善。

（1）理论体系更完整。一是更新了教材的部分内容，使概念更明确，原理更清晰。二是增加了初级数据资料的真实性审核、统计散点图的制作方法，增加了有关统计学与大数据、人工智能、大模型等边缘学科的关系及应用的内容，增加了总变差分解图等内容。三是删减了调查问卷的烦琐举例，删除了国民幸福指数等内容。四是调整并完善了抽样推断的方法及其应用等内容，更换了在人工智能领域中发展现状的抽样调查案例。五是从问题的研究背景和内容出发，对各章的例题进行了调整并更新了数据。

（2）实用性更强。在确保理论体系完整的前提下，充分突出统计方法的实用性本质。更新了 Excel 在统计中的应用方法和应用案例，更新了 Excel 中统计类函数的名称及功能内容（见附录 C），更新了统计图表的绘制方法，增加了相关分析、工业企业综合评价指标等内容，并配有大量示例，给学生以启迪，增强学生对现实问题进行统计数据处理和数据分析的能力。

（3）针对性更强。本教材主要针对应用型本科院校非统计专业"统计学"课程人才培养目标的需要，注重统计方法的阐述，注重统计分析方法的运用，删减了烦琐的公式推导，培养学生统计学的基本专业知识和基本技能，以满足实际工作需要为目标，突出满足"应用型本科院校非统计专业"专业基础课程目标要求的特点。

（4）教学更便利。在教材的编写上，坚持突出"便于师生教学互动，提高学生学习兴趣和学习效率"的宗旨，把理论体系的严密性同教学上的简明通俗、由浅入深有机统一起来。大部分章节配有思考与练习，帮助学生熟练掌握所学的知识。第 4 版配有丰富的二维码内容，包括教学视频、知识拓展和部分习题参考答案。对于教学视频，学生扫描对应的二维码，就可以看到主讲老师对相关重点概念内容的详细介绍。总之，扫描相关二维码，学生就能获得更多信息，从而加深对所学内容的理解和掌握。此外，第 4 版还免费提供立体化教辅资源，包括章后比较详尽的思考与练习的参考答案、PPT 教学课件、教学大纲、10 套模拟试题及答案、自动组题自动判卷考试系统等。

全书共 11 章。宫春子编写了第一章、第四章、第八章，刘宝编写了第二章、第三章、第十章、第十一章，刘卫东编写了第七章、第九章，刘振东编写了第五章、第六章。最后，由宫春子教授对全书进行了总纂和定稿。

在教材编写过程中，我们得到了许多专家学者朋友的支持和帮助，也参考了一些同类教材和资料，在此一并致以诚挚的谢意！

由于作者学识水平有限，书中难免有疏漏和不妥之处，敬请各位专家不吝赐教，敬请读者朋友批评指正。

编　者

2024 年 11 月

教学建议

教学目的

统计学是一门关于如何收集数据、整理数据、分析数据，并进行数据推断和预测，从而正确认识现象总体数量方面的学科。通过本课程的学习，学生能够掌握统计学的基础理论和基本统计分析方法，能够对社会经济现象的数量方面和数量特征进行分析，能够透过数字看到现象本质，能够正确解读经济年鉴、统计年鉴等信息，从而具备较强的数据处理和分析能力，特别是具备应用统计思想和统计方法解决实际经济或管理问题的能力。同时，也能够为经济管理专业的学生学习后续课程打下坚实的基础。

课时分配建议（供参考）

序号	章节	教学内容	学习要点	课时安排
1	第一章	绪论	（1）统计与统计学的产生和发展 （2）统计学的研究对象和研究方法 （3）统计工作的过程与统计的作用 （4）统计学中的基本概念	4
2	第二章	统计数据收集	（1）统计数据的来源 （2）统计数据收集的组织形式 （3）统计调查方案设计 （4）统计调查问卷设计	4
3	第三章	统计数据整理	（1）统计数据整理的基本内容 （2）统计分组 （3）分配数列 （4）统计数据的显示	6（包括 Excel 相应应用内容，以下同）
4	第四章	综合指标分析	（1）总量指标 （2）相对指标 （3）平均指标 （4）标志变异指标 （5）偏态与峰度	8

(续)

序号	章节	教学内容	学习要点	课时安排
5	第五章	抽样推断	（1）抽样推断的基本问题 （2）抽样误差 （3）参数估计 （4）样本容量的确定 （5）抽样的组织方式	6
6	第六章	假设检验*	（1）假设检验的基本问题 （2）总体均值与成数的假设检验 （3）总体方差的假设检验	4
7	第七章	相关与回归分析	（1）相关分析的基本问题 （2）相关关系的测定 （3）回归分析的基本问题 （4）一元线性回归分析 （5）多元线性回归方程及非线性回归方程的建立	6
8	第八章	时间数列分析	（1）时间数列分析的基本问题 （2）时间数列的水平分析 （3）时间数列的速度分析 （4）时间数列长期趋势分析	8
9	第九章	统计指数分析	（1）统计指数分析的基本问题 （2）综合指数 （3）平均指数 （4）指数体系及因素分析 （5）几种常用的经济指数	6
10	第十章	统计综合评价*	（1）统计综合评价的基本问题 （2）统计综合评价指标体系 （3）评价指标权重的确定方法 （4）评价指标的同度量处理方法 （5）评价指标的综合方法	4
11	第十一章	Excel在统计分析中的应用	以Excel 2019为工具进行统计描述与分析，包括统计整理、数据描述、参数估计、相关与回归分析、时间数列分析、指数分析、统计综合评价等方面的具体应用	课时分布在各章中
12	合计	—		48~56

注：*表示这一章可以选修（或不讲授）。

目　录

前言
教学建议

第一章　绪论　/1

引例　统计的影响是这样巨大　/1
第一节　统计与统计学的产生和发展　/2
第二节　统计学的研究对象和研究方法　/4
第三节　统计工作的过程与统计的作用　/12
第四节　统计学中的基本概念　/18
思考与练习　/23
数字链接　/25

第二章　统计数据收集　/26

引例　观察数据：尿布与啤酒　/26
第一节　统计数据的来源　/26
第二节　统计数据收集的组织形式　/31
第三节　统计调查方案设计　/37
第四节　统计调查问卷设计　/41
思考与练习　/46
数字链接　/49

第三章　统计数据整理　/50

引例　归类整理：对照比较实验数据的辛普森悖论　/50

第一节 统计数据整理的基本内容 /51

第二节 统计分组 /56

第三节 分配数列 /62

第四节 统计数据的显示 /67

思考与练习 /77

数字链接 /81

第四章 综合指标分析 / 82

引例 判断经济形势常用的统计指标 /82

第一节 总量指标 /83

第二节 相对指标 /87

第三节 平均指标 /94

第四节 标志变异指标 /111

第五节 偏态与峰度 /118

思考与练习 /122

数字链接 /126

第五章 抽样推断 / 127

引例 我国直播电商行业现状 /127

第一节 抽样推断的基本问题 /128

第二节 抽样误差 /133

第三节 参数估计 /139

第四节 样本容量的确定 /143

第五节 抽样的组织方式 /146

思考与练习 /149

数字链接 /152

第六章 假设检验 / 153

引例 假设检验的由来：女士品茶 /153

第一节 假设检验的基本问题 /154

第二节 总体均值与成数的假设检验 /157

第三节 总体方差的假设检验 /162

思考与练习 /164

数字链接 /166

第七章 相关与回归分析 / 167

引例 "回归"的起源 /167

第一节 相关分析的基本问题 /168

第二节 相关关系的测定 /171

第三节 回归分析的基本问题 /177

第四节 一元线性回归分析 /180

第五节 多元线性回归方程及非线性回归方程的建立 /187

思考与练习 /190

数字链接 /194

第八章 时间数列分析 / 195

引例 我国历年人口普查数据彰显人口发展规律 /195

第一节 时间数列分析的基本问题 /196

第二节 时间数列的水平分析 /201

第三节 时间数列的速度分析 /207

第四节 时间数列长期趋势分析 /212

思考与练习 /223

数字链接 /228

第九章 统计指数分析 / 229

引例 形形色色的指数 /229

第一节 统计指数分析的基本问题 /229

第二节 综合指数 /232

第三节 平均指数 /237

第四节 指数体系及因素分析 /240

第五节 几种常用的经济指数 /249

思考与练习 /253

数字链接 /257

第十章 统计综合评价 / 258

引例 购买汽车的选择 /258

第一节　统计综合评价的基本问题　/259

第二节　统计综合评价指标体系　/262

第三节　评价指标权重的确定方法　/266

第四节　评价指标的同度量处理方法　/268

第五节　评价指标的综合方法　/272

思考与练习　/274

数字链接　/277

第十一章　Excel 在统计分析中的应用　/ 278

实验一　Excel 在统计数据处理中的功能概述　/278

实验二　Excel 在统计整理中的应用　/280

实验三　Excel 在数据描述中的应用　/284

实验四　Excel 在参数估计中的应用　/287

实验五　Excel 在相关分析和回归分析中的应用　/291

实验六　Excel 在时间数列分析中的应用　/296

实验七　Excel 在指数分析中的应用　/297

实验八　Excel 在统计综合评价中的应用　/300

附录　/ 303

附录 A　正态概率表　/303

附录 B　t 分布表　/304

附录 C　Excel 统计函数　/306

主要参考文献　/ 310

第一章 绪 论

● 学习目标

（1）了解统计学的产生和发展、统计学科的种类
（2）明晰统计工作过程、统计学的研究对象和研究方法、统计学的应用范畴
（3）掌握统计学的含义、特点及作用
（4）熟练掌握统计学中常用的统计总体、样本总体、总体单位、标志、变量、统计指标、指标体系等基本概念
（5）明晰统计总体与总体单位、品质标志与数量标志、连续变量与离散变量、标志与指标的区别与联系

● 主要学习内容

本章主要阐释了统计的含义和统计研究的特点；统计学的研究对象和研究方法；统计工作的过程；统计学的应用范畴；统计学中的基本概念，如统计总体、样本总体、总体单位、标志、变量、统计指标、标志与统计指标的区别与联系、统计指标体系等。

● 引例　统计的影响是这样巨大

英国统计学家哈斯利特曾说过："统计方法的应用是这样普遍，在我们的生活和习惯中，统计的影响是这样巨大，以至于统计的重要性无论怎样强调也不过分。"统计在生活中无处不在，特别是进入大数据时代以来，一切以数据说话，统计更是成为炙手可热的好帮手，它可以帮助我们解决很多现实的社会问题，并对未来做出预测。

围绕与人们日常生活息息相关的农业，粮棉油、肉蛋奶等老百姓关心的农林牧渔业数据从哪里来、如何计算等问题，以及从"蒜你狠""豆你玩"到CPI的"篮子"，从"规格品"到"同质可比"，从采价神器PDA到核心CPI等所有涉及价格的采集、加工、编制等严谨、科学的工作，统计都有直观的阐释和立体的分析应用。

资料来源：根据中国统计出版社《漫游统计王国》整理。

第一节 统计与统计学的产生和发展

统计与统计学是随着社会政治经济的发展和国家管理的需要而产生和发展起来的。统计作为一种社会实践活动，其产生距今已有 4 000 多年的历史。统计学作为一种理论和方法，是在长期统计实践活动的基础上形成和发展起来的，其产生距今只有 300 多年的历史。回顾统计的产生和发展过程，对于我们了解统计学的研究对象和特点、学习统计学的理论和方法，具有十分重要的意义。

一、统计实践的产生与发展

统计实践是随着人类的生产活动产生和发展起来的。统计实践萌芽于古代奴隶社会，当时的统治阶级为了治理国家，常常需要进行征税、征兵、征劳役等统治活动，因此需要了解社会的基本情况，这就产生了统计。我国早在距今 4 000 多年前的夏朝，就有了人口与土地的数字记载；当时全国分为九州，人口约有 1 355 万人；大约在同期，在古希腊、罗马等奴隶制国家中，也有人口、财产和世袭领地的统计的记载。[一]这些都是原始形态的统计，也即统计雏形。

进入封建社会后，随着人类社会的生产发展，统计的范围逐渐由人口、土地发展到社会经济生活的各个方面，但由于自给自足的自然经济占据主导地位，长期的封建生产关系阻碍了社会生产力的发展，而经济落后也相应地阻碍了统计实践的发展。统计实践的广泛发展始于资本主义社会。17 世纪以来，资本主义国家由于工、商、农、贸、交通的发展，其统计实践从国家管理领域扩展到社会经济活动的许多领域。从 18 世纪起，资本主义国家先后设立了专业的统计机关，收集各方面的统计数据，定期或不定期地进行人口、工业、农业、贸易、交通等方面的各项调查，出版统计刊物，建立国际统计组织，召开国际统计会议。

二、西方统计思想的形成与发展

统计学作为一门科学，其形成过程大体可分为古典统计学时期、近代统计学时期和现代统计学时期。

（一）古典统计学时期

17 世纪中叶至 18 世纪是统计学形成的初期，即古典统计学时期，当时有政治算术学派、国势学派两大学派。其中，政治算术学派有统计学之实而无统计学之名，国势学派有统计学之名而无统计学之实。

政治算术学派的创始人是英国人威廉·配第（1623—1697）。配第首先提出了用数量方法科学地研究社会经济现象——政治算术，他的名著《政治算术》（1676 年）就介绍了数字和统计学方法。在序言中，配第明确指出，他进行的工作，所使用的方法在当时还不常见。因为与只使用比较初级和最高级的词语以及单纯做思维的论证相反，他采用了用数字、重量和尺度等

[一] 李金昌，苏为华. 统计学 [M]. 5 版. 北京：机械工业出版社，2019.

词汇来表示展望和论旨的方法，结果都是真实的，即使不真实，也不会有明显的错误。他在研究社会经济现象的规律时还应用推算法和分组法，编制原始数据的图表，计算一系列的总量指标、相对指标和平均指标，是最早估算国民收入的人，但是他始终没有用"统计学"三个字，所以，政治算术学派有统计学之实而无统计学之名。

国势学派的创始人是德国人海尔曼·康令（1606—1681）。康令在课堂上定期地、系统地使用对比的方法，讲述国家比较方面的知识，不仅讲述事实，而且试图探讨事实的因果关系，他把这门课程称为"欧洲最近国势学"，于是"国势学"由此产生。当时康令的学说在学术界影响很大，德国许多大学教授都称赞并追随康令的学术思想，并把这门课程命名为"统计学"，因此开始有了"统计学"这个名称。但是国势学派只是对各国情况做一般性的比较记载，如"某国人口众多""土地辽阔"等，而没有对数量进行研究和描述，所以，国势学派有统计学之名而无统计学之实。

（二）近代统计学时期

18世纪末至19世纪末是近代统计学时期，在这个时期，各种学派的学术观点已经形成，并且形成了两个主要学派，即数理统计学派和社会统计学派。

1. 数理统计学派

18世纪，概率理论日渐成熟，为统计学的发展奠定了基础。19世纪中叶，概率论被引进统计学，从而形成了数理统计学派。数理统计学派的奠基人是比利时的阿道夫·凯特勒（1796—1874）。凯特勒在他的《社会物理学》中将古典概率论引入统计学，使统计学进入了一个新的发展阶段。凯特勒认为概率论是适用于政治及道德科学中以观察与计数为基础的方法，并依此方法对自然现象和社会现象的规律性进行观察，认为要促进科学的发展，就必须更多地应用数学。总之，凯特勒把概率论引入统计学，为数理统计学的形成与发展奠定了基础。

2. 社会统计学派

社会统计学派产生于19世纪后半叶，创始人是德国的经济学家、统计学家克尼斯（1821—1898），以及恩斯特·恩格尔、乔治·冯·梅尔等人。他们融合了国势学派与政治算术学派的观点，在学科性质上认为统计学是一门社会科学，是研究社会现象的变动原因和规律性的实质性科学，以此与数理统计学派通用方法相对立。社会统计学派在统计对象上认为统计学是研究总体的，而不是研究个别现象的，并且认为由于社会现象的复杂性和整体性，必须对总体进行大量观察和分析，研究其内在联系，才能解释现象内在规律性。这是社会统计学派实质性科学的显著特点。

（三）现代统计学时期

20世纪至今为现代统计学时期，其标志是推断统计学的问世。1907年，英国人戈塞特（1876—1937）提出了小样本理论，丰富了抽样分布理论，为统计推断奠定了基础；英国科学家弗朗西斯·高尔顿（1822—1911）提出了相关与回归思想，并列出了计算相关系数的明确公式；英国统计学者卡尔·皮尔逊（1857—1936）发展了拟合优度检验，还提出了卡方统计量及其极限分布理论；波兰学者奈曼（1894—1981）创立了区间估计理论，并与皮尔逊共同发展了假设理论，等等。

总之，统计学大致经过以上三个发展阶段后，其理论不断丰富和完善。目前，统计学越来越多地吸收数学方法，也越来越多地向其他学科领域渗透，形成了各种以统计学为基础的边缘学科。随着统计学应用的日益广泛和深入，特别是在借助计算机及大数据的技术后，统计学的应用范围越来越广泛，作用也越来越强劲。

三、我国统计发展简况

新中国成立前，我国统计工作十分落后，统计学基本上照抄照搬西方统计理论，传播的主要是数理统计学派的观点。

新中国成立后，我国在学习苏联统计工作经验的同时，引进了苏联的统计学，即社会经济统计学。数理统计遭到批判和抛弃。在1978年党的十一届三中全会召开后，学术界百花齐放，百家争鸣。数理统计又重新受到人们的关注和重视，统计学者突破了狭隘观念的桎梏，认为社会经济统计学、数理统计学和自然科技方面的统计学都是独立的统计学科，三者可以同时存在，互相借鉴，共同发展，形成了大统计体系。特别是现阶段，随着大数据时代的到来，数据已经不再是单纯的结构化数据了，视频、音频、图片、图像、文档、文本、邮件、报表、HTML等形式的非结构化、半结构化数据大量出现。结构化数据有格式、有标准，可以用常规的统计指标或统计图表来表现，但非结构化、半结构化数据或异构数据是多样化、无标准的，难以用传统的统计指标或统计图表充分表现。此外，数据的存储载体也逐步由纸质、半电子化转变为全流程电子化，数据库也从小容量转变为大容量、超大容量。这些变化为统计数据分析提供了更大的发展空间，统计效率也得到了明显提升。

总之，随着大统计体系的建立，统计学作为一门独立的学科，其运用已经渗透到自然科学和社会科学的各个领域，统计科学工作者在总结我国统计实践经验的同时，不断吸收世界各国统计科学的发展成果。我国现阶段统计学发展有三个明显趋势：一是统计学更加依赖并更多吸收数学理论；二是以统计学为基础的边缘学科不断形成；三是统计学与计算机技术相结合，借助大数据平台，其应用范围更广泛，作用更强劲。

同步思考 1-1 ▶▶▶

1. 统计学是怎样产生和发展起来的？各发展阶段的代表人物有谁？有哪些标志性成果？
2. 我国现阶段统计学发展有哪几个明显趋势？

第二节 统计学的研究对象和研究方法

一、统计的含义

统计与人类社会活动密切相关，在人们日常的工作、学习和经济生活中，常常涉及"统计"，小至一个人或一个家庭，大至一个企业、一个地区、一个国家，都会用到"统计"。比如，一天的日常支出、一个月的收入、一年的收入或支出总额等，都是我们日常关心的问题；

再如，一个国家或一个地区某年的国内生产总值（GDP）、增长速度，某个企业某年的销售收入、利税额，某个地区某年的人口出生率、人均 GDP，等等。这些数据是统计成果，也是统计问题。当然，"统计"一词在不同场合、不同语言环境中有多种不同的解释。通常，统计包含三层含义，即统计工作、统计资料和统计学。

统计工作，即统计实践，是指根据科学的方法，进行统计设计、数据收集、数据整理、数据分析和预测，以及提供各种数字资料和其他资料的工作的总称。例如，为了了解国家发展状况，进行人口、自然资源和财富统计；为了让我们拥有更好的生活环境，进行环境质量检测统计。又如，银行的计划统计科每月编制项目报表。再如，我国进行人口普查时要经过方案设计、入户登记、数据汇总、分析总结和资料公布等一系列过程，这些都是统计工作，既统计国家或地区的人口总量，又分类统计男性人口、女性人口，老年人口、中青年人口、儿童人口等数据，从而使人口数据成为国家或地区制定与人口相关的各项方针政策的依据。在我国，各级政府机构基本上都有统计部门，如统计局、统计科，它们的职能就是从事统计数据的收集、整理和分析工作。统计工作可以简称为统计。

统计资料，是指统计工作过程中所取得的各种数字资料以及与之相联系的其他资料的总称，其表现形式为各种统计表、统计图、统计报告、统计台账等；其内容是一系列能够反映社会经济现象的规模、水平、速度、结构和比例关系，表现经济现象发展的特征及规律的数字和文字资料。例如，国内生产总值说明整个国家的生产规模，居民消费支出说明居民的生活水平，这些数据经常会在报纸、杂志上出现。随着信息技术的发展与网络的普及，统计资料的公布不再仅仅是纸质资料了，官方统计网站上可以便捷地获得大量的电子版数据。我国统计资料的发布途径也越来越规范，官方统计数据通过国家统计局以及各省、自治区、直辖市、港澳台地区的官方统计机构网站发布，一般都会同时提供纸质和电子版两种形式。统计资料也可以简称为统计。

统计学，即统计理论，作为一门科学，是随着统计活动的不断发展和统计实践经验的日益丰富应运而生的。关于统计学的定义，已出版的国内外统计学教科书上有多种表述，比如以下几种。

（1）国家统计局（2022-11-29）：统计学是关于数据的一门学问。所有收集而来的数据都需要经过整理、分析才能得出结论，这就是统计学利用数据解决实际问题的全过程……统计学也是一门找出统计规律的学问。

（2）《大不列颠百科全书》：统计学是收集、分析、表述和解释数据的科学。

（3）安德森等《商务与经济统计》：统计学是收集、分析、表述和解释数据的艺术和科学。

（4）吴喜之《统计学：从数据到结论》：统计学是用以收集数据、分析数据和由数据得出结论的一组概念、原则和方法。

（5）林德等《商务与经济统计方法》：统计学是对数据收集、组织、展示、分析和解释，从而帮助做出更为有效的科学的决策。

（6）曾五一、肖红叶《统计学导论》：统计学是有关如何测定、收集、整理、归纳、分析反映客观现象总体数量的数据，以便给出正确认识的方法论科学。

（7）贾俊平《统计学》：统计学是收集、处理、分析、解释数据并从数据中得出结论的科学。

（8）向荣美《统计学导论》：统计学是一门收集数据、表现数据、分析数据、解释数据，从而认识现象数量规律、帮助人们更有效地进行决策的方法论科学。

（9）李金昌、苏为华《统计学》：统计学是关于如何收集、整理和分析统计数据的科学。

综上几种关于统计学的定义，本书将统计学的定义概括为：统计学是一门关于如何收集数据、整理数据、分析数据，并对数据进行描述、推断和预测，从而正确认识现象总体数量方面的科学。当然，统计学也可以简称为统计。

总之，统计是人们认识客观世界总体数量变动关系和变动规律活动的总称，是人们认识客观世界的一种有力工具。统计的三层含义之间既有联系也有区别。统计资料是统计工作的成果；统计学是统计工作和统计资料的理论概括，而统计学形成的理论又指导统计工作的有效进行，即统计工作一方面受统计理论的指导，另一方面又检验统计理论是否正确，推动并促进统计理论向前发展；统计学与统计资料存在密切的关系，统计学阐述的统计方法来源于对统计数据的研究，离开了统计数据，统计方法甚至统计学就失去了存在的意义。统计学与统计工作、统计资料之间的关系表明：统计理论来源于统计实践，反过来又为统计实践服务，统计理论与统计实践是辩证统一的关系。

二、统计学的研究对象及特点

（一）统计学的研究对象

统计学的研究对象是指统计研究所要认识的客体，只有明确了统计的研究对象，才能根据统计研究对象的特点和性质采用相应的科学研究方法，以达到认识对象客体规律性的目的。从统计学的发展史可知，统计学是从研究社会经济现象的数量开始的，随着统计方法的不断完善，统计学得以不断发展。因此，统计学的研究对象是大量现象总体的数量方面。而社会经济统计学是在质与量的密切联系中，研究大量社会经济现象总体的数量方面，即研究社会经济现象总体的数量特征和数量关系。

统计学在研究社会经济现象时，首先从定性研究开始，然后进行定量分析，最后达到认识社会经济现象的本质、特征或规律，这就是质—量—质的统计研究过程和方法。

（二）统计学研究对象的特点

统计学研究对象的特点主要体现在五个方面，如图1-1所示。

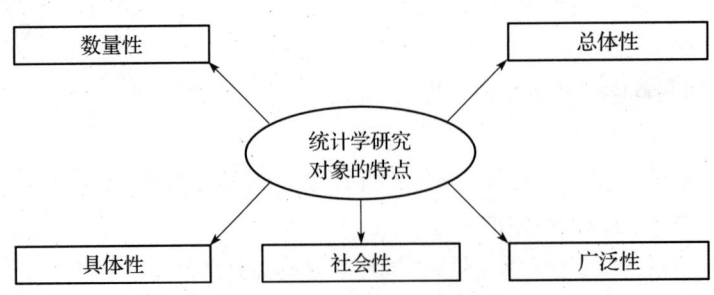

图1-1　统计学研究对象的特点

1. 总体性

统计工作研究的是总体的数量特征而非个体的数量表现。因此，只有把大量的个体数量资料进行汇总、综合，才能表现出总体的数量特征。从总体上研究现象的数量方面，是统计学的重要特点，因为社会经济现象是各种社会规律相互交错作用的结果，呈现出一种复杂多变的情景。统计学对社会经济现象总体数量方面的调查研究是从个体到总体，即必须对足够大量的个体（这些个体都表现出一定的差别、差异）进行登记、整理和综合，使它过渡到总体的数量方面，从而把握社会现象的总规模、总水平以及总发展变化趋势。例如，我国每10年进行一次的人口普查，要从登记每一个人的具体情况入手，但调查目的不是要了解每个人的具体生活状况，而是要准确地查清我国人口在数量、地区分布、构成和素质方面的变化，从而为科学制定国民经济和社会发展战略及发展规划、安排人民的物质和文化生活等方面提供可靠的资料。总之，统计研究最终要得到反映总体数量的指标，但统计工作是从研究个体开始的。只有从个体开始，才能对总体进行分析研究。

2. 数量性

统计学的研究对象是大量社会经济现象总体的数量方面，包括社会经济现象数量方面的规模、水平、结构、速度、平均水平、平均发展速度以及数量关系、数量界限等。例如，2023年，全国居民人均可支配收入39 218元，实际增长6.1%，人均可支配收入中位数33 036元，增长5.3%。其中，城镇居民人均可支配收入51 821元，农村居民人均可支配收入21 691元。[一]所有这些指标都是从数量方面反映现象发展变化情况的。统计的这一数量性特点将统计学与其他实质性社会学科，如历史学、哲学等学科区分开来，也将统计调查研究活动与那些以非数量性为主的调查研究活动，如社会、法律、考古等活动区分开来。

统计学研究的是大量社会经济现象总体的数量方面，但应该注意到统计的定量研究建立在定性研究的前提下。例如，要想知道国内生产总值是多少，必须知道什么是国内生产总值，国内生产总值与国民生产总值有什么区别，与社会总产值有什么区别等等。因此，统计不是单纯地研究社会经济现象的数量方面，而是在质与量的密切联系中研究现象的数量方面。定性研究是基础，定量研究是目标，而质—量—质是一个完整的统计研究过程。

3. 具体性

统计工作研究的总体数量是一个有具体时间、具体地点、具体条件限定下的数量。如果单说"1 625亿件"这个数字没有任何意义，但如果说2023年，全国全年完成邮政行业寄递业务总量1 625亿件，比上年增长16.8%，[二]这就是统计中所说的具体数量。因此，具体性是指在时间、地点、空间三方面都有明确的规定性。

应该指出，虽然统计工作研究具体的数量，但为了进行复杂的定量分析，还需要借助抽象的数学模型和数理统计方法，并遵循数学规则。因此，统计工作具体的数量研究需要密切联系抽象的数学方法。以抽象方法为手段，以具体数量为目的，体现了统计工作中具体和抽象的辩证关系。

[一][二] 《2023年国民经济和社会发展统计公报》，国家统计局，2024年2月29日。

4. 社会性

统计学的研究对象包括人类社会活动的过程和结果。人类社会活动是人们有意识、有目的的活动，各种活动都贯穿着人与人之间的关系，除了随机现象之外，还存在着许多确定性的因素。统计工作存在明显的社会性，各国政府都很重视统计工作的开展。因此，我们特别强调要克服统计工作中的主观随意性，抑制任意夸大或缩小统计数字、歪曲反映实际的现象出现。我们既要承认统计是为一定政治集团服务的工具，具有明显的社会性，又要注意到统计要反映实际情况，具有强烈的客观性。因此，从事统计工作的人员一定要加强职业道德修养，实事求是、客观准确地反映社会经济现象。同时，还必须强化统计法制建设。

5. 广泛性

统计学研究的数量方面是所有社会经济现象的数量方面。统计学既研究生产关系，又研究生产关系与生产力之间的关系；既研究经济基础，又研究经济基础与上层建筑之间的关系。同时，还研究生产、流通、分配、使用等社会再生产的全过程以及社会、政治、经济、文化、教育等全部社会现象的数量方面。

三、统计学的分科及其与其他学科的关系

统计学是从研究社会经济现象开始，逐渐趋于成熟，成为一门研究客观事物总体数量方面的方法论科学。统计方法是在统计实践中产生的，经过理论概括后又反过来用于指导统计实践，为统计工作服务。人们通过对客观事物中各种数量关系的研究来认识客观事物发展的规律性。值得特别注意的是，统计学在研究社会经济规律现象时，首先从定性研究开始，然后进行定量分析，最后达到认识客观现象的本质、特征或规律，这就是质—量—质的统计研究过程和方法。由于统计学的研究对象既存在于自然领域也存在于社会领域，因此，统计学是一门具有跨学科性质、有较高概括和较大适应范围的一般方法论学科。

按照统计方法的类型，统计学可分为描述统计学和推断统计学；按照统计方法研究和应用的程度，统计学可分为理论统计学和应用统计学。统计学的分科如图1-2所示。

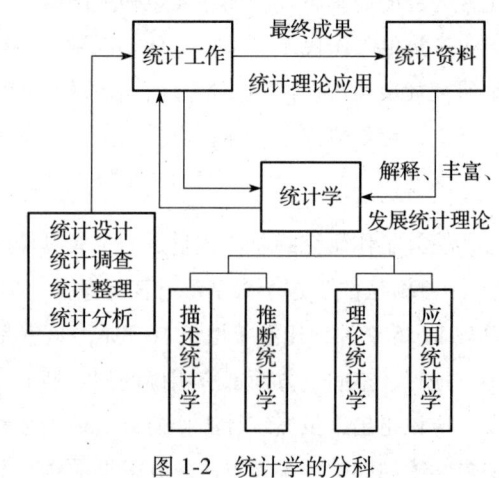

图1-2 统计学的分科

（一）统计学的分科

1. 描述统计学和推断统计学

描述统计学通过对统计总体数量特征的表现及变化进行记录、测量和显示，再加以汇总、概括和分析，从而反映客观现象变动的规律性。描述统计的内容包括统计数据的收集方法、数据的加工处理和显示方法、数据分布特征的概括和分析方法等。例如，经初步核算，2023年全年国内生产总值1 260 582亿元，比上年增长5.2%。其中，第一产业增加值89 755亿元，比上年增长4.1%；第二产业增加值482 589亿

元,增长 4.7%;第三产业增加值 688 238 亿元,增长 5.8%。① 通过这些数字资料可以看出我国国民经济的总体运行情况。

推断统计学是研究如何根据样本数据去推断总体数量特征的方法,它是在对样本数量进行描述的基础上,对总体未知的数量特征做出概率表述上的推断。例如,对一批出口的板栗罐头进行产品质量检验,不能每一瓶都检验,只能抽取一部分进行检验,只要抽样合理,就可以根据抽检结果来估计和推断全部出口产品的质量。数据来源于概率抽样,因此,推断统计学的各种推算方法和推断结果的合理性和可靠程度都是以概率论为基础的。

2. 理论统计学和应用统计学

统计学自身的发展沿着两个不同的方向,形成了理论统计学和应用统计学。

理论统计学是论述统计学的基本理论、原理和统计方法的一门方法论科学。它广泛地采用数理统计方法,集社会经济统计方法与数理统计方法之大成,既适用于社会经济现象的数量观察和研究,也适用于自然现象的数量观测和推断。理论统计学是统计学科的基础,理论统计学的特点是计量不计质,它具有通用方法论的理学性质。

应用统计学论述的是如何从所研究的领域或专门问题出发,根据研究对象的性质采用适当的统计方法去解决实际问题。应用统计学不仅要进行定量分析,还要进行定性分析,它总是先从现象的质量分析中获得需要考察的指标,建立指标体系,然后采集数据,进行数据处理,并结合对现象的定性分析,得出符合客观现实的结论,作为行动决策的依据。所以应用统计学需要相关专业的实质性科学理论做指导,它通常具有边缘交叉和复合型学科的性质。

由上可知,理论统计学以方法论为中心建立统计方法体系,而应用统计学以问题为中心应用统计方法解决实际问题。在统计学科的发展上,理论统计学和应用统计学是相互促进、共同提高的。

(二)统计学与其他学科的关系

统计学是一门具有跨学科性质、有较高概括程度和较大适应范围的一般方法论学科。因此,统计学与其他学科的联系非常紧密。

统计学与数学的关系十分密切。因为数学与统计学都是研究数量规律的,都要利用各种公式进行运算。现代统计学运用了大量的数学理论与数学方法。数学中的概率论研究随机现象的数量关系和变化规律,它从数量方面体现了偶然与必然、个别与一般、局部与整体的辩证关系,为统计学提供了数量分析的理论基础。数学分析的方法适用于一切数量分析,当然也包括统计的数量分析。从某种意义上说,统计学中的理论统计学以抽象的数量为研究对象,计量不计质,其大部分内容也可以看作数学的一个分支,但数学与统计学有本质的区别。从研究对象上看,数学撇开了具体的研究对象,以最一般的形式研究数量的空间变化。而统计学,特别是应用统计学,则总是紧密联系客观对象,研究其数量的变化趋势和变化规律,得出规律性的结论,为决策提供事实依据。从研究方法上看,数学主要是应用逻辑推理和演绎论证的方法,从严格的定义、假设的命题、给定的条件出发,去推证有关结论。而统计学研究方法本质上是归纳的方法,即根据实验或调查得到的大量数据

---

① 《2023 年全年国内生产总值同比增长 5.2%》,人民日报,2024 年 1 月 18 日。

来归纳并判断总体的情况。

统计学中的应用统计学与相关的实质性学科，如经济学等，有密切的关系。因为统计学是进行经济研究不可或缺的重要工具，经济学在对经济现象及其发展变化规律进行研究时，除了要做规范性的理论分析和定性分析外，还要进行实证的数量分析。由于社会经济现象所具有的特殊性，对其数量规律的认识只能通过统计观测来进行。因此，无论是宏观经济还是微观经济，都要用到大量的统计方法。当然，应用统计学也离不开经济学等相关学科。通常实质性的学科提出问题，统计学随之提出相应的方法。总之，应用统计学与相关的实质性学科既有联系又有区别，二者相互促进，共同发展。

四、统计学的研究方法

从初级数据到科学数据再到大数据，统计学大体上经历了"只能收集到少量的数据—尽量多收集数据—科学利用样本数据—综合利用各类数据—选择使用大数据"的发展过程。根据统计学研究现象的性质和特点，统计学的研究方法得以不断丰富。概括起来，统计学的研究方法有大量观察法、统计分组法、综合指标法、归纳推断法、统计模型法和数据挖掘法等统计方法，如图1-3所示。

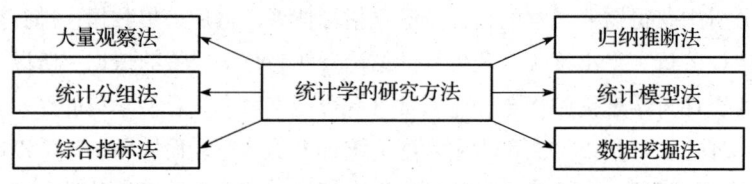

图1-3 统计学的研究方法

（一）大量观察法

大量观察法是指对要研究事物的全部或足够多的单位进行观察的方法，是统计的基本方法。统计要研究现象总体的数量特征，而社会经济现象是受各种因素相互影响和相互作用的。因此，如果只选择其中一部分单位进行观察，那么观察的结果往往不足以代表总体的一般特征，只有对总体的全部或足够多的单位进行观察并加以分析，才可以使现象中的非本质和偶然因素相互抵消，从而反映现象总体的数量特征。例如，2023年全年全国居民人均消费支出26 796元，比上年实际增长9.0%。其中，城镇居民人均消费支出32 994元，实际增长8.3%；农村居民人均消费支出18 175元，实际增长9.2%。⊖

大量观察法是统计调查阶段应该遵循的基本方法。大量观察法可以在全面调查中使用，如统计报表、普查等；也可以在非全面调查中使用，如重点调查、抽样调查等。应该指出，大量观察法是统计调查工作中应该遵循的法则，但调查中也可以对个别单位进行深入调查，如典型调查等是对大量观察的总体进行补充，以便深入细致地说明社会经济现象。

（二）统计分组法

统计分组法是根据统计研究的目的和任务，按照一定的指标，将总体划分成不同的类型或

⊖ 《2023年国民经济和社会发展统计公报》，国家统计局，2024年2月29日。

组的一种统计研究方法。统计在分组时，通常是同类相聚、异类相分，以便进行汇总和总体内部结构分析，从而实现正确运用指标来表明事物本质与规律性的目的。统计分组法主要适用于统计整理阶段，但在统计调查、统计分析等阶段，也都有自己独特的意义。因此，统计分组法既是统计研究中的一种基本方法，也是统计分析中的一种重要方法。

（三）综合指标法

综合指标法是指通过计算各种综合指标，研究并说明现象本质的综合数量特征的一种方法。它是统计分析的基本方法之一。常用的综合指标主要有总量指标、相对指标、平均指标等。统计分析中其他各种统计方法，如时间数列分析、统计指数分析、相关与回归分析等都是以综合指标为基础的。综合指标法主要应用于统计分析阶段。

（四）归纳推断法

归纳推断法也称统计推断法，它是以一定的置信度，根据样本数据来推断总体数量特征的一种方法。在统计研究中，我们所观察的单位常常是部分单位或少数单位，而要判断的总体对象的范围却是大量的。这就需要根据样本资料，对全部总体数量的特征做出具有一定置信度的判断。随着市场调查在市场经济中发挥着越来越重要的作用，归纳推断法也受到越来越广泛的重视，并成为统计研究的基本方法。

（五）统计模型法

统计模型法是指根据一定的经济理论和假设条件，通过建立数学模型，模拟现实经济现象相关关系的一种研究方法。利用这一方法可以了解当某一现象变动时，另一相关现象会随之发生怎样的变动，并测定相关现象之间的影响程度、影响方向、未来趋势等。

（六）数据挖掘法

数据挖掘法是指从大量的数据中通过算法搜索隐藏于其中的信息的一种方法。它从大量数据中寻找规律，主要有数据准备、规律寻找和规律表示三个步骤。数据准备是从相关的数据源中选取所需的数据并整合成用于数据挖掘的数据集，规律寻找是用某种方法将数据集所含的规律找出来，规律表示是尽可能以用户可理解的方式（如可视化）将找出的规律表示出来。

同步思考 1-2 ▶▶▶

1. 什么是统计？统计的三层含义之间有什么关系？
2. 怎样理解统计研究对象的数量性？统计的数量性与数学的数量有什么不同？
3. 大量观察法是统计的基本方法。统计研究时为什么要对研究事物的全部或足够多的单位进行观察？

第三节 统计工作的过程与统计的作用

一、统计工作的过程

统计工作是对社会经济现象总体数量进行的一种调查研究活动,也是对事物的表面、本质及其规律性的认识活动。这一活动是一个由浅入深的过程,这个过程可以概括为统计设计、统计调查、统计整理、统计分析四个阶段。

(一)统计设计

统计设计是统计工作的第一个阶段,它是指根据统计研究对象的性质和研究目的,对统计工作的各个环节和各个方面进行统筹安排。统计设计的结果表现为各种统计设计方案,如统计指标与统计指标体系、分类目录、统计报表制度、调查方案、汇总或整理方案等。

统计设计包括对统计活动的全过程设计和单项设计两个方面。全过程设计是指针对一项统计研究任务,对收集、整理、分析数据工作的全过程所做的设计。单项设计是指对收集、整理、分析数据的某一个环节所做的进一步的设计。对统计活动各个方面的设计,主要是指统计研究对象的各个组成部分,它们是统计工作横向的方面。例如,工业企业统计包括工业企业经营的内部条件和外部条件,人力、物资、资金等生产要素,生产、供应、销售等生产经营环节。再如,整个社会经济统计包括人口、环境、资源等社会发展的环境条件,物质资料的生产、分配、流通、消费的扩大再生产过程,政治、文化、教育、科学、卫生、体育等社会活动,人民的物质和文化生活状况,国际以及其他各国的经济和社会状况。

对统计各个环节的设计,主要是指统计工作实际进行时的各个阶段,它们是统计工作纵向的方面。这些阶段包括统计数据的收集,统计数据的汇总整理,统计分析,统计数据的提供、保存、公布,等等。

(二)统计调查

统计调查也称数据收集,它是统计工作过程的第二个阶段。统计调查是根据统计研究对象和研究目的的要求,采用科学的调查方法,有组织、有计划地向客观实际收集统计数据的工作过程。统计调查的方法主要有统计报表制度、普查、抽样调查、重点调查、典型调查等。这一阶段是统计实践活动的开始,属于表层和感性认识阶段。但因为统计是要用数字说话的,而统计数字来源于统计调查,因此,"没有调查就没有发言权"。统计调查属于定量认识阶段,它的工作质量如何,直接关系并影响到以后各阶段的工作质量。

(三)统计整理

统计整理是按照一定的目的和要求,对统计调查收集到的大量零乱资料进行科学的加工和分类,使之系统化、条理化,成为能够说明总体特征的综合资料的工作过程。统计调查阶段收集的资料既丰富又零乱,既大量又粗糙。因此,需要统计整理去粗取精、去伪存真,使大量丰富的资料条理化、系统化。这一阶段是对事物由表层认识到深层认识的连接点，对统计分析的质量有举足轻重的作用，是一个承上启下的中间环节。

（四）统计分析

统计分析是在统计整理的基础上，对统计数据进行多种多样的定量和定性分析、评价和论证，由表及里、由浅入深、由此及彼，得出科学的结论，从而达到认识事物本质和规律的目的。这一阶段是认识活动上升为深层次和理性认识的研究阶段。

通过统计整理和统计分析，我们可以得到许多有用的统计数据。统计数据的提供并不意味着统计研究的终结。统计的目的在于认识客观世界的规律。对于已经公布的统计数据需要加以积累，同时还可以进行进一步的加工，结合相关的实质性学科的理论知识去进行分析和利用，从而更好地将统计数据和统计方法应用于相关领域中，使统计更好地发挥信息、咨询、监督的职能。

总之，统计工作的四个阶段是一个统一体，无论哪个环节出了偏差，都会背离统计认识活动的规律，从而歪曲反映事物。统计调查出现偏差，会直接影响统计整理的质量和统计分析结果的正确性；统计分析出现偏差，会导致统计调查和统计整理两个阶段前功尽弃。统计工作各个阶段的工作质量和效果是密切相关的，因此要注意它们之间的衔接和协调。统计工作的过程框架如图 1-4 所示。

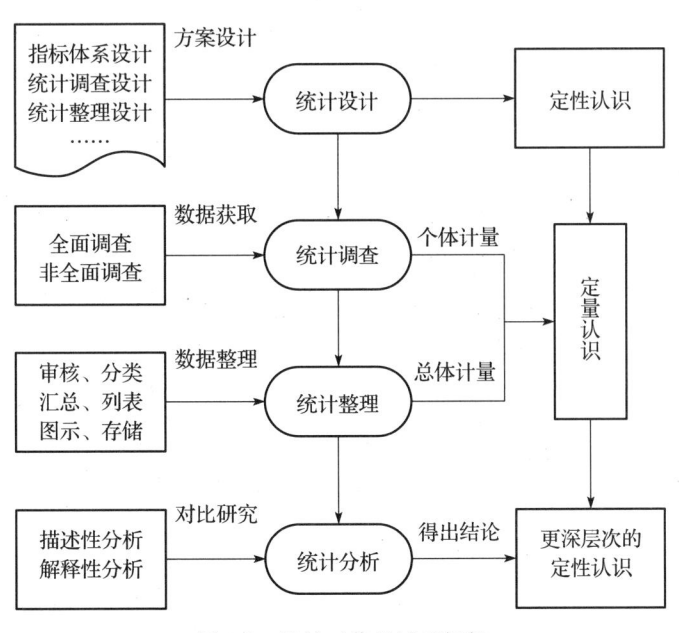

图 1-4　统计工作的过程框架

需要指出的是，也有学者认为统计工作过程除了以上四个工作阶段以外，还包括统计预测和决策阶段、统计数据提供和保管阶段。应该说这两个方面工作的确都是统计工作的重要内容，因为整个统计工作决不能仅仅满足于对统计数字的简单加工和初步分析，统计工作的一个重要内容是要利用过去和现在的资料对现象的长期趋势做出判断和预测，并以此作为国家或企业决策的依据。

二、统计的基本职能

统计的基本任务是对国民经济和社会发展情况进行统计调查、统计分析,提供统计数据,实行统计监督。完成统计的基本任务,就实现了统计的基本职能,而实现了统计的基本职能,统计就发挥出了强大作用。统计的基本职能是信息职能、咨询职能和监督职能。

统计信息职能是指统计具有信息服务的功能,即统计通过系统地收集、整理和分析,得到统计数据,在统计数据的基础上再经过反复提炼筛选,得到大量有价值的、以数量描述为基本特征的统计信息,并将其服务社会。

统计咨询职能是指统计具有提供咨询建议和对策方案的服务功能,即统计部门利用所掌握的大量统计信息资源,经过进一步的分析、综合、判断,为宏观和微观决策、为科学管理提供咨询建议和对策方案。统计咨询分为有偿咨询和无偿咨询两种。统计咨询应更多地走向市场。

统计监督职能是指统计具有揭示社会经济运行中的偏差、促使社会经济运行不偏离正常轨道的功能,即统计部门以定量检查、经济监测、预警指标体系等为手段,揭示社会经济决策及其执行过程中的偏差,使社会经济决策及其执行过程按客观规律的要求进行。

统计信息职能、统计咨询职能和统计监督职能是相互联系、相辅相成的。统计信息职能是统计最基本的职能,完成统计信息职能,是实现统计咨询职能和统计监督职能的前提、基础和保证;而统计咨询职能是统计信息职能的延续和深化;统计监督职能的最终实现又是对统计信息职能、统计咨询职能的促进。总之,统计的三种功能相辅相成,相互作用,构成了一个有机整体,故又被称为整体功能。

三、统计的作用

统计学是一门应用性很强的学科。统计学为适应社会实践的发展需要而产生和发展,并随着社会的发展而不断完善,反过来,社会实践又不断丰富和发展了统计科学。统计学在认识事物、指导生产、经济管理和科学研究等各个方面都发挥着重要的作用,在大数据、人工智能、大模型构建等边缘学科中也有广泛的应用空间。统计应用得越广泛,统计的职能和作用就发挥得越充分。

(一)统计在经济分析、生产管理、科学研究等方面的作用

1. 经济分析

在当今的经济生活中,判断和认识经济形势及其未来走向,是政府、企业和家庭进行决策的基础和前提。对经济形势的分析和判断,需要掌握有关的统计信息和统计方法。例如,微观经济领域的专家需要使用统计方法为决策者提供生产、消费和定价方面的预测;宏观经济领域的专家既可以利用统计方法描述居民家庭收入分布状况,也可以对经济变量(如通货膨胀率、失业率、居民家庭平均收入水平等指标)的未来走向进行分析和预测,还可以对变量(如消费与可支配收入)之间的关系进行研究。

2. 生产管理

效率及效益是以尽可能少的投入获得尽可能多的回报。要提高效率和效益,离不开科学的

管理，而统计数据是管理的重要基础。例如，生产定额的制定既要使人们有可能完成，又要具有效率，那么先进的算术平均数不失为一种好方法。又如，影响产品数量和质量的因素有很多，这就要用主成分分析方法，找出主要因素、最佳水平和最佳状态，并进行科学的监督和控制。再如，在信息社会中，企业获得的信息量非常大，并且要注重情报信息的收集、处理和分析，为企业正确决策提供建设性意见。用统计方法对这些信息进行分析，就能帮助企业对事物进行定量、定性分析，从而做出正确的决策。企业市场营销部门运用统计学方法来估计顾客对某一种商品喜爱的比例，以及他们为什么喜欢这种商品，用哪种广告能让更多人知道、喜欢、购买这种商品，等等。从而增强企业竞争力，提高企业的经济效益。

3. 科学研究

科学研究的任务是提示客观事物的规律性，而科学研究的方法大多是先根据若干观察或实验资料提出某种假说或猜想，然后再通过各种途径进行观察或实验加以验证，统计理论和方法就是这种科学研究的通用方法。因为统计理论和方法一方面有助于集中并提取观察和实验中的本质信息，从而有助于提供较正确的假说或猜想；另一方面，它又能指导研究人员如何安排进一步的观察和实验，以判定提出的假说或猜想是否正确。例如，在医学界，人们用统计方法来研究疾病的原因或影响因素，判断药物或医疗方案是否正确；在生物学界，人们用统计方法来研究基因分离定律、基因自由组合定律、基因稳定性定律等基因规律；在心理学界，人们用统计方法分析特定刺激的心理效应；在经济学界，人们用统计方法来研究经济运行状况，判断宏观、微观决策的正确与否，以及政策、决策的监督执行和计划的调整，等等。总之，统计学方法是科学研究领域最重要的方法。

（二）统计学在大数据、人工智能、大模型等边缘学科中的作用

1. 大数据

统计学是以现象数据作为研究对象的。统计学研究，从初级数据到科学数据再到大数据，大体上经历了"只能收集到少量的数据—尽量多地收集数据—科学利用样本数据—综合利用各类数据—选择使用大数据"的过程，相应地在计数分析、简单运算分析、分布特征分析、估计推算分析、动态预测分析、判定分析、关联关系分析、系统平衡分析、数据挖掘分析（当然，它们之间存在着相互交叉的关系）的过程中，产生了大量观察法、统计分组法、综合指标法、归纳推断法、统计模型法和数据挖掘法等统计方法。因此，统计学与大数据之间关系密切。

大数据具有海量性、高速性、多样性、真实性等特征。

（1）海量性，从各种渠道收集的海量信息，包括商业交易数据、社交媒体数据、传感器数据以及机器对机器数据等，在过去，如何存储如此大规模的数据是一个技术难题，但新技术的快速发展减轻了存储负担。

（2）高速性，大数据以前所未有的速度产生并传播，必须及时存储与处理；电子标签、传感器、智能停车收费系统实现了实时或近乎实时处理海量数据的需求，在许多情况下，大数据可能会以聚类方式产生，即数据产生的速度并不均匀，而是随着时间的推移出现周期性波动。

（3）多样性，大数据形式多样，既有传统的结构化数字型数据，也有非结构化的文本、文档、邮件、图片、视频、音频、股票行情数据等，非结构化数据提供了传统数据所没有的丰

富的新信息,这已成为大数据的一个最重要的特征,结构化数字型数据也有新型数据,如函数数据、区间数据和符号数据。

(4)真实性,与传统数据相比,大数据一般体量庞大,但很多大数据信息价值密度低,此外,也可能存在遗漏数据和操纵数据的现象,导致信息失真,因此有必要进行数据清洗与处理,而统计方法就是一种最合适的方法。

大数据拓展了边界的数据,它以能传播、存储、再现的信号为基础,除了少量常规数据外,大量的数据表现为文字、符号、代码、图像和声音,信息量很大,但从中提取信息含义的量化过程十分困难,因为缺乏统一的度量标准和测度方法。大数据时代的非结构化、半结构化数据和异构数据具有多样化、无标准的特点,难以用传统的统计指标或统计图表来表现;数据的存储载体逐步由纸质、半电子化转变为全流程电子化;数据库也从小容量转变为大容量、超大容量。总之,大数据的这些变化,为统计数据分析提供了更宽广的用武之地,也提供了更大的便利和更高的效率。

扫码观看
统计与大数据

2. 人工智能

统计学与人工智能之间有很多重要的联系,具体如下。

第一,人工智能需要大量的数据和数学模型来进行分析和决策,而统计学则可以帮助人工智能处理这些数据,并使用这些数据来训练机器学习模型。机器学习是一种让计算机通过学习数据来改善性能的技术。这种学习过程类似于人类的学习过程,即从经验中学习。

第二,统计学可以使用人工智能技术来提高效率和精度。例如,在数据分析中,我们可以使用机器学习算法来自动识别数据的模式和趋势。这些技术可以帮助我们更好地理解数据的含义,并指导我们做出正确的决策。在医疗领域,人工智能和统计学的应用非常广泛。例如,医生可以使用人工智能和统计学来预测患者的疾病进展和治疗效果;另外,人工智能和统计学还可以用于图像识别,帮助医生准确诊断疾病,比如有些人工智能模型可以自动检测肿瘤,并提供病理分析和患者愈后信息。在交通领域,人工智能和统计学可以用来规划最佳路线、避免拥堵和优化飞行计划等。例如,高德地图就是一个基于人工智能技术的导航系统,可以帮助我们规划出最佳路线。在商业领域,人工智能和统计学可以用来分析市场趋势和客户需求,帮助企业做出正确的决策。例如,许多电子商务平台都使用人工智能算法向用户推荐产品或服务。在教育领域,人工智能和统计学可以用来个性化教学,提供定制的学习计划和资源。例如,一些在线学习平台使用人工智能算法来自动评估学生的学习进度和理解程度,并根据评估结果提供相应的教学资源和建议,等等。

第三,人工智能技术的发展推动了统计学的创新和进步。随着人工智能技术的不断发展和应用,统计学也面临着新的问题和挑战,例如处理大量数据、处理高维数据、模型选择等问题。为了解决这些问题,统计学不断创新和发展,提出了一系列新的理论和方法,如深度学习、因果推断、强化学习等。这些新的理论方法又反过来促进了人工智能技术的发展,使得人工智能系统更加智能、灵活和可靠。

第四,人工智能技术的快速发展促进了统计学与其他学科的交叉融合。人工智能技术涉及多个学科领域,例如计算机科学、人工智能、数学、统计学、物理学等。在这个过程中,人工智能技术与其他学科的交叉融合成为一种趋势,通过跨学科融合,可以实现知识的交流和整合,促进不同领域的协同创新。如图 1-5 所示。

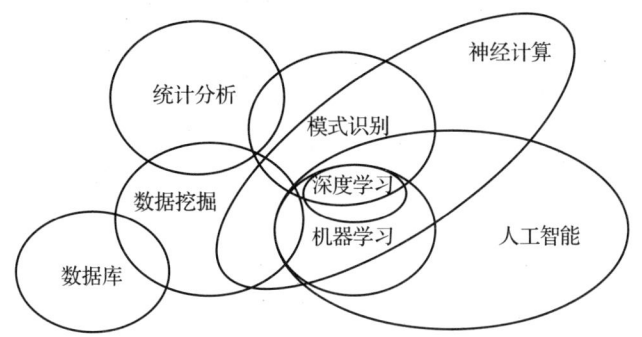

图 1-5 统计学与人工智能技术的关系

人工智能的智能程度目前还是有限的,它只能完成已知的任务,不能像人类一样具有创造性思维和自主决策能力,即人工智能在某些领域的应用仍然存在一定的局限性。数据是统计学与人工智能的共同基础,因此,不仅统计学成为人工智能发展的重要支柱,同时人工智能也进一步丰富了统计学的研究范畴,革新了统计学的方法与技术。

3. 大模型

大模型是指通过深度学习算法和人工神经网络,训练出拥有超大规模参数(通常在 10 亿个以上)、超强计算资源的机器学习模型,能够处理海量数据,完成各种复杂任务,如自然语言处理、图像识别等。大模型分为通用大模型和行业大模型两种。

通用大模型是指能够处理多种任务和领域的模型,通用大模型通常基于大规模的、多样化的数据集进行训练,这些数据集涵盖了各个领域的知识。行业大模型是指用于特定行业的大规模机器学习模型。这些模型通常通过大量的专业数据进行训练,并具有强大的预测和决策能力。行业大模型可以应用于各种领域,如金融、医疗、交通等,以解决复杂的问题并提供智能化的解决方案,如金融风控、医疗诊断等。

统计学和机器学习都是数据科学的分支,都是利用数据来建立模型,并利用模型来进行预测或决策。但是,统计学更注重对数据进行描述、分析和推断,而机器学习更侧重于对数据进行学习、优化和泛化。它们的相似之处在于,都是为了提高模型的性能和效率。

而机器学习面具之下的本质仍然是统计。将大模型中先进的算法和技术与传统统计模型相结合的实践,是人工智能时代统计学研究的一个重要趋势。从这个角度上说,统计学与大模型之间的关系十分密切,二者相互依存,相互促进,共同发展。

总之,统计无处不在,统计无时不有。只要准确、科学、充分地应用统计,统计就能发挥出强大作用。

同步思考 1-3 ▶▶▶

1. 怎样理解"统计无处不在,统计无时不有"?试举身边三例统计事项。
2. 统计职能有哪些?怎样理解统计职能和统计作用之间的关系?

第四节 统计学中的基本概念

统计是关于数据的科学，统计要研究社会经济现象总体的数量特征，那么，统计总体就是统计学的基本范畴，而统计总体又是由总体单位构成的，总体单位又通过许多标志来表现它的特征，其中数量标志可以汇总为统计指标，各种相关联的指标构成指标体系。因此，统计总体、总体单位、标志、指标、指标体系等就是统计学的基本范畴。弄清这些基本范畴，有助于把握统计的基本内涵。

一、统计总体、样本总体、总体单位

通常，统计研究是着眼于总体，着手于样本，立足于个体的，因为总体是被研究的客体，样本作为总体的缩影成为被观察的客体，而个体则是提供数据的基本元素。

（一）统计总体

统计总体简称总体，是根据一定目的确定的所要研究事物的全体。它是由客观存在的、具有某种共同性质的许多个别事物构成的整体。例如，我们要研究全国城镇居民的收支情况，就以全国城镇居民作为一个总体。有了这个总体，我们就可以研究全国城镇居民的各种数量特征，如人均收入、人均消费等。

统计总体的范围随着统计研究目的的不同范围可大可小，如上例中统计总体可以是某市所有的城镇居民家庭，也可以是某区或全省乃至全国所有的城镇居民家庭。

统计总体必须同时具有同质性、大量性和变异性的特点。

同质性是形成统计总体的一个必要条件，是总体的一个重要特征。所谓同质性是指构成统计总体的每一个单位在某一方面必须具有共同的属性。它是根据统计的研究目的而确定的。研究目的不同，所确定的总体也不同，其同质性的意义也随之变化。例如，在研究城镇居民的生活状况时，所有城镇居民构成了统计总体，而非城镇居民就不在统计范围之列，所有城镇居民在这一点上都是同质的。如果研究的是城镇居民贫困户的生活状况，那么贫困线以下的城镇居民就构成了统计总体，贫困线以下的城镇居民在这一点上都是同质的，而贫困线以上的城镇居民就是非同质的了。

大量性是指总体中应包括足够多的个别事物，因为每一个个别事物可能常常会受到偶然因素的影响，表现出各种各样的差异。因此，少数个别事物的特征往往不能说明总体的特征，只有研究多数单位形成的总体，才能使偶然因素的作用相互抵消，从而显示出事物的本质特征。

变异性是指构成总体的每一个个别单位在某一方面性质是相同的，但在其他方面必定有差异。例如，同是某股份制企业的职工，也有工种、工资、工龄、文化程度等方面的差异。统计研究实质上就是研究总体各单位某种品质或数量变异的程度、趋势等，从而寻找其规律性。

（二）样本总体

样本总体简称样本，是根据一定的研究目的和研究任务，在全部研究总体中随机抽取少数

单位组成的小总体，并通过研究小总体的数量特征，来推断大总体可能具有的数量变化规律。例如，我们要研究全国城镇居民的收支情况，可以在全国城镇居民的总体中，随机抽取1万个或10万个居民组成小总体，然后通过研究这个小总体居民的收支情况，来推断和了解全部总体的数量特征；再如，要了解某校3 000名学生的学习情况，可以随机抽取300名组成一个样本总体，通过对300名学生的学习情况，如出勤率、及格率、优秀率等指标进行检查，来推断和了解全部3 000名学生的学习情况。

样本总体也必须同时具有同质性、大量性和变异性的特点。

（三）总体单位

总体单位简称单位，是构成统计总体的每一个个别事物，是各项统计特征的承担者。根据不同的统计研究目的，总体单位可以是人或物，可以是企业单位、地区或部门，也可以是时间、重量或长度等。有时总体单位以自然计量单位表示，如设备以"台"表示、产品以"件"表示等；有时总体单位以物理计量单位表示，如时间用"h、min、s"表示，重量用"t、kg、g"表示，长度用"m、cm、mm"表示，面积用"km^2、m^2"表示，等等。例如，某市每一个股份制企业都是全市股份企业总数这个统计总体的总体单位，每一个工业企业的每一台设备都是该市工业企业设备总量这个总体的一个基本单位，即总体单位。

总体和总体单位的概念是相对而言的，随着不同的研究目的和总体范围而变化。同一个研究对象在一种情况下是总体，在另一种情况下可能就变成单位了。例如，在研究全国人口情况时，全国是总体，每一个人是总体单位；而在研究全国各省的人口情况时，全国是总体，各省的人口情况是总体单位；在研究某省各县人口状况时，该省变成了总体，而各县又成了总体单位。

需要指出的是，一个总体所包含的总体单位数可以是无限的，无法一一计数，称为无限总体。例如，在连续大量生产的某种小件产品中，总产量是无限的。一个总体所包含的总体单位数也可以是有限的，可以一一计数，称为有限总体。例如，我国人口总数14亿多，但总归是有限的，可以计数。区分无限总体和有限总体是确定科学的调查研究方法的前提条件。通常，对于无限总体，我们无法进行全面调查，只能进行非全面调查；对于有限总体，既可以进行全面调查，也可以进行非全面调查。

二、标志和变量

（一）标志

标志也称标识，是说明总体单位属性或特征的名称。每个总体单位从不同的角度和要求观察，可以有多个属性特征。标志依附于总体单位，总体单位是标志的直接承担者。例如，每个工人都具有性别、工种、文化程度、技术等级、年龄、工龄、工资等属性和特征，这些就是工人作为总体单位的标志。标志的具体表现是在标志名称之后所表明的属性或数值。统计研究是从登记标志状况开始的，并通过对标志的综合，反映出总体的数量特征。

标志有不同的种类。按说明现象的性质不同，标志可以分为品质标志和数量标志。品质标志表明单位属性方面的特征，其表现只能用文字、语言来描述。例如，某工人的性别是

"男",民族是"汉族",则"性别"和"民族"是品质标志的名称,而"男"和"汉族"是品质标志属性的具体表现。数量标志表明总体单位数量方面的特征,用各种不同的数值表示。例如,职工的"年龄"是数量标志名称,其标志的具体表现如"20岁""22岁"为标志值。

标志按变异情况可以分为不变标志和可变标志。当一个标志在各个单位的具体表现都相同时,这个标志被称为不变标志;当一个标志在各个单位的具体表现不完全相同时,这个标志被称为可变标志,如"性别",有的表现为"男",有的表现为"女",再如"身高",有的表现为"1.76m"或"1.80m",有的表现为"1.62m",等等。在划分统计总体时,可以选定某一标志的具体表现,把它固定下来,把所有具备这种标志表现的单位都结合在一起,形成一个统计总体。所谓统计总体的同质性,实际上就是统计总体中的各个单位都具有某一共同的标志表现。

无论是品质标志还是数量标志,当它们在总体单位中表现不完全相同时,就称为变异。变异性是统计总体必须同时具备的三个特征之一,是统计研究的前提。

(二)变量和变量值

变量是统计中常用的重要概念。变量是对可变化的量而言的。统计中的变量是指可变的数量标志。变量的数值表现就是变量值或标志值。例如,工人的身高和年龄不会每个人都相同,那么,"年龄"和"身高"是数量标志的名称,也即变量,而"年龄"和"身高"数量标志的具体表现数值,如32岁、42岁以及1.68m或1.76m等就是标志值,也即变量值。

按变量值是否具有连续性,又分为连续变量和离散变量两种。连续变量的数值是连续不断的,相邻两个值之间可进行无限分割,无限取值,既可用整数表示,也可用小数表示,如以重量、长度、面积等物理单位计量的都是连续变量。连续变量的数值要用测量或计算的方法取得。离散变量是指相邻两个值只能以整数位断开,只能以整数表示的变量,如人数、企业数、设备台数等都只能按整数计算,有了小数则令人觉得不可思议。离散变量的数值只能用计数的方法取得。

三、统计指标和指标体系

(一)统计指标

统计指标简称指标,是反映社会经济现象总体某一综合数量特征的范畴,由指标名称和指标数值两部分构成。指标名称反映了现象所属的范畴,也称指标概念;指标数值反映了现象在具体时间条件下达到的规模、水平及比例关系。例如,2024年1~2月,全国主要经济类型、不同规模企业利润均实现增长。其中,在规模以上工业企业中,国有控股企业利润同比增长0.5%,私营企业利润增长12.7%,外商及港澳台投资企业利润增长31.2%;大、中、小型企业利润分别增长8.0%、6.0%、18.9%。

统计指标一般具有三个特点:①数量性,即统计指标都是用数字表示的;②综合性,即统计指标是总体单位同质数量综合的结果;③具体性,即统计指标是现象在不同时间、地点、条件下的具体反映。如上例中的12.7%,既体现了数量性,也体现了综合性,即我国私营企业利润增长速度较快,发展较好。

统计指标按不同的研究目的可以进行不同的分类。统计指标按其反映总体特征不同,可分为数量指标和质量指标。数量指标是反映总体规模大小、水平高低的指标，一般以绝对数表示，如人口总数、企业总数、职工总数、工资总额、国内生产总值、商品流转额、商品进出口总额等。质量指标是反映总体的强度、密度、效果等的指标，一般用相对数和平均数表示，如劳动生产率、职工平均工资、人口密度、工人出勤率、流动比率、速动比率等。

统计指标按其作用和表现形式不同，可分为总量指标、相对指标和平均指标。总量指标是反映现象总体规模、水平的指标，如工资总额、产品产量、销售额、利税总额等。相对指标是两个有联系的总量指标进行对比的结果，用来说明现象总体的结构、发展程度、比例、强度、密度等，如产品的优质品率、平均增长率、人口密度等。平均指标是按总体内各单位某一数量标志值计算的，反映总体一般水平的指标，如平均工资、工人劳动生产率等。

统计指标按其计算范围不同，分为总体指标和样本指标。总体指标是根据（有限）总体中所有个体的标志表现综合计算而得的，反映总体数量特征。样本指标则是仅根据总体中部分个体的标志表现综合计算而得的，反映样本数量特征。总体指标也称总体参数，对于某一确定的总体，任何一个总体指标的数值都是唯一的，但在非全面观测的情况下是未知的。样本指标也称样本统计量，对于所抽的样本来说，任何一个样本指标都有一个可知的数值，但由于样本是随机抽取的、非唯一的，因此样本指标的数值随样本的不同而不同，样本指标是随机变量。统计研究的一大任务，就是要用可知但非唯一的样本指标数值去推断唯一但未知的总体。

（二）标志与统计指标的关系

标志与统计指标之间既有联系又有区别。

二者的区别主要表现为：①指标是说明总体特征的，而标志是说明总体单位特征的；②指标都是用数字表示的，而标志既可以用数字表示，也可以用文字表示。

二者的联系主要表现为：①指标数值都是由总体单位的数量标志值汇总而来的；②指标与数量标志存在一定的变换关系，随着研究目的的变化，总体和总体单位发生了变化，指标和标志也会发生相应的变化。例如，如果所要研究的是全国工业企业情况，则各企业的职工人数、固定资产、工业增加值等都是总体单位（即各个企业）的标志，而如果研究目的变成研究某一企业的职工状况，则该企业变成了一个总体，企业职工人数变成了统计指标，每个职工的文化程度、技术等级、性别、年龄等就成为标志。统计总体、总体单位、统计指标、标志等基本概念之间的关系如图1-6所示。

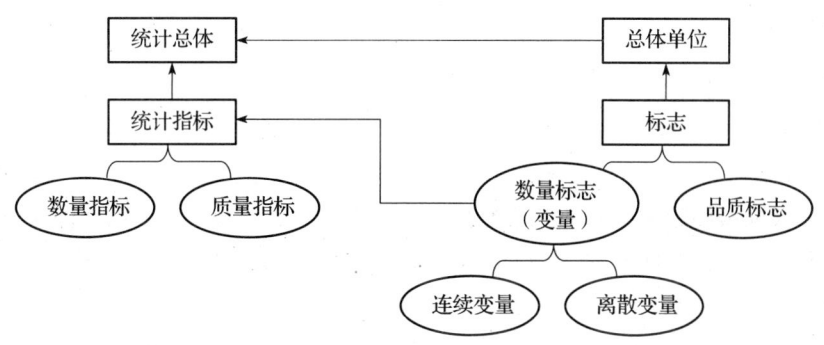

图1-6 各基本概念之间的关系

(三)统计指标体系

单个统计指标只能反映总体的某一个数量特征,说明总体某一侧面的情况。但客观现象是错综复杂的,要反映其全貌,描述现象发展的全过程,只靠单个统计指标是不够的,需要设立统计指标体系。统计指标体系是由一系列相互联系的统计指标所组成的有机整体,用以反映现象总体各方面相互依存、相互制约的关系。例如,为了反映工业企业生产经营的全貌,需要设立产量、产值、品种、质量、职工人数、劳动生产率、工资总额、原材料、设备、财务成本等多项指标组成工业企业统计指标体系。

1. 统计指标体系的形式

社会经济现象本身多种多样,指标体系的联系形式也不同,归纳起来主要有以下两种。

(1)通过严密的数学公式来表现,有和的联系形式和积的联系形式两种。例如:

国内生产总值=固定资产折旧+劳动者报酬+生产税净额+营业盈余

期末库存量=期初库存量+本期购进量-本期销售量

资产=负债+所有者权益

商品销售额=销售价格×销售数量

农作物收获量=播种面积×单位面积产量

(2)通过因素关系联系形式来表现。例如,在工业企业考核的八项经济指标中,人、财、物、产、销、存等各方面关系交互运动的结果。此时指标之间不存在或没有必要采用数学运算形式来反映它们之间的联系,而是一种相互补充的因素关系。

2. 统计指标体系的种类

统计指标体系按其考核范围不同,可分为宏观统计指标体系、中观统计指标体系和微观统计指标体系。宏观统计指标体系反映整个社会、经济和科技情况;中观统计指标体系反映各个地区和各个部门、行业的社会、经济和科技情况;微观统计指标体系反映企业、事业单位的生产经营或工作运行情况。

统计指标体系按其功能不同,可分为描述性指标体系、评价性指标体系和决策性指标体系。描述性指标体系主要反映社会经济现象的现状、运行过程和结果;评价性指标体系主要比较、判断社会经济现象的运行结果是否正常;决策性指标体系是为了保证社会、经济和科技等方面有序、协调地发展。

上述统计指标体系的形式和种类等都有其自身的特点,实际工作中可以根据统计研究目的选择运用或结合运用,以便充分发挥统计的信息、咨询和监督职能。

3. 建立统计指标体系的原则

指标体系的建立不但是客观现象的反映,而且也是人们对客观认识的结果。随着客观形势的发展变化以及实践经验和理论研究的积累,指标体系也将不断改进,逐步完善。通常在建立一套完整、科学的统计指标体系,用以全面、综合地反映现象的状态时,应该遵循客观性、科学性、可行性、预见性原则。

同步思考 1-4 ▶▶▶

1. 标志是说明总体单位特征的名称。其中，品质标志不能用数值表示，数量标志只能用数值表示。那么，文化程度是品质标志还是数量标志？试以一个班的学生为例，分别列举三个不变标志和可变标志。

2. 统计指标反映现象总体数量特征的概念及数值。统计指标由指标名称、指标数值、空间范围、时间范围、计量单位、计算方法六个要素构成。那么，国内生产总值 1 260 582 亿元，这个指标完整吗？还缺少哪几个要素？应该怎样明确？

思考与练习

• 知识题

一、单项选择题

1. "统计"一词的三种含义是（　　）。
   A. 统计调查、统计整理、统计分析　　B. 统计工作、统计资料、统计学
   C. 统计信息、统计咨询、统计监督　　D. 统计理论、统计方法、统计技能

2. 下列关于标志的说法中，正确的是（　　）。
   A. 可变标志是指某一标志在各个个体之间的具体表现相同
   B. 数量标志是表明个体数量特征的
   C. 品质标志是表明总体属性方面特征的
   D. 不变标志是指某一标志对所有个体而言，具体表现都是不同的

3. 不属于统计学研究方法的是（　　）。
   A. 大量观察法　　B. 综合指标法　　C. 对比分析法　　D. 统计模型法

4. 要了解某班 33 个学生的学习情况，则总体单位是（　　）。
   A. 33 个学生的学习成绩　　B. 33 个学生
   C. 每一个学生　　D. 每一个学生的学习成绩

5. 某工人月工资 3 490 元，则"3 490"是（　　）。
   A. 数量标志　　B. 品质标志　　C. 数量标志值　　D. 数量指标

二、多项选择题

1. 下列标志中，属于品质标志的有（　　）。
   A. 工资　　B. 所有制
   C. 旷课次数　　D. 耕地面积
   E. 产品质量

2. 人均粮食产量属于（　　）。
   A. 质量指标　　B. 数量指标
   C. 动态指标　　D. 总量指标
   E. 相对指标

3. 社会经济统计的职能，包括（　　）。

A. 信息职能 B. 核算职能
C. 咨询职能 D. 监督职能
E. 预测职能

4. 以下关于统计推断的描述中,正确的有( )。
   A. 统计推断的结论是确定的
   B. 统计推断是研究如何收集和描述数据的统计方法
   C. 统计推断是研究如何利用样本数据来推断总体特征的统计方法
   D. 统计推断的结论是不确定的
   E. 统计推断包括参数估计和假设检验等内容

5. 以下变量属于数值型变量的有( )。
   A. 受教育程度 B. 温度
   C. 年龄 D. 产品数量
   E. 产品等级

三、判断题

1. 统计工作就是对社会、经济以及自然现象进行研究的活动过程。 ( )
2. 社会经济现象都是有限总体。 ( )
3. 统计一词包含统计工作、统计资料、统计学三种含义。 ( )
4. 所有总体单位与总体之间都存在相互转换的关系。 ( )
5. 国民生产总值是数量标志。 ( )

四、简答题

1. 什么是统计?简述统计工作、统计资料、统计学三者之间的关系。
2. 什么是总体?什么是总体单位?总体与个体有什么关系?
3. 什么是标志?什么是指标?二者有什么联系与区别?
4. 统计研究常用的方法有哪几种?为什么要用大量观察法?
5. 统计的基本职能是什么?简述统计信息职能、咨询职能和监督职能三者之间的关系。

● **实务题**

为了研究某高校教职工的工资情况,根据此目的,明确下列概念。

1. 总体是( )。
   A. 该学校 B. 该学校全部教职工
   C. 该学校教职工的工资 D. 该学校教职工的人数
2. 总体单位是( )。
   A. 该学校 B. 该学校全部教职工
   C. 每一个教职工 D. 该学校教职工工资的总额
3. 标志是( )。
   A. 该学校的教职工人数 B. 学校的工资金额
   C. 每个教职工的工资 D. 每个教职工的平均工资

4. 指标是（　　）。

　　A. 该学校教职工的人数　　　　B. 该学校教职工的平均工资

　　C. 该学校教职工的工资总额　　D. 每个教职工的工资额

- **实训题**

实训一

实训目的：通过本练习题，熟悉各种统计基本概念。

实训资料：某企业为了解组装车间的职工人数、日产量和各组总日产量的关系，调查了2024年4月该企业组装车间的职工人数和产量情况，经过分组、汇总和计算，得到如下统计表。

某企业组装车间的职工人数及产量资料

按日产量分组（件）	职工人数（人）	各组日产量（件）
5~15	4	40
16~25	15	300
26~35	13	390
36 以上	8	320
合计	40	1 050

实训要求：

1. 在上述资料中，总体是什么？
2. 总体单位是什么？
3. 什么是总体单位的数量标志？
4. 什么是总体单位的品质标志？
5. 本例中反映总体数量特征的指标有哪几个？

实训二

实训目的：通过本练习题，加深对总体、总体单位、品质标志、数量标志、数量指标、质量指标的认识。

实训资料：调查某数码商场全部手机销售的情况。

实训要求：

1. 试指出总体、总体单位。
2. 试举出若干品质标志、数量标志、数量指标、质量指标。

📍 数字链接

 扫码阅读
知识拓展

 扫码查看部分
习题参考答案

第二章 统计数据收集

○ 学习目标

（1）了解统计数据收集的意义
（2）熟练掌握统计数据收集的方法
（3）熟练掌握统计调查方案编制内容
（4）熟练掌握统计调查问卷设计方法

○ 主要学习内容

本章主要阐释了统计数据收集的含义；对收集统计数据的相关要求；统计数据收集的方式；统计数据收集的技术方法；统计数据收集的方案设计和统计调查问卷的设计方法。

○ 引例 观察数据：尿布与啤酒

超市，尤其是小型超市和24h商店，常将婴幼儿的尿布与啤酒放在一起出售，这是因为店主在观察营业数据时发现，尿布卖得多的一天，啤酒往往也卖得多，而且买尿布的人通常也买啤酒。进一步观察发现，既买尿布又买啤酒的人往往是男士。家里没有尿布了，孩子的妈妈在照顾孩子，于是孩子的爸爸去买尿布，并且在买尿布时顺便拿了啤酒。这个例子说明超市每天都有很多"海量"的营业数据。这些观察数据的统计分析将告诉我们许多对经营超市有用的信息，例如哪些货物畅销，哪些货物滞销，哪些类别的货物应该放在一起，哪些类别的货物应该放在让人容易拿到的地方，等等。

资料来源：整理自《魅力统计》——观察数据。

第一节 统计数据的来源

一、统计数据收集的概念

统计数据收集的主要形式是统计调查。统计调查是根据统计研究的目的和要求，采用科学的方法，有计划、有组织地对调查对象中各调查单位有关标志的具体表现进行登记，取得真实可靠数据的活动过程。

按照获取途径不同，统计数据分为原始资料和次级资料。原始资料也称一手资料，是反映被调查对象原始状况的资料，如原始记录、统计台账、调查问卷答案、实验结果等。次级资料也称二手资料，是已经存在的、经他人整理分析过的资料，如期刊、报纸、广播、电视以及互联网上的资料，各级政府机构公布的资料，企业内部记录和报告等。

统计调查的基本要求是准确、及时、完整地取得反映社会经济现象总体和各部分之间相互联系的原始资料。

二、统计数据收集的种类

社会经济现象错综复杂，这就决定了统计调查的目的和调查对象的特点也各不相同，我们只有根据统计调查的具体情况选择合适的方法，才能达到预期效果。统计调查根据不同的分类标准有不同的种类。

（一）按调查对象的范围不同，分为全面调查和非全面调查

1. 全面调查

全面调查是指对被研究现象总体中的所有单位或者个体都进行调查登记的方法，如人口普查要对全国人口无一例外地进行登记。普查和全面统计报表都属于全面调查。这种调查方法由于要收集被研究现象总体中的有关单位的资料，所以耗费的人力、物力和财力肯定较多，一般不轻易采用，只有当需要反映国情、国力等重要指标时才使用这种方法。全面调查只适用于有限总体。

2. 非全面调查

非全面调查是指对被研究总体中的部分单位进行调查登记的方法。例如，在进出口贸易中一般只按一定比例抽取一部分商品以检验其质量。抽样调查、重点调查和典型调查等都属于非全面调查。非全面调查和全面调查相比，由于调查单位少，所耗费的人力、物力和财力相对较少，并且不局限于有限总体，因此应用较广泛。但这种方法由于没有掌握全面的资料，又受到调查单位选择技巧的影响，因此容易产生误差，实际应用中常需要同全面调查结合在一起运用。

（二）按调查登记时间是否连续，分为经常性调查和一次性调查

我们所研究的社会经济现象有两种不同的情况：一种是如连续生产的产品产量、原材料投放、动力消耗、员工出勤等调查对象数量不断变化的情况，这种变量值的大小与时间间隔长短有直接关系，称为时期现象；另一种是如固定资产总额、生产设备数量、商品库存量等调查对象在一定时期内数量变动不是很大的情况，这种变量值大小与时间间隔长短无直接关系，称为时点现象。对时期现象的调查，要用经常性调查的方法，即随着现象的变化，进行连续不断的登记观察，以反映现象总体在一定时期内的全部发展过程。对时点现象的调查，则可以使用一次性调查的方法，即定期或不定期对现象总体在某一时刻的状况进行一次性登记，以反映现象在一定时点上的发展水平或规模。

（三）按组织形式不同，分为统计报表和专门调查

1. 统计报表

统计报表是根据国家有关法律规定，按一定表式和要求，自上而下统一布置，自下而上逐级提供基本统计数据的一种调查方法。这种方法一般是由国家相关职能部门完成的，用以反映社会、经济、科技发展等状况。

2. 专门调查

专门调查是为了某一特定调查目的而专门组织的一种收集资料的形式。专门调查属于一次性调查，如普查、抽样调查、重点调查和典型调查等。在统计调查实践中，很多情况下都采用专门调查，用以满足各级管理部门的特殊需要。

关于统计报表和专门调查的具体内容和要求，本章第二节将详细阐述。

三、统计数据的收集方法

（一）原始数据收集方法

原始数据的调查方法，主要是调查者与被调查者直接或间接接触以获取数据的一种方法，包括直接观察法、采访法、问卷调查法、报告法、电话调查法、网上调查法和实验法等方法。

1. 直接观察法

直接观察法，也称现场调查法，它是指调查人员根据一定的调查目的、提纲或观察表，用自己的感官和辅助工具去直接观察被调查对象，从而获得数据的一种方法。科学的观察具有目的性和计划性、系统性和可重复性。观察一般利用眼睛、耳朵等感觉器官去感知观察对象。由于人的感觉器官具有一定的局限性，观察者往往要借助各种现代化的仪器和手段，如照相机、录音机、摄像机等来辅助观察。比如，我国的 CPI 价格调查，通常是调查员通过手持数据采集器，在保证价格准确的前提下，采用定人、定点、定时的方法直接调查，对价格变动频繁的商品遵循逢 5、逢 10 的采价原则进行市场调查。经国家统计局审定，各地可利用被调查单位的电子数据进行辅助采价，也可从互联网采集特定商品和服务的价格，以减少数据采集环节的人为干扰。

2. 采访法

采访法，也称派员调查法，是调查者与被调查者通过面对面交谈从而得到所需数据的调查方法。采访法分为标准式访问和非标准式访问两种。标准式访问又称结构访问，是按照调查人员事先设计好的有固定格式的标准化问卷或表格，有顺序地依次提问，并由受访者做出回答。其优点是能够对调查过程加以控制，从而获得比较可靠的调查结果。非标准式访问又称非结构式访问，事先不制作统一的问卷或表格，没有统一的提问顺序，调查人员只是给一个题目或提纲，由调查人员和受访者自由交谈，从中获得所需资料。

3. 问卷调查法

问卷调查法，也称问卷法，是以书面提出问题的方式收集资料的一种研究方法。调查人员

将所要调查的问题编制成问题表格，以邮寄、当面作答或者追踪访问的方式填答，从而了解被调查者对某一现象或问题的看法和意见，所以又称为问题表格法。问卷法的运用关键在于编制问卷、选择被调查者和结果分析。

4. 报告法

报告法是指被调查者按隶属关系，依据各种原始记录和核算资料，逐级向上提供统计数据资料的方法。定期统计报表和一些一次性调查表多使用这种方法。如果报告系统健全，原始记录和核算数据完整，采用报告法就可以取得比较精确的资料。

5. 电话调查法

电话调查法是调查人员利用电话与受访者进行沟通，从而获得调查数据的一种调查方法。电话调查可以按照事先设计好的调查问卷进行调查，也可以针对某一专门问题进行电话采访。电话调查的调查问题要明确，问题数量不宜过多。比如，国外总统选举时，对候选人当选概率的调查通常采用电话调查的方式进行。

电话调查法的特点：第一，电话调查时效快，费用低；第二，受访者需要有电话且有电话沟通能力；第三，电话调查的调查时间不能过长；第四，电话调查无法出示调查说明、照片、图表等背景资料。

6. 网上调查法

网上调查法是指通过互联网所进行的统计调查，它具有其他统计调查方法不具有的优势，如组织方便、费用低廉、可全天候运作、消除时间和空间的限制、缩短调查时间等。

网上调查法最早起源于20世纪90年代，起步虽晚，但发展很迅速。有些调查还只能借助网络进行。随着大数据时代的到来，网上调查的应用也越来越广泛。

网上调查法有优点也有不足。优点：一是组织简单，执行便利，辐射范围广；二是速度快，信息反馈及时；三是匿名性很好，所以调查对象对于一些不愿在公开场合讨论的敏感性问题，可以在网上畅所欲言；四是费用低，简单易行，不受时间和空间限制，不需要任何复杂的设备。不足：一是只能进行定量调查，无法进行定性调查；二是网络的安全性有待加强，真实性存疑（比如有时会有网络"水军"等），有时受试者会不愿意合作；三是网民的代表性存在准确性差的情况，无法深入调查；四是受访对象难以限制，针对性不强。

7. 实验法

实验法是调查者通过有意识地改变或控制某些输入变量，观察输出变量的变化，从而认识事物本质的一种调查方法。实验法不仅是一种收集数据的方法，而且是一种重要的研究方法。在实验中，往往需要将研究对象分为两个组，一个是实验组，另一个是对照组，对实验组的输入变量加以控制或改变，而对照组则不加以控制，根据两个组的输出结果，可以看到输入变量对输出变量的影响，从而判定结果的差异。

（二）次级数据收集方法

次级数据，也称二手数据，是指由其他人收集和整理得到的统计数据。这种来源于他人调查整理基础上的数据称为次级数据，也称为间接来源数据。需要指出的是，在网络经济条件下，计算机软件收集数据和整理数据的功能越来越突出。因此，二手数据或次级数据的收集整理也愈加重要。二手数据或次级数据有以下两种主要分类。

1. 内部次级数据

内部次级数据，是指来自组织（企业）内部的数据。内部数据的来源有四种：一是业务数据，如销售合同、订货单、发货单等销售单据；二是财务数据，如会计记录、财务报表、审计报告等；三是统计数据，如生产、销售、库存等统计报表以及统计分析报告；四是其他数据，如企业规划、调研报告、评估报告、客户资料等。

2. 外部次级数据

外部次级数据，是指从组织外部获得的次级数据。外部次级数据的来源主要有以下几个方面。

一是年鉴类。包括：《中国统计年鉴》，由国家统计局编辑，是一部全面反映我国国民经济和社会发展情况的资料性书籍；《国际统计年鉴》，是一部综合性国际经济、社会统计数据资料，收录了世界200多个国家和地区的统计数据资料，对其中的40多个主要国家的经济和社会发展状况以及世界主要企业的基本情况等通常有详细介绍；地方统计年鉴，由各省、自治区和直辖市以及经济特区的统计局编纂，能比较详细地反映各省、自治区和直辖市以及经济特区的社会、经济和科技等发展变化情况；《中国县（市）社会经济统计年鉴》，由国家统计局农村社会调查司编纂，主要内容有区域分析统计图、各县（市）经济主要指标和按地方一般公共预算收入分组的县（市）资料；《中国人口普查年鉴》，是反映人口状况的资料性年刊，有全国各省、自治区和直辖市大量的人口数据。

二是期刊类。通常各种年鉴所提供的资料虽然详细、全面、系统，但时效性较差。期刊反映我国经济社会动态数据的时效性更好一些。图书和期刊等出版物文献数量多、内容系统，便于查找，但由于多为已经加工过的二手资料，有时很容易受到原文作者主观因素的影响。

三是专业市场调研企业出售的高度专业化数据。市场调研企业通常提供电视收视率、零售销售额、产品或服务的分销渠道、行业或产品研究、民意调查、生活方式调查、顾客满意度调查、广告媒体效果调查等数据。

四是数据库数据。数据库是指按照一定要求收集且具有内在相关性的数据集合体。数据库可以分为内部数据库和外部数据库，内部数据库主要是进、销、存数据和财务数据，外部数据库范围较广，如政府统计部门的网站、行业或贸易组织的网站等。政府和社会团体的档案包括文件、统计材料、会议记录、大事记等。这类材料比较原始，真实可靠，研究价值很大。但得到这些材料也不太容易，有些还不能公开引用。

如今，在计算机与网络技术飞速发展的时代，互联网成为获取统计数据的重要途径。目前可获取反映中国经济社会状况的统计数据的网站主要有：国家统计局官网，可以查到统计公报、统计数据、统计分析、统计法规、统计管理和数据直报等资料，在该网站也可搜寻有关统计年鉴的数据资料；此外，国务院发展研究中心官网、中国经济网官网等，都可以查到丰富的数据信息。

当然，利用次级数据应注意以下问题：一是要结合研究和分析问题的目的，有针对性地获取资料；二是要评估次级数据的可用价值，有些历史资料虽然保存完好，但与现实相去甚远，可能不适合用来说明和论证新问题，次级数据资料大多经过了加工整理，原始的背景资料可能没法找到，另外，资料保存不完整，或者由于其他原因导致数据缺失过多等情况，都会降低次级数据的使用价值；三是要注意指标的含义、口径、统计方法等是否具有可比性，随着社会经济的发展和社会管理的需要，统计制度也会发生相应的改变，反映在统计指标上，可能统计指标的名称没变，但它的社会经济含义已经发生了变化，与此相关的也有统计范围、统计方法前后不一致的现象，因此，在使用不同时期的统计数据资料时，要考虑对资料进行必要调整，以保证资料间的可比性；四是要注意弥补缺失的资料，凡是不完整的历史资料，应根据需要和可能，设法进行适当的补充；五是要进行质量检查，要对次级资料逐项进行甄别，对存在问题的数据进行剔除或纠正；六是在引用二手数据时，一定要注明数据来源，以尊重他人的劳动成果。

总之，统计数据十分繁杂，统计调查的收集方法也有不同。概括起来，统计数据的收集方法如图 2-1 所示。

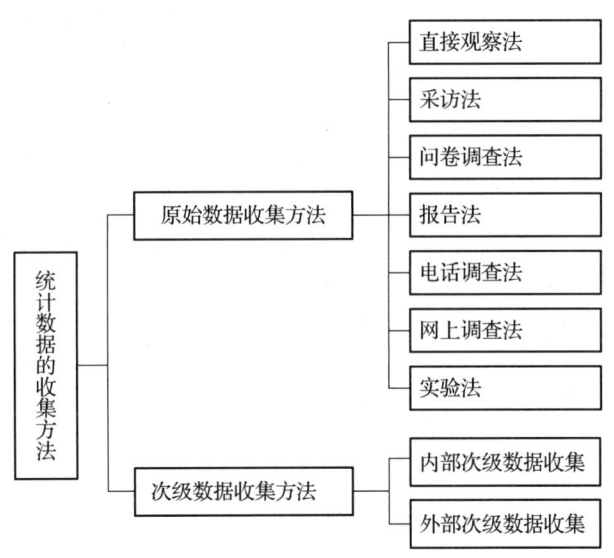

图 2-1　统计数据的收集方法

第二节　统计数据收集的组织形式

我国统计调查方法体系是：建立以必要的周期性普查为基础，以经常性的抽样调查为主体，同时辅之以全面统计报表、重点调查和科学的统计推算综合运用的统计调查方法体系。统计调查按组织形式主要分五种：普查、统计报表、抽样调查、重点调查、典型调查。

一、普查

1. 普查的含义和特点

普查是指根据统计研究的特定目的和任务而专门组织的一次性的、大规模的全面调查，主要用于收集某些不能或不适宜用定期全面调查报表收集的信息资料，调查对象通常属于一定时点的社会经济现象总量。目前，我国所进行的普查主要有人口普查、农业普查、经济普查等。

2. 普查的组织原则

普查是一次性的全面调查，涉及面广，工作量大，需要动员很多人力、物力和财力。根据普查工作的特点，在组织普查时，必须遵守以下基本原则：一是必须规定统一的时点，即统计数据所属的标准时间，其目的就是尽量避免重复和遗漏；二是在普查范围内的各调查单位应同时进行登记，方法步调要保持一致，并力求在尽可能短的时间内完成，以保证资料的准确性和时效性；三是普查项目统一规定后，不得任意改变或增减，以便于综合汇总。

在时间上，性质相同的普查的各次调查项目要尽可能保持相对稳定，以便将历次调查数据进行比较和分析。例如，第七次全国人口普查的标准时点为 2020 年 11 月 1 日 0 时，那么 2020 年 11 月 1 日 0 时以后出生的人不登记，2020 年 11 月 1 日 0 时以后死亡的人仍要登记，2020 年 11 月 1 日 0 时以后发生迁移的人仍在原住地登记。

普查和全面统计报表虽然都是全面调查，但两者有区别。统计报表属于经常性调查，报表的内容主要是经常调查的项目；而普查属于一次性调查，主要用于调查有关国情、国力的重要资料在一定时点状态下的数量。有些社会现象不可能也不需要进行经常调查，但又需要掌握比较全面的统计数据资料，就要进行普查。普查比一般调查规模要大，而且调查内容详细，可以得到完整的统计数据资料，而统计报表则不可能像普查那样掌握如此详尽的全面资料。

3. 普查的组织形式

普查的组织形式有两种，一种是专门建立普查机构，配备专门人员，对调查单位进行调查，如人口普查；另一种是利用调查单位的原始记录和核算资料，结合清库盘点，由原有的调查机构、单位自行填报调查表格。

目前我国普查主要包括：人口普查逢"0"年进行，每 10 年进行一次；农业普查逢"6"年进行，每 10 年进行一次；经济普查逢"3、8"年进行，每 5 年进行一次。

例如，我国的人口普查分别于 1953 年、1964 年、1982 年、1990 年、2000 年、2010 年、2020 年进行，至今共进行过 7 次。通过人口普查，国家摸清了我国人口总数及内部结构等情况。人口普查表如表 2-1 所示。

表 2-1 人口普查表

本户住址_____省/自治区_____市_____县/市_____乡/街道_____村/居委会_____组/居民小组（街巷_____号）

姓名	与户主关系	性别	年龄	民族	常住人口登记状况	文化程度	行业	职业	不在业人口状况	婚姻状况	生育和存活子女总数	上年生育状况
1	2	3	4	5	6	7	8	9	10	11	12	13

再如，我国以 2023 年 12 月 31 日为时点、2024 年 1 月 1 日开始了第五次全国经济普查，这次经济普查是对国民经济进行的一次"全面体检"和"集中盘点"。此次普查全面调查我国第二产业和第三产业的发展规模、布局和效益，摸清各类单位的基本情况，首次统筹开展投入产出调查，掌握国民经济行业间经济联系，客观反映推动高质量发展、构建新发展格局、建设现代化经济体系、深化供给侧结构性改革以及创新驱动发展、区域协调发展、生态文明建

设、高水平对外开放、公共服务体系建设等方面的新进展。通过普查获取的翔实资料，将为推动我国实施"十四五"规划、研究制定"十五五"规划、全面建设社会主义现代化国家提供有力的数据支撑，也将为企业和个人提供生产经营、投资决策等参考依据，为社会公众了解经济社会发展情况提供信息服务。

依据不同普查对象，普查登记表分为五类：一套表单位普查登记表、非一套表单位普查登记表、个体经营户抽样调查登记表、部门普查登记表、投入产出调查表。从普查数据的收集看：一套表单位在数据采集处理系统中填报普查表，非一套表单位由普查员使用手持电子终端入户调查或由普查对象以自主填报的方式报送普查表，个体经营户样本单位由普查员使用手持电子终端入户调查，投入产出调查单位将填写完成的投入产出调查电子统计台账导入数据采集处理系统。

总之，普查是一次规模浩大的系统工程。普查的主要特点：一是普查比其他任何调查方法所取得的资料更全面、更系统、更准确、更可靠，这也是普查的优点；二是普查主要调查在特定时点上的社会经济现象总体的数量，有时也可以反映一定时期的现象；三是普查需要动用较多的人力、物力、财力，需要较长的时间，组织工作较繁重，这也是普查的不足。

扫码观看
人口普查

二、统计报表

统计报表是依照国家有关法规，自上而下地统一布置，以一定的原始记录为依据，按照统一的表式、统一的指标项目、统一的报送时间和报送程序，自下而上地逐级、定期提供统计数据资料的一种调查方式。统计报表是我国收集统计数据的主要方法，在过去很长一段时间里，是国家全面了解和掌握国民经济与社会发展状况的重要方式。目前，我国在政府部门、各类企事业单位、社会团体、科研机构等全面实行统计报表制度，通过联网直报全面报送统计数据。

1. 统计报表的特点

（1）强制性，即在统计报表实施范围内的所有单位都必须全面贯彻执行我国《统计法》的有关规定，填报统计报表是所有填报单位必须向国家履行的一种义务。

（2）统一性，即统计报表的指标内容、口径范围、计算方法、表格形式、报送程序和时间等都是统一规定的。

（3）稳定性，即统计报表任务自上而下地统一布置，调查资料自下而上地逐级上报，这种一下一上的关系十分稳定。

（4）时效性，即统计报表规定了统一的报送时间，各单位都必须按时上报。

（5）可靠性，即统计报表是建立在基层企事业单位的原始记录和核算资料基础上的，只要原始资料准确，就可以保证统计报表资料准确可靠。

（6）连续性，即统计报表属于连续性统计调查，能连续不断地定期提供统计数据资料。

（7）全面性，即当总体中的所有单位都填报统计报表时，统计报表资料就是全面资料。

（8）层次性，即由于统计报表的资料自下而上地层层上报汇总，因而能满足各级政府和主管部门对统计数据资料的不同需要。

2. 统计报表的种类

（1）按报送周期不同，统计报表分为定期统计报表和年度统计报表。定期统计报表有日报、旬报、月报、季报、半年报。报送周期越短，花费的人力、物力、财力就越少，统计报表中的指标项目就越少，需要调查的指标也就越重要；报送周期越长，指标项目就越多，内容也越详尽全面。月报、旬报周期较短，时效性较强，通常称为进度统计报表。一般应根据实际需要选择不同报送周期的统计报表。现在各种统计报表大都采用网上直报报送的方式。

（2）按填报单位不同，统计报表分为基层统计报表和综合统计报表。基层统计报表是指由基层企事业单位填报的统计报表，综合统计报表是由主管部门或统计部门根据基层报表逐级汇总填报的统计报表。填报基层统计报表的单位称为基层填报单位，填报综合统计报表的单位称为综合单位。

（3）按实施的范围不同，统计报表分为国家统计报表、部门统计报表和地方统计报表。国家统计报表也称为国民经济基本统计报表，由国家统计局制定，在全国范围内颁发执行，内容包括农、工、商、交通、邮电、基建、物资、外贸、财政、金融及文教、卫生等方面的最基本的统计数据，是我国统计报表的主体；部门统计报表是各业务部门根据本专业管理需要而制发的、在本部门范围内实施的统计报表，用来收集本部门业务范围内的相关基本统计数据；地方统计报表是为适应本地区的需要而制定的地区性统计报表，其实施范围是各省、自治区、直辖市。部门和地方统计报表都是国家统计报表的补充。

另外，统计报表按调查范围不同，可分为全面统计报表和非全面统计报表；按性质和内容不同，可分为基本统计报表和专业统计报表等。

3. 统计报表制度的基本内容

（1）表式。表式是统计报表制度的主体，统计调查资料是通过这些表式的填报而取得的；表式的主要内容是：主栏项目、宾词标目、补充资料项目以及表名、表号、填报单位、报出日期、报送单位负责人和填报人的签章等。

（2）填表说明。填表说明包括填报范围（实施范围），要求明确规定每种报表的填报单位；指标解释，即对列入表式的统计指标的概念、计算方法、计算范围及其他有关问题的具体说明；分类目录，即是关于统计报表主栏中应填报的有关项目一览表，是填报单位填报的重要依据；对报送日期、受表单位和报送份数等事项的规定。

统计报表的制定应遵循适用与精简原则、科学原则、统一原则及分工原则。对于按国家法律规定审查和制发的合法报表，各填报单位应如实填写，不得擅自更改，也不允许弄虚作假、虚报瞒报；对于未按法定审批的非法报表，各单位有权拒绝填报，并加以检举。

三、抽样调查

抽样调查是一种非全面调查，它是按随机原则从调查对象中抽取一部分单位作为样本进行观察，然后根据样本数据去推算调查对象的总体特征。

1. 抽样调查的特点

（1）样本单位按随机原则抽取，排除了主观因素对选样的影响。

（2）根据部分调查的实际资料对调查对象总体的数量特征做出估计。根据数理统计的原理，抽样调查中样本指标和相对应的总体指标之间存在着内在联系，而且两者的误差分布也是有规律可循的，因而提供了用实际调查所得的部分信息以推断总体数量特征的科学方法。

（3）抽样误差可以事先计算并加以控制。以样本资料推算总体数量特征，不可避免地会产生误差，但这种误差与其他统计估算所产生的误差不同，它可以根据有关资料事先加以计算，并且通过一定的途径来控制误差的范围，保证抽样推断结果达到预期的可靠程度。

2. 抽样调查的适用范围

（1）对产品进行有破坏性和消耗性的质量检查。例如，在对电视显像管的耐用时数、轮胎的里程试验等进行调查时，不可能毁去所有的产品而鉴定其质量，只能采用抽样调查。

（2）如居民的家庭收支情况等不必进行全面调查的情况。例如，对居民手存现金情况的调查，不可能也没有必要对所有居民逐一观察、经常登记，只能按随机原则选定若干家庭加以调查以获取统计所需的资料。

（3）一些时效性较强而又难以进行全面调查的情况。比如，对农作物长势、产量等的调查。

（4）对普查资料进行必要的修正。由于普查涉及面广，工作量大，容易产生登记误差，即出现重复登记或遗漏现象。通常，可以在普查开始之后，做一次小规模的抽样调查，将抽样调查的结果同原来的普查资料进行核对，计算出差错（重复或遗漏）比率，然后以此作为修订系数，对普查资料进行必要的修正。在复查工作完毕之后，还可以利用抽样法对普查质量进行检查。

关于抽样调查必须遵循的原则、抽样调查的组织形式、抽样误差的计算、指标的推断、样本单位数的确定等内容，我们将在抽样推断一章中详细阐述。

四、重点调查

1. 重点调查的意义

重点调查，是在调查对象范围内只选择一部分重点单位进行调查的一种非全面调查方式。比如在我国上千家钢铁企业中，只选择首钢、宝钢、鞍钢、太钢、武钢、包钢等几家大型钢铁企业进行调查；在我国众多的原油生产企业中，只选择大庆油田、胜利油田、中原油田等几家大油田进行调查；另外在棉花、茶叶、矿产等行业中，只选择主要产区进行调查的方法都属于重点调查。重点调查可以定期进行（如以定期统计报表的形式进行调查），也可以进行一次性调查，具体根据所研究问题的需要而定。

重点调查具有以下特点：①重点调查实质上是范围比较小的全面调查，目的是反映现象总体的基本情况；②不能用重点调查的结果直接推断总体的标志总量；③重点调查投入少、速度快；④重点调查可以调查较多的项目，了解更详细的信息。

对于总体单位数很多，但存在少数重点单位，且只需了解现象的基本情况或基本趋势的情况，由于进行全面调查很困难或投入很大，没有必要采用全面调查的方法，因此采用重点调查的方法意义更大。这些也正是组织重点调查的前提条件。

2. 重点调查的组织

重点调查的组织工作，主要在于重点单位的选择。所谓重点单位，是指在总体中具有举足轻重地位的那些单位，虽然它们在调查对象的全部单位数中只是一小部分，但其标志总量在被研究总体的全部标志总量中却占较大比重。是不是重点单位，要从数量方面来衡量，而不管其是否是技术先进单位或管理先进单位，即重点单位的选择要客观，只需着眼于这些单位的标志值在总体标志总量中的比重，而不带主观意识，不考虑这些单位在技术、管理或其他方面是否有特殊意义。重点单位可以是一些企业、行业，也可以是一些地区、城市。

五、典型调查

1. 典型调查的意义

（1）典型调查是根据调查目的和要求，在对调查对象进行初步分析的基础上，从全部调查单位中有意识地选取若干具有代表性的单位进行深入调查研究的一种非全面调查方式。典型调查符合从认识个别或特殊事物逐步扩大到认识一般事物的人类认识运动的基本规律，通过对典型单位进行深入且细致的调查，了解事物的本质及其发展过程，进而认识同类事物的本质和发展规律。

（2）典型调查的特点。从典型单位入手、逐步认识事物的一般性和普遍性，调查方法机动灵活，省时省力，有利于提高调查效率。典型调查是一种深入且细致的调查研究活动，既可以收集有关数字资料，又可以掌握具体、生动的情况，研究事物发生、发展的过程和结果，有利于探索事物发展变化的规律性。

（3）典型调查的意义。典型调查的意义主要体现在以下三个方面。

第一，典型调查可以补充全面调查和其他非全面调查的不足，如典型调查可以收集到全面调查和其他非全面调查无法取得的统计数据资料、不能用数字反映的各种情况并验证全面调查结果的真实性。

第二，利用典型调查资料并结合基本统计数据，在一定条件下可以估计总体指标数值。

第三，典型调查可以用来研究新生事物，即在新生事物还处在萌芽状态时，采用典型调查，抓住苗头，深入研究，探索它们的发展方向，总结经验，以便推广。

2. 典型单位的选择

选准、选好典型单位是保证调查质量的关键。常用的典型单位的选择方法有三种：一是划类选典法，即在了解总体概况的基础上，按某种标志把总体划分为若干类型，根据每一类型在总体中所占的比例，选出被调查的若干个典型单位；二是挑选中等典型法，"麻雀虽小，五脏俱全"，通过解剖"麻雀"，可以认识总体的内部构成、一般水平和发展变化规律，所以也叫解剖麻雀法；三是挑选先进、后进或新生事物典型法。

在实际选择典型单位时，可以按下面几种方法进行：一是如果为了近似估计总体数值，可以将总体划类以选取典型单位；二是如果为了了解总体一般水平，可以选择中等典型单位；三是如果为了总结经验教训，可以选择先进或落后的典型单位；四是可以选单个典型单位，也可以选择整体；五是可以临时选择典型单位，也可以固定典型单位。

需要特别说明的是，普查、统计报表、抽样调查、重点调查、典型调查等调查方法虽然存在很大区别（如表2-2所示），但在统计实践中也可以结合应用，既可以用全面调查取得最基本的统计数据，又可以用重点调查取得次要或比较具体的数据，同时也可以用典型调查收集更细致、更深入的数据。

表 2-2　各种统计调查方法

调查方式	调查单位的选取	调查单位代表性	调查目的	调查误差
普查	所有单位，不遗漏	全都调查	了解总体情况	不确定
统计报表	所有单位，不遗漏（通常）	全都调查（通常）	了解总体情况	不确定
抽样调查	按随机原则选取	少数单位，有代表性	数量上推算总体指标	可事先计算和控制
重点调查	数量方面占比较大	少数单位，有重要性	了解总体基本情况	无法估计
典型调查	有意识地选有代表性的	个别单位，有典型性	估计总体近似值	不确定

同步思考 2-1 ▶▶▶

1. 统计数据收集的只是原始资料吗？为什么现阶段对二手数据的收集越来越重视？试举例说明。

2. 什么是一次性调查？它是只调查一次以后就不再进行调查了吗？哪些调查适宜采用一次性调查？

3. 普查、抽样调查、重点调查、典型调查四种方法之间有什么联系与区别？普查与统计报表调查有什么联系与区别？

第三节　统计调查方案设计

统计数据收集是一项复杂的、严谨的工作，它必须有计划、有组织地进行，这就需要在收集数据之前制订一个周密的方案，以保证整个数据收集工作顺利完成。

统计调查方案是一个工作计划书，它是指导整个统计调查过程的一个纲领性文件。一个完整的调查方案通常包括确定调查目的、确定调查对象、调查单位和填报单位、确定调查项目和调查表、确定调查时间和调查期限、确定调查的组织形式和方法、确定调查的组织实施计划等内容。

一、确定调查目的

调查目的是本次调查所要达到的目标，也是调查的原因、意义和任务。调查目的决定了调查对象、调查内容和采用的调查方法等。因此，如果调查目的不明确，就无法确定向谁调查、调查什么、用什么方法进行调查。制订一个调查方案，首先要明确调查目的。例如，对农村经济状况进行调查，既可以从农业生产方面来考虑，也可以从农民的消费方面来考虑，还可以从农产品生产成本等方面来考虑。因此，调查目的应尽可能具体明确、突出中心，否则，调查来的资料可能并不是需要的，而需要了解的情况又得不到充分的反映。通常小型的统计调查，目的可以更简捷，突出一至两个中心就好。

二、确定调查对象、调查单位和填报单位

有了明确的调查目的，就可以确定调查对象了。调查对象是向谁收集调查数据，它是由许多性质相同的调查单位组成的整体。调查单位是构成调查对象的每一个单位，它是调查标志的承担者。填报单位是负责上报调查数据的单位。调查单位和填报单位有时候一致，有时候不一致。例如，想要了解某市工业企业的经济效益，则该市的工业企业是调查对象，而每个工业企业就是调查单位，填报单位也是每一个工业企业。如果想要了解一个市的汽车状况，则汽车是调查单位，而拥有汽车的单位或个人则是填报单位。

明确调查对象和调查单位的目的是要确定向谁进行调查的问题，只有正确地确定调查对象，才能划清所要研究的总体界限，这对保证调查数据的准确性和有用性十分重要。在第五次全国经济普查中，调查对象和调查单位是各行政区域内从事经济社会活动的全部法人单位、产业活动单位以及从事第二、第三产业活动的个体经营户。

比如，如何认定企业法人？第一，看证照。普查员根据被调查对象的营业执照认定，即根据市场监管（工商）部门登记注册情况认定，经各级市场监管（工商）部门登记注册，领取《企业法人营业执照》《个人独资企业营业执照》《合伙企业营业执照》《外商投资合伙企业营业执照》或新版《营业执照》的前述企业。第二，看名称。企业法人名称中一般不含"分公司""分厂""分部""分店"和"项目"等字样，带有上述字样的单位一般是分支机构，不作为法人单位，但符合特殊规定的企业法人除外。第三，要区分母公司与子公司、总公司与分公司。母公司和子公司：母公司是指持有其他公司一定比例以上股份而能够对其他公司进行控制的公司，是独立法人；子公司是指被母公司控股的公司，子公司在法律和经济上都是独立的，子公司是企业法人。总公司和分公司：总公司是指全资设立具有不定数量、不具法人资格分支营业机构的公司；分公司是指附属于总公司，不能独立承担民事责任的分支机构，分公司不是企业法人。第四，企业集团不能作为一个法人。企业集团是指以资本为主要联结纽带、以集团章程为共同行为规范的母公司、子公司、参股公司及其他成员企业或机构共同组成的具有一定规模的企业法人联合体；企业集团中的各个子单位要根据单位划分规定分别确定为法人单位。

再如，对个体经营户的认定的要点为：一是按照《中华人民共和国市场主体登记管理条例》《促进个体工商户发展条例》等法律、行政法规规定，依法在经营主体登记机关登记注册、开展经营活动的个人和家庭，具体是指公民在法律允许范围内，依法经核准登记，从事工业、建筑业、交通运输业、批发零售业、住宿餐饮业和其他服务业等活动的个体劳动者和家庭；二是未在经营主体登记机关登记注册，但是有相对固定场所、一年内实际从事第二产业、第三产业个体经营活动累计三个月以上的个人和家庭，不包括以辅助劳动力或者利用农闲时间进行兼营性工业、商业及其他活动的农民和农民家庭。

三、确定调查项目和调查表

1. 调查项目

调查项目是指需要向调查单位了解的内容，也就是能说明调查单位特征的有关标志。它是

由调查目的和调查任务以及调查对象的性质和特点决定的。调查项目是由品质标志和数量标志所构成的标志体系。通俗地说，调查项目是一份在调查过程中应该获得答案的各种问题的清单。

调查项目的确定要以调查目的和任务为依据，同时也要考虑到调查对象的特点。在拟定调查项目时，要注意以下四个问题。

第一，调查提纲中的项目应该按照需要与可能的原则来规定。有的项目虽然需要，但实际无法取得，就不应该设置此调查项目，列入的项目应是既需要又能取得的项目。

第二，列入调查提纲中的项目只限于调查目的所必需的项目，可有可无或备而不用的项目则坚决舍弃。

第三，项目的提法应十分明确，每一个项目都应该有确切的含义和统一的解释，以免调查人员或被调查者按自己的不同理解进行回答，使调查结果没有统一的答案，理解一致，才能保证资料的可靠性。

第四，各个调查项目之间尽可能做到相互联系、彼此衔接，以便从整体上了解现象的相互联系，便于有关项目互相核对，检查资料的正确性，提高调查质量。

2. 调查表

调查表是将调查项目按照一定的顺序排列起来所形成的表格。调查项目一般都是用调查表来反映的。使用调查表可以为下一阶段的统计整理提供极大的方便。

调查表一般有单一表和一览表两种。单一表是每个调查单位填写一份，可以容纳较多的项目；一览表是把许多单位情况列在一张表上，以便于对比计算和核对，在调查项目不多时较简便，但在项目较多的情况下，一览表不太适用。

为了填写调查表，必须附有简明扼要的填表说明和项目解释。填表说明用来提示填表时应注意的事项，项目解释则是为了说明调查表中某些标志的含义，包括范围、计算方法等。填表说明和项目解释必须根据国家制定的统一标准，以保证统计调查中采用的指标含义、计算方法、分类目录和统计编码等方面的数据标准化，这是填报人员必须遵守的准则。

四、确定调查时间和调查期限

统计调查应规定调查时间和调查期限。调查时间是调查数据所属的时间，如果调查的是时期现象，则调查时间就是资料所反映的起讫时间；如果调查的是时点现象，则调查时间就是统一的标准时间。

调查期限是指调查工作的起止时间，包括收集资料和报送资料的整个工作所需要的时间。根据统计调查的及时性要求，按规定的时间开始调查和结束调查。

调查时间和调查期限是不一致的，有时调查时间比调查期限长，有时调查时间比调查期限短。例如，在 2024 年 1 月调查一个企业 2020—2023 年所上缴的利税总额，这项调查数据所属时间为 2020 年 1 月 1 日—2023 年 12 月 31 日；调查期限为 2024 年 1 月，即从 2024 年 1 月 1 日起，2024 年 1 月 31 日止。

五、确定调查的组织形式和方法

调查的组织形式主要包括统计报表、普查、抽样调查、重点调查、典型调查。在编制统计调查方案时，应明确是全面调查还是非全面调查。如果是非全面调查，应明确是抽样调查、重点调查还是典型调查；如果是抽样调查，应明确具体的抽样方法等。在确定调查方案时，都要有明确规定。当然，在一次调查中也可以同时采用多种调查的形式。调查的具体方法是指收集资料的具体方法，包括询问法、报告法、实验法、文献调查法和网上调查法等。在确定调查方案时，要对其加以规定，当然，在一次调查中也可以同时采用多种方法。

不仅要确定调查的方法，还要确定调查数据汇总处理的方法。因为在社会经济调查中，为了提高调查的时效性和准确性，大多采用了分级汇总与超级汇总相结合的方式。一方面可以加快数据汇总的速度，满足各级部门的需要；另一方面避免了统计调查原始数据的信息在逐级汇总过程中的损失、衰减和干扰，使其得到有效的利用，各级汇总的数据还具有相互验证的作用。同时，还要制定调查数据的处理方法，需要详细制定各项调查指标的计算口径和计算方法，统一规定处理调查数据必须提供的基本调查指标，以保证调查数据在时间上和空间上的可行性。在进行抽样调查时，还要对样本容量计算、抽样估计量推断和抽样误差计算的具体方法给予统一规定。调查数据的处理工作一般都用计算机进行，通常大型的调查可以通过编制专用的调查数据汇总和数据处理软件来保证工作质量和工作效率。

此外，还要确定调查误差的控制方法。对于调查中可能出现的误差，不同的统计调查方法应该相应采取不同的调查误差控制方法，以提高统计调查数据的质量。对于全面调查，一般可以用抽样数据来控制调查中出现的登记性误差。对于抽样误差，则通过科学地确定必需的样本容量等方法来实现对抽样误差的有效控制。控制调查误差的具体办法如下。

（1）制订科学的调查方案。事先进行周密设计，包括明确调查对象的范围，说明调查项目的具体含义和计算方法，确定合理的调查方法，规定合适的时间、地点等，才能使调查人员或填报人员有统一的依据。

（2）要切实抓好调查方案的实施工作。重视对调查人员的挑选和管理、重视现场调查工作，抓实各个环节的操作，达到操作规范化，确保各地调查执行方案统一、数据统计口径一致；选择合理的资料收集方法，做到科学抽样和选点；建立现场登记数据的质量评估标准，进行调查过程的检查与监控；加强对调查资料的审核，发现差错及时纠正；加强对调查结果的检验、评估，等等。

六、确定调查的组织实施计划

在调查方案中，还需要研究确定调查的组织实施计划，使调查工作的进行在组织上、措施上得到保证。

组织实施计划包括明确调查机构、调查地点等问题，此外，在调查的组织工作中，对于调查前的准备工作，包括宣传教育、调查人员培训、文件印刷、调查数据报送办法、调查经费的预算和开支办法、提供或公布调查结果的时间等，都应该做出具体规定。例如，全国农业普查工作规定，"在国务院和地方各级政府的领导下进行""每个普查区设一名指导员，负责对普查员的工作进行安排、指导和督促检查。每个普查小区设一名普查员，负责普查的访问登记工作"。指导员和普查员的基本条件是：具有初中以上文化程度，责任心强，熟悉当地情况，身体健康。全国农业普查所需经费，按照分解负担的原则，由中央财政和地方财政分别承担。再如，在第五次经济普查工作中，为了集中力量在2024年较短时间内完成对全国数千万家普查对象的现场登记工作，根据普查方案要求，组织全国约 210 万名普查指导员和普查员，积极推进普查区划分与绘图、"地毯式"入户清查、查遗补漏、数据审核验收等工作，全面完成单位清查，形成了统一完整的普查名录，为普查登记顺利开展奠定了坚实基础。普查登记要求采用普查员入户采集、普查对象自主填报和部门报送数据相结合的方式获取普查对象数据，减少数据采集环节的人为干扰，加强培训指导，提高普查人员业务能力和调查水平，规范有序开展现场登记工作，确保普查源头数据质量；同时要求严格审核检查，开展事后数据质量抽查。认真执行普查数据审核验收办法，对普查数据进行"即采即审"，综合运用大数据手段和多种分析方法开展审核验证，强化全流程普查数据质量控制，加强普查工作事前、事中、事后检查。普查登记结束后，国务院经济普查办公室将统一组织事后质量抽查，主动接受公众监督，全面检验普查登记质量；还要求严肃普查法纪，坚决防治普查弄虚作假，坚持依法普查，以"零容忍"态度坚决抵制各种干预普查数据的行为，严格普查执法检查，对普查中的违法违纪行为"露头就打"，依法依规严肃追责问责，加大典型案例通报曝光力度，营造风清气正的普查生态。

此外，对于大规模的统计调查，所制订的调查方案往往需要做试点调查，通过试点调查检验调查方案是否切实可行，以便加以修改和补充。还要积累实施调查方案的经验，提高调查人员的业务技能，圆满完成调查任务。

同步思考 2-2 ▶▶▶

1. 为什么在第七次人口普查中，将调查的时间确定在 2020 年 11 月 1 日 0 时，这意味着半夜进行入户调查吗？

2. 怎样理解调查单位和填报单位的关系？试举例加以说明。

第四节　统计调查问卷设计

一、统计调查问卷的含义和特点

统计调查问卷，也即问卷调查，是统计调查常用的一种方法，它是调查者运用统一设计的问卷向被调查者了解情况或者征询意见的一种方法。分为自填式问卷调查和访谈式问卷调查两种。

自填式问卷调查，根据发送方式又可以分为：报刊问卷调查、邮寄问卷调查、发送问卷调查、网上问卷调查四种形式。自填式问卷调查的优点：一是被调查者可以不受其他因素的影响，如实表达自己的意见，尤其是对敏感性问题的调查往往可以得到较为可靠的资料；二是由于使用标准化词语，每个被调查者所面临的都是完全相同的问题，因而不存在调查人员对问卷的主观随意解释和诱导，避免了调查人员的偏见。自填式问卷调查的不足：一是如果问卷填写的答案含糊不清或对某些问题拒绝回答，是难以补救的；二是无法知道被调查者是否独立完成问卷及回答问题的环境，从而影响对问卷质量的判断。

访谈式问卷调查是一种标准化访谈，通常是当面问答及填答。访谈式问卷调查的优点：一是能够对调查过程加以控制,从而提高调查结果的可靠程度,同时问题回答率也较高;二是可以对调研资料的效率与可信度进行评估。访谈式问卷调查有优于自填式问卷调查的优点,也有一些不足。不足主要有:第一,访谈式问卷调查所花费的调查费用大大高于自填式问卷调查;第二,访谈式问卷调查所花费的时间也大大多于自填式问卷调查;第三,由于上述两方面弱点的影响,访谈式问卷调查收集调查资料时,其调查的范围和规模往往受到局限;第四,自填式问卷调查具有很好的匿名性,可以减轻被调查者的心理压力和思想顾虑,因此,对于某些较敏感问题的调查,采用访谈式问卷调查的效果通常不如自填式问卷调查。

二、统计调查问卷的基本结构

调查问卷一般由引言、被调查者的基本情况、问题和答案、结语以及编码五个部分组成。

1. 引言

引言一般是问卷的开头,或作为问卷的说明信,用以表明调查的目的与意义、调查组织者的身份和调查的主要内容等,力求引起被调查者的重视,激发调查者的兴趣,取得支持与合作。引言要态度诚恳、口吻亲切,并要对被调查者表示真诚的感谢。有时还要向被调查者说明问卷填写的方法和要求以及需要注意的有关事项。

例如,某市"3·15国际消费者权益日"的调查问卷引言如下。

广大市民:您好!

2024年"3·15国际消费者权益日"到了,为了了解市民在消费方面的情况,我们进行了此次线上问卷调查,感谢您能抽出几分钟时间回答我们的问卷。此次线上问卷调查只是为了对所收集到的信息进行数据分析,请您放心填写。谢谢您的合作!

2. 被调查者的基本情况

被调查者的基本情况是为了了解个人或企事业单位的有关基本特征,如个人的性别、年龄、文化程度、职业等,企事业单位的行业类别、经济类型、单位规模、所在地区等。有的统计调查问卷还要求填写被调查者的姓名、地址、联系电话等。如果被调查者是单位,还需填写出单位名称、地址、负责人、主管部门、职工人数和固定资产等情况。掌握这些基本情况是为了便于进行各种构成分析,但应把哪些内容列入统计调查问卷,需要根据调查目的和要求来确定。

3. 问题和答案

问题和答案是调查问卷的主要组成部分,包括所要了解的各个问题和相对应的备选答案。这一部分内容设计得如何,直接关系到本次问卷调查能否取得有价值的资料。

4. 结语

结语设在统计调查问卷的最后,通常可以是简短的几句话,对被调查者的合作表示真诚的感谢;也可以顺便征询一下对统计调查问卷设计和调查本身有何感受等;更常见的内容还包括调查员的姓名、访谈时间等,也有的问卷没有结语。

5. 编码

编码是指对统计调查问卷中的问题与答案用数字所表示的代码。它是实现计算机数据处理的中介和桥梁。编码既可以在设计统计调查问卷时就编好，称为前编码；也可以在调查完成后再进行编码，称为后编码。在实际调查中，研究者大多采用前编码，因此，前编码也成为统计调查问卷中的一部分。例如，调查的第一个问题编码为 001，调查的第二个问题编码为 002；第一个问题的备选答案用 A、B、C、D 表示，或用（1）、（2）、（3）、(4) 表示。这样便于调查结束后使用计算机进行汇总整理。

三、统计调查问卷设计的总原则

无论选择问卷的类型，还是设计问卷中的问题及其排列顺序，问题的答案格式等方面都必须遵守问卷设计的基本原则。问卷设计的主要目的是为研究课题和假设收集相应的、精确的资料，因此问卷必须能够测量出假设并使研究对象能适切地回答问题。我们可以用一个词来归纳问卷设计的总原则，即适切性。具体表现如下。

1. 调查问卷必须适切于研究目的和假设

所设计的调查问卷无论是要对被调查者做出描述，还是做出诊断，抑或是选拔和预测，在设计问卷前都应明确规定。调查问卷设计一方面必须保证对研究课题有效，即调查问卷必须能够收集到课题研究所必需的资料；另一方面也要保证研究对象能够理解调查研究的科学价值，从而真实地反映自己的意见。对于理论假设要转换成可操作的术语或概念，还要进一步分析，找出其中所包含的各项变量，最后确定采用什么指标来反映变量，即进行题目的适切编制。

2. 调查问卷必须适切于研究对象

调查问卷问题的数量、排列顺序、措辞和答案格式的选择要适合受测者的年龄、智力水平、社会经济和文化背景以及阅读水平。此外也要适合受测者在回答时的心理状况，以便能够激发答卷者的回答兴趣，提高答卷者参与调查研究的热情。

四、统计调查问卷的类型

根据不同的研究目的，统计调查问卷可以设计成开放式问卷、封闭式问卷和混合式问卷三种类型。

1. 开放式问卷

开放式问卷是由一系列无限定答案、可自由回答的开放式问题组成的问卷，一般把包含"为什么""怎样""如何""什么"等字眼的问题称为开放式问题。

开放式问卷的优点：一是可以用于回答各种类型的问题，特别是用于回答那些答案很多，或答案比较复杂，或尚未弄清各种可能答案的问题；二是有利于受测者发挥主动性和自我表现，充分自由地表达自己的意见；三是有助于研究者从中得到各种适合研究内容的答案，甚至能得到意料之外的发现。

开放式问卷的缺点：一是资料的标准化程度低，难以进行量化分析；二是只适用于有较高文化素养和有相当文字表达能力的被调查者；三是拒答率高。

2. 封闭式问卷

封闭式问卷是指由一系列具有选择项的问题组成的问卷，一般把这些配有答案以供选择的问题称为封闭式问题。

封闭式问卷的优点：一是有利于受测者节约填答时间，保证问卷有较高的回收率和有效率；二是易于进行整理、比较和统计分析；三是有利于询问一些敏感性问题，因为对于这类问题，受测者一般都不愿写出自己的看法，但对已有答案在不填写姓名的情况下有可能愿意进行真实的选择；四是适用于样本多且受测者文化程度相对低一些的情况下的研究。

封闭式问卷的缺点：一是设计较困难，很难把答案设计周全；二是填答方式较机械，无弹性，难以发挥受测者的主观能动性；三是有可能会导致受测者猜答问题或随便选答问题，从而降低回答的真实性和可靠性；四是受测者在填答中可能出现数字、号码等圈错、填错以及漏答等情况。

3. 混合式问卷

为了克服开放式问卷和封闭式问卷各自的缺点，吸取和发挥它们各自的优点，采用由封闭式问题和开放式问题组成的混合式问卷会更加合理。通常，开放式问题应置于最后，且不宜过多。在设计封闭式问题前，最好先采用开放式问题进行预测，以使答案设计更加周全。

五、统计调查问卷的设计

统计调查问卷的设计分为"问题"的设计和"答案"的设计两种。调查问卷中的"问题"也称调查问卷的题目，题目的设计与选择、题目的表述与排列次序等，是调查问卷设计成败的关键所在。调查问卷中的"答案"是供被调查者选择适合自己情况的内容。"答案"的设计要遵循"互斥"和"穷尽"等原则。

统计调查问卷设计的主要形式有开放式询问、二项选择式、多项选择式、顺位式、赋值评价式五种形式。

统计调查问卷设计时应注意的主要问题如下。

1. 问题的语言应简洁易懂、标准规范

问题的语言应尽量做到意思明确，不要模棱两可，避免用一般或经常等意思的词语。如"您为什么愿意购买××牌自行车"，这一问句实际上是将购买自行车和为什么选择这个品牌两个问题加在一起提问，主题不明确，让人不易准确回答。又如"您的企业上年产值是多少"，产值有总产值、商品产值、净产值、增加值等，这一问句中的产值究竟是指哪一种呢？被调查者就不知如何回答了。此外，提问题时语言要简单易懂，少用"一般，经常，很多"等词。例如，您经常上网吗？这就是一种让人很难回答的问题，因为"经常"对于不同的人来说，其含义是不同的，有的人认为天天上网属于经常，有的人认为一个月上网10次属于经常，有的人认为一个月上网5次就算是经常了，所以这种问题很难回答。这个问题可以改为：您一天上网几小时？

2. 调查问句应保持客观准确

调查问句应保持客观准确，避免有引导的含义。比如："某啤酒制作精细、泡沫丰富、口味清纯，您是否喜欢？"再如："专家认为，被动吸烟会影响学习成绩，您同意吗？"这样的问句有引导之嫌。

3. 问卷应简短，以免引起答卷人的厌烦

根据大多数调查人员的经验，答题时间以 15min 左右为宜，尽量不超过 30min。否则，会影响答题兴趣，使答卷人要么不予回答，要么敷衍了事，不真实回答，影响调查效果。

4. 问题的安排先易后难

问题的安排应避免一开始即遇到"难题"而使被调查者产生退缩或终止作答的念头。另外，同类问题要集中排列，便于被调查者回答完一类问题再回答另一类问题，使被调查者在应答过程中思路集中。

5. 所列问题应考虑被调查者的实际能力和条件

问题应是被调查者有能力回答的，避免被调查者不了解的问题。例如，"促销效果""分销渠道""消费时间特征"等术语对某些被调查者来说，是难以理解、不易接受的。再如，向小学生询问"深化政治体制改革的重大意义是什么"，向普通市民询问"我国物价指数编制方法是否科学"等，此类问题都很难获得正确答案。

6. 避免询问禁忌或敏感性问题

这类问题主要包括风俗和民族习惯中忌讳的问题、个人隐私问题、有碍声誉的问题等。比如询问"您是否做过美容"，这涉及个人的隐私；再如询问"您在考试中作过弊吗"，这涉及个人的利害关系，直接这样问，得到的答案通常不会反映客观事实。敏感问题调查的处理方法主要有三种：一是释疑法，即在问题前面写一段消除顾虑的文字，或在调查表引言中写明会为被调查者严格保密，并说明将采取的保密措施；二是假定法，用一个假定条件句做前提，然后再询问被访者的看法；三是转移法，把本应由被访者根据自己的实际情况回答的问题，转移到由被访者根据他人的情况来阐述自己的想法。比如，将"您做过美容吗"改为"爱美之心人皆有之，现代美容技术使变美成为可能，您做过美容项目吗"；将"您有多少存款"改为"若出现历史上最高的通货膨胀率，您会采取哪些重大消费行为"等。

7. 问题答案的设计要"穷尽"，要"互斥"，要规范，要有填答标记

（1）所列答案应包括所有可能的回答。

如果不能将所有答案包含在内，就有可能出现有的被调查者没有备选答案可选，无法回答。如果答案过多，就无法罗列所有的可能答案，可以将不太重要的答案用"其他"来代替。例如：

您在购买手机时，主要考虑哪些因素？（选择其中三项）（　　　）。

A. 功能　　B. 款式　　C. 价格　　D. 品牌　　E. 售后服务　　F. 其他

（2）不同答案之间不能相互包含。

如果问题答案之间相互包含，就会使被调查者在回答问题时产生疑惑，无法选择。例如：您喜欢哪项体育运动？（　　　）。

A. 游泳　　B. 跑步　　C. 球类　　D. 足球　　E. 篮球　　F. 田赛

G. 跳高　　H. 其他

这里的球类包括足球和篮球，田赛包括跳高，这样的答案就属于包含性的答案。

（3）答案的表达必须简单易懂，标准规范。

在答案中，不要使用方言等非标准语言，也尽量不使用晦涩难懂的术语，要简单明确，标准规范，符合通用标准和惯例，使被调查者很容易理解问题答案的意思。例如：

您买山地车是因为（　　）。

A. 经济条件允许　　　B. 显摆，嘚瑟　　　C. 锻炼身体

D. 上下班速度快　　　E. 气派，赶时髦　　F. 其他（具体写出）_____

这里的"显摆，嘚瑟"就是方言，正确用法应该用标准词"摆阔，炫耀"。

（4）每一项答案应有明显的填答标记。

常见的填答标记有 A、□、（　）、[　] 等，其回答方式有如打"√"或"×"或涂黑等。

同步思考 2-3 ▶▶▶

1. 在撰写调查问卷的说明部分时应注意什么问题？
2. 什么是调查问卷中的敏感性问题？如果遇到需要调查敏感性问题的情况应该如何处理？试举例说明。
3. 设计调查问卷时应注意哪些问题？

思考与练习

• 知识题

一、单项选择题

1. 人口普查规定统一的标准时间是为了（　　）。
   A. 避免登记的重复与遗漏　　　　B. 确定调查的范围
   C. 确定调查单位　　　　　　　　D. 登记的方便

2. 全面统计报表是一种（　　）。
   A. 专门组织的调查方法　　　　　B. 就重点单位进行的调查方法
   C. 报告法调查方法　　　　　　　D. 主观选择调查单位的调查方法

3. 在统计调查阶段，对有限总体（　　）。
   A. 只能进行全面调查
   B. 只能进行非全面调查
   C. 既能进行全面调查，也能进行非全面调查
   D. 以上答案都对

4. 在生产过程中，对产品的质量检查和控制应该采用（　　）。
   A. 普查的方法　　　　　　　　　B. 重点调查的方法
   C. 典型调查的方法　　　　　　　D. 抽样调查的方法

5. 通过调查鞍钢、首钢、宝钢等几个大钢铁基地来了解我国钢铁生产的基本情况，这种调查属于（　　）。
   A. 典型调查　　　B. 重点调查　　　C. 抽样调查　　　D. 普查

二、多项选择题

1. 在全国工业企业普查中，（　　）。

A. 全国工业企业数是调查对象 　　B. 全国每一个工业企业是调查单位
C. 全国每一个工业企业是报告单位 　　D. 工业企业的所有制关系是变量
E. 每个工业企业的职工人数是变量

2. 抽样调查具有下述哪些特点？（　　）。
   A. 是一种非全面调查方法 　　B. 应用比较灵活、广泛
   C. 调查单位的选择具有客观性 　　D. 是一种专门组织的统计调查方法
   E. 可以补充全面调查的不足

3. 在统计调查中，（　　）。
   A. 调查单位就是总体单位
   B. 填报单位就是调查单位
   C. 总体单位就是填报单位
   D. 填报单位和调查单位有时一致，有时不一致
   E. 调查对象是由填报单位所组成

4. 报告单位是（　　）。
   A. 向上级提交报表的单位 　　B. 向上级提交调查表的单位
   C. 向上级报告调查内容的单位 　　D. 标志承担者的单位
   E. 所需登记标志的那些单位

5. 重点调查的实施条件是（　　）。
   A. 所研究问题比较重要
   B. 没有能力进行全面调查
   C. 经费较少
   D. 总体单位比较集中且存在重点单位
   E. 研究目的只要求掌握总体的基本情况

三、判断题

1. 调查时间是指可以开始调查工作的时间。　　（　　）
2. 与普查相比，抽样调查的调查范围小，组织方便，省时省力，可以承担普查无法胜任的工作。　　（　　）
3. 抽样调查是非全面调查中最有科学依据的方法，因此，它适合于完成任何调查任务。　　（　　）
4. 全面调查是对调查对象的各方面都进行调查。　　（　　）
5. 重点调查中的重点单位是根据当前工作的重点来确定的。　　（　　）

四、简答题

1. 数据收集的方法有哪些？为什么说大数据是数据收集的重要方式？怎样实现大数据与政府统计深度融合？
2. 结合以下所列情况讨论哪些适合使用全面调查，哪些适合使用抽样调查或其他调查方法，并说明理由。
   A. 研究居住在某城市所有居民的食品消费结构

B. 调查一个县各村的粮食播种面积和全县生猪的存栏头数

C. 为进行治疗，调查某地区小学生中患沙眼的人数

D. 估计一个水库中草鱼的数量

E. 某企业想了解其产品在市场上的占有率

F. 调查一个县中小学教师的月平均工资

3. 什么是普查？它有什么特点？在我国的统计调查体系中，普查占有什么地位？
4. 与典型调查、重点调查相比，抽样调查的概念与特点是什么？
5. 统计数据误差有几种？其控制误差的措施有哪些？

- **实务题**

一、要调查国有企业职工的工种、工龄、文化程度等，下列哪种说法是正确的，为什么？（   ）。

A. 报告单位是每个职工

B. 报告单位是每个企业

C. 调查单位和报告单位都是每个企业

D. 报告单位是文化程度

E. 调查单位是每个职工，报告单位是每个企业

二、某体育公司为了生产出适合人们的体育用品以扩大其销售额，设计了一份调查问卷，其中包括以下问题及答案。请根据所学过的知识，判断是否存在问题。

1. 您用过的体育品牌有（   ）。
   A. 匹克　　　　　B. 李宁　　　　　C. 金莱克　　　　　D. 鸿星尔克
2. 您喜欢的体育项目有（   ）。
   A. 篮球　　　　　　　　　　B. 足球
   C. 游泳　　　　　　　　　　D. 自由泳
   E. 跳水
3. 您的年龄和性别是什么？
4. 您经常去看体育比赛吗？

- **实训题**

实训一

实训目的：通过练习本题，掌握统计调查方案的设计。

实训资料：共享单车作为一种新兴的城市交通工具，自出现便以其便捷、环保的特点迅速融入人们的日常生活，成为解决"最后一公里"出行的有效手段。分析共享单车的使用情况，包括共享单车的普及与骑行量，用户的使用体验与问题，技术的创新与安全等方面，可以进一步提升共享单车在城市交通中的作用，促进其健康、有序的发展。

实训要求：

根据上述资料，设计一份调查方案。

实训二

实训目的：通过练习本题，掌握调查问卷的设计方法。

实训资料：见实训一。

实训要求：

根据实训一设计的调查方案的相关要求，设计一份调查问卷。

数字链接

扫码阅读
知识拓展

扫码查看部分
习题参考答案

第三章 统计数据整理

● 学习目标

（1）了解统计数据整理的含义和步骤

（2）掌握分配数列的种类和统计分组的基本理论，能根据已有的原始资料进行科学合理的统计分组

（3）了解统计表的分类和结构，能运用汇总技术进行数据汇总，编制出汇总表

（4）掌握编制统计表的方法，能设计统计表（包括分组表、复合表以及宾词的简单设计和复合设计）

（5）掌握统计图的绘制方法

● 主要学习内容

本章主要阐释了统计数据整理的基本内容；统计分组的含义、作用、方法；变量分配数列的编制；统计表的编制、统计图的绘制等。

● 引例 归类整理：对照比较实验数据的辛普森悖论

在某种新药的疗效测试实验中，把新药分给处理组的患者，把其他患者作为对照组，对照组的患者不接受新药的治疗，然后比较这两个组的反应。整个实验是在双盲的情况下实施的，即不管是患者还是医生，都不知道谁在处理组，谁在对照组。

接受新药治疗的处理组有100个患者，其中有32个患者得到康复。对照组也有100个患者，他们接受安慰剂的治疗。服用安慰剂的对照组中有25个患者得到康复。具体为：

处理组未康复68人，康复32人，康复率为32%；

对照组未康复75人，康复25人，康复率为25%。

从实验结果看，接受新药治疗的患者康复率大于没有接受新药治疗的患者。据此，能说新药有效吗？审视实验过程发现，参加实验的患者有男有女。通常，男性和女性得病后康复情况有差异。因此，又将实验结果按性别区分，得到新药疗效实验数据如下。

男性：处理组未康复18人，康复2人，康复率为10%；

对照组未康复 65 人，康复 15 人，康复率为 18.75%。

女性：处理组未康复 50 人，康复 30 人，康复率为 37.5%；

对照组未康复 10 人，康复 10 人，康复率为 50%。

从按性别区分的实验数据看：无论是男患者还是女患者，接受新药治疗的患者康复率都小于没有接受新药治疗的患者。对男患者和女患者来说，新药都是无效的。合起来看和分开来看的结论不一样，即产生了辛普森悖论，其中的混杂因素是"性别"。就这个例子而言，性别之所以起混杂作用，根本原因在于新药疗效实验方案的设计有缺陷。因而我们既不能合起来认为新药是有效的，也不能分开来认为不论是对男患者还是女患者，新药都是无效的。新药疗效实验必须做到双盲和随机分组，使混杂因素如"性别"不起作用。这个实验没有做到随机分组，导致男患者在对照组多、在处理组少，而女患者在对照组少、在处理组多。随机分组要求处理组中的男、女患者分别和对照组中的男、女患者一样多。

资料来源：整理自《魅力统计》——对照比较实验数据分析的辛普森悖论。

第一节　统计数据整理的基本内容

统计数据整理是统计工作的重要组成部分，是确保统计工作有效和高效的基础，它居于统计调查与统计分析的中间环节，有承前启后的重要作用。

一、统计数据整理的含义和作用

统计数据整理是按照统计研究的要求，对调查所收集到的初始数据进行审核、分组、汇总，使之条理化、系统化，变成能反映总体综合数量特征的工作过程。例如，由人口普查得来的原始资料是说明每个居民的性别、年龄、民族、职业等标志的具体表现，而统计研究的目的是要了解人口总体的特征。因此，只有将这些原始资料进行分类和综合，才能得到全国男女人口总数，分民族、分地区的男女人口总数等说明人口总体特征的数字资料。

广义的统计数据整理还包括系统地积累原始资料，并根据其他分析需要而对加工整理过的统计资料进行再加工。

统计数据整理是整个统计工作和研究过程的中间环节，是对社会经济现象的认识从感性上升到理性的过渡阶段，统计数据整理既是统计调查阶段的继续和深入，又是统计分析的基础，它具有承前启后的作用。统计调查所收集到的资料只有通过科学的审核、分类、汇总等整理工作，才能使统计在认识过程中实现由个别到总体、由特殊到一般、由现象到本质、由感性到理性的转化，才能从整体上反映出事物的数量特征。否则统计调查所得的资料再丰富、再完备，也难以发挥其作用，统计调查就将徒劳无益，统计分析也将无法进行。

二、统计数据整理的原则和步骤

（一）统计数据整理的原则

对统计数据进行加工整理，要遵循以下三个原则。

一是要分清现象的质与量。事物和现象具有品质和数量两个方面的属性。品质是说明根本特征或属性的，具有稳定性；数量则是用各种不同的数值表示的，具有易变性。在对统计资料进行加工整理时，要根据研究的目的和调查对象的特点，区分并把握事物质的方面和量的方面的特征及其差别程度。

二是要把握事物的全貌。事物和现象的特征是多方面的，每一个方面的特征对于了解这一事物都有一定的作用，不能只顾一方面而忽视另一方面。对统计资料进行整理，就要研究事物的全貌，描绘事物的整个发展过程，揭示事物的总体特征和规律性。

三是要抓住现象的本质特征。对特定的事物和现象来说，一般有一个方面或几个方面的特征是基本的、关键性的，能表现事物本质；而其余特征可能只有辅助、补充的意义。统计数据整理必须在对事物和现象进行深刻研究的基础上，对统计资料进行加工整理，以抓住最基本、最关键的特征。

（二）统计数据整理的步骤

统计数据整理是一项系统、科学的工作，需要有组织、有计划地进行。统计数据整理的全过程包括审核和检查统计资料，统计数据的预处理，统计分组与汇总，编制统计表或绘制统计图，统计资料的积累、保管和公布五个环节，需要按照一定的步骤进行。在进行统计数据整理之前，还应先设计并编制统计数据整理方案，对调查中收集到的资料进行整理，详细说明如何进行统计分组、采用哪些汇总指标等问题，形成统计数据整理方案。审核和检查原始资料、统计数据的预处理是统计数据整理的前提，统计分组是统计数据整理的基础，统计汇总是统计数据整理的中心，编制统计表或绘制统计图则是统计数据整理的结果。各个环节相互联结，共同构成了统计数据整理的工作过程。其中，统计分组与汇总、编制统计表或绘制统计图是统计数据整理的基本方法。统计数据整理的步骤如图3-1所示。

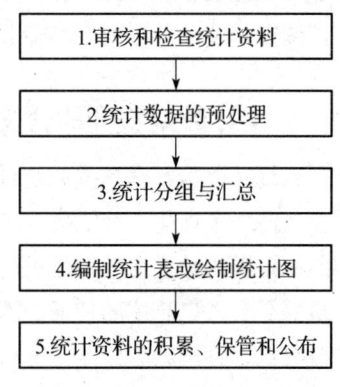

图3-1 统计数据整理的步骤

三、统计数据的计量尺度

统计数据是总体单位标志或统计指标的具体数量表现。要对客观现象进行计量，首先必须弄清数据的计量尺度问题。人们根据对研究对象计量的不同精确程度，将统计数据的计量尺度由低到高、由粗略到精确分为四个层次，即定类尺度、定序尺度、定距尺度和定比尺度。

定类尺度是最粗略、计量层次最低的计量尺度。它按照客观现象的某种属性对其进行分类，但没有顺序或大小之分。例如，性别（男、女）、颜色（红、黄、蓝）或民族（汉族、苗族、朝鲜族）等。也可以使用数值作为某种分类的代码，但并不反映其类别的优劣、量的大小或顺序。例如，学生按专业分为统计学、金融学、税收学等，并用"1"代表统计学，用"2"代表金融学，用"3"代表税收学，等等。定类尺度的主要数学特征是"="或"≠"。在统计处理中，对于不同的类别，虽然可以计算单位数，但它不代表第一类的一个单位可以相当于第二类的几个单位。

定序尺度是对客观现象各类之间的等级差或顺序差的一种测度。定序型数据具有内在固有大小或高低顺序，但它又不同于定距型数据，一般可以数值或字符表示。例如，职称变量可以有初级、中级和高级三个取值，可以分别用1、2、3等表示，年龄段变量可以有老、中、青三个取值，可以分别用A、B、C等表示。这里无论是数值型的1、2、3还是字符型的A、B、C，都是有大小或高低顺序之分的，但数据之间是不等距的，因为初级和中级职称之间的差距与中级和高级职称之间的差距是不相等的，定序尺度的主要数学特征是"<"或">"。

定距尺度也称等距尺度或区间尺度，它不但可以用数值表示现象的不同类别和顺序大小的差异，而且可以用确切的数值反映现象之间在量上的差异。值得注意的是，定距尺度没有绝对零点，其主要数学特征是"+"或"-"。例如，经度（或纬度），虽然经度（或纬度）的零度并不意味着没有经度（或纬度），但每个单位所代表的经度（或纬度）的差异是相同的。

定比尺度又称比率尺度或比较水平，也称比例尺度或等比尺度，是一种除具有上述三种尺度的全部性质之外，还有测量不同变量（社会现象）之间的比例或比率关系的计量尺度。定比尺度是在定距尺度的基础上，确定相应的比较基数，然后将两种相关的数进行对比而形成的相对数（或平均数），用来反映现象的结构、比重、速度、密度等数量关系。例如，将一个企业职工的工资总额与该企业的职工人数对比，计算出平均工资，并以平均工资反映该企业职工的平均收入情况。定比尺度的主要数学特征是"×"或"÷"。定比尺度在统计对比分析中应用十分广泛。

统计数据的四种计量尺度比较如表3-1所示。

表3-1 计量尺度比较

测定层次	特征	运算功能	举例
定类尺度	分类	计数	按人口性别分为男、女两类；按产品是否合格分为合格、不合格两类；按洲别分为亚洲、欧洲、美洲、非洲等
定序尺度	分类 排序	计数 排序	医学研究中的病情严重程度分为轻度、中度、重度；教育水平分为学士、硕士、博士
定距尺度	分类 排序 有基本测量单位 无绝对零点	计数 排序 加减运算	30℃和20℃之间相差10℃，-30℃和-20℃之间也相差10℃
定比尺度	分类 排序 有基本测量单位 有绝对零点	计数 排序 加减运算 乘除运算	用加、减、乘、除等数学运算反映现象的结构、比重、速度、密度等数量关系

总之，标志及统计指标的具体数量表现都是统计数据，统计数据是统计实践活动所取得的成果，也是开展统计分析的基础。统计数据的计量尺度、表现形式纷繁复杂，而统计正是通过对纷繁复杂的数据进行收集、整理和分析，从而认识现象发展的趋势和规律性的。

四、统计数据的预处理

（一）初级数据资料的审核

对于初级数据资料，应该主要从数据资料的真实性、完整性、正确性和及时性进行审核。

真实性审核：主要是检查初级统计数据是否准确，是否经过任何形式的篡改或误报。在数据分析和决策过程中，初级数据的真实性至关重要，因为基于错误数据得出的结论可能会导致错误的决策。可以主要采取以下几种方法确保初级数据的真实性：确保收集过程的准确性和完整性，这是保证数据真实性的第一步；要评估数据来源的可信度，确保数据提供者的声誉和专业知识；确保数据收集和处理遵守相关的法律法规和道德标准；确保数据的收集方法、处理过程和分析方法的公开。

完整性审核：主要是检查调查单位或填报单位是否齐全；规定的项目是否都有答案，应报资料的份数是否符合规定。

正确性审核：主要是检查所填报的资料是否准确可靠。常用的审核方法有两种。一是逻辑检查。首先从理论上或常识上检查资料是否有悖常理、有无不切实际或不符合逻辑的地方。例如，在一张调查表中，被调查者的年龄是 12 岁，职业是大学教师，其中应该有一个是错误的；又如，若在某劳动密集型行业的报表中，一家企业的企业规模为小型，而职工人数却是 20 000 人，这其中也必定有一处错误。其次是检查各项目之间有无相互矛盾的地方。例如，企业的净产值大于同期总产值就是明显的逻辑错误。二是计算检查，即检查各项指标的计算口径、计量单位是否符合规定，并通过各种计算方法来检查各指标间的数字是否相互衔接。例如，期初数加本期增加数减本期减少数等于期末数，而若本期增加数多于本期减少数，期末数却没有期初数多，就一定是在哪个环节出现了差错，就要复查。

及时性审核：保证统计资料的及时性也是一个全局问题。及时性审核主要是检查所填报资料的所属时间、数据形成和提供等方面的时效性。及时性要求各填报单位及时完成各项调查的上报任务，从时间上满足各部门对统计资料的要求。一项统计任务的完成，是许多单位共同努力奋斗的结果，任何一个填报单位不能按规定的时间提供资料，都会影响全面的综合工作，从而贻误整个统计工作的进行。因此，保证统计调查的及时性要求各填报单位增强全局意识，认真遵守统计制度和统计纪律。

（二）次级数据资料的审核

对于次级资料，在完整性和准确性审核的基础上，要突出审核资料的适用性和时效性。在审核资料的适用性时，由于二手资料可以来自多种渠道，有些资料可能是为特定目的通过专门调查取得的，或是已经按特定目的要求做了加工整理。对于使用者来说，首先应该弄清资料的来源、口径以及有关的背景资料，以便判断资料的可靠程度，确定这些资料是否符合分析研究的需要，以及是否需要重新加工整理等，不能盲目生搬硬套；也可以从指标间的相互关系以及指标的变动趋势来检查资料的正确性；对不能满足现在要求、缺漏或有疑问的资料，要进行有科学根据的推算、弥补和修正。

对于时效性较强的问题，应对资料的时效性进行审核，因为所取得的资料如果过于滞后，就失去了研究意义。一般来说，应尽可能使用最新的统计数据资料。数据资料经过审核后，确认适合实际需要，才有必要做进一步的加工整理。

（三）数据资料审核后的订正

资料审核后的订正主要是指在发现有迟报、漏报和缺项等情况时，要及时催报、补报；如有不正确之处，则应分不同情况做如下处理。

一是对可以肯定的一般错误可代为更正，并通知原单位。

二是对可疑之数或无法代为更正的错误，应要求原单位复查更正。

三是如果所发现的差错在其他单位也可能发生，则应将错误情况通报所有单位，以免发生类似错误。

四是对于严重的错误，应发还重新填报，并查明发生错误的原因，若属于违法行为，则应依法严肃处理。

以上处理方式主要适合统计报表等通过报告法获取的资料。若是用采访法获取资料，处理方案要尽可能介绍详细、明确，并力争获得被调查者的全力支持，若是问卷调查，则必须在现场发现才能予以订正。

五、统计数据资料的筛选

数据资料的筛选是在所收集到的资料中找出符合特定条件的资料，或者删除不符合特定条件的资料。

对审核过程中发现的错误，应尽可能予以订正。调查结束后，当发现数据资料中有的错误无法进行订正，或者发现有的数据资料不符合调查要求而又无法弥补时，就要对数据资料进行筛选。数据资料的筛选包括两方面的内容：一是将某些不符合要求的数据资料或者有明显错误的数据资料予以剔除；二是将符合某种特定条件的数据资料筛选出来，将不符合特定条件的数据资料予以剔除。

六、统计数据资料的排序

数据资料的排序是指按一定顺序将数据资料排列，以便研究者通过查阅资料发现一些明显的特征或趋势，从而找到解决问题的线索。排序也有助于对数据资料检查纠错，为统计归类或分组等提供依据。在某些场合，排序本身就是分析目的之一。例如，世界500强企业排行榜、中国500强企业排行榜、纳税大户排行榜等，通过这些信息，经营者不仅可以了解自己企业所处的位置，清楚自己的差距，还可以了解竞争对手的状况，从而有效制定企业的发展规划和战略目标。

排序时，对于定类资料，如果是字母型资料，则排序有升序和降序之分，但习惯上人们更愿意使用升序排列，即由小到大排序，因为升序与字母的自然排列相同；如果是汉字型资料，则排序方式有很多，比如，可以按汉字的首位拼音排序，也可以按笔画排序，其中，也有按笔画多少的升序和降序排列。交替运用不同方式排列，在汉字型资料的检查纠错过程中十分有用。

在数值型资料中，定距资料和定比资料通常有递增和递减两种排序。设一组资料为 $x_1, x_2, \cdots, x_n$，递增排序后可表示为 $x_1 < x_2 < \cdots < x_n$，递减排序后可表示为 $x_n > \cdots > x_2 > x_1$。

排序后的资料称为顺序统计量，无论是品质资料还是数据型资料，排序均可借助于升序和降序功能完成。

同步思考 3-1 ▶▶▶

1. 为什么要进行统计数据整理？资料审核的完整性、正确性与及时性发生矛盾时应该怎样处理？

2. 什么是定类尺度、定序尺度、定距尺度和定比尺度？如果用一班的期末统计学成绩与二班进行比较，这种方法属于哪一种数据计量尺度？

第二节　统计分组

统计分组是统计整理的基本内容。统计分组必须先对所研究现象的本质进行全面深入的分析，才能确定所研究现象的类型属性及其内部差别。

一、统计分组的含义和作用

（一）统计分组的含义

统计分组是根据统计研究目的和客观现象的内在特点，按某个标志（或几个标志）把被研究总体划分为若干不同性质的组。例如，某高校将 1 506 名教职工按"职称"这一标志分为教授、副教授、讲师、助教及其他五组。

统计分组的对象是总体。统计分组标志可以是品质标志，也可以是数量标志。从分组的性质来看，分组兼有"分"和"合"双重含义。对于现象总体而言是"分"，即把总体分为性质相异的若干部分；对于单位而言又是"合"，即把性质相同的许多单位结合为一组。对于分组标志而言是"分"，即按分组标志将不同的标志表现分为若干组；对于其他标志而言是"合"，即在一个分组内的各单位，即使其他标志表现不相同，也只能结合在一组。由此可见，选择一种分组方法可以突出一种差异，显示一种矛盾，但同时必然会掩盖其他差异，忽略其他矛盾。不同的分组方法，可能得出不同的结论。

（二）统计分组的作用

统计分组的作用主要体现在以下几个方面。

1. 凸显社会经济现象的规律

统计调查得到的资料往往是零星分散的，统计分组可以使资料系统化，从而凸显统计调查资料中隐藏的规律。例如，已知 2023 年某国的 30 只基金的收益率数据如下（单位:%）。

```
18.5  12.8  18.6  11.5   7.1   0.6   4.6  11.2   5.1  13.0
13.1  11.2  21.5  15.8  14.7  -0.9  19.0  21.4  13.0  14.6
 8.5  12.8   1.4   8.4  26.2  21.8   6.9  13.0   9.4  10.9
```

根据以上资料无法对这 30 只基金进行具体分析，因此需对这些资料进行分组整理，如表 3-2 所示。

表 3-2　30 只基金的收益率分组表

按收益率分组（%）	频数（只）	频率[①]（%）
0 以下	1	3.3
0~5	3	10.0
5~10	6	20.0
10~15	12	40.0
15~20	4	13.3
20~25	3	10.0
25 以上	1	3.3
合计	30	100.0

① 由于四舍五入的原因，相加不等于100%。

通过上述分组，可以看出基金收益率的基本情况：最低是-0.9%，最高是26.2%，其中，收益率在10%~15%的基金最多，占40.0%，低收益率（低于0%）和高收益率（高于25%）的基金都较少，共占总数的6.6%(=3.3%+3.3%)。这样，基本上就可以看出基金收益情况的规律。

2. 划分社会经济现象的类型

统计分组的根本作用是区分现象之间质的差别。社会经济现象是复杂多样的，不同的社会经济现象具有不同的矛盾和规律。在研究现象总体数量方面时，只有从区分事物质的差别入手，在认识不同社会经济类型特殊性的基础上，才能在事物的普遍联系中正确把握现象总体的规律性。例如，企业按照所有制形式，可以分为国有企业、集体企业和其他经济类型企业。又如，按经济活动性质不同，将国民经济行业划分为第一产业、第二产业、第三产业。将社会经济总体划分为若干类型是统计中最广泛的分组。

3. 反映社会经济现象的内部结构，揭示事物的本质特征

在统计分组的基础上，可以进一步计算总体内部各部分所占的比重，从而揭示总体的内部结构，反映总体与部分、部分与部分之间的区别与联系，还可以通过比较总体内部构成的动态变化，揭示现象发展变化的过程和规律。例如，2023年我国各种运输方式完成的旅客运输周转量如表3-3所示。

表 3-3　2023 年我国旅客运输周转量

运输方式	旅客运输周转量（亿人公里）	比重（%）
铁路	14 729.4	51.5
公路	3 517.6	12.3
水路	53.8	0.2
民航	10 308.8	36.0
合计	28 609.6	100.0

资料来源：《中华人民共和国2023年国民经济和社会发展统计公报》，国家统计局，2024年2月29日。

通过表3-3的数据可知我国各种运输方式完成旅客运输周转量所占的比重。

4. 分析现象之间的相互依存关系

社会经济现象是相互联系、相互依存和相互制约的。分组可使我们了解现象之间的数量依存关系，如产品产量与单位成本的关系、作物的施肥量与产量的关系等。再如，某机器设备每

周平均使用时长与年维护费用的相关情况如表 3-4 所示。

表 3-4 某机器设备每周平均使用时长与年维护费用

序号	每周平均使用时长/h	年维护费用（千元）	序号	每周平均使用时长/h	年维护费用（千元）
1	10	22.0	6	28	37.0
2	13	17.0	7	31	39.0
3	17	30.5	8	32	47.0
4	20	30.0	9	38	40.0
5	24	32.5	10	40	51.0

从上表资料可以看出机器的每周平均使用时长与年维护费用有紧密的关系，使用时间越长，年维护费用就越高。

二、统计分组的原则、标志选择和种类

（一）统计分组的原则

进行统计分组必须遵循一定的原则。统计分组的原则主要包括科学性原则、穷尽原则和互斥性原则。

1. **科学性原则**

科学性原则是指统计分组要根据研究目的选择能够反映事物本质特征的分组标志，以凸显社会经济现象间存在的差异性。

2. **穷尽原则**

穷尽原则也称完整性原则，它是指在分组后要保证总体的每个个体都有组可归，没有遗漏。这就要求进行分组时要列出所有可能的组别，将所有个体都包含进去。

3. **互斥性原则**

互斥性原则是在特定的分组标志下，总体中的任何一个单位只能归属于某一组，而不能同时归属于两组或更多组。这就要求进行分组时要划分清楚组限，不能模棱两可。例如，询问被调查者喜欢哪项体育运动，如果选项有游泳、跑步、球类、足球、篮球、田赛、跳高、其他等，那么选项设计就有问题，因为球类包括足球和篮球，田赛包括跳高，这样的答案就属于包含性的答案，没有互斥性。

（二）统计分组标志的选择

正确选择分组标志是统计分组的关键。

分组标志是指统计分组时划分资料的标准或依据。任何事物都有许多标志，确定一个分组标志，必然要求突出总体单位在该标志上的差异，同时掩盖各单位在其他标志上的差异。选择分组标志是统计分组的核心。选择的分组标志不同，说明的问题和由此得出的结论也不同。分组标志选择不当，分组结果就不能正确反映总体的性质特征。因此，正确选择分组标志是统计分组的关键。在选择分组标志时，必须遵循以下原则。

1. 根据统计研究的目的和任务来选择分组标志

总体中每个总体单位都有多个标志，有些标志对某一问题是至关重要的，而对另一个问题则又无关紧要。对于同一研究总体，研究目的不同，则选择的分组标志也不同。因此，选择什么标志作为分组标志，要依据统计研究目的而定。例如，在某市工业企业这一个总体中，每一个工业企业是总体单位，工业企业有所有制、总产值、职工人数、流动资金、固定资产等许多标志，如果研究目的是要分析企业规模大小与企业经济效益的关系，就要选择总产值或职工人数作为分组标志；如果研究目的是要分析工业企业不同经济类型的构成，就要选择所有制这一标志作为分组标志。

2. 要选择最能反映事物本质特征的标志

在同一研究目的和要求下，往往有许多标志可供选择。有些标志是根本性的、主要的标志，能够反映事物的本质特征，而有些标志则是非本质的、次要的标志。我们应根据研究问题的需要，力求选择最能反映现象本质的主要标志。例如，在研究居民收入水平高低情况时，可供选择的标志有家庭总收入、家庭可支配收入、家庭人均收入、家庭人均可支配收入等。然而最能综合反映居民收入水平高低的是家庭人均可支配收入这一标志。再如，在研究职工的生活水平时，可以选用职工的工资水平作为分组标志，也可以选用职工家庭的人均收入作为分组标志。由于职工赡养的人口数差异很大，而且很多职工有工资外收入，因此，选择职工工资水平作为分组标志并不能真正反映职工的生活水平，应选用职工家庭人均收入作为分组标志。

3. 要根据现象所处的具体历史条件或经济条件选择分组标志

社会是不断发展的，历史条件和经济条件也在不断发生变化。同一分组标志在某一时期、某一条件下适用，而在另一时期、另一条件下可能不一定适用。例如，《关于印发〈统计上大中小微型企业划分办法（2017）〉的通知》（国统字〔2017〕213号）规定，餐饮业按从业人员和营业收入两个标准划分企业规模，其中，大型、中型和小型企业必须同时满足下列指标的下限，否则下划一档；微型企业只需满足所列指标中的一项即可。具体标准为：大型企业，从业人员在300人以上，营业收入在10 000万元以上；中型企业，从业人员为100~300人，营业收入为2 000万~10 000万元；小型企业，从业人员为10~100人，营业收入为100万~2 000万元；微型企业：从业人员少于10人或营业收入低于100万元。但国家统计局〔2011〕75号文件规定，餐饮企业大型企业的营业收入在20 000万元以上，中型企业营业收入为500万~20 000万元，小型企业营业收入为100万~500万元，微型企业营业收入在100万元以下。由上可见，从营业收入上看，两个标准有很大差别。因此，当历史条件和经济条件发生变化时，分组标志也会发生变化。

（三）统计分组的种类

统计分组可以按照不同标志进行分类。分组标志选择是否得当，关系到能否正确地反映总体数量特征及其变化规律。按分组的作用或目的不同，主要有以下几种。

1. 按分组标志的性质不同，分为按品质标志分组和按数量标志分组

按品质标志分组是指选择反映总体单位属性差异的品质标志作为分组标志，将总体划分为若干性质不同的组。有些品质标志分组比较简单，分组标志一经确定，组的名称和组数也随之确定。例如，人口按性别分为男、女两组。有些品质标志分组还取决于统计分析对分组层次的要求。例如，我国把社会经济各部门划分为第一产业、第二产业和第三产业；第一产业还可细分为农业、林业、畜牧业和渔业等，这种类别繁多的分组被称为分类。对于这一类问题，统计工作中采用统一的分类标准。这种具体规定的分类（组）标准，为统计数据整理提供了统一的依据。此外，企业可以按经济类型分组，人口可以按民族分组，大学生可以按性别、专业分组等，这种分组可以反映总体的构成和不同属性的事物在总体中的地位与作用。

按数量标志分组是指选择反映总体单位数量差异的数量标志作为分组标志，将总体划分为若干数量各异的组。例如，企业可以按生产能力、劳动生产率分组，商店可以按商品流转额、职工人数分组，人口可以按年龄、身高分组等，这种分组的目的在于通过统计事物在数量上的差异来反映事物在性质上的区别。按数量标志分组应注意两个问题：一是分组时各组数量界限的确定必须能反映事物的本质差别；二是应根据被研究的现象总体的数量特征，采用适当的分组形式，确定合适的组距、组限。

上述分组如图3-2所示。

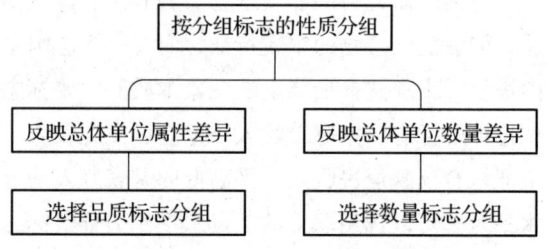

图 3-2　按分组标志的性质分组

2. 按统计分组标志的数量，分为简单分组、复合分组和平行分组

简单分组就是对研究现象按一个标志进行分组，它只能从某一方面说明和反映事物的分布状况与内部结构。例如，国民生产总值按产业分为第一产业、第二产业、第三产业三组；货运量按运输方式分为铁路运输、公路运输、水路运输、航空运输与管道运输五组。许多简单分组从不同角度说明同一个总体，就构成了一个平行的分组体系。

复合分组就是对总体按两个或两个以上的标志进行重叠式分组，即先按一个标志分组，在此基础上再按第二个标志分成小组，再层叠地按第三个标志分成更小的组。例如，2023年我国货物进出口总额及其增长速度的分组如表3-5所示。

表 3-5　2023年我国货物进出口总额及其增长速度

指标	金额（亿元）	比上年增长（%）
货物进出口总额	417 568	0.2
货物出口额	237 726	0.6
其中：一般贸易	153 530	2.5
加工贸易	49 062	−9.0
其中：机电产品	139 196	2.9
高新技术产品	59 279	−5.8
货物进口额	179 842	−0.3
其中：一般贸易	117 042	1.3
加工贸易	27 061	−11.3
其中：机电产品	65 363	−5.5
高新技术产品	47 916	−5.2
货物进出口顺差	57 883	3.5

资料来源：《中华人民共和国2023年国民经济和社会发展统计公报》，国家统计局，2024年2月29日。

又如，对某地区国内生产总值先按三次产业分组，再对各产业按行业分组，再对各行业按经济类型分组，最终形成的复合分组体系如表3-6所示。

表 3-6　某地区国内生产总值

产业	产值（百万元）	比重（%）
第一产业	1 200	10.00
第二产业	4 800	40.00
工业	2 200	45.83
国有工业	1 200	54.55
非国有工业	1 000	45.45
建筑业	2 600	54.17
第三产业	6 000	50.00
合计	12 000	100.00

复合分组的优点是从对同一现象的层层分组和分组标志的联系中，更深入、更全面地研究总体各个方面的内部结构。但是，采用复合分组时，组数会随着分组标志的增加而成倍增加，使每组包括的单位数相应减少，处理不好就会很烦琐，不利于分析问题。因此，不能滥用复合分组，尤其不宜采用过多的标志进行复合分组，也不宜对较小总体进行复合分组。

在实际工作中，有时也采用平行分组的方法，用来反映和分析现象的内部构成。平行分组形成了平行分组体系，它是对同一总体选择两个或两个以上的标志分别进行简单分组。它的特点是每一个分组只能反映各总体单位在一个标志上的差异，而不能反映其他标志的差异。

上述分组如图 3-3 所示。

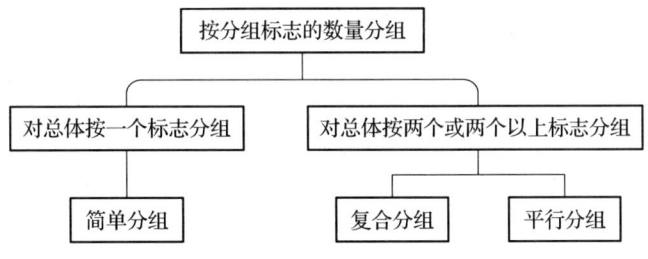

图 3-3　按分组标志的数量分组

3. 按分组的作用和任务不同，分为类型分组、结构分组和分析分组

把复杂的现象总体划分为若干不同性质的部分，就是类型分组。例如，我国全社会消费品零售额分为国有及国有控股商业零售额、集体商业零售额、私营及个体商业零售额和其他类型商业零售额。

在对总体分组的基础上计算出各组对总体的比重，借此研究总体各部分的结构，就是结构分组。例如，学生考试成绩分优、良、中、及格、不及格五部分，计算出各部分比重可以反映出老师教学及学生学习的状态。

为研究现象之间依存关系而进行的分组被称为分析分组。例如，为研究工人的劳动生产率与产值之间的依存关系、商品流通费用率与商品销售额之间的依存关系，就要通过分析分组展开研究。

同步思考 3-2 ▶▶▶

1. 统计分组时为什么一定要遵循穷尽原则和互斥性原则？在对班级同学使用化妆品品牌进行调查时应该怎样做到"穷尽"？

2. 什么是按品质标志分组？什么是按数量标志分组？怎样选择统计分组标志才科学？

第三节　分配数列

一、分配数列的基本内容

（一）分配数列的概念

分配数列也称频数分布或分布数列，它是将总体按某一标志分组，并依次列出每个组的单位数，从而显示出总体单位在各组中的分布情况。分布在各个组的单位数也称频数、次数；各组频数与总频数之比称为频率或比率。

（二）分配数列的构成要素

分配数列有两个构成要素：一个是总体按某标志所分的组，另一个是各组所出现的单位数，即频数（次数）。就变量数列而言，总体按数量标志分组，分组标志在各组有不同的数量表现，形成标志值数列，也称变量，一般用 x 表示；频数（次数）一般用 f 表示。

（三）分配数列的种类

根据分组标志的不同特征，分配数列可分为两类：按品质标志分组所形成的数列称为品质分配数列，也称品质数列；按数量标志分组所形成的数列称为变量分配数列，也称变量数列。

1. 品质分配数列

品质分配数列是指按品质标志分组所形成的分配数列，简称品质数列。它是用来观察总体中不同属性单位在各组中的分配状况的。某高校 2023 年年底在职教师职称分配数列如表 3-7 所示。

表 3-7　某高校 2023 年年底在职教师职称分配数列

教师按职称分组	人数（人）	比重（%）
教授	60	12
副教授	170	34
讲师	115	23
助教	105	21
其他教师	50	10
合计	500	100

2. 变量分配数列

变量分配数列是指按数量标志分组所形成的分配数列，简称变量数列。变量数列可以反映总体中各组间的数量差异和结构状况。

按变量是否连续以及数目差距的不同,变量数列可分为以下几种,如图 3-4 所示。

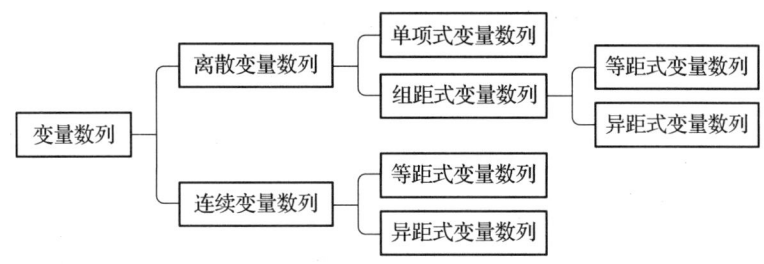

图 3-4 变量数列的种类

离散变量可以编制单项式变量数列,也可以编制组距式(等距式或异距式)变量数列;连续变量只能编制等距式或异距式变量数列。

(1)单项式变量数列。单项式变量数列是指每个组仅有一个变量值作为分组标志值的数列,它通常适用于离散变量值不多且变量的变动范围不很大的情况。例如,某社区家庭人口数分组情况如表 3-8 所示。

(2)组距式变量数列。组距式变量数列是指以变量的一定变化区间作为分组标志的数列,它通常适用于变量值多且变动范围较大的情况。例如,居民居住水平情况按人均居住面积分组,分为 10m² 以下、10~20m²、20~30m²、30m² 以上四组。组距式变量数列有间断组距式分组和连续组距式分组两种。

表 3-8 某社区家庭人口数分组情况

家庭人口数(人)	户数(户)
2	20
3	690
4	150
5	50
6	15
合计	925

在组距式分组中,每组包含许多变量值,每一组变量值中,其最小值为下限,最大值为上限。组距是上下限之间的距离,相邻两组的界限称为组限。凡是组限不相连的,称为间断组距式分组。例如,工人按看管机器台数分组,分为 10~19、20~29、30~39、40~49 四组。凡是组限相连(或称相重叠)的,即以同一数值作为相邻两组的共同界限,称为连续组距式分组。例如,工人按工时定额完成程度分组,分为 90%~100%、100%~110%、110%~120%等组。

连续变量只能采用连续组距式分组。在连续组距式分组中,存在以同一个数值作为相邻两组共同界限的情况,根据统计分组必须遵循的"互斥性原则",如果总体某个单位的变量值是相邻两组的界限值,则这个单位归入作为下限值的那一组内,即所谓"上限不在内"原则。例如学生按成绩分组,80 分的学生不归入 70~80 分一组,而是归入 80~90 分一组内。

此外,组距式变量数列还可以采用等距式分组与异距式分组。等距式分组就是标志值在各组保持相等的组距,即各组标志值的变动都在相同的范围内。凡是在标志值变动比较均匀的情况下,都可采用等距式分组。等距式分组有很多好处,如便于计算、便于绘制统计图等。例如,某工厂工人日产量分布的等距式变量数列如表 3-9 所示。

异距式分组是指各组的组距不都相等。

表 3-9 某工厂工人日产量分布的等距式变量数列

按日产量分组(件)	人数(人)
60~80	2
80~100	10
100~120	30
120~140	13
140~160	5
合计	60

异距式分组通常适用于如下几种场合。

第一，标志值分布很不均匀的场合。

第二，标志值相等的量具有不同意义的场合。例如，生命的每一个月对新生婴儿和成年人是大不一样的，此时，若按年龄分组进行人口疾病研究，应采用异距式分组。

第三，标志值按一定比例发展变化的场合。

例如，某高校 2023 年年末在职教师年龄分布的异距式变量数列如表 3-10 所示。

表 3-10　某高校 2023 年年末在职教师年龄分布的异距式变量数列

教师按年龄分组	人数（人）	比重（%）
30 岁以下	60	12.00
30~45 岁	156	31.20
45~55 岁	164	32.80
55 岁以上	120	24.00
合计	500	100.00

二、组距式分配数列中相关指标的计算

（一）组距

组距是指在组距式分组中上、下限之间的距离。

连续组距式分组的组距计算公式是：

$$组距 = 本组上限 - 本组下限$$

间断组距式分组的组距计算公式是：

$$组距 = 本组上限 - 前组上限$$
$$= 本组下限 - 前组下限$$

（二）组中值

进行组距式分组，组中值的计算十分重要。组中值是上、下限之间的中点数值，它代表各组变量的一般水平。组距式分组将各单位的具体标志值隐匿，取而代之的是变量值的变化范围，但在许多场合，仅仅了解这些变量值的变化范围还远远不够，为了便于分析，还要计算组中值。

组中值的计算需要根据各组的情况而定，对于"闭口组"，即一组中既有上限值又有下限值的组，组中值的计算公式是：

$$组中值 = \frac{上限 + 下限}{2}$$

在计算平均指标或进行其他统计分析时，常以组中值来代表各组标志值的平均水平。当各组标志值均匀分布时，组中值作为各组标志值水平的代表，其代表性就强。因此，分组时应尽可能使组内各单位标志值均匀分布。

有时候，连续变量按离散变量表示，组距式变量数列的编制采取相邻组限不重叠的形式，此时组中值的确定应考虑到连续变量的自身特点。年龄就是比较典型的例子，它实质上是

连续变量，习惯上用整数表示。例如一个班的大学生年龄分为 17~19 岁、20~22 岁两组，则组距是 3 岁，组中值分别为 18.5 岁和 21.5 岁。因为第一组应包括 19 岁又不到 20 岁的大学生，上限应视为 20 岁。同样道理，第二组上限应视为 23 岁。

对于"开口组"的组中值，即一组中缺少下限值或缺少上限值的组，其计算公式是：

$$缺少下限值的开口组组中值 = 该组的上限值 - \frac{邻组组距}{2}$$

$$缺少上限值的开口组组中值 = 该组的下限值 + \frac{邻组组距}{2}$$

（三）频率、频数密度与频率密度

1. 频率

频率是指各组频数与总体单位总和之比，它反映了各组频数的大小对总体所起作用的相对强度。计算公式如下：

$$频率 = \frac{f_i}{\sum f_i}$$

式中，f_i 是第 i 组频数。

通过对总体各单位分组而形成的变量数列，显示了各单位标志值在各组间的分布状况，从而使杂乱无章的原始数据显示出一定的规律性。频率有两个性质：一是任何频率都是界于 0 和 1 之间的一个分数；二是各组频率之和等于 1，即 100%。

2. 频数密度与频率密度

对于异距式分组，由于各组次数的多少还受组距不同的影响，所以各组的频数可能会随着组距的扩大而增加，随着组距的缩小而减少。为消除异距式分组所造成的这种影响，需计算频数密度（也称次数密度）或频率密度，频数密度与频率密度的计算公式如下：

$$频数密度 = \frac{频数}{组距}$$

$$频率密度 = \frac{频率}{组距}$$

各组频数密度与各组组距乘积之和等于总体单位数，各组频率密度与各组组距乘积之和等于 1。

（四）累积频数与累积频率

累积频数（或频率）可以是向上累积频数（或频率），也可以是向下累积频数（或频率）。计算向上累积频数（或频率）分布的方法是先列出各组的上限，然后由标志值低的组向标志值高的组依次累积。向上累积频数表明某组上限以下的各组单位数之和，向上累积频率表明某组上限以下的各组单位数之和占总体单位数的比重。计算向下累积频数（或频率）分布的方法是先列出各组的下限，然后由标志值高的组向标志值低的组依次累积。向下累积频数表明某组下限以上的各组单位数之和，向下累积频率表明某组下限以上的各组单位数之和占总体单位数的比重。

累积频数分布具有两个特点：一是第一组的累积频数等于第一组本身的频数；二是最后一组的累积频数等于总体单位数。累积频率同样也具有两个特点：一是第一组的累积频率等于第一组本身的频率；二是最后一组的累积频率等于1或100%。

现以某区所属工业企业有关产值资料为例，计算各相关指标，如表3-11所示。

表3-11 某区所属工业企业有关产值资料

产值（万元）	企业数（个）	组中值（万元）	频率（%）	累积频数（个）		累积频率（%）	
				向上累积	向下累积	向上累积	向下累积
50以下	24	25	6	24	400	6	100
50~100	40	75	10	64	376	16	94
100~200	76	150	19	140	336	35	84
200~600	160	400	40	300	260	75	65
600~800	80	700	20	380	100	95	25
800以上	20	900	5	400	20	100	5
合计	400	—	100	—	—	—	—

利用"开口组"的组中值计算公式计算组中值是有假定条件的。假设各组中的变量值变化是均匀的，但实际各组内的变量值变化不一定都是均匀的，因此，以组中值代替变量值有一定的假设性，它不一定是真实值，而只是一个近似值。

三、变量分配数列的编制

编制变量分配数列的主要目的是反映总体的分布特征，并进一步研究总体的构成及变化规律等，而频数和频率是反映分配数列分布特征的。因此，分配数列编制的好与坏，关键要看其能否反映总体的分布特征，即要看各组频数与频率的分配是否符合客观规律。

变量分配数列的编制是比较复杂的，下面以一个实例说明变量数列的编制方法。

例如，某班40名学生的统计学考试成绩（单位：分）如下所示。

$$
\begin{array}{cccccccccc}
69 & 51 & 84 & 76 & 70 & 89 & 81 & 74 & 86 & 70 \\
73 & 71 & 90 & 56 & 84 & 62 & 72 & 97 & 68 & 98 \\
66 & 88 & 76 & 84 & 64 & 73 & 63 & 91 & 57 & 68 \\
78 & 79 & 78 & 78 & 80 & 86 & 66 & 54 & 56 & 86
\end{array}
$$

这些资料是比较零乱的，不能直接反映出总体的特征，因此，要对其进行加工整理，形成分配数列，以反映总体的分布特征。

第一，将原始资料顺序排列，确定变量值的变动范围。可以用计算机排序，也可以人工找出极大值和极小值，得知其波动幅度在51~97分，差距为97-51=46（分）。学生成绩大多数在70~90分，偏低或偏高都很少。

第二，确定组数和组距（往往靠经验确定）。组距的大小直接关系到组数的多少，组距大，组数就少；组距小，组数就多。美国学者斯特杰斯提出了一个"斯特杰斯经验公式"，即

$$n = 1 + 3.3 \lg N$$

$$d = \frac{R}{n} = \frac{x_{\max} - x_{\min}}{1 + 3.3 \lg N}$$

式中，n 为组数；N 为总体单位数；d 为组距；R 为全距，即最大变量值 x_{max} 与最小变量值 x_{min} 之差。

也可以用经验确定。如上例中学生成绩的变动幅度较大，如果采用单项式分组，则组数过多，不足以反映总体不同性质组成部分的分布特征，因此可以考虑用组距式分组。组数的确定要根据研究现象的具体情况而定。对学生成绩的分析主要是看成绩的集中情况，因为总数是 40 人，所以可将其分成 5 组。

第三，确定组限。成绩虽然是连续变量，但习惯上用离散变量的表示方法，即采用偶数作为组限，并且采用重复组限的形式。确定组限时应注意，最低组的下限要小于或等于最小变量值，最高组的上限应大于最大变量值。

第四，统计各组次数，计算各组比率。根据组距、组数以及组限，将各变量值从最小组开始排列，按组归类，编制成组距式变量数列，形成统计表。

根据所确定的组数、组距及组限，可将 40 名学生的成绩编制成分配数列，如表 3-12 所示。

表 3-12　40 名学生的成绩分配数列

分数（分）	人数（人）	组中值（分）	各组比率（%）
50~60	5	55	12.50
60~70	8	65	20.00
70~80	13	75	32.50
80~90	10	85	25.00
90~100	4	95	10.00
合计	40	—	100.00

从这个分配列数中我们可以看出，这 40 名学生的成绩是"两头小，中间大"的分布，是符合学生成绩这一变化规律的，反映了总体的分布特征。

同步思考 3-3 ▶▶▶

1. 什么是组中值？怎样计算组中值？为什么要计算组中值？计算组中值的假设条件是什么？
2. 变量分配数列由哪几个要素构成？任何情况下都可以编制单项式变量数列、等距式变量数列、异距式变量数列吗？

第四节　统计数据的显示

统计数据主要有三种显示形式：一是用文字来表述；二是用统计表来说明；三是用统计图来显示。用文字表述的部分，前面已经做了一些介绍，本节侧重介绍统计表的制作和统计图的绘制。

一、统计表

（一）统计表的概念和作用

统计表是统计用数字说话的一种最常用的形式。统计调查得来的原始资料经过汇总整理后，得出一些系统化的统计资料，将其按一定顺序填入一定的表格内，这个表格就是统计表。

统计表是统计数据最基本的显示形式。其主要作用有四个：一是能够系统地组织和合理地安排大量数字资料，使其系统化和条理化，方便读者阅读，给人以明确清晰的阅读体验；二是通过合理地排列统计资料，以便读者比较对照，发现现象的规律性；三是便于汇总和审核，也便于计算和分析；四是便于检查数字的完整性和准确性。

（二）统计表的结构

1. 按表的形式分为总标题、横行标题、纵栏标题和数字资料四部分

从统计表的形式来看，统计表由总标题、分标题（横行标题、纵栏标题）和数字资料组成。

总标题是表的名称，它表明统计表所要反映的统计资料的内容。通常放在统计表上端中央。

横行标题是统计表中各横行的名称，它表明统计总体及各组成部分，是统计表所要说明的对象。一般放在表的左侧。

纵栏标题是统计表中各纵栏的名称，它表明总体数量特征的指标名称，一般放在统计表的上部。

数字资料是统计表中的数字，每一个数字都由横行标题和纵栏标题所限定。

2. 按表的内容分为主词和宾词两部分

从统计表的内容来看，统计表由主词和宾词两部分构成。主词是统计表要说明的总体、总体的分组和有关单位的名称，通常列在表的左侧，构成横行标题的内容。宾词是用来描述主词的数字资料，通常列在表的右侧，构成纵栏标题的内容。

统计表的构成如表3-13所示。

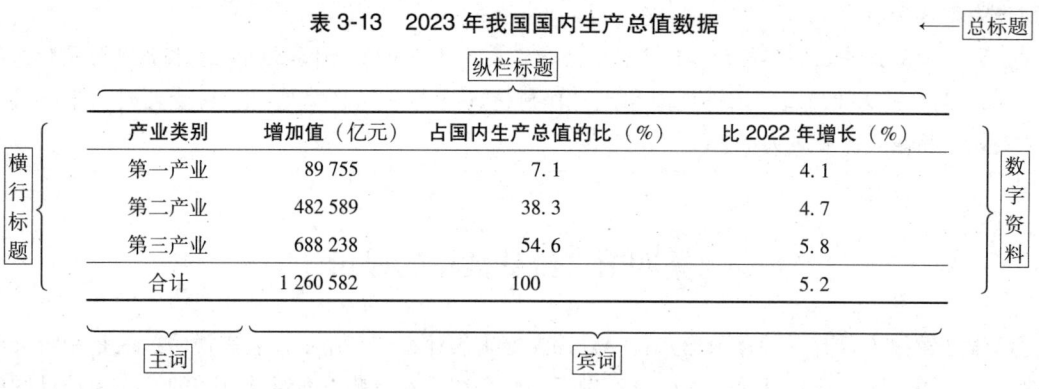

表3-13　2023年我国国内生产总值数据

产业类别	增加值（亿元）	占国内生产总值的比（%）	比2022年增长（%）
第一产业	89 755	7.1	4.1
第二产业	482 589	38.3	4.7
第三产业	688 238	54.6	5.8
合计	1 260 582	100	5.2

（三）统计表的种类

统计表按主词是否分组及分组标志的多少，可分为简单表、分组表和复合表三种。

1. 简单表

简单表是对主词未经任何分组的统计表。简单表又分两种情况：一是将总体单位按空间顺序排列，以反映总体单位的具体情况；二是将说明总体特征的数字资料按时间顺序排列，以反映现象在不同时间的发展状况和趋势，如表 3-14 所示。

表 3-14 某地区 2019—2023 年各季度某种商品销售量资料　（单位：万件）

时间	第一季度	第二季度	第三季度	第四季度
2019 年	10	12	20	8
2020 年	12	15	16	10
2021 年	10	16	15	8
2022 年	10	12	14	8
2023 年	12	14	15	9

2. 分组表

分组表是指主词按一个标志进行分组的统计表。分组表可以反映现象的不同特征，也可以反映总体的内部结构，如表 3-15 所示。

表 3-15 2023 年某高校毕业生就业企业规模统计表

企业规模	毕业生占比（%）	
	研究生	本科生
50 人及以下	76.12	55.53
51~300 人	11.21	16.76
301~1 000 人	10.48	18.55
1 001 人及以上	2.19	9.16
合计	100.00	100.00

3. 复合表

复合表是指主词按两个或两个以上标志进行复合分组的统计表。在一定分析任务要求下，复合表可以把更多的标志结合起来，以便更深入地分析社会经济现象的规律性，如表 3-16 所示。

表 3-16 2023 年我国各种运输方式完成货物运输量及其增长速度

指标	单位	绝对数	比上年增长（%）
货物运输总量	亿吨	556.8	8.1
铁路	亿吨	50.1	1.5
公路	亿吨	403.4	8.7
水路	亿吨	93.7	9.5
民航	万吨	735.4	21.0
管道	亿吨	9.5	7.5
货物运输周转量	亿吨公里	247 712.7	6.3
铁路	亿吨公里	36 437.6	1.5
公路	亿吨公里	73 950.2	6.9
水路	亿吨公里	129 951.5	7.4
民航	亿吨公里	283.6	11.6
管道	亿吨公里	7 089.8	3.8

资料来源：《中华人民共和国 2023 年国民经济和社会发展统计公报》，国家统计局，2024 年 2 月 29 日。

（四）统计表的编制规则

编制统计表的总要求是：简练、明确、实用、美观，便于比较。统计表的设计应注意如下事项。

第一，统计表的总标题、横行标题、纵栏标题应简明扼要，以简练且准确的文字表述统计资料的内容、资料所属的空间和时间范围。

第二，表中主词各行和宾词各栏，一般按先局部后总体的原则排列，即先列出项目后列出总计，在没有必要列出所有项目时，可先列出总计，然后再列出一部分重要项目。

第三，如果表中栏次较多，通常要加以编号。主词栏和计量栏通常可用<甲>、<乙>等标明，而宾词栏可用（1）、（2）、（3）等标明。表中各栏如有计算上的勾稽关系，可同时标明。如（3）=（2）÷（1），表明第（3）栏的数据是由第（2）栏的数据除以第（1）栏的数据得到的。合计栏的设置：统计表各纵列若需合计时，一般应将合计列在最后一行，各横行若需要合计时，可将合计列在最后一栏。

第四，表中数据应对准位数，填写整齐。当数字为零或数值太小而忽略不计时，要写上零；当缺乏某项资料时，用符号"…"表示；当不应有数时，用符号"——"表示，即统计表中不能有空格。

第五，统计表中必须注明计量单位。如各行有不同的计量单位，可专设计量单位一栏；纵栏的计量单位可标写在纵栏标题的下方；如各纵栏计量单位一致，则可将其标在表的右上方。

第六，统计表的表式。通常表的上下端应以粗线绘制，表内纵、横线以细线绘制。表格的左右两端一般不画线，采用"开口式"。

第七，必要时，应在统计表下方注明表中某些资料的来源或注明某些指标的计算方法、计算口径等。

二、统计图

（一）统计图的概念和意义

用来表现统计数据的各种几何图形、具体事物的形象、符号和地图都叫统计图。它是统计数据的另一种表现形式，统计图可以从数量方面来表示研究对象的规模、水平、结构、发展趋势和比例关系。俗话说"一图解千文"，图形的影响力往往胜过冗长的文字叙述，易为一般人理解和接受。统计图具有生动活泼、鲜明醒目和见图知意的特点。因此，绘制统计图也是统计数据整理的一项重要内容。

常用的统计图有圆形图、条形图、直方图、折线图、环形图、雷达图、茎叶图、箱线图、象形图和散点图等。

（二）绘制统计图的原则

首先，统计图必须准确地反映客观、真实的情况。统计图与一般的美术图不同，它是实际统计资料的反映，因而图形必须力求准确，避免由于绘制技术的粗糙而发生差错，避免由于表现方法不当而引起读者的错觉。

其次，统计图应力求简明扼要，通俗易懂。统计图越简单、越明白，也就越符合图示的目的。因此，要慎重选用立体图形、复杂图形。若数据对象复杂，可以分别绘制几种简单图形，而不宜将其混杂于一个图形中。

第三，统计图应当主题突出。每一个统计图须有一个明晰、完整的标题，其字句应能反映该图的主题，并应指明所反映对象的时间和空间限制。

第四，要根据资料的性质和绘图目的，选择恰当的统计图形。

第五，应将统计资料随图形同时列明，作为研究的依据。

（三）绘制统计图的步骤

一是确定绘图目的，收集和选择数据。对已有的数据要加以选择，决定取舍；对没有的数据要进行收集；要注意做好数据的审查核对工作，确保数据的准确性和完整性。二是数据预处理，对数据进行清洗，去除异常值或错误数据；根据需要对数据进行分类、分组或排序。三是选择统计图类型，根据数据的类型和要传达的信息，选择最合适的统计图类型。对资料进行加工计算。四是使用绘图工具或软件创建统计图，包括选择图表类型、输入数据、调整颜色、字体、标签等，确保图表清晰易读，能够准确地传达数据。五是检查并调整统计图，仔细检查图表中的数据点、标签和标题，确保它们准确无误；调整图表的布局和配色，使其更加美观且易于理解。六是导出或分享，将图表导出为常见的图片格式（如 png、jpeg 或 pdf），以便插入报告或演示文稿中，或者直接将图表分享到网络平台上，如社交媒体、微博或网站。

（四）常见的几种统计图

1. 圆形图

圆形图又称饼图，是以圆形的面积来表示数据的总量的统计图，通过圆内各扇形的面积来表示各部分数据占总量的比例。圆形图直观地展示了数据的相对大小和内部结构。例如，以 2023 年我国国内生产总值数据（表 3-13）为基础，绘制圆形结构图，如图 3-5 所示。

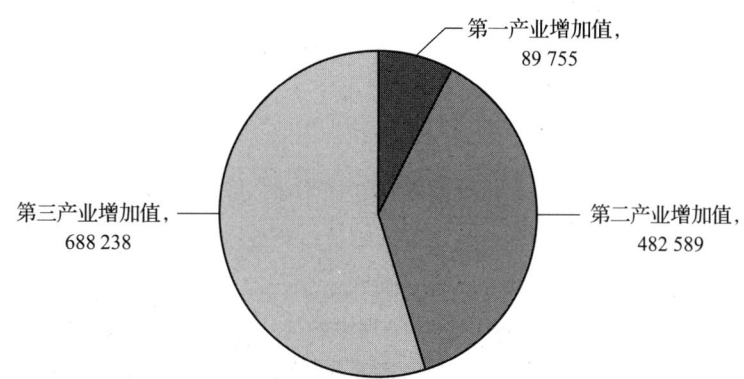

图 3-5　2023 年我国国内生产总值构成情况圆形图（单位：亿元）

2. 条形图

条形图是用宽度相同的条形的高度或长度来表示统计指标数值大小的统计图。条形图可以横置或纵置，纵置时也叫柱形图。条形图根据表现资料的内容可分为单式条形图和复式条形图。单式条形图反映统计对象的某一指标的变化情况。例如，根据国家统计局数据，2022年我国居民在不同食品类型上的平均消费量是不同的，可绘制单式条形图，如图3-6所示。

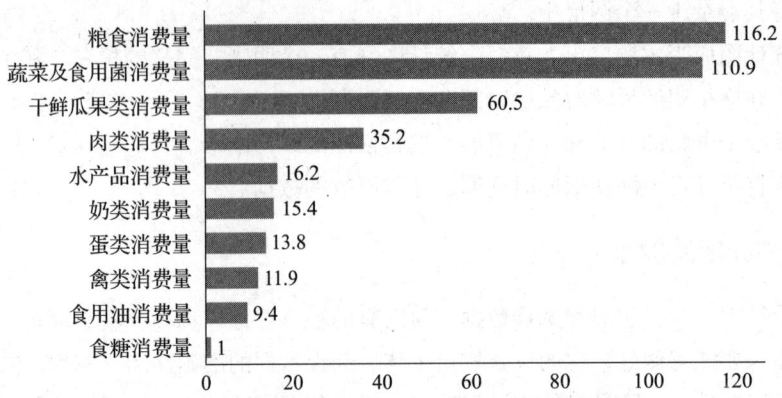

图3-6　2022年我国居民主要食品平均消费量单式条形图（单位：kg/人）

复式条形图是将两个或两个以上条形合为一组，再将若干组的条形并列在同一个图上的统计图。复式条形图可以反映统计对象的两个或多个指标的变化情况。例如，根据泰坦尼克号各舱位不同性别的乘客人数绘制复式条形图，如图3-7所示。

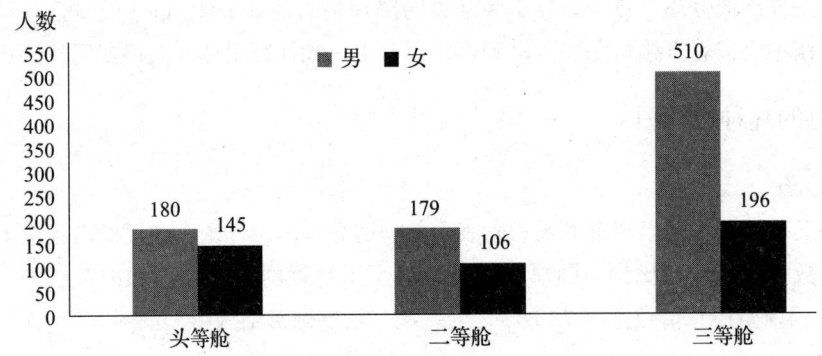

图3-7　泰坦尼克号各舱位不同性别乘客人数

资料来源：R语言自带数据集Titanic。

3. 直方图

直方图是用矩形的宽度和高度来表示频数分布的图形。在平面直角坐标中，横轴表示数据分组，纵轴表示频数或频率，这样各组与相应的频数或频率就形成了一个矩形，即直方图。例如，根据表3-2中30只基金的收益率的分组频数统计情况绘制直方图，如图3-8所示（操作方法请参见本教材第十一章实验二 Excel 在统计整理中的应用）。

直方图和条形图不同，条形图是用条形的高度或长度表示各类别数量的多少，其宽度（表示类别）是固定的，直方图是用面积表示数量的多少；直方图各矩形通常连续排列，而条形图各矩形则分开排列。

4. 折线图

折线图通过连接数据点来展示数据随时间、空间或其他连续变量的变化情况。每个数据点代表一个特定的时间点或空间位置的数值,而连接这些点的线则展示了数据随时间或空间发生的变化及其变化趋势。在折线图中,横轴通常表示时间、空间或其他分类变量,纵轴表示数值型变量。每个数据点在图中表示为一个点,通过线段将这些点连接起来,形成连续的折线。折线的走势可以直观地展示数据的增减、波动或其他变化趋势。折线图适用于展示时间序列、气象变化、经济走势、人口增长等多种类型的数据。例如,收集从1984年洛杉矶奥运会到2020年东京奥运会,中国体育代表团收获的金牌总数的数据,将其绘制成折线图,如图3-9所示。

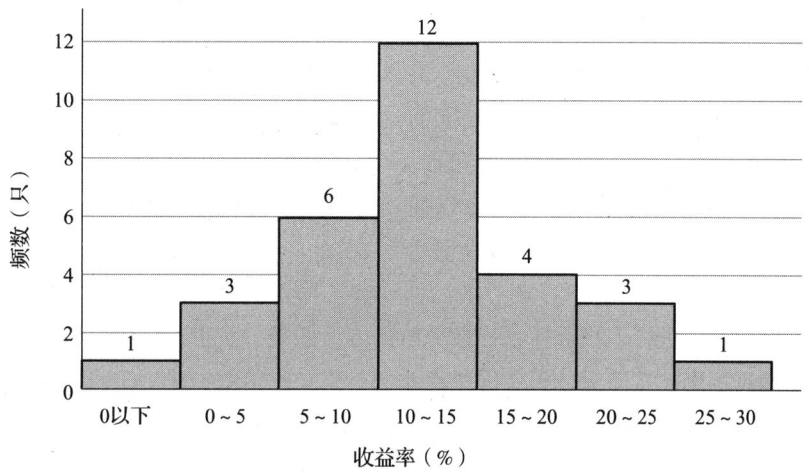

图 3-8 30只基金的收益率的分组频数直方图

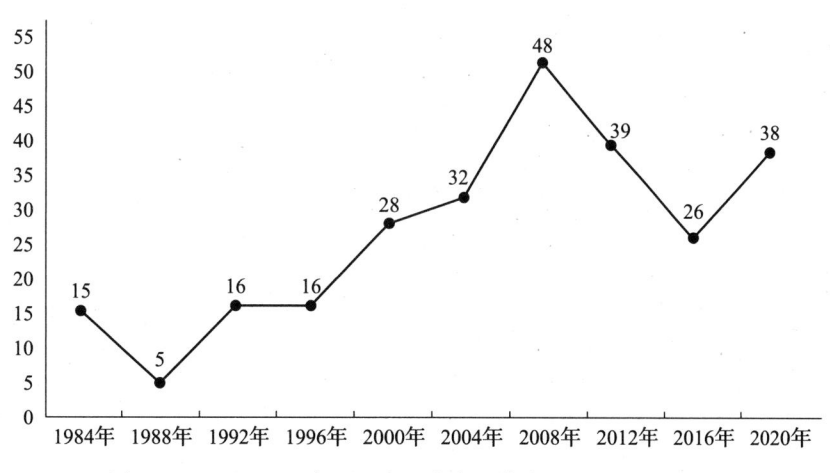

图 3-9 1984—2020年历届奥运会中国代表团金牌总数折线图

5. 环形图

环形图中间有一个"空洞",总体中每一个部分的数据用环中的一段来表示。环形图可以同时绘制多个总体的数据系列,每一个数据系列为一个环,可以显示多个总体各部分所占总体的相应比例,从而有利于进行比较研究。例如,甲、乙两个班级的学生对某门课程的教学评价资料如表3-17所示,据此资料绘制环形图,如图3-10所示。

表 3-17　课程教学情况评价表

班级	很不满意	不满意	一般	满意	很满意
甲	5%	10%	30%	45%	10%
乙	3%	10%	27%	40%	20%

6. 雷达图

雷达图也称蜘蛛图、蛛网图、星状图、极区图，是一种以二维形式展示多维数据的图形。雷达图从中心点出发，辐射出多条坐标轴（至少大于三条），每一份多维数据在每一维度上的数值都占用一条坐标轴，并和相邻坐标轴上的数据点连接起来，形成一个不规则的多边形。如果将相邻坐标轴上的刻度点也连接起来以便于读取数值，则整个图形形似蜘蛛网，或雷达仪表盘，因此而得名。

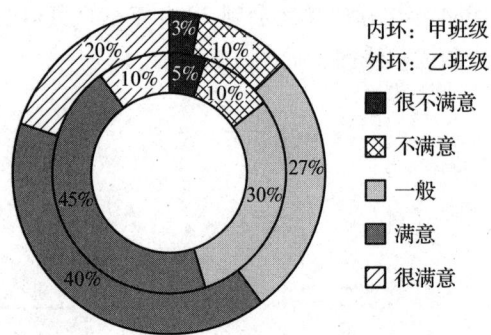

图 3-10　课程教学情况评价环形图

雷达图是专门用来进行多指标体系比较分析的专业图表。从雷达图中可以看出指标的实际值与参照值的偏离程度，从而为分析者提供有益的信息。雷达图一般用于成绩展示、效果对比量化、多维数据对比等。例如，某企业对相关职员进行了质量控制培训，培训前后分别对个人能力、改进意识、解决问题能力、团队精神及质量控制知识进行了测定，根据测定的结果绘制雷达图，如图 3-11 所示，从图中可以清晰地判断出培训的效果是很明显的。

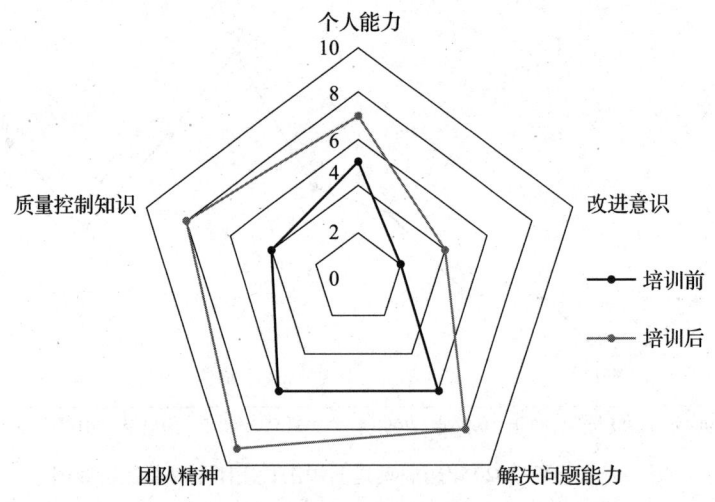

图 3-11　培训前后效果雷达图

7. 茎叶图

茎叶图由"茎"和"叶"两部分组成。茎叶图可以反映原始数据的分布情况及数据的离散情况，比如分布是否对称、数据是否集中、是否有离群点等。绘制茎叶图时，先把一个数字分成两部分，将最后一位作为叶，而将其他的高位数字作为茎。

例如，某车间共有 30 名工人，其日产量资料如下（单位：件）：

```
41  52  46  59  32  40  40  55  61  75
15  31  51  49  60  31  65  69  16  34
89  79  57  46  10  24  71  45  22  85
```

根据以上数据，绘制茎叶图，如图 3-12 所示。

频数	茎	叶
3	1	0　5　6
2	2	2　4
4	3	1　1　2　4
7	4	0　0　1　5　6　6　9
5	5	1　2　5　7　9
4	6	0　1　5　9
3	7	1　5　9
2	8	5　9
茎的宽度：10		每片叶：1 个样本

图 3-12　30 名工人日产量茎叶图

茎叶图类似于横置的直方图，但两者又有不同。茎叶图既能给出数据的分布状况，又能给出一个原始数据，从而保留了原始数据的信息，一般适用于小批量数据；直方图能够反映定性变量取值的分布，但不能保留原始的数据信息，通常适用于大批量数据。

8. 箱线图

箱线图又称盒形图，是一种含有丰富信息的统计图，主要用来反映原始数据的分布特征。它由一组数据的最大值、最小值、中位数和上、下四分位数共五个特征值组成。与茎叶图相比，箱线图不能反映出每一个原始数据的信息，但提供了简明有效的视图。根据绘制茎叶图的 30 名工人日产量资料数据，利用统计软件 SPSS 绘制箱线图，如图 3-13 所示。

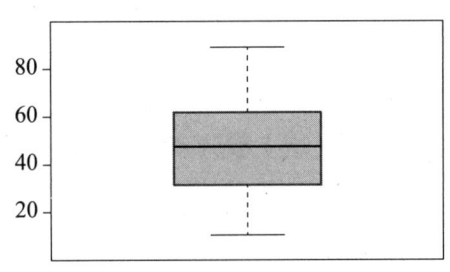

图 3-13　30 名工人日产量箱线图

9. 象形图

象形图是利用形象画来表明统计资料的图形的统计图。它给人以直观的感觉，主要作用是比较现象在不同时间、不同地区和不同条件下的水平、速度、比例、计划完成情况等数值的大小。比如，随机抽取 200 位路人，测得其血型情况并绘制统计象形图，如图 3-14 所示，其中每个火柴人代表 8 位路人。

10. 散点图

散点图是一种基础的统计图形式，它由一系列散布的点组成，每个点在平面直角坐标系中代表一个数据点，其横坐标和纵坐标分别对应不同的数据值。散点图主要用于展示两个变量之间的关系，通过点在坐标系中的位置来体现这种关系。例如，利用表 3-4 中的某机器设备每周平均使用时长与年维护费用相关情况的数据，绘制散点图，如图 3-15 所示，从散点图很明显可观察出，机器设备每周平均使用时间越长，年维护费用就越高。

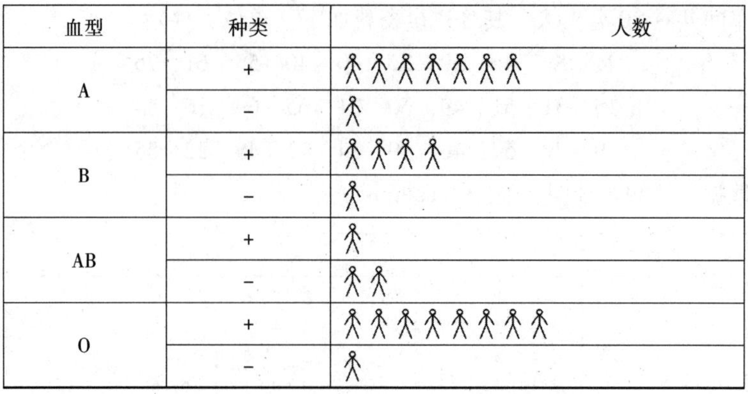

血型	种类	人数
A	+	👤👤👤👤👤👤
A	-	👤
B	+	👤👤👤👤
B	-	👤
AB	+	👤
AB	-	👤👤
O	+	👤👤👤👤👤👤
O	-	👤

图 3-14　200 名路人的血型情况象形图

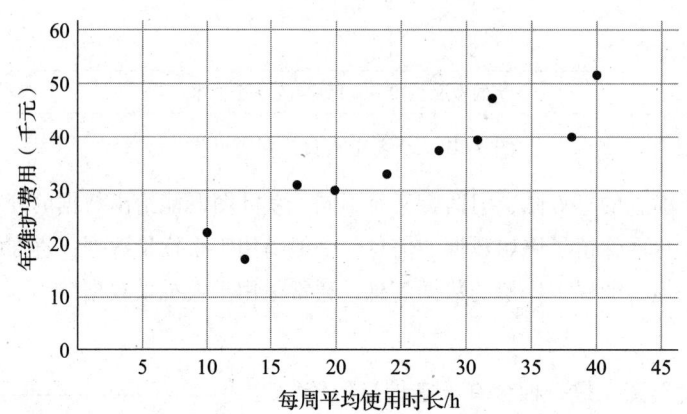

图 3-15　某机器设备每周平均使用时长与年维护费用相关数据散点图

（五）频（次）数分布图的类型

利用统计图的形式对社会现象的数量分布特征进行描述，可以直观地显示不同类型现象的分布特征。

将各种不同性质的社会经济现象次数分布的类型概括起来，大致有三种：钟形分布、U 形分布和 J 形分布。

1. 钟形分布

钟形分布的特征是"两头小，中间大"，即中间的变量值分布的次数多，靠近两边的变量值分布的次数少，其曲线图宛如一口古钟，如图 3-16 所示。

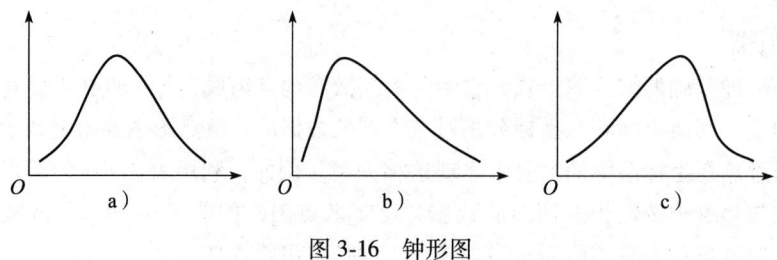

图 3-16　钟形图

如图 3-16a 所示，其分布特征是以变量的平均数为对称轴，左右两侧对称，两侧变量值分布的次数随着与其平均值距离的增大而渐次减少。在统计学中，称这种分布为正态分布。图 3-16b 和图 3-16c 为非对称分布，它们各有不同方向的偏态。图 3-16b 曲线是右偏分布，图 3-16c 曲线是左偏分布。在客观实际中，许多社会现象总体的分布都趋于正态分布，例如，农作物单位面积产量的分布、零件公差的分布、某种商品市场价格的分布等。

2. U 形分布

U 形分布的形状与钟形分布相反，靠近中间的变量值分布次数少，靠近两端的变量值分布次数多，形成"两头大，中间小"的 U 形分布。例如世界人口按年龄死亡率的分布，在世界人口总体中，幼儿和老年人死亡率高，而中青年死亡率低。图 3-17 是 U 形分布图。

3. J 形分布

J 形分布有两种类型，一种是正 J 形分布，即次数随着变量的增大而增多，经济学中的供给曲线就属于该分布类型；另一种为反 J 形分布，即次数随着变量的增大而减少，经济学中的需求曲线就属于该分布类型。J 形分布的两种类型如图 3-18 所示。

扫码观看
利用 Excel 绘制统计图

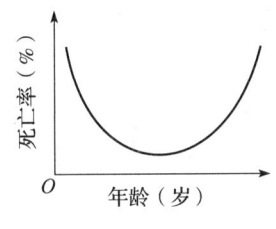

图 3-17　U 形图

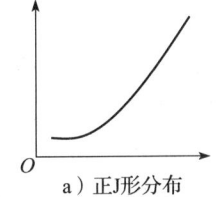
a）正 J 形分布

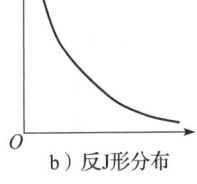
b）反 J 形分布

图 3-18　J 形图

同步思考 3-4 ▶▶▶

有一句很形象、很经典的话：文字不如数字，数字不如表格，表格不如图形。这句话表明，统计图更直观、更简捷。以统计表为例，统计表能够系统地组织和合理地安排大量数字资料，使其系统化和条理化，便于汇总和审核，便于计算和分析，便于检查数字的完整性和准确性。那么，当我们进行数据汇总时，以什么为原则选择用简单表、分组表还是复合表？试着调查一下班级同学本月话费支出情况，并用合适的统计表和统计图来显示。

思考与练习

- **知识题**

一、单项选择题

1. 适合反映 2023 年我国城镇和农村消费支出结构情况的图形是（　　）。
   A. 散点图　　　　B. 直方图　　　　C. 折线图　　　　D. 环形图
2. 某连续变量分组，其第一组为 100 以下，第二组为 100~150，第三组为 150~200，第四组为 200 以上，则数据（　　）。
   A. 100 在第一组　　　　　　　　　B. 50 在第二组

C. 200 在第三组　　　　　　　　D. 200 在第四组

3. 随机抽取 300 名大学生，得到他们的月生活费数据，要描述生活费的分布状况，适合的图形是（　　）。

   A. 直方图　　　　B. 雷达图　　　　C. 散点图　　　　D. 条形图

4. 次数分配的次数是指（　　）。

   A. 划分各组的数量标志　　　　　　B. 分组的组数

   C. 分布在各组的个体单位数　　　　D. 上下限的中点数值

5. 统计调查的继续和统计分析的前提是（　　）。

   A. 统计整理　　　B. 统计设计　　　C. 撰写报告　　　D. 统计准备

二、多项选择题

1. 统计分组的主要应用有（　　）。

   A. 区分现象的类型　　　　　　　　B. 分析现象的变化关系

   C. 比较现象间的一般水平　　　　　D. 反映现象总体的内部结构

   E. 研究现象之间的数量依存关系

2. 变量数列中频率应满足的条件是（　　）。

   A. 各组频率大于 1　　　　　　　　B. 各组频率大于 0

   C. 各组频率之和等于 1　　　　　　D. 各组频率之和小于 1

   E. 各组频率之和不大于 0

3. 在组距式变量数列中，组中值（　　）。

   A. 是上限和下限之间的中点数值

   B. 用来代表各组标志值的平均水平

   C. 在开放式分组中无法确定

   D. 就是组平均数

   E. 在开放式分组中可以参照相邻组的组距来确定

4. 统计分组（　　）。

   A. 是在统计总体内进行的一种定性分类

   B. 是在统计总体内进行的一种定量分类

   C. 将同一总体区分为不同性质的组

   D. 将不同的总体划分为性质不同的组

   E. 把总体划分为一个个性质不同的、范围更小的总体

5. 关于直方图和条形图的比较，以下说法哪些是正确的？（　　）。

   A. 直方图的长度和宽度均有意义，而条形图的宽度无数量上的意义

   B. 直方图的各矩形一般连续排列，条形图一般分开排列

   C. 直方图适用于分类数据，条形图适用于数值型数据

   D. 直方图和条形图的长度都表示频数

   E. 直方图和条形图都能够直观地展现数据的分布特征

三、判断题

1. 简单分组涉及总体的某一个标志，复合分组则涉及总体的两个及以上标志，因此，将两个

简单分组排列起来，就是复合分组。 （   ）
2. 统计分组的关键是正确选择分组标志。 （   ）
3. 统计数据的整理就是对统计数据报表的整理。 （   ）
4. 复合分组就是选择两个或两个以上的分组标志对同一总体进行的平行分组。 （   ）
5. 根据数量标志下的各变量值，很容易就能判断出现象性质上的差异。 （   ）

四、简答题

1. 什么是统计分组？统计分组有什么作用？举例说明研究人口结构时怎样进行分组。
2. 汇总前应该怎样控制数据误差？
3. 什么是组中值？怎样计算组中值？以组中值代替变量值的前提是什么？
4. 什么是简单分组、复合分组、平行分组？复合分组、平行分组各有什么优点？
5. 选择统计分组标志应该注意哪些问题？

• 实务题

一、某企业工人日产量统计资料如下。

日产量（件）	工人数（人）
0~60	6
60~70	12
70~80	12
80~90	14
90~100	15
100~110	18
110~120	22
120~130	8
合计	107

1. 各组工人数中（   ）。
   A. 包括日产量等于下限的人数 B. 包括日产量等于上限的人数
   C. 均包括日产量等于上限、下限的人数 D. 均不包括日产量等于上限、下限的人数
2. 上述变量数列中的变量是指（   ）。
   A. 日产量 B. 工人数
   C. 日产量的具体数值 D. 工人数的具体数值
3. 各组频率为（   ）。
   A. 6，12，12，14，15，18，22，8
   B. 0.42，0.85，0.85，1.00，0.14，0.17，0.21，0.07
   C. 0.06，0.11，0.11，0.13，0.14，0.17，0.21，0.07
   D. 6，18，30，44，59，77，99，107
4. 上述变量数列属于（   ）。
   A. 单项式变量数列 B. 组距式变量数列
   C. 连续变量数列 D. 等距式变量数列

二、什么是"穷尽原则"？什么是"互斥性原则"？若将一些企业按计划的完成程度不同分为三组：第一组为80%~100%，第二组为100%~120%，第三组为120%以上。以下哪几个分组是正确的？（　　）。

A. 若将上述各组组别及次数依次排列，就是变量分配数列
B. 该数列的变量属于连续变量，所以相邻组的组限必须是重复组限
C. 此类数列只能是等距式变量数列，不能采取异距式变量数列
D. 各组的上限分别为80%、100%、120%，某企业计划完成100%应归第二组
E. 各组的下限分别为80%、100%、120%，某企业计划完成100%应归第二组

- 实训题

实训一

实训目的：通过练习本题，掌握统计分组的基本方法。

实训资料：某班28名学生按百分制的英语成绩（单位：分）如下。

　　94　76　46　87　79　64　84　81　91　88　79　86　73　92
　　77　78　74　61　93　76　73　63　70　92　89　50　76　78

实训要求：

按不及格、及格、中等、良好、优秀五个等级（即以60分以下、60~70分、70~80分、80~90分、90分以上）进行分组整理。

实训二

实训目的：通过练习本题，掌握统计数据整理的基本方法和统计汇总的基本计算方法。

实训资料：某班40名学生统计学的期末成绩（单位：分）如下。

　　68　72　84　56　70　51　86　93
　　95　73　78　82　87　86　64　75
　　78　74　74　77　85　82　63　74
　　79　80　97　78　92　71　71　84
　　86　75　76　68　75　76　82　66

实训要求：

对上述资料采用等距式分组，分为5组，组距为10，以60分以下为第一组。整理出40名学生的成绩数据表，并计算出组中值、频数和频率。

实训三

实训目的：通过练习本题，掌握统计数据整理的基本方法和统计汇总的基本计算方法。

实训资料：某区所属工业企业有关产值资料如下。

产值 （万元）	企业数 （个）	频率 （%）	累积频数（个）		累积频率（%）		组中值 （万元）
			向上累积	向下累积	向上累积	向下累积	
40以下	10						
40~80	40						

（续）

产值 （万元）	企业数 （个）	频率 （%）	累积频数（个）		累积频率（%）		组中值 （万元）
			向上累积	向下累积	向上累积	向下累积	
80~120	100						
120~160	190						
160~200	50						
200 以上	10						
合计	400						

实训要求：
根据表中资料计算组中值、频率、累积频数、累积频率，并填入相应位置。

数字链接

扫码阅读
知识拓展

扫码查看部分
习题参考答案

第四章 综合指标分析

● 学习目标

(1) 掌握总量指标、相对指标、平均指标的含义、特点、分类
(2) 理解总体总量与标志总量、时期指标与时点指标的区别
(3) 熟练掌握六种相对指标的概念、特点、表现形式、计算方法和应用条件
(4) 理解平均指标和离散程度指标的辩证关系
(5) 掌握算术平均数、调和平均数、中位数、众数、全距、平均差、方差、标准差、离散系数、偏态系数与峰度系数的计算方法和应用条件
(6) 理解权数的作用,区分平均数和强度相对数
(7) 掌握计算平均指标和离散程度指标应注意的问题

● 主要学习内容

本章阐述了现象总量指标的含义、种类以及总量指标的计算方法;数据对比指标的含义、应用原则,以及各种对比描述指标的概念、表现形式、特点和计算方法;平均指标的含义与计算,标志变异指标的作用、计算与应用。具体包括:①总量指标、相对指标和平均指标的概念与分类;②时期指标和时点指标的区别;③六种相对指标的计算与分析;④算术平均数和调和平均数的计算与分析;⑤中位数和众数的含义与计算;⑥全距、平均差、方差、标准差、标准差系数、偏态和峰度指标的含义、计算与应用条件;⑦应用平均指标和标志变异指标应注意的问题。

● 引例 判断经济形势常用的统计指标

分析判断经济形势常常围绕以下四大目标进行:经济增长、充分就业、物价稳定、国际收支平衡。这四大目标相互联系、相互影响、相互制约。通过全面观察这四大目标,可以了解社会总供给和总需求的变化,掌握经济运行的总体状况。

2019 年,新中国成立 70 周年。这一年,一是经济平稳增长。初步核算,2019 年,国内生产总值 990 865 亿元,按年平均汇率折算达到 14.4 万亿美元,稳居世界第 2 位。从增速看,

2019 年国内生产总值比上年增长 6.1%，在世界主要经济体中名列前茅。从人均水平看，2019 年人均国内生产总值达到 10 276 美元，首次突破 1 万美元，与高收入国家差距进一步缩小。二是就业好于预期。2019 年，月度全国城镇调查失业率均在 5.0%~5.3%；年末全国城镇登记失业率为 3.6%，保持在较低水平。城镇新增就业 1 352 万人，连续 7 年保持在 1 300 万人以上。三是物价总体稳定。2019 年，居民消费价格比上年上涨 2.9%，符合 3%左右的预期目标。四是国际收支基本平衡。2019 年，我国货物进出口总额 31.56 万亿元，再创新高；年末外汇储备余额比上年末增加 352 亿美元。

资料来源：《领导干部统计知识问答》，国家统计局，2023 年 1 月 1 日。

第一节　总量指标

总量指标是一定社会经济范畴的具体数量表现，具有一定的质的规定性。社会经济统计的每一个总量指标都是一定社会经济范畴的具体数量表现，科学理解社会经济统计总量指标的内涵、作用、种类，正确计算社会经济总量指标，具有重要的意义。

一、总量指标的含义和作用

（一）总量指标的含义

总量指标也称绝对指标或绝对数，它是反映现象总体在一定时间、地点条件下的总规模、总水平的综合指标。例如，2023 年，我国国内生产总值超过 126 万亿元，城镇新增就业 1 244 万人，货物进出口总额 41.8 万亿元，年末外汇储备余额超过 3.2 万亿美元。⊖ 上述指标中均是总量指标，需要指出的是，有时总量指标还可以表现为总量之间的绝对差数。

总量指标与其他种类指标相比，有两个特征：一是只有有限总体才能计算总量指标；二是总量指标数值的大小与总体范围的大小密切相关，随总体范围的大小而增减。

（二）总量指标的作用

总量指标在统计实践和统计理论中都有十分重要的作用，具体表现在三个方面。

1. 总量指标是反映国情、国力的基本指标

如果要分析国民经济形势，必须了解反映国民经济发展状况的各项主要总量指标。例如，要了解一个国家的国情、国力和国民经济基本情况，就必须掌握该国的人口总数、土地面积、国民生产总值、国民收入等总量指标。同样，要了解一个上市公司的财务状况，也要了解该公司的固定资产总值、年利税总额、工业增加值、生产能力、资产负债总额等总量指标。

2. 总量指标是进行经济管理的主要依据

进行经济管理，必须做到"心中有数"，这个数就是总量指标。在经济管理实践中，各决策层对计划的编制、检查，都必须依据经济发展的总量指标。

⊖ 中共国家统计局党组. 我国经济回升向好、长期向好的基本趋势没有改变，《求是》，2024-03.

3. 总量指标是计算相对指标和平均指标的基础

总量指标只是反映一定时空状态下社会经济现象的总量和规模，要对社会经济现象进一步深入地认识，还需要从比例、速度、一般水平等方面分析，这就需要计算一系列相对指标和平均指标。而总量指标数字准确与否，直接影响到相对数和平均数的准确性，从而直接影响统计分析的效果。

二、总量指标的种类

总量指标从不同角度有不同的分类。一般来说，通常可以按所描述的总体内容、计量单位、所反映的总体时间状况不同进行分类，如图 4-1 所示。

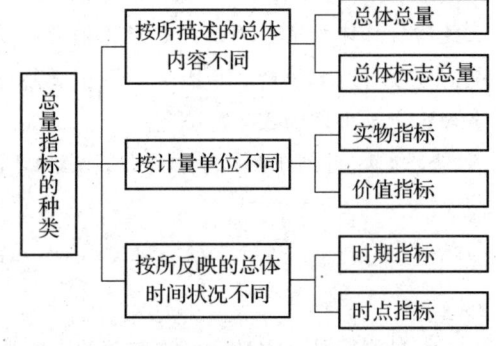

图 4-1　总量指标的种类

（一）按所描述的总体内容不同，分为总体总量和总体标志总量

总体总量也称总体单位总量，它反映一个总体内包含了多少个总体单位数，用以说明总体本身的规模。例如，企业数、学校数等。总体标志总量是总体各单位某种数量标志值的总和，用以说明总体数量特征的总规模和总水平。例如，总产量、总产值、工资总额、利税总额等。

总体单位总量和总体标志总量不是固定不变的，而是随研究目的和研究对象的变化而变化。例如，我们要研究某市工业企业的基本情况，那么该市全部工业企业就是总体，每一家工业企业就是总体单位，工业企业数是总体单位总量，全部工业企业的职工人数是总体标志总量。但是如果我们要研究全市工业企业的职工状况，那么全部工业企业的职工人数就是总体单位总数，职工的工资总额就是总体标志总量。显然，全部企业职工人数相对于"全部工业企业"总体而言是总体标志值总量，而相对于"全部工业企业职工"总体而言就成了总体单位总量了。

（二）按计量单位不同，分为实物指标和价值指标

实物指标是直接体现事物的使用价值或现象具体内容的绝对指标。根据事物的属性和特点采用不同的实物计量单位。实物单位包括自然单位、度量衡单位、标准实物单位、双重单位和复合单位。例如，2023 年，全国全年原煤产量 47.1 亿 t，原油产量 20 902.6 万 t，天然气产量 2 324.3 亿 m³，工业机器人产量 43.0 万套。[⊖]

实物指标能较直观地反映事物的数量，被广泛应用于编制计划、检查计划执行情况等经济管理实践中。但由于实物单位种类纷繁，不同计量单位的事物或即使是同一计量单位的不同事物，通常也不能直接加总。因此，以实物单位计量的实物指标综合性差，不能用于反映复杂现象的总规模、总水平和总速度。

⊖ 《2023 年国民经济和社会发展统计公报》，国家统计局，2024 年 2 月 29 日。

价值指标是用货币单位来计量事物数量大小的统计指标。货币单位是用货币作为度量社会财富或劳动成果的一种计量单位，如我国人民币用元、美国用美元、德国用欧元、日本用日元、法国用法郎等。不同的国家一般有自己的货币名称和货币单位。以货币单位来度量事物的数量，能使不能直接相加的经济现象的数量过渡到可以加总的状态，从而综合地说明具有不同使用价值的经济现象的总规模、总水平和总速度。例如，2023 年，全年社会消费品零售总额471 495 亿元。其中，城镇消费品零售额 407 490 亿元，乡村消费品零售额 64 005 亿元。按消费类型分，商品零售额 418 605 亿元，增长 5.8%；餐饮收入 52 890 亿元，增长 20.4%。[一]价值指标具有广泛的综合性，因此，它在统计核算中具有十分重要的作用。但价值指标也有局限性，它不能直观地反映事物的数量，在实践中常将实物指标和价值指标结合运用。

需要指出的是，除了实物指标和价值指标外，有时也用劳动单位如工日、工时等来计量劳动时间的长短，这类指标也称劳动量指标，它一般用来反映各种产品所消耗的劳动总量，主要用于编制和检查基层企业生产作业计划以及为实行劳动定额管理提供依据。

（三）按所反映的总体时间状况不同，分为时期指标和时点指标

1. 时期指标

时期指标是反映现象在一段时间内发生的总量，其数值是通过对一定时期内事物的数量进行连续登记并累计加总得到的。例如，一定时期（日、月、年等）内的产品产量、产值、商品销售额、工资总额等。时期指标有三个特点。其一，指标具有可加性，即可以进行纵向累计。纵向累计的结果表明在更长一段时期内事物发展过程的总数量，而横向累计的结果通常只是表明在某一时期内更大范围内的总数量。其二，指标数值的大小与其所属的时期长短有直接关系。通常时期越长，指标数值越大，时期越短，指标数值越小。例如，年销售额要大于月销售额，月产量要多于日产量。其三，指标数值可以连续计数取得，因为它的每一个数值都表明现象在某一段时期内发生的总量。例如，一个月的销售额是这个月中每天销售额的总和。

2. 时点指标

时点指标是反映事物总体在某一时点（瞬间）上的数量状态，其数值是通过对事物在某一时点上的数量进行登记得到的。例如，人口数、企业数、商品库存数、流动资金占用额等。时点指标也有三个特点。其一，指标通常不具有纵向可加性，但同一性质的时点指标在同一时点上可横向累计。例如，不能将某企业全年各月初或月末的职工人数相加作为本年度该企业的全部职工人数，以反映企业的规模，但可以将企业各车间同期的月初或月末的职工人数相加。其二，指标数值的大小与时间间隔的长短没有直接关系。例如，某企业年末某种产品的库存数不一定大于年初库存数，全年的流动资金平均占用额也不一定大于 1 月的流动资金平均占用额。其三，指标数值一般是间断统计取得的。因为时点指标通常变化不太大，不需要随时登记。此外，因为时点指标实际上是一个存量指标，不能纵向累计，所以通常间断计数。

正确理解时期指标与时点指标的特点，有助于正确计算序时平均数等动态分析指标。

[一] 《2023 年国民经济和社会发展统计公报》，国家统计局，2024 年 2 月 29 日。

三、总量指标的计算

总量指标的计算方法有两种,一是直接计量法,二是推算与估算法,如图4-2所示。

1. 直接计量法

直接计量法是通过对研究对象进行直接计数、测量、汇总等而得到总量指标的方法,这是总量指标最主要的计算方法。

2. 推算与估算法

推算与估算法是当研究对象不能或不必直接计量时,采用推算或估算的方式来得到总量指标的方法。推算与估算法主要有五种。

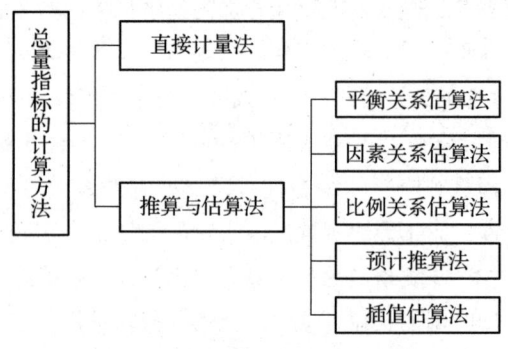

图4-2 总量指标的计算方法

(1) 平衡关系估算法。平衡关系估算法是利用现象之间的平衡关系来估计某一未知总量指标的方法。例如,企业某产品月末库存指标可以通过平衡关系式求得,公式如下:

$$月末库存量=月初库存量+本月入库产品量-本月出库产品量$$

(2) 因素关系估算法。因素关系估算法是利用现象的内部影响因素来推算某一总量指标的方法。例如,纳税额=产品销售额×税率,总产量=职工人数×劳动生产率,产品原材料消耗总额=产量×单位产品原材料消耗量×单位原材料价格,等等。

(3) 比例关系估算法。比例关系估算法是指当估算某一地区或某一时期的某种指标时,可利用类似的另一地区或不同时期的同类指标的比例关系来计算的方法。例如,在某一地区国民生产总值中,"折旧"大约为25%,若已知另一类似地区的国民生产总值为300亿元,则其中的折旧大约为75(300×25%=75)亿元。

(4) 预计推算法。预计推算法是一种根据过去和现在的情况来推测未来的某项指标值的方法。例如,某企业1月产值为800万元,若其他条件不变,第一季度产值应为2 400万元左右。

(5) 插值估算法。插值估算法是一种插值补全的方法。在统计分析时,我们常常会遇到一个数列缺少某一项或几项资料的情况,这时通常可以利用插值法来估算这些缺项。例如,利用平均发展速度补全时间数列,通过定性分析得到某一指标,等等。关于具体如何推算,我们将在时间序列分析、相关分析两章中分别再做详细介绍。

3. 计算总量指标应注意的问题

第一,必须明确各项总量指标的含义、范围,分清它与有关指标的界限。例如,在考察国民生产总值、国民收入等指标时,只有明确它们各自的含义与范围,才能正确运用这些指标进行分析。

第二,不同种类的实物总量指标数值不能加总,只有同类现象才能计算实物总量,而同类性是由事物的性质决定的。例如,石油产量与电视机产量显然不能加总,同为农作物的小麦产量与棉花产量也不能混为一谈。再如,钢材和水泥的性质不同,就不能将它们混在一起计算实物总量,但是原煤、原油、天然气、水电等各种不同的燃料由于使用价值相同却可以折算为标准燃料计算总量，在统计粮食总产量时，稻谷、小麦、玉米、高粱、谷子和豆类的产量也可以直接相加。

第三，对于同一个总量指标，在不同的时间、地点、单位进行计量时，其计量单位应一致，以便于对比和分析。

同步思考 4-1 ▶▶▶

1. 时期指标和时点指标具有不同的经济意义，在实际工作中将二者区分开来十分重要。那么，工业总产值、产品销售额、年末商品库存量、年内人口出生数、工资总额、在校生人数、累计毕业生人数，这些指标哪些是时期指标，哪些是时点指标？

2. 计算总量指标时应注意哪些问题？如果已知在某超市零售总额中，团体消费历年都占总消费额的 8% 左右。那么，已知 2024 年该超市的零售总额是 900 万元，利用总量指标推算方法，该年团体总消费额是多少？这种推算方法属于何种推算方法？

第二节 相对指标

总量指标是表明现象所达到的总规模、总水平和工作总量的。而社会经济现象是相互联系的，要深入了解事物的状况，就必须在计算总量指标的基础上进行对比分析，计算出各种相对指标，对经济现象进行更深入的描述和分析。

一、相对指标的含义和表现形式

（一）相对指标的含义

相对指标是质量指标的一种表现形式。它是两个有联系的统计指标通过对比而得到的比值或比率，其具体数值表现为相对数。例如，2024 年 2 月，全国 CPI 环比上涨 1.0%，涨幅比上月扩大 0.7 个百分点；同比由上月下降 0.8% 转为上涨 0.7%，回升较多。扣除食品和能源价格的核心 CPI 同比上涨 1.2%，涨幅比上月扩大 0.8 个百分点。[○]

相对指标具有重要的作用，概括起来有以下两点。其一，利用相对指标可以综合反映事物之间的数量关系，说明现象的比率、构成、速度、密度、普遍程度等，从而能更深刻地反映现象的实质。其二，相对指标将现象在绝对数方面的具体差异抽象化，使原来不能直接用总量指标对比的现象找到了直接对比的基础。例如，有甲、乙两个企业，甲企业是生产建筑材料的，乙企业是生产家电的，由于企业规模不同，生产的产品和经营的模式不同，我们不能根据两个企业的生产水平直接评价它们经营的好坏，但如果我们计算它们各自的人均利税额、固定资产利税率、产值利润率等相对指标，就使它们有了共同的比较基础，从而能够进行比较和评价。

[○]《2024 年 2 月份 CPI 同比上涨　PPI 同比下降》，国家统计局，2024 年 3 月 9 日。

(二)相对指标的表现形式

相对指标的数值有两种表现形式,一种是有名数,另一种是无名数。

有名数是将对比的分子指标和分母指标的计量单位结合使用,以表明事物的密度、普遍程度和强度等。例如,住房状况用 m^2/人表示,平均每人分摊粮食产量情况用 kg/人表示,等等。

无名数是一种抽象化的数值,一般分为系数、倍数、成数、百分数、千分数等。系数或倍数是将对比的基数作为 1。两个数值对比,其分子与分母数值相差不多时,可用系数表示,如固定资产磨损系数、工资等级系数、结构比例系数等。反之,分子数值与分母数值相差很大时,则常用倍数表示。例如,2023 年,我国快递业务量为 1 320.7 亿件,2019 年,我国快递业务量为 635.2 亿件,2023 年比 2019 年增长约 108%,是 2019 年的 2.08 倍。[○]

成数是将对比的基数作为 10。例如,粮食产量增长一成,则为增长 1/10。对农产量进行估计或统计时一般用成数。

百分数是将对比的基数作为 100。它是相对指标中最常用的一种表现形式。当相对指标中的分子数值和分母数值比较接近时,通常采用百分数表示,1/100 用"1%"表示。千分数是将对比的基数作为 1 000,它适用于对比的分子数比分母数值小得多的情况。例如,人口自然增长率、死亡率等,用 1/1 000 或"1‰"表示。

二、相对指标的种类和计算

根据研究目的和研究任务的不同以及对比基础的差别,相对指标通常可以分为六种,即结构相对指标、比例相对指标、比较相对指标、强度相对指标、计划完成相对指标、动态相对指标等,如图 4-3 所示。

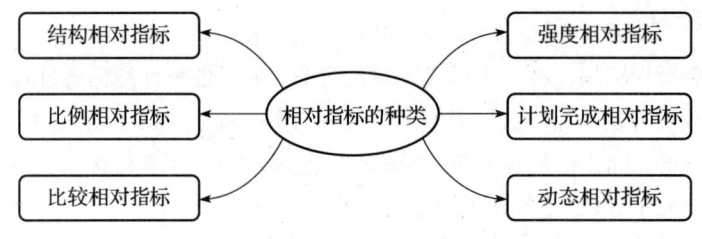

图 4-3 相对指标的种类

(一)结构相对指标

社会经济现象是一个有机联系的总体,它由许多部分组成。人们认识总体,不仅要了解其总量,更重要的是认识其内部构成状况,分析构成总体的各部分占总体的比重,以揭示事物的性质及其由量变到质变的过程。结构相对指标是利用分组法,将总体区分为不同特征的各部分,用某一部分数值与总体总数值进行对比而求得的比重或比率,用来反映总体的内部结构是否合理。其计算公式为:

○ 《2023 国民经济和社会发展统计公报》,国家统计局,2024 年 2 月 29 日。

$$结构相对指标 = \frac{总体中某一部分数值}{总体总数值} \times 100\%$$

例如，2023 年，经初步核算，全年国内生产总值 1 260 582 亿元。其中，第一产业增加值 89 755 亿元，第二产业增加值 482 589 亿元，第三产业增加值 688 238 亿元。[一]结构相对指标计算表如表 4-1 所示。

再如，2020 年，我国第七次人口普查，全国人口共 141 178 万人。其中，男性人口 72 334 万人，占 51.24%；女性人口 68 844 万人，占 48.76%。

表 4-1 结构相对指标计算表

产业类别	增加值（亿元）	比重（%）
第一产业	89 755	7.1
第二产业	482 589	38.3
第三产业	688 238	54.6
合计	1 260 582	100.0

需要特别强调的是，在结构相对指标中，各组比重之和应等于 100%。如上面两个例子中，三种产业增加值占比之和为 100%，男性占比加女性占比总和为 100%。

结构相对指标具有重要的作用，概括起来主要有两个方面。一是通过计算结构相对指标，可以认识事物内部构成状况及其发展变化趋势。二是利用结构相对指标，可以衡量和评价各构成部分是否合理科学。例如，计算产品的合格率、设备完好率、能源有效利用率等指标可以从不同侧面说明企业的生产经营状况。再如，通过对成本构成进行分析，可以发现薄弱环节，从而采取措施降低成本等。

（二）比例相对指标

总体内部各个组成部分之间存在着一定的联系，并在客观上保持着适当的比例。比例相对指标是利用分组法将总体区分成性质不同的各部分，以这一部分数值与另一部分数值进行对比而得出的比重或比率。比例相对指标可以分析总体范围内各局部、各分组间的比例关系和协调平衡状况，表明总体内部的比例关系是否合理。其计算公式如下：

$$比例相对指标 = \frac{总体中某一部分数值}{总体中另一部分数值}$$

比例相对指标可以用百分数表示，也可以用一比几或几比几的形式表示。例如，2023 年，第一产业增加值 89 755 亿元，第二产业增加值 482 589 亿元，第三产业增加值 688 238 亿元。那么，第一产业与第三产业增加值之比是 0.13∶1；反之，第三产业与第一产业增加值之比是 7.67∶1。比例相对指标与结构相对指标都是在对总体进行分组的基础上产生的。比例相对指标也有反映总体结构的作用，它所反映的比例关系是属于一种结构性的比例，这种指标的作用与结构相对指标相同，只是对比的方法不同。结构相对指标是部分与总体的数值之比，而比例相对指标是总体内部各部分之间数值之比。比例相对指标的分子与分母有的可以互换，而结构相对指标却不能，在实际工作中，这两种方法常常结合使用。

（三）比较相对指标

在同一时间内由于同类事物不同总体所处的空间条件不同，发展状况也不一样，要了解它们之间的差异程度，就需要将不同空间条件下的同类事物进行对比。所谓不同空间条件就是指

[一] 《2023 国民经济和社会发展统计公报》，国家统计局，2024 年 2 月 29 日。

它既可以在不同国家、地区、部门单位间比较，还可以与标准水平或平均水平进行比较。比较相对指标是两个同一时期、不同单位之间的同类指标相比所得到的指标，用来反映某一同类现象在同一时间内各单位发展的不平衡程度，以表明同类事物在不同条件下的数量对比关系。其计算公式如下：

$$比较相对指标 = \frac{某一现象指标数值}{同期另一同类现象指标数值} \times 100\%$$

式中，分子与分母现象所属统计指标的含义、口径、计算方法和计量单位必须一致。比较相对指标一般用百分数或倍数表示。

例如，有两个生产同类产品的工业企业，甲企业全员劳动生产率为 22 000 元/(人·年)，乙企业全员劳动生产率为 25 000 元/(人·年)。则两个企业的全员劳动生产率比较指标为

甲企业是乙企业的：$\frac{22\,000}{25\,000} \times 100\% = 88\%$

乙企业是甲企业的：$\frac{25\,000}{22\,000} \times 100\% \approx 113.64\%$

计算比较相对指标时，作为比较基数的分母可取不同的对象，一般有两种情况。其一，比较标准是一般对象。如上例，分子和分母是两个不同的空间，这时，分子和分母的位置可以互换。其二，比较标准（基数）典型化。例如，将本单位产品的质量、成本、单耗等各项技术经济指标都与国家规定的水平比较，与同行业先进水平比较，与国际先进水平比较等，此时，分子和分母的位置不能互换。

比较相对指标可以用总量指标进行对比，也可以用相对指标或平均指标进行对比。但由于总量指标容易受总体范围大小的影响，因此，计算比较相对指标时，采用相对指标或平均指标进行比较更合理。

利用比较相对指标，可以显示出某种现象在各地区、各单位之间先进与落后的差距，有利于分析原因，改进工作，提高效率和效益。在实际经济工作中，常常将各地区、各企业的经济指标与先进水平（同行业先进水平、国际先进水平）进行比较，从而清晰地反映出现象之间的差异，为提高管理水平提供依据。

（四）强度相对指标

社会经济现象之间的数量对比关系不仅表现在总体的内部组成部分之间以及同一事物在不同空间的对比关系上，还表现在有联系的不同事物之间的对比关系上。强度相对指标是不属于同一总体的两个性质不同但相互间有联系的总量指标对比的比值，是用来反映现象的强度、密度、普遍程度和利用程度的综合指标。其计算公式如下：

$$强度相对指标 = \frac{某一总体总量指标}{另一有联系的总体总量指标}$$

强度相对指标与其他相对指标根本不同的特点在于它不是同类现象指标的对比。

例如，据国家统计局统计公报数据，2023 年年末我国共有医疗卫生机构床位 1 020 万张（其中医院 800 万张，乡镇卫生院 151 万张）。2023 年我国年平均人口数为 141 076 万人（2023 年年末 140 967 万人，2022 年年末 141 175 万人），那么，每万人拥有的医疗床位数为：10 200 000/141 076 ≈

72.30（张/万人）；或者，每张医疗床位数可服务的人数约为：141 076/1 020≈138.31（人/张）。

有两点需要特别强调。一是强度相对指标以双重计量单位表示，是一种复名数。例如，人口密度（人/面积）、人均粮食产量（kg/人）、万人拥有在校大学生数（人/万人）等都是有双重计量单位的，但也有本身是强度相对指标，却没有计量单位的，如人口自然增长率、商品流通费用率等，虽然也是强度相对指标，但通常也用百分数表示。二是强度相对指标有正指标与逆指标之分。正指标表示指标值越大越好的指标，如每万人拥有的商业网点数、每万人拥有的医院床位数等，此类指标数值越大，说明居民生活水平越高。逆指标表示指标值越小越好的指标，如恩格尔系数、就业者负担人数等，此类指标数值越小，说明居民生活水平越高。

此外，强度相对指标虽然也含有平均的意思（如按全国人口总数分摊的国内生产总值），在表现形式上类似统计平均数，但二者是有区别的。统计平均数（算术平均数）是指同一总体的标志总量之比，反映同质总体内各单位标志值的一般水平；而强度相对指标是指两个不同性质的总体总量之比，反映两个不同总体总量之间的联系密度或强度。关于这一点，在讲述平均指标时我们还会强调二者的区别。

（五）计划完成相对指标

计划完成相对指标也称计划完成相对数，它是现象在某一段时间内的实际完成数与计划数之比，用来检查、监督计划执行的程度，一般用百分数表示。其计算公式如下：

$$计划完成相对指标 = \frac{实际完成数}{计划任务数} \times 100\%$$

具体可以细分为年度计划完成情况（产值、产量、成本、价格）=本年实际完成数（产值、产量、成本、价格）/本年计划任务数（产值、产量、成本、价格）×100%，等等。

根据下达计划任务时期的长短和计划任务数值的表现形式的不同，计划完成相对指标的计算可分三种情况。

1. 计划数是总量指标

当计划数是总量指标时，可用于检查计划完成情况或计划进度。其计算公式如下：

$$计划完成相对指标 = \frac{实际完成（累计）数}{计划任务数} \times 100\%$$

例如，某企业2023年各季度营业收入有关资料如表4-2所示。

表4-2　计划完成程度计算表

季度	计划收入额（万元）	实际收入额（万元）	计划完成程度（%）	实际完成程度（%）
第一季度	1 400	1 400	100.00	24.14
第二季度	1 400	1 450	103.57	49.14
第三季度	1 500	1 500	100.00	75.00
第四季度	1 500	1 550	103.33	101.72
合计	5 800	5 900	101.72	—

计划进度检查主要是看时间过半时，完成任务是否过半，若有差距则应尽早组织人力、物力，确保按时完成计划。

对计划完成程度的评价，即实际完成数超过计划数好还是低于计划数好，要根据计划指标的性质和内容确定。通常正指标，如产值、利税额、产量、销售额等指标大于100%为超额完成计划，说明计划完成情况较好。逆指标如单位成本、费用总额等指标小于100%为超额完成计划。

2. 计划数是平均指标

当计划数是平均指标时，其计划完成情况检查与计划数是总量指标基本相同。

3. 计划数是相对指标

当计划数是相对指标，即用"增长了""提高了"或"降低了""减少了"的百分比表示时，其计划检查分增长计划和降低计划两种，计算公式如下：

$$增长计划检查 = \frac{1+X_{实}}{1+X_{计}} \times 100\%$$

$$降低计划检查 = \frac{1-X_{实}}{1-X_{计}} \times 100\%$$

上述计算公式表明，计划完成相对指标不能直接用实际提高或降低的百分比除以计划提高或降低的百分比，而应把原有的基数（以上期实际水平为100%）包括在内。

例如，某企业计划2023年人均利税率比上年提高3%，实际提高了6%，则计划完成情况为

$$计划完成程度 = \frac{1+6\%}{1+3\%} \times 100\% \approx 102.91\%$$

即完成计划的102.91%，超额2.91%完成计划。

再如，某企业计划2023年A产品单位成本比上年降低6%，实际降低了3%，则计划完成情况为

$$计划完成程度 = \frac{1-3\%}{1-6\%} \times 100\% \approx 103.19\%$$

即仅完成计划的96.81%，比计划少完成3.19%。

计划完成相对指标主要用来检查、监督计划执行情况，分析计划完成或未完成的原因。在实际工作中，常常把计划完成相对指标和分组法结合运用，用以说明组间计划完成程度是否均衡，从而有利于深入分析问题，解决问题。

（六）动态相对指标

动态相对指标又称动态相对数，是两个同类指标在不同时期上的对比，用来反映现象发展变化的程度，并据以推测现象变化的趋势。一般用百分数或倍数表示，分子和分母不能互换。其计算公式如下：

$$动态相对指标 = \frac{报告期水平}{基期水平} \times 100\%$$

式中，作为对比标准的时期称为基期，而用来与基期进行比较的称为报告期，有时也称为计算期。动态相对指标的计算结果用百分数或倍数表式，用来反映现象在不同时期的发展程度、发展速度等。

例如，近年来我国粮食产量连年增加，其产量与发展速度如表4-3所示。

表 4-3　我国 2019—2023 年粮食产量及发展速度计算表

年份	产量/万 t	发展速度（以上年为基数,%）	年份	产量/万 t	发展速度（以上年为基数,%）
2019	66 384	—	2022	68 653	100.54
2020	66 949	100.85	2023	69 541	101.29
2021	68 285	102.00			

动态相对指标在统计分析中的应用十分广泛，本书在时间数列分析一章中再做详细阐述。

三、计算和运用相对指标的原则

相对指标是进行现象对比描述分析的重要手段，要使相对指标在对比描述分析中能深刻地揭示现象间的固有关系，就必须坚持可比性原则、相对指标与总量指标结合运用原则、多种相对指标结合运用原则。

（一）可比性原则

相对指标是两个有联系的指标数值之比，因此，要使对比的结果有现实意义，就必须使相对比的指标具有可比性。所谓可比性是指两个对比指标所表明的经济内容，包括总体范围、计算方法、计量单位必须可比。只有这样计算的结果才符合统计分析的研究要求。而如果两个对比的指标没有可比性，那么对比结果不仅不能正确反映社会经济现象之间的数量对比关系，还会得出错误的结论。例如，世界各国产业划分标准不同，我国的第一产业不包括采掘工业，而很多国家把采掘工业划入第一产业。这样，就不能把我国与这些国家的三次产业增加值直接对比。再如，我们不能用 2023 年以当年价格计算的工业增加值对比 2022 年以可比价格计算的工业增加值来说明工业的发展情况，因为两者采用的价格是不同的。此外，在商业中，某些商品的销售量有旺季和淡季之分，在选择对比基数时也应注意区分淡季和旺季。

（二）相对指标与总量指标结合运用原则

无论是哪一种统计指标，都有自身的优势和局限性。总量指标能够反映现象的总规模和总水平，却不能反映现象之间的差别程度；而相对指标能够反映现象之间的差异及变化程度，却不能反映现象的绝对数量差别。因此，只有将相对指标和总量指标结合运用，才能全面认识社会经济现象。例如，有甲、乙两家企业，甲企业当年利润为 18 000 万元，比上年增长 5.3%；乙企业当年利润为 200 万元，比上年增长 10.6%。这时不能仅以增长速度为依据，说明增长 10.6% 的乙企业优于增长 5.3% 的甲企业，因为这两家企业规模有很大的差异，每增长一个百分点所对应的绝对数值不同。

此外，需要特别指出的是，若两个对比的绝对数值较小时，通常不适宜用计算相对指标的方法来分析。例如，若检验两个品牌的产品，其中一种产品合格，一种产品不合格，不能说产品合格率为 50%。再如，一个偏僻山村小学一年级共有 5 名学生，其中有 3 名同学感冒了，不能说有 60% 都感冒了。基数太小时，不适合用百分比。

（三）多种相对指标结合运用原则

每一种相对指标只能说明现象的某一侧面。把不同相对指标结合起来有助于较全面地分析问题、认识问题。考察一个企业的经营状况，不仅要看其计划完成情况，而且要看各方面的结构情况以及与其他企业的效益比较等，只有这样才能对一个企业的经营状况做出全面准确的评价。

在研究企业的经营效果时，我们不仅要看总产值、产品产量、销售收入、利税总额等总量指标，还要结合企业的投入，观察产值利税率、资金利税率等相对指标，客观反映企业的经济效益。同时，我们还需要将这些指标与企业的计划任务相比较，检查企业计划任务的执行情况；利用动态相对指标将当期指标数值与企业过去的同类指标数值进行纵向对比，可以总结经验和成绩，寻找事物发展变化规律；通过计算各个比较相对的指标，能够实现与其他同类企业的横向对比，发现自己的差距和不足，及时采取措施，迎头赶上。

此外，还应注意以下四个问题：其一，除结构相对指标外，其他几种相对指标不能简单相加；其二，除比较、比例、强度相对指标外，其他几种相对指标的分子和分母不能互换；其三，除强度相对指标有计量单位外，其他几种相对指标习惯上均以百分数表示；其四，计算强度相对指标时，一定要注意分子与分母两个指标间的联系，无联系的指标不能计算强度相对指标。

同步思考 4-2 ▶▶▶

1. 甲企业销售额计划实际完成程度为 126%，集团给了奖励；乙企业 A 产品单位成本计划实际完成程度为 95%，集团也给了奖励。这是为什么？

2. 某企业生产某种产品，2023 年第一季度比上年第四季度的单位成本计划下降了 8%，计划执行结果下降了 10%，该种产品单位成本计划完成程度指标是多少？如果计划 A 产品销售收入比上年提高 8%，实际提高了 10%，计划完成程度指标又是多少？

3. 在六种相对指标中，属于同一总体内部之间对比的相对指标有哪几种？根据研究目的不同，分子、分母可以互换的指标有哪几种？为什么计算相对指标时要与总量指标结合运用？

第三节　平均指标

数据的总量描述和对比描述只是反映现象的总体规模、相对水平和总体单位在各组的分布情况，并没有反映数据的分布规律和分布的一般水平。因此，若要对总体单位在各组分布的状况进行全面深刻的认识，还要对现象的集中趋势进行测度。

一、平均指标的含义、特点、作用和种类

（一）平均指标的含义

平均指标又称平均数，是统计分析中最常用的统计指标之一。它是反映社会经济现象总体单位某一数量标志值一般水平的综合指标。由于总体各单位的数量标志在客观上存在着差异，所以需要找出一个将数量差异抽象化、代表各单位一般数量水平的指标。同时，由于总体

各单位又具有同质性,因而各单位的标志在数量上的差异总是有一定范围的,所以可以找到一个能够代表一般水平的指标来反映总体的数量特征。平均指标就是将总体各单位的某一数量标志值差异抽象化,反映现象在一定时间、地点条件下所达到的一般水平。例如,平均工资、平均成绩、平均收入、平均成本、平均价格等。

(二)平均指标的特点

平均指标是总体分布的特征值之一,反映了总体分布的集中趋势。平均指标有三个特点:一是同质性,即总体内各单位的性质是相同的;二是抽象性,即总体内各同质单位虽然存在数量差异,但在计算平均数时并不考虑这种差异,即把这种差异平均化了;三是代表性,即尽管各总体单位的标志值大小不一,但我们可以用平均指标值来代表所有标志值。

(三)平均指标的作用

一是平均指标可以消除因总体范围差异而带来的总体数量差异,从而使不同的总体具有可比性。例如,由于播种面积不同,因此不同地区的水稻总产量不能直接对比,若计算水稻平均亩产量,就可以比较和判断不同地区水稻生产水平的高低。

二是同一总体在不同时期的平均指标可以反映现象总体的发展变化趋势。例如,对比不同时期的职工平均工资,就可以正确反映职工工资水平的变化趋势和变化规律。

三是平均指标可以分析现象之间的依存关系。例如,将耕地按施肥量这一标志进行分组,在此基础上计算各组的农作物收获率,就可以反映出施肥量与收获率之间的依存关系。再如,平均指标可以反映出商业企业规模的大小和商品流通费用率之间的依存关系,也可以反映商品销售额的增减和平均商品流通费用率的升降之间的依存关系。又如,在抽样调查时,可以利用样本资料得到的样本平均数来推断全部总体的特征值等。

四是平均指标可以作为制定生产定额的重要依据。制定定额是经济责任制的重要内容,在计算出平均指标的基础上再计算出先进平均数,是科学制定生产定额的依据。先进平均数有利于调动职工的积极性,提高劳动生产效率。

(四)平均指标的种类

1. 按反映的时间状况不同,分为静态平均数和动态平均数

静态平均数反映现象在同一时期总体各单位某一数量标志的一般水平。动态平均数也称序时平均数,反映某一现象某一指标值在不同时期的一般水平。本章主要介绍静态平均数。

2. 按计算方法不同,分为算术平均数、调和平均数、几何平均数、众数和中位数

算术平均数、调和平均数、几何平均数是根据分布数列中各单位的标志值计算得到的,称为数值平均数;众数和中位数是根据分布数列中标志值所处的位置来确定的,称为位置平均数。各种平均指标的计算方法不同,指标的含义、应用条件也不同,但它们都反映了总体各单位数量标志值的一般水平,反映了现象某一数量标志值的集中趋势。

平均指标的种类如图 4-4 所示。

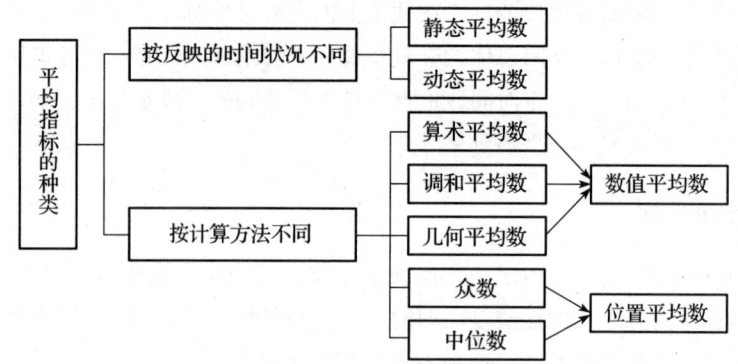

图 4-4 平均指标的种类

二、平均指标的计算

平均指标的计算从大类上看主要有两类，一类是数值平均数，另一类是位置平均数。计算数值平均数时，通常每个原数据的大小都会对算术平均数、调和平均数和几何平均数的大小产生影响。假如原始数据中有个别极大值或极小值，就会使平均数出现不正常的偏大或偏小情况。位置平均数则是对数值平均数的补充，不是每一个数值都参与位置平均数的计算，因此，客观上避免了个别极端值对平均数造成的不合理影响。

（一）算术平均数

算术平均数是集中趋势指标中最重要的一种，一般在不做特别说明时，所提到的"平均指标""平均数""集中趋势指标"均是指算术平均数。其一般计算公式如下：

$$算术平均数 = \frac{总体标志总量}{总体单位总量}$$

使用这一基本公式时应该注意，公式中分子与分母的口径必须保持一致，即各个标志值与各个单位之间必须具有一一对应关系，属于同一总体，否则计算出的指标便失去了意义，这也正是平均指标与强度相对指标的不同之处。强度相对指标虽然也是两个总量指标之比，但分子和分母各属不同的总体，它们之间没有直接的依存关系。以此为标准，人均粮食消费量是平均指标，人均粮食产量则是强度相对指标。

在统计实践工作中，有许多研究总体，总体的标志总量等于总体各单位某一数量标志值的总和。例如，各个职工工资的总和形成了工资总额，各个工人一定时间内产量的总和形成了总产量，各个单位面积收获量与相应种植面积的乘积的总和形成了总收获量。而算术平均数的计算方法正好与现象之间的这种数量关系相适应，因此，算术平均数的基本公式应用十分广泛。

由于掌握的资料不同，算术平均数的计算有简单算术平均数和加权算术平均数之分。

1. 简单算术平均数

简单算术平均数适用于未分组的分配数列，它是将总体各单位同类标志值直接汇总，然后与总体单位总数相除而得到的。在掌握了总体各单位标志值或标志总量和总体单位总量资料的条件下，就可以直接计算平均数。简单算术平均数的计算公式如下：

$$\bar{x}=\frac{x_1+x_2+\cdots x_n}{n}$$

或简写为

$$\bar{x}=\frac{\sum x}{n}$$

式中，$\bar{x}$ 是算术平均数；x 是各单位的标志值，也称变量值；n 是总体单位总数；$\sum$ 是求和符号。

上式仅以标志值直接计算平均数，在一定程度上体现了总体各单位对平均数的影响作用处于均等的地位，换言之，在求平均数时赋予了各标志值的权数为1。

例如，某企业一车间甲班有6名工人，其日产量分别为（件/人）：110、121、140、130、119、100。则6名工人的平均日产量为

$$\bar{x}=\frac{\sum x}{n}=\frac{110+121+140+130+119+100}{6}=120(\text{件／人})$$

2. 加权算术平均数

当变量值已经分组，且各个标志值出现的次数不相同，即资料中被平均的变量值（即标志值）重复出现时，例如某个变量值 x 重复出现 f 次，而各变量值出现的次数又不同时，就要将各变量值 x 分别乘以其次数 f。用这种方法计算的平均数，即考虑 f 的影响作用而计算的平均数称为加权算术平均数。其计算公式如下：

$$\bar{x}=\frac{x_1f_1+x_2f_2+\cdots+x_nf_n}{\sum f}$$

或简写为

$$\bar{x}=\frac{\sum xf}{\sum f}=\sum x\cdot\frac{f}{\sum f}$$

式中，f 是分配到各组中的次数，在算术平均数中称为权数；$\frac{f}{\sum f}$ 是各组次数占总次数的比重。

由公式可以看出，$\bar{x}$ 的大小不仅受到变量值 x 的影响，而且受各组次数 f 的影响。当然，x 和 f 对 $\bar{x}$ 的影响不是同等的。x 的大小对 $\bar{x}$ 起关键性作用，决定 $\bar{x}$ 的高低；$f\left(\text{或}\frac{f}{\sum f}\right)$ 的大小则起权衡轻重的作用，只能使 $\bar{x}$ 的水平略高或略低一些。

（1）由单项式变量数列计算的加权算术平均数。例如，某车间有40名职工，将他们每人每天生产某种零件的数量编制成单项式变量数列，如表4-4所示。

根据表中资料，计算平均日产量为

$$\bar{x}=\frac{\sum xf}{\sum f}=\frac{1\,880}{40}=47(\text{件})$$

由上例加权算术平均数的计算可知，平均数的大小不仅取决于总体各

表4-4 单项式变量数列的加权算术平均数计算表

按日产量分组 x（件）	工人数 f（人）	各组日产量 xf（件）
30	4	120
40	10	400
50	20	1 000
60	6	360
合计	40	1 880

单位变量值的大小，而且也受各单位变量值重复出现次数多少的影响。如上例，若第4组不是60件，而是70件，其他条件不变，平均数就是48.5件了。同样，若上例第4组60件出现次数不是6次，而是10次，其他条件不变，平均数也会增加。因此，次数$f\left(\text{或}\frac{f}{\sum f}\right)$对平均数的大小具有权衡轻重的作用。

由上可知，加权算术平均数的大小受两个因素的影响：一是各组变量值x的大小；二是各组次数f的大小$\left(\text{或}\frac{f}{\sum f}\text{的大小}\right)$。

当然，如果各组次数完全相同，则f对各组变量值产生同等的影响，它也就不再起权衡轻重的作用了，这时，加权算术平均数就等于前述的简单算术平均数了。所以，简单算术平均数是加权算术平均数的一个特例。

（2）由组距式变量数列计算加权算术平均数。如果所给资料为组距式变量数列，则各组的标志值x应是每组的平均数，但往往资料不足以计算各组平均数，则一般用其组中值来代替x，当然，组中值与组平均数之间存在着误差（排除各组内标志值均匀分布），所以组中值仅是平均数的近似值。如果我们所掌握的不是单项式变量数列资料，而是组距式变量数列资料，那么计算算术平均数的方法与上述方法基本相同，只是要先计算出各组的组中值$\left(\frac{\text{上限}+\text{下限}}{2}\right)$，然后，以各组组中值代替该组变量值$x$来进行计算。以组中值代替各组变量值计算算术平均数以假定各组内的变量值均匀分布为前提，而实际分布也许并不均匀，因此，以组中值代替变量x计算的结果与实际情况可能会有一点偏差，此时的平均数只是近似值。

例如，某商场食品部工人日销售资料及其计算表如表4-5所示。

表4-5 某商场食品部工人日销售资料及其计算表

按日销售额分组（元）	职工人数 f（人）	组中值 x（元）	各组销售额 xf（元）
500 以下	2	250	500
500~1 000	15	750	11 250
1 000 以上	3	1 250	3 750
合计	20	—	15 500

计算公式为

$$\bar{x}=\frac{\sum xf}{\sum f}=\frac{15\ 500}{20}=775(\text{元})$$

在用组距式变量数列计算加权算术平均数时，如果数列中出现开口组，则该组组中值的计算应视邻组组距来处理。算术平均数是在社会和自然领域中应用十分广泛的一种平均数，许多统计分析指标，如离中趋势的测度、时间数列分析、平均指标指数等都将运用算术平均数进行更深入的分析。

计算加权算术平均数会遇到权数的选择问题。对于分配数列，一般来说，次数就是权数，但如果用相对数或平均数计算加权算术平均数，则结果往往不一样。

例如，某企业下属的30个商店某月商品销售额计划完成程度如表4-6所示。

表 4-6 商品销售额计划完成程度

按计划完成程度分组（%）	组中值 x（%）	商店数（个）	计划销售额 f（万元）	实际销售额 xf（万元）
90 以下	85	2	300	255
90~100	95	6	1 500	1 425
100~110	105	10	2 200	2 310
110~120	115	8	2 000	2 300
120 以上	125	4	1 000	1 250
合计	—	30	7 000	7 540

$$\bar{x} = \frac{\sum xf}{\sum f} = \frac{7\ 540}{7\ 000} \times 100\% = 107.71\%$$

如用商店数作权数，则

$$\bar{x} = \frac{\sum xf}{\sum f} = \frac{0.85 \times 2 + 0.95 \times 6 + 1.05 \times 10 + 1.15 \times 8 + 1.25 \times 4}{2 + 6 + 10 + 8 + 4} \times 100\% = 107\%$$

本例是计算平均完成销售额计划程度，用计划销售额作权数和用商店数作权数的计算结果是不同的，这是值得慎重考虑的问题。选择商店数作权数是不合理的，因为各商店的销售额大小不同；而选用计划销售额作权数，才符合计划完成程度相对指标的性质，分母是计划销售额，分子是实际销售额。

3. 计算算术平均数应注意的问题

在计算算术平均数时，应注意以下几个问题。

一是计算平均指标的社会经济现象必须是同质的。社会经济现象数量指标的同质性是计算平均指标的前提条件和基本原则。所谓同质性，就是被研究现象总体的各个单位在被平均的标志上性质相同，特别是社会生产关系相同。否则，把不同性质的事物混在一起计算平均数，必将歪曲事实真相，得出错误结论，构成虚假的平均数，并且有可能使平均数掩盖现象的本质差别。例如，不能不分性别地计算大学生新生的平均身高，不能把粮食作物和经济作物混同计算平均单位面积产量，不能把城镇职工的工资收入与农民的家庭收入混同计算平均收入，等等。

二是要用组平均数补充说明总平均数。根据同质总体计算的总平均数可以综合反映现象总体的一般水平，但把各单位的数量差异抽象化了，因而也容易掩盖事物的矛盾。为了深入研究现象总体的特征和规律性，需要将总体按有关标志分组，然后计算组平均数，并用组平均数来补充说明总平均数。

假设甲、乙两个车间工人的生产情况如表 4-7 所示。

表 4-7 甲、乙两个车间工人的生产情况

人员类别	甲车间				乙车间			
	人数	各类人员占总人数比重（%）	总产量（件）	劳动生产率（件/人）	人数	各类人员占总人数比重（%）	总产量（件）	劳动生产率（件/人）
技工	90	37.50	18 000	200	600	75.00	108 000	180
学徒	150	62.50	18 000	120	200	25.00	22 000	110
合计	240	100.00	36 000	150	800	100.00	130 000	162.50

从表 4-7 中的总平均数来看，甲车间每人平均生产 150 件，而乙车间每人平均生产 162.50

件，乙车间高于甲车间。但从组平均数来看，情况则相反，乙车间不论是技术工人还是学徒工的劳动生产率都低于甲车间。这种总平均数和组平均数不一致的现象，完全是由于甲车间劳动生产率高的工人占比重小造成的（甲车间占 37.50%，乙车间占 75.00%），所以，虽然甲车间各组劳动生产率较高，但仍使全车间的劳动生产率低于乙车间。而乙车间虽然各组劳动生产率低于甲车间，但由于学徒人数比重小，从而使全车间的劳动生产率反而高于甲车间。

由此可见，总平均数受两个因素的影响：一个是被平均的标志值水平，另一个是总体结构。其中每一个因素的变动都会影响总平均数的变动。因此，需要用组平均数补充说明总平均数。

三是计算算术平均数时应与变量数列和典型事例相结合。在平均分析中，统计平均数抽象了总体各单位标志值的差异，反映的是总体各单位变量值的一般水平。因此，对于低于平均数或优于平均数的各总体单位分布情况，如果只采用平均指标是无法使其得到正确反映的。如果结合变量数列或典型事例进行研究，就可以揭示总体各单位的具体分布情况，从而补充说明总平均数，以表 4-8 为例。

表 4-8　某系统 30 个企业 2023 年产值计划完成情况

计划完成程度 x（%）	企业数（个）	计划产值 f（万元）	实际产值 xf（万元）
90	3	600	540
100	10	4 000	4 000
110	12	6 000	6 600
120	5	800	960
合计	30	11 400	12 100

其平均计划完成程度为

$$\bar{x} = \frac{\sum xf}{\sum f} = \frac{12\ 100}{11\ 400} \approx 106.14\%$$

从总平均数上看，全系统平均产值计划完成程度为 106.14%，即平均超额完成计划 6.14%。但结合变量数列可以看出尚有 3 个企业属于未完成计划的单位，占企业总数的 10%，是全系统落后的消极方面；而优于平均水平的 17 个企业占企业总数的 56.67%。通过以上变量数列，就可以使平均分析更加具体化了。

四是算术平均数要与标志变异指标结合运用。算术平均数与标志变异指标要分别从不同角度反映总体现象的特征。算术平均数反映了分配数列中变量的集中趋势，而标志变异指标反映了分配数列中变量的离散程度。在计算算术平均数的基础上，结合标志变异指标，可以综合反映总体特征。关于标志变异指标的含义、计算和应用，我们将在本章第四节详述。

计算算术平均数应注意的问题如图 4-5 所示。

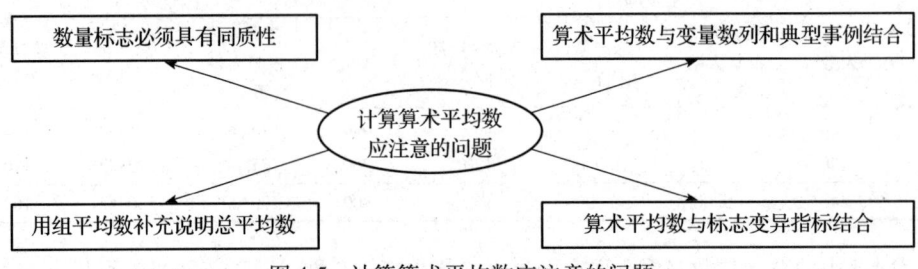

图 4-5　计算算术平均数应注意的问题

4. 算术平均数的性质

算术平均数有很多性质，这里只介绍其中两个主要性质。

（1）变量数列中各个标志值与算术平均数的离差之和等于零，即

$$\sum(x-\bar{x})=0 \quad 或 \quad \sum(x-\bar{x})f=0$$

算术平均数的这个性质刻画的事实是：变量值以均值为中心波动，波动过程中形成的正的偏差与负的偏差会互相抵消，这个性质也是以均值为中心的另外一种表达方式。

（2）变量数列中各个标志值与算术平均数的离差平方和最小。也就是说变量数列中各标志值对其他任意数的离差平方和都大于变量数列中各标志值对算术平均数的离差平方和，即

$$\sum(x-\bar{x})^2=最小值 \quad 或 \quad \sum(x-\bar{x})^2f=最小值$$

算术平均数的这个性质刻画的事实是：变量值以均值为中心波动，波动过程中形成的偏差的平方和最小，这个性质为度量变量值的偏差程度奠定了基础，也从另一个角度说明算术平均数是反映整个变量数列集中趋势最优良的代表值。

扫码观看算数平均数的性质

（二）调和平均数

调和平均数也称为倒数平均数，它是被研究对象中各单位标志值倒数的算术平均数的倒数，因而与算术平均数一样，由于掌握的资料不同，分为简单调和平均数和加权调和平均数。

1. 简单调和平均数

简单调和平均数的计算可以由调和平均数的定义推导出来。具体步骤如下：

第一步，先计算各个变量值的倒数，即 $\dfrac{1}{x}$；

第二步，计算上述各个变量值的倒数的算术平均数，即 $\dfrac{\sum\dfrac{1}{x}}{n}$；

第三步，计算算术平均数的倒数，即 $\dfrac{n}{\sum\dfrac{1}{x}}$，这就是调和平均数的计算公式。

若我们用字母 $\bar{X}_H$ 代表调和平均数，则调和平均数的计算公式为

$$\bar{X}_H=\dfrac{n}{\sum\dfrac{1}{x}}$$

例如，某水果商在水果批发市场批发香水梨，价格为 5 元/kg。某客人早市买 1 元钱的香水梨，价格为 5 元/kg；午市买 1 元钱的香水梨，价格为 6 元/kg；晚市买 1 元钱的香水梨，价格为 4.5 元/kg。问该水果商卖给该客人的香水梨是否赚钱了？

要解决这个问题，首先要求出其平均单价，那么，其平均单价为

$$\overline{X}_H = \frac{n}{\sum \frac{1}{x}} = \frac{3}{\frac{1}{5}+\frac{1}{6}+\frac{1}{4.5}} \approx 5.09(元/kg)$$

平均单价 5.09 元/kg 大于批发价 5 元/kg，因此该水果商是赚钱的。

2. 加权调和平均数

如果我们用 m 代表各组变量值总量，即各组变量值 x 与各组变量值次数 f 的乘积，则加权调和平均数的计算公式为

$$\overline{X}_H = \frac{\sum m}{\sum \frac{m}{x}}$$

式中，$\overline{X}_H$ 是调和平均数；x 是变量值；m 是各组的变量值，$m=xf$。

例如，某水果商在水果批发市场批发香水梨，价格为 5 元/kg。某客人早市买 2 元钱的香水梨，价格为 5 元/kg；午市买 1 元钱的香水梨，价格为 6 元/kg；晚市买 3 元钱的香水梨，价格为 4.5 元/kg。问该水果商卖给该客人的香水梨是否赚钱了？

该客人购买香水梨的平均单价为

$$\overline{X}_H = \frac{\sum m}{\sum \frac{m}{x}}$$

$$= \frac{2+1+3}{\frac{2}{5}+\frac{1}{6}+\frac{3}{4.5}} = \frac{6}{1.23} \approx 4.88(元/kg)$$

平均单价 4.88 元/kg 小于批发价 5 元/kg，因此该水果商是不赚钱的。

以上阐述的调和平均数的定义和计算公式是调和平均数的原意，但在经济实践中，很少有倒数内容的经济现象。因此，实际上调和平均数只是在计算平均数的过程中，由于掌握的资料不能直接使用算术平均数公式时采用的计算方法。从这个意义上说，调和平均数形式上是调和平均，实质上仍是算术平均，这里的调和平均本质上是算术平均的变形。统计实践中经常使用的是加权调和平均数。

3. 根据平均数计算调和平均数

例如，已知企业一季度某产品等级及销售量资料，算术平均数计算表如表 4-9 所示。

表 4-9 算术平均数计算表

产品等级	单价 x（元/kg）	销售量 f/kg	销售额 m（元）
一等	11	500	5 500
二等	10	1 100	11 000
三等	9	400	3 600
合计	—	2 000	20 100

已知资料 —— 计算栏

这里，我们已知单价和销售量的资料，可以采用加权算术平均数的方法计算其平均价格，即

$$\bar{x} = \frac{\sum xf}{\sum f} = \frac{20\ 100}{2\ 000} = 10.05(元/kg)$$

如果已知单价和销售额的资料，则应使用加权调和平均数的方法来计算其平均单价，调和平均数计算表如表 4-10 所示。

表 4-10　调和平均数计算表

商品等级	单价 x（元/kg）	销售额 m（元）	销售量/kg $f=m/x$
一等	11	5 500	500
二等	10	11 000	1 000
三等	9	3 600	400
合计	—	20 100	2 000

已知资料　　　　　　　　　　　　　计算栏

这里，我们已知销售单价和销售额资料，可以采用加权调和平均数方法计算其平均单价，即

$$\bar{X}_H = \frac{\sum m}{\sum \dfrac{m}{x}} = \frac{20\ 100}{2\ 000} = 10.05(元/kg)$$

由上述计算可以看出，用加权算术平均数方法和用调和平均数方法的计算结果是一样的。在计算过程中，算术平均数方法以销售量（基本公式的分母）为权数，调和平均数方法以销售额（基本公式中的分子）为权数。当我们面对一种经济现象时，要根据所掌握的资料来确定究竟采用哪种计算方法。通常已知基本公式的分母资料时，用算术平均数方法；已知基本公式中的分子资料时，用调和平均数方法。

4. 根据相对数计算调和平均数

以计划完成程度相对指标为例，如果求平均计划完成程度，若掌握的资料为实际完成数，则应采用加权调和平均数进行计算；若掌握的资料为计划数，则应以计划数作为权数，采用加权算术平均数进行计算。例如，根据某企业三个分部 2023 年的计划销售收入和计划完成程度，求平均计划完成程度，如表 4-11 所示。

表 4-11　已知计划销售收入和计划完成程度

部门	计划完成程度 x（%）	计划销售收入 f（万元）	实际销售收入 xf（万元）
一部	102	300	306
二部	105	400	420
三部	110	300	330
合计	—	1 000	1 056

已知资料　　　　　　　　　　　　　计算栏

平均计划完成程度为

$$\bar{x} = \frac{\sum xf}{\sum f} = \frac{1\ 056}{1\ 000} = 105.6\%$$

如果掌握的资料是实际销售收入，而不是计划销售收入，就不能采用加权算术平均数公式计算，应采用以实际销售收入为权数的加权调和平均数公式计算，如表 4-12 所示。

表 4-12　已知实际销售收入和计划完成程度

部门	计划完成程度 x（%）	实际销售收入 m（万元）	计划销售收入 m/x（万元）
一部	102	306	300
二部	105	420	400
三部	110	330	300
合计	—	1 056	1 000

|————已知资料————|　　　　　　　　|————计算栏————|

由表 4-12 的资料计算平均计划完成程度为

$$\overline{X}_H = \frac{\sum m}{\sum \frac{m}{x}} = \frac{1\,056}{1\,000} = 105.6\%$$

由上述计算可以看出，当我们计算平均数时，要判断在什么情况下采用算术平均数，在什么情况下采用调和平均数，关键要以平均数的基本公式为依据。当我们掌握的权数资料是基本公式中的分母数值时，可直接采用算术平均数公式计算；当我们掌握的权数资料是基本公式中的分子数值时，则要采用调和平均数公式计算。

需要指出的是，如果数列中有一个标志值等于零，则不能计算调和平均数。此外，调和平均数作为一个数值平均数，它与算术平均数一样，易受所有标志值的影响，但较之算术平均数，调和平均数受极大值或极小值的影响要小一些。

（三）几何平均数

几何平均数是 n 个变量值连乘积的 n 次方根。它主要应用于那些变量值是相对数，且这些变量值连乘有意义的情况。例如，连续生产的产品合格率、连续销售的本利率、连续储蓄的本利率和连续比较的环比发展速度等，都可以采用几何平均法求得其平均指标。因此，几何平均数主要应用于计算平均比率和平均速度。

几何平均数也有简单几何平均数和加权几何平均数之分。

1. 简单几何平均数

简单几何平均数适合资料未分组的情况，其计算公式为

$$\overline{X}_G = \sqrt[n]{x_1 \cdot x_2 \cdots x_n} = \sqrt[n]{\prod x}$$

式中，$\overline{X}_G$ 是几何平均数；x 是变量值；n 是变量值项数；$\prod$ 是连乘符号。

例如，某产品需经三个车间加工，已知第一个车间的加工合格率为 92%，第二个车间的加工合格率为 95%，第三个车间的加工合格率为 90%，求三个车间的平均加工合格率。

产品是由三个车间连续加工完成的，第二个车间加工的是第一个车间完工的合格品，第三个车间加工的又是第二个车间完工的合格品。因此，三个车间的总合格品率是三个车间相应合格品率的连乘积，求平均加工合格品率就不能采用算术平均法［(92% + 95% + 90%)/3 = 92.33%］，而应采用几何平均法求三个车间的平均加工合格率。

$$\overline{X}_G = \sqrt[n]{\prod x} = \sqrt[3]{92\% \times 95\% \times 90\%} \approx 92.31\%$$

2. 加权几何平均数

加权几何平均数适用于资料已分组的情况，其计算公式为

$$\overline{X}_G = \sqrt[\Sigma f]{x_1^{f_1} \cdot x_2^{f_2} \cdots x_n^{f_n}} = \sqrt[\Sigma f]{\prod x^f}$$

式中，f 为各个变量值的次数，即权数，余同前。

例如，某地区 2019—2021 年三年粮食产量年平均发展速度为 103%，2022—2023 年两年粮食产量平均发展速度为 105%，则 2019—2023 年这 5 年粮食产量年平均发展速度为

$$\overline{X}_G = \sqrt[\Sigma f]{\prod x^f} = \sqrt[5]{1.03^3 \times 1.05^2} \approx 103.8\%$$

需要指出的是，当应用几何平均数分析经济现象时，必须注意经济现象本身的特点：一是只有当标志总量表现为各标志值（变量值）的连乘积时，才适合采用几何平均数的方法计算；二是如果数列中有一个标志值等于零或负值，就不能计算几何平均数；三是几何平均数受极端值的影响要比算术平均数和调和平均数小，因此，几何平均数比较稳健。

关于用几何平均数计算平均发展速度的相关问题，我们将在时间数列分析一章中再详细阐述。

（四）众数

众数是总体中出现次数最多的变量值，它是位置平均数，能直观地说明客观现象分配中的集中趋势。在实际工作中，有时要利用众数代替算术平均数来说明社会经济现象的一般水平。例如，集贸市场上某种商品一天的价格可能在早、午、晚或大宗、小量交易中有几次变化，其中有最多次成交量的那一个价格就是众数。再如，在大批量生产的女式衬衣中，有多种尺码，其中中号是销量最多的尺码，那么，中号就是众数，它代表女式衬衣尺码的一般水平，适合大量生产，而其余尺码的生产量可以相应减少一些，这样才能满足市场上大部分消费者的需要。

如果总体中出现次数最多的变量值不是一个，而是两个，那么这两个数就叫作复众数。

众数的存在是有前提条件的，只有当总体的单位数较多，各标志值的次数分配又有明显集中趋势时才存在众数；如果总体单位数很少，尽管次数分配较集中，那么众数的意义并不大；如果总体单位数较多，但次数分配不集中，即各单位的标志值在总体中出现的比重较均匀，那么众数的意义也不大。

1. 根据单项式变量数列计算众数

由单项式变量数列确定众数的方法很简单，即观察次数，出现次数最多的那个变量值就是众数。

例如，某商家 2024 年 1 月女式内衣销售情况如表 4-13 所示。

在全部 500 套销售量中，尺码为 100 的销售了 2 000 套，占总量的 40.00%，其销售量最多，销售比重最大，因此，所对应的 100 就是众数。

表 4-13 女式内衣销售资料

尺码	销售量（套）	比重（%）
85	50	1.00
90	250	5.00
95	400	8.00
100	2 000	40.00
105	1 200	24.00
110	800	16.00
115	200	4.00
120	100	2.00
合计	5 000	100.00

2. 根据组距式变量数列计算众数

由组距式变量数列确定众数的方法也是观察次数，但究竟哪个具体值是众数，要分两步确定。首先根据最多次数确定众数所在组；其次，用比例插值法

推算众数的近似值。其计算公式为

下限公式：$$M_o = L + \frac{\Delta_1}{\Delta_1 + \Delta_2} \cdot d$$

上限公式：$$M_o = U - \frac{\Delta_2}{\Delta_1 + \Delta_2} \cdot d$$

式中，M_o 是众数；U、L 分别是众数组的上、下限值；d 是众数组里的组距；Δ_1 是众数组次数与前一组次数之差；Δ_2 是众数组次数与后一组次数之差。

众数的上限公式和下限公式是等价的，用这两个公式计算的结果是相同的，在具体计算中一般只采用下限公式。

现以某机械加工厂职工加工零件数分组资料为例，说明众数的计算，如表 4-14 所示。

第一步，找到众数组，即选择哪一组的人数最多。很显然，100～140 这一组的人数最多，为 200 人。

表 4-14　某机械加工厂职工加工零件数分组

按零件数分组（件）	职工人数（人）	比重（%）
20～60	20	5
60～100	60	15
100～140	200	50
140～160	100	25
160～200	20	5
合计	400	100

第二步，用比例插值法确定具体众数值。将表 4-14 的资料代入计算众数的公式进行计算。

下限公式：$$M_o = L + \frac{\Delta_1}{\Delta_1 + \Delta_2} \cdot d = 100 + \frac{200-60}{(200-60)+(200-100)} \times 40 \approx 123.33(\text{件})$$

上限公式：$$M_o = U - \frac{\Delta_2}{\Delta_1 + \Delta_2} \cdot d = 140 - \frac{200-100}{(200-60)+(200-100)} \times 40 \approx 123.33(\text{件})$$

由此可见，用两种计算公式计算的结果是相同的。因此，在计算组距式变量数列的众数时，只需要选择两个公式中的一个就可以了。没有特殊说明的话，不需要计算两个公式。同时，从上面的计算可知，众数的数值要受到众数所在组相邻两组次数多少的影响。当众数所在组前一组的次数大于众数所在组后一组的次数时，众数接近众数组的下限；反之，当众数所在组前一组的次数小于众数所在组后一组的次数时，众数接近众数组的上限；而当众数所在组前后两组次数相等或当该数列次数呈对称分布时，众数所在组的组中值就是众数。

通过以上计算可以看出，众数是一个位置平均数，它只考虑总体分布中最频繁出现的变量值，不受极端值和开口组数值的影响，因此更具有代表性。还需要说明的是，众数是一个不容易确定的平均指标，当一个数列没有明显的集中趋势而趋于均匀分布时，则不存在众数。此外，当变量数列是不等距分组时，众数的位置也不好确定。

扫码观看
众数

（五）中位数

中位数是指将被研究总体各单位的标志值按大小顺序排列后，处于中间位置的那个变量值，通常用 M_e 表示。它不受极端值的影响，在总体标志值差异很大时，具有较强的代表性。例如，在社会成员收入水平悬殊的地方，用中位数比用算术平均数计算平均收入更能反映收入的一般水平。又如，在计算一组小学生的平均身高时，可以不逐一测量每一个人的身高再加总计算平均数，而是可以按身高排队，那么处于中间位置的那个同学的身高就是该组同学的平均身高。此外，在工业产品质量检查等方面也常用中位数。

计算中位数的关键是确定中位数的位次，再找到或计算出这个位次的变量值。根据所掌握资料的不同，中位数的计算方法有未分组资料确定中位数和分组资料确定中位数两种。

1. 根据未分组资料计算中位数

设总体单位数（即数列项数）为 n。对于未分组数据资料，需先将各变量值按大小顺序排列，并按公式 $\frac{n+1}{2}$ 确定中位数的位置。

（1）当 n 为奇数时，中位数 M_e 就是居于中间位置的那个标志值。

例如，有9个工人生产某种产品，其日产量件数按从小到大顺序排列为 65、67、67、69、70、75、78、79、80。

处于中间位置第5位的那个标志值为70，即中位数为70件。

（2）当 n 为偶数时，中位数是处于中间位置的那两个标志值的算术平均数。

例如，有10个车间生产某种产品，其日产量件数分别为 33、35、38、43、49、51、53、55、55、57。

这里，$n=10$，因此中间位置在第5个标志值49与第6个标志值51之间，此时的中位数为这两个数值的平均值，即

$$M_e = \frac{49+51}{2} = 50（件）$$

2. 根据分组资料计算中位数

根据已分组的变量数列资料计算中位数，应先计算各组累计次数，然后依据公式确定中位数的位次。累计可由最低组开始，也可由最高组开始。由于变量数列有单项式变量数列和组距式变量数列之分，因此，确定中位数的方法也不一样。

（1）单项式变量数列确定中位数。根据单项式变量数列资料确定中位数与根据未分组资料确定中位数的方法基本一致。它是先计算各组的累计次数（或频数），再确定中位数的位置。中位数的项次依然是 $\frac{n+1}{2}$ 或 $\frac{\sum f+1}{2}$。因为是分组数列，所以要先将各组次数累计，并对照累计次数确定中位数。

例如，某企业工人日产量分组资料如表 4-15 所示。

表 4-15　日产量分组资料

日产量（件）	人数（人）	向上累计次数（次）	向下累计次数（次）
80	5	5	50
85	8	13	45
90	26	39	37
95	9	48	11
100	2	50	2
合计	50	—	—

中位数的位置为 $\frac{50+1}{2}=25.5$，$13<25.5<39$，说明中位数位于第 25 个与第 26 个工人之间，根据累计次数可确定中位数在第三组，第三组的变量值为 90 件，故中位数 $M_e=90$ 件。

(2) 由组距式变量数列确定中位数。组距式变量数列确定中位数需要以下两个步骤。

首先，确定中位数所在的位置组，根据累计次数按 $\frac{\sum f}{2}$ 求得中位数所在组，原本分子应该是 $\sum f+1$，但当 $\sum f$ 很大时，式子中的 1 常忽略不计。

其次，根据与中位数所在组的次数来计算向上或向下累计次数及计算公式来近似地确定中位数的数值。然后假定中位数所在组的变量值均匀分布在该组下限到该组上限的组距区间内，即可运用比例插值法推算出中位数的近似值。其计算公式为

下限公式：
$$M_e = L + \frac{\frac{\sum f}{2} - S_{m-1}}{f_m} \cdot d$$

上限公式：
$$M_e = U - \frac{\frac{\sum f}{2} - S_{m+1}}{f_m} \cdot d$$

式中，M_e 是中位数；U、L 分别是中位数组的上、下限值；d 是中位数组的组距；f_m 是中位数组的次数；$\sum f$ 是总体单位数；S_{m-1} 是中位数组以前各组累计次数；S_{m+1} 是中位数组以后各组累计次数。

例如，某机械加工厂职工加工零件数分组资料统计情况如表 4-16 所示。试据资料计算该机械加工厂职工加工零件数的中位数。

表 4-16 某机械加工厂职工加工零件数分组

按零件数分组（件）	职工人数（人）	向上累计次数（次）	向下累计次数（次）
40~80	50	50	400
80~120	70	120	350
120~160	180	300	280
160~200	90	390	100
200~240	10	400	10
合计	400	—	—

中位数的位置为 $\frac{400+1}{2}=200.5$（通常就视作 200，因为 200.5 和 200 都处在第三组，即可以将加 1 忽略不计），从向上累计来看，$120<200.5<300$，说明中位数位于第三组内，第三组的变量值区间为 120~160，可知其下限 $L=120$，组距 $d=160-120=40$，前面两组累计次数 $S_{m-1}=50+70=120$，第三组的次数 $f_m=180$，根据下限公式计算的中位数为

$$M_e = L + \frac{\frac{\sum f}{2} - S_{m-1}}{f_m} \cdot d = 120 + \frac{\frac{400}{2} - 120}{180} \times 40 \approx 137.78 (\text{件})$$

或者根据向下累计来推算，$100<200.5<280$，说明中位数位于第三组内，第三组的变量值区间为 120~160。可知其上限 $U=160$，组距 $d=160-120=40$，后面两组累计次数 $S_{m+1}=90+10=$

100，故根据上限公式计算的中位数为

$$M_e = U - \frac{\frac{\sum f}{2} - S_{m+1}}{f_m} \cdot d = 160 - \frac{\frac{400}{2} - 100}{180} \times 40 \approx 137.78 (件)$$

由此可见，两种计算公式计算的结果是相同的。总之，在计算组距式变量数列的中位数时，只需要选择两个公式中的一个就可以了。没有特殊说明的话，不需要用两个公式同时计算。

中位数有四个特点，具体如下。

其一，中位数是一个位置平均数，最大的优点是不受极端值的影响，具有稳健性。

其二，中位数既可以根据数量标志求得，也可以根据品质标志求得。例如，学生成绩考核可以用分数，也可以用优、良、中、及格、不及格等，两种都可以求中位数。

其三，各单位标志值与中位数的离差绝对值之和为最小值。利用中位数这一性质，可以解决一些实际问题。例如，要在一条长街上开一个药店，使该药店到各用户的距离总和最短等。

其四，对某些不具有数学特点或不能用数字测定的现象，可以用中位数求其一般水平。例如，印染企业对某种着色按不同深浅排列或对规格按不同大小排列，可以求出其中位数色泽或中位数规格。

三、平均指标计算方法评价

前面介绍了五种平均指标计算方法，即数据集中趋势指标中的算术平均数、调和平均数和几何平均数，位置集中趋势指标中的众数和中位数。这五种集中趋势指标各有特点，各有不同的应用范围，在应用中要根据占有资料的性质、特点及研究目的来确定究竟使用哪一种平均指标来反映现象的集中趋势。

（一）算术平均数、调和平均数、几何平均数之间的关系

算术平均数是数据集中趋势的最主要测度值，处于核心与基础地位。由于算术平均数是根据全部变量值来计算的，所以算术平均数是最严密、最可靠的平均数，其应用范围也最广。但算术平均数易受极端值的影响，当变量值中有极大值或极小值时，常常会削弱其代表性。此外，当变量数列中存在开口组时，由于开口组的组中值是假定与邻组变化相同来计算的，从而会影响平均数的准确性。

调和平均数作为算术平均数的一种变形，通常是在不能直接用算术平均数计算集中趋势指标时使用。但调和平均数的语义不够明晰，没有算术平均数容易掌握，也容易受极端值的影响，而且只要有一个变量值为零，就无法计算调和平均数，因此，其应用范围较窄。

几何平均数适用于在各比率的连乘积等于总比率的条件下计算平均数。几何平均数应用性很强，但应用条件的局限性也最大，因为假如各数据连乘没有意义，或数列中有一项为零，那么几何平均数的计算就没有意义了。

如果单纯从数量关系上考察算术平均数、调和平均数和几何平均数，我们会发现，若根据同一资料计算三种平均数，其计算结果有以下关系：

调和平均数<几何平均数<算术平均数

只有在资料中所有的变量值都相等,即当 $x_1=x_2=\cdots=x_n$ 时,三种平均数计算才相等,即

调和平均数=几何平均数=算术平均数

而在实际生活中,所有变量值都相等的情况十分罕见。因此,一定要区分各种平均指标的应用条件,正确计算平均指标。

(二)算术平均数、众数、中位数之间的关系

测度某一统计资料的集中趋势时,是使用算术平均数还是使用众数和中位数?这要首先弄清三个特征量之间的关系。

众数、中位数和算术平均数都是用于反映总体的一般水平或分布的集中趋势的代表值,但因为它们的计算方法不同,具体含义有异,故它们有各自的特点。

第一,众数和中位数是由所处的特殊位置确定的,而算术平均数是由数列所有变量值计算的,所以算术平均数对数据的概括能力比众数、中位数强。

第二,算术平均数易受数列中极端值的影响,中位数次之,众数几乎不受极端值的影响。

第三,它们对数据量化尺度的要求不同,算术平均数要求最高,它只适用于定距尺度和定比尺度的数据;中位数次之,它还适用于定序尺度的数据;众数对数据的计量尺度没有严格的限制,除上述的三种计量尺度外,众数甚至还适用于定类尺度的数据。

众数、中位数和算术平均数的比较如图4-6所示。

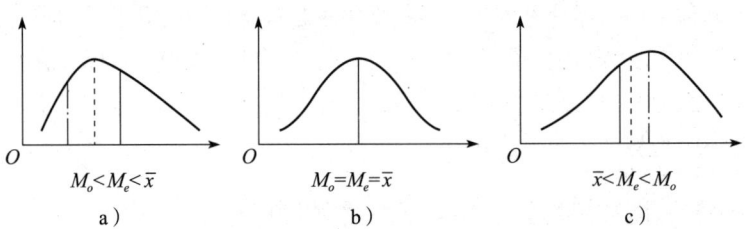

图4-6 众数、中位数和算术平均数的比较

当统计资料的分布曲线是一对称的钟形分布时(见图4-6b),其算术平均数、中位数和众数三者相等。在非对称分布的情况下,众数、中位数和算术平均数三者的差别取决于分布的偏斜程度,分布偏斜的程度越大,它们之间的差别越大。当次数分配呈右偏(正偏)时,算术平均数受极大值影响,就有 $M_o<M_e<\bar{x}$(见图4-6a)。当次数分配呈左偏(负偏)时,算术平均数受极小值的影响,有 $\bar{x}<M_e<M_o$(见图4-6c),中位数则总是介于众数和平均数之间。

英国统计学家皮尔逊先生提出,在存在轻微偏斜的情况下,众数、中位数和算术平均数数量关系的经验公式为:算术平均数和众数的距离约等于算术平均数与中位数距离的三倍,即

$$\bar{x}-M_o \approx 3(\bar{x}-M_e)$$

利用这个关系式,可以从已知的两个平均指标来推算另一个平均指标。

例如,某车间生产的一批零件中,直径大于802cm的占一半,众数为800cm,试估计其平均数,并判定其偏斜方向。

在本例中，已知 $M_e = 802$，$M_o = 800$。

则：
$$\bar{x} - 800 \approx 3(\bar{x} - 802)$$
$$\bar{x} = 803$$

由于 $M_o < M_e < \bar{x}$，所以，可以基本判定该零件的直径分布为右偏。

同步思考 4-3 ▶▶▶

1. 简单算术平均数与加权算术平均数有什么不同？为什么说权数影响了平均数的大小，而不是各组次数比重影响了平均数的大小？

2. 平均指标与强度相对指标有什么异同？人均粮食产量、人均粮食消费量、平均每个工人生产产量、平均每个工人月收入、人均住房面积这五个指标中哪个是平均指标？哪个是强度相对指标？

3. 什么是数值平均数？什么是位置平均数？二者有什么异同？

第四节　标志变异指标

如前所述，平均指标是统计总体中各单位某一数量标志值的一般水平，它反映了总体各单位变量值分布的集中趋势。利用平均指标可以对同类现象在不同空间或时间条件下的数量表现进行对比，以反映现象的发展趋势或规律。但是，平均指标掩盖了总体各单位客观上存在的变异，而有些时候，还要研究总体变异情况或平均数对总体各单位变量值的代表性，这就需要计算标志变异指标。

一、标志变异指标的含义和作用

（一）标志变异指标的含义

标志变异指标也称离中趋势指标，是反映各单位标志值之间差异程度大小的指标，能概括地反映总体中各单位的离中趋势或变异状况。标志变异指标用来刻画总体分布的离散程度或变异状况，变异指标值越大，表明总体各单位标志值的变异程度越大。

由于分布的离散程度可以从不同角度、用不同方法去考察，故描述分布离中趋势的变异指标有多种。常见的变异指标有：极差、分位差、方差、标准差、变异系数和标准化值。

（二）标志变异指标的作用

在统计分析中，平均指标和变异指标相互补充、相互结合加以运用。变异指标的作用主要有如下四点。

第一，它可以衡量平均指标代表性的强弱。标志变异指标大，说明总体各单位间的标志变异程度大，平均指标的代表性就弱；反之，标志变异指标小，则平均指标的代表性就强。二者成反比。

例如，有两个班组职工的日产量分别是（件）：

甲组：25　30　35　40　45

乙组：11　23　35　47　59

经计算可知，两个小组的平均产量均为35件。但结合各单位标志变异程度来看，甲组职工的日产量差别不大，而乙组职工的日产量相差较悬殊，如图4-7所示。可见，当以平均指标作为总体某一数量标志代表值时，应结合标志变异程度指标判断其代表性强弱。

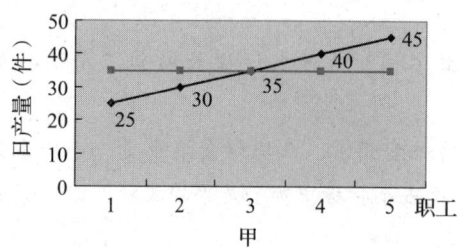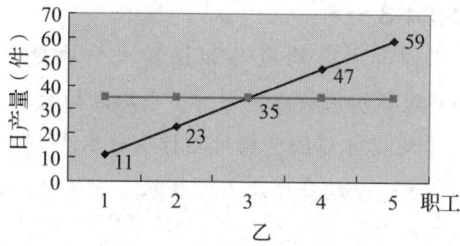

图4-7　甲、乙两组职工的日产量波动差异

第二，它可以反映社会生产和其他经济活动的均衡性或协调性的强弱。标志变异指标大，说明总体各单位间的标志变异程度大，即产品质量不稳定或不均衡；反之，标志变异指标小，则说明产品质量稳定性好或生产的均衡性强。例如，某公司下属两个企业2023年销售额计划完成情况如表4-17所示。

表4-17　某公司下属两个企业2023年销售额计划完成情况　（单位：万元）

企业	计划数	实际数	第一季度实际		第二季度实际		第三季度实际		第四季度实际	
			绝对数	比重（%）	绝对数	比重（%）	绝对数	比重（%）	绝对数	比重（%）
甲	5 000	5 000	1 000	20.00	1 200	24.00	1 300	26.00	1 500	30.00
乙	3 300	3 300	820	24.85	825	25.00	825	25.00	830	25.15

从表4-17可以看出，虽然两个企业的销售额计划都已完成，但两者计划的执行过程不同：乙企业各季度的销售额情况较为均衡，而甲企业则存在前松后紧的情况，各季度销售额变动幅度较大。如果不存在季节变动等其他因素的影响，乙企业销售额完成情况比甲企业好。

又如，对一批产品的质量指标，如电灯泡的耐用时间、轮船的行驶里程等，测定其标志变异指标，如果标志变异指标大，则说明产品质量不稳定，如果标志变异指标小，则说明产品性能稳定可靠。

第三，可以研究总体标志值分布偏离正态的情况。一般来说，从分布图看，标志值分布越集中，其分布曲线越陡峭；标志值分布越分散，其分布曲线越平坦。

第四，可以用于衡量统计推断效果。有关这部分内容，本书将在抽样推断以及相关与回归分析章节中再介绍。

二、标志变异指标的测定方法

次数分配表可以粗略地反映标志的变动情况，但要精确地反映标志的变动情况，就要计算标志变异指标。测定标志变异指标大小的方法主要有：极差、平均差、方差和标准差、变异系数（平均差系数和标准差系数），如图4-8所示。其中最常用的是标准差和标准差系数。

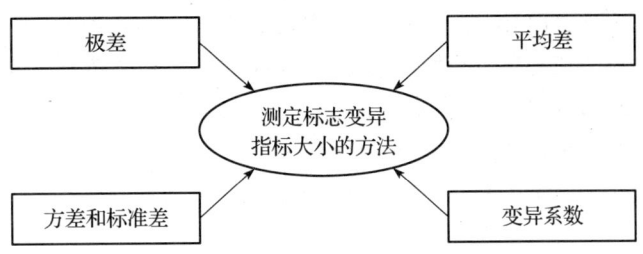

图 4-8 测定标志变异指标大小的方法

（一）极差

极差又称全距，是指在总体各单位标志值中，最大标志值与最小标志值的差额。其计算公式为

$$极差 = 最大标志值 - 最小标志值$$

极差大，表明标志值的变动幅度大，则说明所对应的平均数代表性弱，或生产均衡性稳定性弱。反之，变动幅度小，则说明所对应的平均数代表性强，或生产均衡性稳定性强。

比如，两个班组的日产量分别为（件）

甲组：51　53　55　57　59

乙组：35　45　55　65　75

从平均日产量的角度看

$$\bar{x}_甲 = \frac{\sum x}{n} = \frac{275}{5} = 55(件)$$

$$\bar{x}_乙 = \frac{\sum x}{n} = \frac{275}{5} = 55(件)$$

即两个班组的劳动生产率是相同的，但其标志变异指标——极差不同

$$甲组极差 = 59 - 51 = 8(件)$$

$$乙组极差 = 75 - 35 = 40(件)$$

由以上计算结果可知，甲组极差小，乙组极差大。那么，甲组平均日产量 55 件代表性强，乙组平均日产量 55 件代表性弱。

极差的优点是计算简便，直观，容易理解。不足之处是它只以两个极端的标志值计算，而不考虑总体内部的分配状况，不能充分利用数列的全部信息。例如，有两个数列的分布情况很近似，其中一个数列出现了极大或极小的数值，就会使两个数列求得的极差相差很大。或两个数列的极差相同，但它们中间的标志值差异情况可能相差很大。假设有丙组，工人日产量分别为 35 件、54 件、55 件、56 件、75 件，该组平均日产量也为 55 件，极差也为 40 件，那么，乙组与丙组比，谁的平均数代表性更强？在这种情况下，极差就不能确切反映标志变异程度。因为极差只考虑极大值和极小值，没有考虑中间各项值的差别，这也是极差的局限。因此，它无法反映标志值变动的一般程度。

（二）平均差

平均差是各项标志值与其算术平均数离差绝对值的算术平均数。由于各标志值与算术平均数的离差之和等于零，即 $\sum(x-\bar{x}) = 0$，因此各项离差的平均数也等于零。所以，在计算平均差

时，需采用离差的绝对值，即 $\sum |x-\bar{x}| = 0$。平均差能够综合反映总体中各单位标志值变动的影响。平均差反映各标志值与算术平均数之间的平均差异。各标志值与算术平均数的差异程度越大，表明该算术平均数的代表性就越弱；反之，平均差越小，表明各标志值与算术平均数的差异程度越小，则该算术平均数的代表性就越强。

根据掌握的资料不同，平均差分为简单平均差与加权平均差。

1. 简单平均差

简单平均差是在资料未经分组时，测定标志值变动程度的方法。其计算公式为

$$A \cdot D = \frac{\sum |x-\bar{x}|}{n}$$

式中，$A \cdot D$ 是平均差；n 是总体单位数；x 是变量值；$\bar{x}$ 是算术平均数。

2. 加权平均差

加权平均差是在计算分组变量数列且各组次数不等时，测定标志值变动程度的方法。其计算公式为

$$A \cdot D = \frac{\sum |x-\bar{x}| f}{\sum f}$$

式中，f 是各组变量值的次数，余同前。

我们仍然通过实例来说明。

例如，某车间工人日产量和各组人数资料如表 4-18 所示。

表 4-18　加权平均差计算表

日产量 x（件）	人数 f（人）	xf	$\|x-\bar{x}\|$	$\|x-\bar{x}\|f$
54	10	540	17	170
60	14	840	11	154
66	22	1 452	5	110
74	28	2 072	3	84
80	12	960	9	108
86	10	860	15	150
94	4	376	23	92
合计	100	7 100	—	868

|————已知资料————|　　|————计算栏————|

根据表 4-18 的分组资料，可以计算出该车间的平均日产量和平均差。

（1）平均日产量。

$$\bar{x} = \frac{\sum xf}{\sum f} = \frac{7\,100}{100} = 71（件）$$

（2）平均差。

$$A \cdot D = \frac{\sum |x-\bar{x}| f}{\sum f} = \frac{868}{100} = 8.68（件）$$

通过以上计算可以看出，平均差是在对所有标志值与其算术平均数离差的基础上计算出来的。因此，它能比全距更全面地反映标志值离中的趋势。但是，由于平均差采用取绝对值的方

法计算，不符合代数运算法则，所以在统计研究中很少使用。

（三）方差和标准差

方差（σ^2）和标准差（σ）是测定标志变异程度的常用指标。标准差是方差的平方根，是总体各单位的标志值与其算术平均数离差平方的算术平均数的平方根，故又称均方差。方差与标准差是利用了算术平均数的数学性质$\sum(x-\bar{x})^2$=最小值，或$\sum(x-\bar{x})^2 f$=最小值。因此，它们是测定标志变异程度最灵敏的指标。

标准差的意义与平均差基本相同。它也是各个标志值与其算术平均数的平均离差，但在数学处理上与平均差有所不同，它采用平方的方法来消除离差的正负号，即先求出各个标志值与算术平均数的离差，再计算各项离差平方，然后计算这些离差平方的算术平均数，最后再把这个平均数开方。其计算公式也分为简单平均式与加权平均式两种形式。

1. 简单平均式方差和标准差

简单平均式是在资料未分组时计算方差和标准差的一种方法。计算公式为

$$\sigma^2 = \frac{\sum(x-\bar{x})^2}{n}$$

$$\sigma = \sqrt{\frac{\sum(x-\bar{x})^2}{n}}$$

式中，σ^2 是方差，σ 是标准差，余同前。

标准差的一般计算步骤为：

（1）计算出算术平均数 $\bar{x}$；

（2）计算出变量值与其算术平均数的离差 $x-\bar{x}$；

（3）计算离差平方并求和，即 $\sum(x-\bar{x})^2$；

（4）计算其算术平均数并求平方根，即 $\sqrt{\dfrac{\sum(x-\bar{x})^2}{n}}$。

现以职工日产量资料为例，说明简单式标准差的计算，如表 4-19 所示。

表 4-19 简单式标准差计算表

日产量 x（件）	离差 $x-\bar{x}$（$\bar{x}$=60）	离差平方 $(x-\bar{x})^2$
25	-35	1 225
45	-15	225
60	0	0
75	15	225
95	35	1 225
合计	—	2 900

由表 4-19 的资料计算其标准差为

$$\sigma = \sqrt{\frac{\sum(x-\bar{x})^2}{n}} = \sqrt{\frac{2\,900}{5}} = 24.08(\text{件})$$

2. 加权平均式方差和标准差

加权平均式是在资料已分组的条件下计算标准差的一种方法，在实际工作中，我们面对的资料常常是分组资料）。其计算公式为

$$\sigma^2 = \frac{\sum(x-\bar{x})^2 f}{n}$$

$$\sigma = \sqrt{\frac{\sum(x-\bar{x})^2 f}{\sum f}}$$

式中，f 是各组次数，余同前。

我们现以某企业甲、乙两个车间生产情况为例，说明加权标准差的应用。如表 4-20 所示。已知甲车间工人的平均日产量 42kg，其标准差为 8.1kg。乙车间工人的产量资料如下，计算乙车间工人的平均日产量及标准差。

表 4-20　乙车间工人的平均日产量标准差计算表

工人日产量/kg	工人数 f（人）	组中值 x	总产量 xf	离差 $x-\bar{x}$	离差平方 $(x-\bar{x})^2$	离差平方×次数 $(x-\bar{x})^2 f$
20~30	10	25	250	-17	289	2 890
30~40	70	35	2 450	-7	49	3 430
40~50	90	45	4 050	3	9	810
50~60	30	55	1 650	13	169	5 070
合计	200	—	8 400	—	—	12 200

|←———— 已知资料 ————→|←———————— 计算栏 ————————→|

乙车间平均产量：

$$\bar{x} = \frac{\sum xf}{\sum f} = \frac{8\,400}{200} = 42(\text{kg})$$

乙车间标准差：

$$\sigma^2 = \frac{\sum(x-\bar{x})^2 f}{n} = \frac{12\,200}{200} = 61(\text{kg})$$

$$\sigma = \sqrt{\frac{\sum(x-\bar{x})^2 f}{\sum f}} = \sqrt{\frac{12\,200}{200}} = 7.8(\text{kg})$$

计算结果表明，在两个车间平均日产量相同的情况下，乙车间的标准差为 7.8kg，小于甲车间的标准差 8.1kg，说明乙车间工人平均日产量的代表性大于甲车间。

标准差就其统计意义而言，与平均差基本相同，也是根据总体所有单位的标志值计算出来的，可以全面反映总体各单位标志值的变异程度。由于它不必用绝对值来计算，在数学处理上比平均差更合理，也更优越，所以在统计分析中，它是测定标志变异程度最重要、最常用的指标。

标准差是计算离中趋势指标最主要的方法，它能比极差更全面地反映总体所有变量值的差异；与平均差相比，它在数学运算过程中避免了离差之和等于零的问题，又符合代数方法的运算，所以被作为衡量标志变异程度的一个标准而被广泛使用。但需要指出，用标准差衡量两个平均数代表性的强弱需要一个前提，即两个平均数必须相等，而实际经济工作中，我们面对的两个平均数常常不相等，这是标准差在实际运用中的局限。

（四）变异系数

1. 变异系数的含义

极差、平均差、标准差等各种变异指标都与它们相应的平均指标有着相同的计量单位。这些变异指标的大小不仅取决于总体的变异程度，而且还与标志值绝对水平的高低、计量单位的不同有关。所以，不宜直接用上述变异指标对不同水平、不同计量单位的现象进行比较，应当先做无量纲化处理而后再比较。对上述变异指标进行无量纲化处理，就是用它们相应的平均数去除。

变异系数也称离散系数,它是变异指标与平均指标之比,是用来说明变量值离中程度的相对指标。若该指标数值大,则变量值离中程度大,其平均数代表性就弱;若该指标数值小,则变量值离中程度小,其平均数代表性就强。

如果将极差与其平均数对比,就能得到极差系数;将平均差与其平均数对比,就能得到平均差系数;将标准差与其平均数对比,就能得到标准差系数。最常用的变异系数是标准差系数。

2. 标准差系数的计算

标准差系数是标准差与其算术平均数之比,用来说明现象离中的相对程度。其计算公式为

$$V = \frac{\sigma}{\bar{x}} \times 100\%$$

式中,V 是标准差系数;σ 是标准差;$\bar{x}$ 是平均数。

标准差系数可以比较计量单位相同或相异或平均数不相等的两个或多个变量数列的离中程度。标准差系数数值的大小与相应的平均数代表性的强弱呈反比关系,即标准差系数大,则其平均数代表性就弱;反之,标准差系数小,则其平均数代表性就强。

例如,某企业有两个车间,一车间和二车间都有 100 名工人。一车间的人均日产量为 63 件,二车间的人均日产量为 71 件,如表 4-21 所示。

表 4-21 一、二车间工人的平均日产量标准差计算表

日产量 x(件)	人数 f(人)		组中值	xf		$(x-\bar{x})^2 f$	
	一车间	二车间		一车间	二车间	一车间 $\bar{x}=63$	二车间 $\bar{x}=71$
20~40	10	5	30	300	150	10 890	8 405
40~60	30	10	50	1 500	500	5 070	4 410
60~80	45	60	70	3 150	4 200	2 205	60
80~100	15	25	90	1 350	2 250	10 935	9 025
合计	100	100	—	6 300	7 100	29 100	21 900
	已知资料			计算栏			

由以上资料可以算出:

一车间平均日产量为

$$\bar{x} = \frac{\sum xf}{\sum f} = \frac{6\ 300}{100} = 63(件)$$

二车间平均日产量为

$$\bar{x} = \frac{\sum xf}{\sum f} = \frac{7\ 100}{100} = 71(件)$$

通过观察可以看出,二车间平均日产量比一车间高,但哪个车间日产量更具有代表性?需进一步计算。

一车间平均日产量标准差为

$$\sigma_1 = \sqrt{\frac{\sum (x-\bar{x})^2 f}{\sum f}} = \sqrt{\frac{29\ 100}{100}} \approx 17.1(件)$$

二车间平均日产量标准差为

$$\sigma_2 = \sqrt{\frac{\sum(x-\bar{x})^2 f}{\sum f}} = \sqrt{\frac{21\,900}{100}} \approx 14.8(\text{件})$$

计算结果发现，一车间标准差大于二车间标准差，似乎可得出一车间平均数代表性弱的结论，但具体差多少还不能确定。原因是两个数列原有的标志值水平不一样，不能用 σ 来判断平均数的代表性。因此，当两个数列标志值水平不一样或计量单位不同时，若要判断总体各单位标志值的离散程度，评价其平均数代表性，应进一步计算其标志变异的相对程度，这个相对指标就是标志变动系数，常见的有全距系数、平均差系数、标准差系数等，其中最常用的是标准差系数。

标准差系数是标准差与其算术平均数对比的相对数，其计算公式为

$$V = \frac{\sigma}{\bar{x}} \times 100\%$$

在本例中，我们来计算标准差系数。

$$V_1 = \frac{\sigma_1}{\bar{x}_1} \times 100\% = \frac{17.1}{63} \times 100\% \approx 27.14\%$$

$$V_2 = \frac{\sigma_2}{\bar{x}_2} \times 100\% = \frac{14.8}{71} \times 100\% \approx 20.85\%$$

因为 $V_1 > V_2$，故二车间平均日产量代表性比一车间强。

标准差的重要特点是不受计量单位和标志值水平的影响，它消除了不同总体之间在计算单位、平均水平方面的不可比性。

同步思考 4-4 ▶▶▶

1. 标志变异指标是用来反映总体分布的离散程度或变异状况的，也是用来反映平均指标代表性强弱的指标。那么，标志变异指标能用来反映和衡量众数和中位数代表性的强弱吗？

2. 标志变异指标值越大，表明总体各单位标志值的变异程度越大，平均数代表性越弱。那么，当两个平均数不相等时，用标准差能够比较和衡量其平均数代表性强弱吗？

第五节　偏态与峰度

总体分布的集中趋势和离中趋势是其两个重要方面，然而它们不是数据分布特征的全部信息。例如，总体的数据分布是否对称，如果偏斜的话，偏斜的方向和程度是什么；数据分布扁平的程度等信息都需要进一步对数据分布形态进行判断和描述。这里主要介绍偏态和峰度两个指标。

一、偏态

（一）偏态的含义

偏态是对分布偏斜方向和程度的测度。有些变量值出现的次数往往是非对称型的，如收入

分配、市场占有份额、资源配置等。变量分组后，总体中各个体在不同的分组变量值下分布并不均匀对称，而是呈现出偏斜的分布状况，统计上将其称为偏态分布。

利用众数、中位数和平均数之间的关系就可以判断分布是对称、右偏还是左偏，例如，当次数分配呈右偏（正偏）时，算术平均数受极大值影响，就有 $M_o<M_e<\bar{x}$；当次数分配呈左偏（负偏）时，算术平均数受极小值的影响，就有 $\bar{x}<M_e<M_o$。但是，这里并没有说明偏斜的程度如何测度。为了测度数据分布的偏斜程度，就需要介绍偏态系数。

（二）偏态系数

偏态系数是指测度数据分布偏态程度的统计量。偏态方向由 SK 的正负确定，当 SK>0 时，数据分布为右偏；当 SK<0 时，数据分布为左偏。偏态的程度由偏态系数的大小决定，以 0.5 和 1 为标准，当 |SK|>1 时，为高度偏态分布；当 0.5<|SK|≤1 时，为中度偏态分布；当 |SK|≤0.5 时，为轻微偏态分布。当 SK = 0 时，数据分布是对称分布。根据掌握的资料不同，针对未分组和分组的情况，偏态系数有两个不同的计算方法。

1. 未分组资料的偏态系数

计算公式为

$$SK = \frac{\sum \left(\frac{x-\bar{x}}{\sigma}\right)^3}{n}$$

式中，SK 是偏态系数；n 是总体单位数；x 是标志值；$\bar{x}$ 是算术平均数；σ 是标准差。

例如，已知某企业生产产品的日产量资料如表 4-22 所示，计算日产量的偏态系数。

表 4-22　偏态系数计算表

	日产量 x_i（件）	离差 $x_i-\bar{x}$	离差平方 $(x_i-\bar{x})^2$	离差立方 $(x_i-\bar{x})^3$
	25	-32	1 024	-32 768
	40	-17	289	-4 913
	50	-7	49	-343
	80	23	529	12 167
	90	33	1 089	35 937
合计	285	—	2 980	10 080

计算算术平均数：

$$\bar{x} = \frac{\sum x}{n} = \frac{285}{5} = 57(件)$$

计算标准差：

$$\sigma = \sqrt{\frac{\sum(x-\bar{x})^2}{n}} = \sqrt{\frac{2\ 980}{5}} \approx 24.4(件)$$

计算偏态系数：

$$SK = \frac{\sum \left(\frac{x-\bar{x}}{\sigma}\right)^3}{n} = \frac{10\ 080}{5 \times 24.4^3} \approx 0.14$$

说明这是右偏，但是偏斜程度不大。

2. 分组资料的偏态系数

计算公式：

$$SK = \frac{\sum\left(\frac{x-\bar{x}}{\sigma}\right)^3 f}{\sum f}$$

式中，SK 是偏态系数；x 是标志值；$\bar{x}$ 是算术平均数；σ 是标准差；f 是各分组的次数。后面将介绍相关计算。

二、峰度

（一）峰度的含义

峰度是指将数据分布曲线与标准正态分布曲线比较，呈现出的尖峰或者平峰的程度。若数据分布曲线高于标准正态分布的峰顶，则为尖峰分布；若数据分布曲线低于标准正态分布的峰顶，则为平峰分布；若数据分布曲线等于标准正态分布的峰顶，则为标准峰度分布。为了测度数据分布的峰度，就需要介绍峰度系数。

（二）峰度系数

峰度系数是指测度数据分布峰度的统计量。峰度系数 K 的正负，决定了数据分布是尖峰、平峰或者标准分布。当 $K>0$ 时，数据分布曲线是高于标准正态分布的尖峰分布；当 $K<0$ 时，数据分布曲线是低于标准正态分布的平峰分布；当 K 接近于 0 时，数据分布曲线接近标准正态分布的峰度。根据掌握的资料不同，针对未分组和分组的情况，峰度系数有两个不同的计算方法。

1. 未分组资料的峰度系数

计算公式为

$$K = \frac{\sum\left(\frac{x-\bar{x}}{\sigma}\right)^4}{n} - 3$$

式中，K 是峰度系数；n 是总体单位数；x 是标志值；$\bar{x}$ 是算术平均数；σ 是标准差。

例如，某企业生产产品的日产量资料如表 4-22 所示，计算日产量的峰度系数。

前面已经得到：算术平均数为 $\bar{x}=57$（件），标准差为 $\sigma=24.4$（件）。

计算峰度系数：

$$K = \frac{\sum\left(\frac{x-\bar{x}}{\sigma}\right)^4}{n} - 3 = \frac{2\,600\,260}{5\times 24.4^4} - 3 \approx -1.53$$

$K<0$ 说明数据分布是平峰，比标准正态分布更扁平，数据更分散。

2. 分组资料的峰度系数

计算公式为

$$K = \frac{\sum \left(\frac{x-\bar{x}}{\sigma}\right)^4 f}{\sum f}$$

式中，K 是峰度系数；x 是标志值；$\bar{x}$ 是算术平均数；σ 是标准差；f 是各分组的次数。

例如，某管理局 2024 年 3 月所属企业销售收入统计资料如表 4-23 所示，要求计算变量数列的偏态和峰度。

表 4-23　偏态和峰度系数计算表

销售收入 x（百万元）	企业数 f（个）	xf	$(x-\bar{x})^2 f$	$(x-\bar{x})^3 f$	$(x-\bar{x})^4 f$
10~30	2	40	2 312	-78 608	2 672 672
30~50	10	400	1 960	-27 440	384 160
50~70	13	780	468	2 808	16 848
70~90	5	400	3 380	87 880	2 284 880
合计	30	1 620	8 120	-15 360	5 358 560

（1）计算算术平均数：

$$\bar{x} = \frac{\sum xf}{\sum f} = \frac{1\,620}{30} = 54(\text{百万元})$$

（2）计算标准差：

$$\sigma = \sqrt{\frac{\sum (x-\bar{x})^2 f}{\sum f}} = \sqrt{\frac{8\,120}{30}} \approx 16.45(\text{百万元})$$

（3）计算偏态系数：

$$SK = \frac{\sum \left(\frac{x-\bar{x}}{\sigma}\right)^3 f}{\sum f} = \frac{-15\,360}{30 \times 16.45^3} \approx -0.12$$

计算结果表明，该管理局所属企业 2024 年 3 月的销售收入分布呈轻微负偏（左偏）态分布特征。

（4）计算峰度系数：

$$K = \frac{\sum \left(\frac{x-\bar{x}}{\sigma}\right)^4 f}{\sum f} - 3 = \frac{5\,358\,560}{30 \times 16.45^4} - 3 \approx 2.44 - 3 = -0.56$$

计算结果表明，该管理局所属企业 2024 年 3 月的销售收入分布呈平峰状态，各变量值分布较为均匀。

同步思考 4-5 ▶▶▶

1. 左偏和右偏分别反映数据的什么分布特征？偏态系数如何计算？
2. 峰度反映数据的什么分布特征？它和标准正态分布有什么关系？峰度系数如何计算？

思考与练习

• 知识题

一、单项选择题

1. 某企业生产某产品，本月计划单位成本比上月降低10%，实际比上月降低了30%，则（　　）。
   A. 超额20%完成计划　　　　　　　B. 还差20%完成计划
   C. 超额22.22%完成计划　　　　　D. 还差22.22%完成计划

2. 某顾客早市买1元钱的香水梨，价格为5元/kg；午市买1元钱的香水梨，价格为6元/kg；晚市买1元钱的香水梨，价格为4.5元/kg。该顾客买的香水梨的平均价格是（　　）。
   A. 5.06元/kg　　B. 5.07元/kg　　C. 5.08元/kg　　D. 5.09元/kg

3. 不能用于定序数据集中趋势的统计量的是（　　）。
   A. 均值　　　　B. 中位数　　　　C. 四分位数　　　　D. 众数

4. 某企业计划规定产品单位成本降低6%，实际降低了10%，则计划完成程度为（　　）。
   A. 97.94%　　B. 166.67%　　C. 100.5%　　D. 95.74%

5. 反映社会经济现象发展总规模、总水平的综合指标是（　　）。
   A. 质量指标　　B. 统计绝对数　　C. 统计相对数　　D. 统计平均数

二、多项选择题

1. 标志变异指标中的标准差和变异系数的区别有（　　）。
   A. 两者的作用不同　　　　　　　　B. 两者的计算方法不同
   C. 两者的适用条件不同　　　　　　D. 指标的表现形式不同
   E. 与平均数的关系不同

2. 众数是（　　）。
   A. 位置平均数
   B. 总体中出现次数最多的标志值
   C. 不受极端值影响的标志值
   D. 适用于总体单位数多，有明显集中趋势的情况的标志值
   E. 处于变量数列中点位置的那个标志值

3. 几何平均数主要适用于（　　）。
   A. 标志值的代数和等于标志值总量的情况　　B. 求平均比率时
   C. 标志值的连乘积等于总速度的情况　　　　D. 具有等比关系的变量数列
   E. 标志值的连乘积等于总比率的情况

4. 下列指标中的结构相对数有（　　）。
   A. 集体所有制企业员工总数的比重　　　　B. 某工业产品产量比上年增长的百分比
   C. 大学生占全部学生的比重　　　　　　　D. 某年积累额占全部国民收入的比重
   E. 某年人均消费额

5. 下列指标属于强度相对指标的有（　　）。
   A. 人均国民收入　　　　　　　B. 汽车保有量
   C. 每个职工的平均工资　　　　D. 每人平均年龄
   E. 人均国民生产总值

三、判断题

1. 众数是总体中出现最少的次数。   （ ）
2. 权数对算术平均数的影响作用取决于权数本身绝对值的大小。   （ ）
3. 按照计划，某单位今年产量要比上年增加8%，实际完成产量比计划增加了20%。则同上年相对比，今年产量的实际增长程度为12%。   （ ）
4. 中位数和众数的数值大小与数列中极端值无关，它们是位置平均数。（ ）
5. 某地区固定资产投资数、年内人口出生数都属于时点指标。   （ ）

四、简答题

1. 什么是总量指标？总量指标的特点和作用是什么？
2. 什么是时期指标？什么是时点指标？两者各自有什么特点？
3. 什么是相对指标？相对指标有几种表现形式？请举例说明。
4. 算数平均数、众数和中位数各用于什么场合？
5. 什么是标志变异指标？当两个平均数不相等时，常用哪种标志变异指标衡量其平均数代表性强弱？为什么？

● **实务题**

一、某企业2023年产量计划完成百分数为120%，当年产量计划比上年产量提高30%，请计算2023年实际产量比2022年产量增长百分之几。

二、某地区2023年轻工业产值为3 374亿元，占工业总产值的54.2%，比2022年增长12%。计算下列指标。

    1. 2023年工业总产值为（　　）。

      A. 3 374÷54.2%　　　　　　　　B. 3 374×54.2%

      C. 3 374×112%　　　　　　　　D. 3 374÷12%

    2. 2023年重工业产值占工业总产值的比重为（　　）。

      A. $\dfrac{3\,374 \div 54.2\% - 3\,374}{3\,374 \times 54.2\%}$　　　　B. 3 374×54.2%

      C. $\dfrac{3\,374 \div 54.2\% - 3\,374}{3\,374 \div 54.2\%}$　　　　D. $\dfrac{3\,374 \div 112\% - 3\,374}{3\,374 \times 112\%}$

    3. 2023年的轻、重工业产值比例为（　　）。

      A. $\dfrac{3\,374}{3\,374 \div 54.2\% - 3\,374}$　　　　B. $\dfrac{3\,374}{3\,374 \div 54.2\%}$

      C. $\dfrac{3\,374 \times 112\% - 3\,374}{3\,374}$　　　　D. $\dfrac{3\,374 \div 112\% - 3\,374}{3\,374}$

    4. 2022年轻工业产值为（　　）。

      A. 3 374×(1−12%)　　　　　　B. 3 374÷(1−12%)

      C. 3 374−3 374×12%　　　　　D. 3 374÷(1+12%)

三、某企业一车间和二车间日产量资料如下表所示。

日产量（件）		人数（人）	
一车间	二车间	一车间	二车间
54	60	10	5
60	64	14	10
66	68	22	20
74	72	28	35
80	76	12	15
86	80	10	11
94	90	4	4

试据上述资料分别计算一车间、二车间的算术平均数。

四、某学院2023级统计学专业学生统计学期末成绩如下表所示，试计算其算术平均数、标准差。

按成绩分组（分）	学生人数（人）
60以下	7
60~70	21
70~80	25
80~90	19
90以上	8
合计	80

五、甲、乙两地某种商品的价格和销售额资料如下表所示。

等级	价格（元/kg）	销售额（元）	
		甲地	乙地
一等	1.30	6 500	13 000
二等	1.20	12 000	12 000
三等	1.10	5 500	22 000

要求分别计算甲、乙两地该种商品的平均价格，哪个地区的平均价格高？为什么？

六、三个企业生产同一种产品，各企业的产量完成情况如下表所示。

企业	实际产量（件）	计划完成程度（%）	实际一等品率（%）
甲	660	110	90
乙	400	100	94
丙	1 080	90	95

试求：1. 产量计划平均完成百分比。

2. 平均一等品率。

● 实训题

实训一

实训目的：通过练习本题，掌握各种对比描述指标的计算，并弄清各种对比指标之间的联系与区别。

实训资料：某企业所属三个分厂 2023 年下半年的利润额资料如下。

厂别	第三季度利润（万元）(1)	第四季度				计划完成百分比（%）(6)	第四季度为第三季度的百分比（%）(7)
		计划		实际			
		利润（万元）(2)	比重（%）(3)	利润（万元）(4)	比重（%）(5)		
A厂			25			105	
B厂		200		180			115
C厂	380					95	
合计	736	800					

实训要求：
计算表中空格指标数值，并指出（1）~（7）栏分别是何种统计指标。

实训二

实训目的：通过练习本题，掌握各种相对指标的概念，并弄清各种相对指标之间的区别。

实训资料：2023 年年末 A 地区共有人口 126 万人，是 2013 年年末 99 万人的 127%；其中男性人口为 64 万（男性人口的比重为 50.8%），女性人口为 62 万（女性人口的比重为 49.2%），性别比为 1.03∶1；人口密度为 128 人/km²（人口密度是 B 地区的 4.5 倍）；人口出生率为 15.23‰。

实训要求：
判断上述资料中相对指标的种类。

实训三

实训目的：通过练习本题，掌握算术平均数、中位数、众数的计算和比较方法。

实训资料：某企业按完成工序所需时间分组情况及工人资料如下表所示。

按完成工序所需时间分组（分）	工人数（人）
10~20	6
20~30	25
30~40	32
40~50	23
50~60	7
60~70	5
70~80	2
合计	100

实训要求：
根据表中资料，计算算术平均数、中位数、众数，并指出其是正态分布、左偏分布、还是右偏分布。

实训四

实训目的：通过练习本题，掌握比较平均数大小及代表性强弱的基本方法。

实训资料：已知某企业甲车间 80 名工人生产某产品的平均产量为 56 件，产量的标准差为

12.40 件；又知乙车间 100 名工人产量的分组资料如下表所示。

按产量分组（件）	工人数（人）
20~30	10
30~40	10
40~50	30
50~60	40
60~70	10
合计	100

实训要求：

先计算乙车间 100 名工人的平均产量和产量标准差，再分别计算甲、乙车间工人产量的变异系数，说明哪个车间工人的平均产量具有较大的代表性。

📍 数字链接

扫码阅读
知识拓展

扫码查看部分
习题参考答案

第五章 抽样推断

○ **学习目标**

(1) 了解抽样调查的含义、特点及作用
(2) 理解抽样平均误差、抽样极限误差及概率度的概念和关系
(3) 理解估计量的评判标准，掌握估计总体平均指标和成数指标的基本原理与基本方法
(4) 熟悉样本容量的确定方法
(5) 掌握简单随机抽样、类型抽样、等距抽样、整群抽样和多阶段抽样等抽样组织方式的特点

○ **主要学习内容**

本章主要介绍了抽样调查的含义、特点；阐释了抽样平均误差、抽样极限误差的概念及计算方法；对总体参数中的平均数、成数和方差的估计方法进行了详尽的介绍；对推断总体平均数和总体成数所需的样本容量的计算方法以及在估计过程中需要注意的事项进行了阐释。

○ **引例 我国直播电商行业现状**

2023年，我国居民人均消费支出占人均可支配收入的比例为68.3%，从我国实物商品网上零售额占社会消费品零售总额的比例来看，2019—2023年基本处于韧性增长的趋势，进一步巩固了其在消费市场的地位。截至2023年6月，短视频用户规模达到10.3亿人，占网民规模的比例为95.1%，短视频用户渗透率极高。直播电商用户规模达到5.3亿人，占网络购物用户规模的比例达到59.5%，直播电商已成为网络购物用户购买商品的重要途径之一。根据艾瑞咨询测算，2023年我国直播电商市场规模达4.9万亿元，同比增速为35.2%，相较于行业发展早期，行业增速出现一定下滑，但依旧在释放增长信号。艾瑞咨询预计，2024—2026年我国直播电商市场规模的年复合增长率（CAGR）为18.0%，行业未来将呈现平稳增长趋势并步入精细化发展阶段。

资料来源：《2023年中国直播电商行业研究报告》，2024年3月。

第一节　抽样推断的基本问题

一、抽样调查概述

（一）抽样调查的含义

抽样调查的目的是抽样推断。抽样调查一般是指概率抽样，也称随机抽样，它是按随机原则抽取部分单位为样本，然后根据样本的实际资料计算样本指标，并在一定程度的概率保证下，推断总体相应数量特征的一种统计方法。

例如，为了系统反映全国公民科学素质发展状况，对32个省级行政单位、419个地市级单位以及计划单列市单位，按照调查质量控制规范抽选全国297 740份调查样本，用以推断全国公民的科学素质状况及其影响因素，包括公民背景情况、获取科技信息的方式、参与科普活动情况和对科技发展的态度等。

（二）抽样调查的特点

1. 按随机原则抽取样本

所谓随机原则，是指从调查对象中抽取部分单位，抽取哪个单位不受调查研究者主观意志的影响，每个单位都有同等被抽中的机会，被抽中的单位完全是偶然的、随机的。

抽样估计的理论基础是概率论和数理统计，根据理论要求，在抽取样本时，必须按随机原则来进行，这样才能保证抽样估计的科学性。

2. 抽样调查的目的是根据部分单位的特征去推断总体特征

抽样调查的目的在于通过对部分样本单位的调查，掌握样本的特征，然后利用样本的特征去推断总体特征。

统计研究的目的是认识现象总体的数量特征，但并不是所有的社会经济现象都可以用全面调查实现这种认识，在许多情况下，我们只能对总体当中的一部分单位进行调查，但必须对总体的数量特征进行认识。这种矛盾在现实中是大量存在的，例如对一批日光灯的平均耐用时数进行测量，我们不可能对每盏日光灯都实测其耐用时数，但我们可以通过对部分日光灯进行实测，得到这部分日光灯的平均耐用时数，然后根据这部分日光灯的平均耐用时数来推断全部日光灯的平均耐用时数。

3. 用概率估计的方法来推断总体指标

利用样本指标来推断总体指标，这种估计是一种不确定的概率估计方法。由于样本的确定是随机的，所以样本指标也是随机的，而总体指标又是未知的，并且样本指标与总体指标的误差有多大也是不确定的，但是可以根据大数定律和中心极限定理对其进行概率估计，进而用样本指标对总体指标进行概率估计。

4. 抽样误差可以事先计算并通过一定方法进行有效的控制

由于抽样推断是利用样本指标去推断总体指标，而由于样本的结构与总体的结构不可能完全一致，所以样本指标与总体指标之间也会存在一定的误差，这个误差是客观存在的，但我们可以通过一定的方法，计算其误差的大小并进行有效的控制。

（三）抽样调查的作用

1. 节约费用

抽样调查可以节约调查的人力、物力和财力，从而降低调查的费用，特别是当调查总体较大时，抽样调查的单元只占总体的小部分，此时节约调查费用的特点更加明显。

2. 时效性强

有些调查需要很强的时效性，要求在较短的时间内完成并提供调查数据。与全面调查相比，抽样调查所调查的单元少，数据采集和汇总整理的工作量小，因而有更强的时效性。

3. 承担全面调查无法胜任的工作

对于某些客观现象，我们不能进行全面调查，如对无限总体的调查，或对有限总体但是具有破坏性的事物的调查，如轮胎的里程寿命实验、青砖的抗折耐压试验、炮弹的杀伤力实验、弹簧的抗拉强度实验等，这些情况下必须采用抽样调查。

4. 提高调查数据的质量

虽然抽样调查只调查总体中的某一部分，会存在误差，但由于其节约调查费用、时效性强的特点，弥补了全面调查中因参与人员多、涉及范围广而造成的误差，会得到更准确的结果。

5. 检验和修正全面调查的结果

由于全面调查涉及面广、工作量大、参加人员多、汇总传递环节多，所以调查结果容易出现差错。但是，全面调查自身也无法回答其差错到底有多大。因此，可以在全面调查之后再进行一次抽样调查，根据抽样调查的结果对全面调查的结果进行检验和修正，从而提高全面调查的质量。

6. 对总体的某些假设进行检验

抽样调查可以用来判断总体假设的真伪，为管理决策提供依据。例如，某位患者在使用一种新药后效果不错，这是否意味着这种新药的疗效就一定显著呢？单凭此项还不能得出结论。因为疗效对于每个人而言常会受到一些随机的影响，从而呈现出一定的不确定性。因此，最好利用抽样调查对这种药物的疗效是否存在显著性的统计差异进行检验，以确定其疗效状况，并据此做出是否推广使用该药的决策。

二、抽样调查中的基本概念

（一）全及总体和样本总体

全及总体就是调查对象，简称总体。它是由许多性质相同的调查单位组成的。在本章中，总体单位数用 N 表示。

样本总体就是按照随机的原则，从全及总体中抽取的一部分单位组成的小总体，简称样本。它也是由许多性质相同的单位组成的，是总体当中的一部分单位。本章用 n 来表示样本单位数，n 也称样本容量，组成样本的每个单位称为样本单位。

例如，我国以 2015 年 11 月 1 日零时为标准时点进行了全国 1% 人口抽样调查。这次调查以全国为总体，以各地级市（地区、盟、州）为子总体，采取分层、二阶段、概率比例、整群抽样方法，最终样本量为 2 131 万人，占全国总人口的 1.55%。

一个总体可以有很多个可能的样本，可能样本的个数和样本的容量有关，也和抽样的方法有关。样本按照样本单位数的多少，可分为大样本和小样本。一般认为，$n \geq 30$ 为大样本，$n<30$ 为小样本。统计中抽取的样本单位数大多数应为大样本。

（二）全及指标和样本指标

1. 全及指标

全及指标又称总体指标或总体参数，它是根据全及总体各个单位的标志值计算出来的统计指标。在一个总体中，全及指标是唯一的。在抽样调查中，我们要推断的就是全及指标。在本章中，涉及的全及指标主要有全及平均数、全及成数、全及标准差和方差。

（1）全及平均数是总体各单位标志值的平均数，在本章里我们用 $\bar{X}$ 表示。其计算公式为

$$\bar{X} = \frac{\sum XF}{\sum F}$$

式中，X 是全及总体各组的变量值；F 是全及总体各组变量值的次数。

（2）全及成数。如果一个总体现象只有两种表现，那么其中具有某种特征或不具有某种特征的单位数占全部单位数的比重即为成数。如果设具有某一特征的单位数为 N_1，不具有某一特征的单位数为 N_0，全部总体的单位数为 N，具有某一特征的单位数 N_1 占 N 的比重为 P，不具有某一特征的单位数 N_0 占 N 的比重为 Q，则成数的计算公式为

$$P = \frac{N_1}{N} \quad Q = \frac{N_0}{N}$$

（3）全及标准差和方差。标准差是根据总体所有单位计算出来的标志值的差异程度，用 σ 表示。其计算公式为

$$\sigma = \sqrt{\frac{\sum (X-\bar{X})^2 F}{\sum F}}$$

全及标准差的平方即为总体方差，记作 σ^2。

根据是非标志计算出来的样本成数的标准差为 $\sigma_P = \sqrt{P(1-P)}$，方差为 $\sigma_P^2 = P(1-P)$。

2. 样本指标

样本指标也称样本统计量，是指根据样本单位计算出来的指标，与总体指标相对应，本章主要涉及三个样本指标，即样本平均数、样本成数、样本标准差和方差。

（1）样本平均数是根据样本单位计算出来的平均数，用 $\bar{x}$ 表示。其计算公式为

$$\bar{x} = \frac{\sum xf}{\sum f}$$

式中，x 是样本总体各组的变量值；f 是样本总体各组变量值的次数。

（2）抽样成数是根据样本单位计算的成数，它是指样本中具有某种特征或不具有某种特

征的单位数占全部样本单位数的比重。

如果以 n 表示全部的样本单位数，以 n_1 表示具有某种特征的样本单位数，以 n_0 表示不具有某种特征的样本单位数，以 p 和 q 表示成数，则样本的成数为

$$p = \frac{n_1}{n} \quad q = \frac{n_0}{n}$$

（3）样本标准差和方差。样本标准差是根据样本单位的标志值计算出来的反映样本单位差异程度的指标，用 s 表示。其计算公式为

$$s = \sqrt{\frac{\sum(x-\bar{x})^2 f}{\sum f}}$$

样本标准差的平方即为样本方差，记作 s^2。

根据是非标志计算出来的样本成数的标准差为

$$s_p = \sqrt{p(1-p)}$$

方差为

$$s_p^2 = p(1-p)$$

（三）抽样框

抽样框是指一份包含所有抽样单元的名单，抽样框是总体的具体表现。抽样框的具体做法是给每一个抽样单元进行编号，好的抽样框能够尽可能多地提供研究的目标量的辅助信息。

抽样框的类型主要有以下几种：第一，名录框，如学生名单、企业名册、电话号码簿等；第二，区域框，将抽样单元组成由地理区域划分的集合，不同的地理区域包含不同的抽样单元，所有集合形成区域框；第三，自然框，以自然现象概念作为抽样框的划分标准，如对生产线上产品进行质量抽查，每隔 10min 抽取一个产品，则时间就是抽样框，对路边的树木进行病虫害抽样调查，每隔一段距离抽取一棵树，则距离就是抽样框。抽样框的类型如图 5-1 所示。

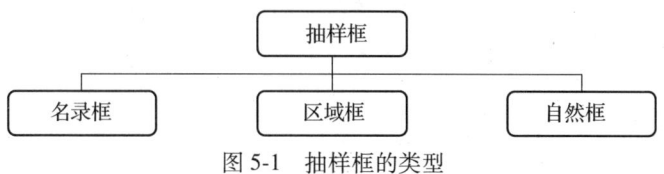

图 5-1　抽样框的类型

（四）抽样方法和样本个数

1. 抽样方法

根据抽取样本单位方法的不同，分为重复抽样和不重复抽样。

重复抽样也称有放回抽样，是指从总体中抽取样本时，随机抽取一个样本单位，记录该单位有关标志后，把它放回到总体中去，然后，再从总体中抽取第二个样本单位，记录该单位有关标志后，也把它放回总体中去参加下一次抽取，依此直到抽满 n 个样本单位为止。从总体 N 个单位中，用有放回抽样的方法，随机抽取 n 个单位构成一个样本，则共抽取 N^n 种样本。

不重复抽样也称不放回抽样，是指从总体中抽取第一个样本单位，记录该单位有关标志以后，不再把这个样本单位放回到总体中去，然后，再从总体 $N-1$ 个单位中抽取第二个样本单

位,记录该单位有关标志后,也不再把该样本单位放回总体中去,再从总体 $N-2$ 个单位中抽取第三个样本单位,依此方法直到抽满 n 个样本单位为止。或者是一次就从总体中的 N 个单位中抽取 n 个单位组成样本。从总体 N 个单位中用不重复抽样的方法,随机抽取 n 个单位构成一个样本,可能出现的样本种数为 C_N^n。

2. 样本个数

样本个数又称样本可能数目,是指按照随机的原则从总体 N 中抽取 n 个单位组成样本所有可能的组合数。一个总体可能抽取多少个样本和样本容量以及抽样方法等因素都有关系,是一个比较复杂的问题。一个总体有多少可能抽取的样本,就有多少可能的样本指标,从而会形成样本指标值的分布,样本指标值的分布是抽样调查的基础。

例如,假设总体单位数为三个:A、B、C,即 $N=3$。如果要从总体中抽取两个单位数,即 $n=2$,那么,按照不同抽样方法,可能抽取的样本如表 5-1 所示。

表 5-1　按照不同抽样方法的样本个数

抽样方法	可能样本	样本个数
重复抽样,讲顺序方式	AA、AB、AC、BA、BB、BC、CA、CB、CC	9
重复抽样,不讲顺序方式	AA、AB、AC、BB、BC、CC	6
不重复抽样,讲顺序方式	AB、AC、BA、BC、CA、CB	6
不重复抽样,不讲顺序方式	AB、AC、BC	3

需要注意的是,样本单位数和样本个数是不一致的,样本单位数是每一个样本里所包含的单位数目,而样本数目是所有可能组成的样本数。

(五)抽样误差与非抽样误差

抽样误差是由于抽样的随机性而产生的样本值与总体值之间的差异,只要采用抽样调查的方法,就无法避免抽样误差。非抽样误差是指产生于除抽样随机性之外的由其他原因导致的样本统计量与总体参数间的差异,如因调查不周造成的调查对象范围不明确而产生的误差,因调查过程中无回答或回答有误而产生的误差等,非抽样误差一般是可以尽量避免的。

(六)抽样精度与费用

抽样调查是利用样本的统计量作为对总体参数的估计,因此会产生误差,而精度便是对误差大小的反映,即误差小则精度高,反之,误差大则精度低。费用是指进行抽样调查的调查费用,包括数据收集费、数据处理费、制表费、工作机关管理费、出版费等。一般情况下,调查的样本容量大则费用高,样本容量小则费用低。精度与费用存在着矛盾关系,若要求精度高,则需要增大样本容量来降低误差,即需要较高的费用,因此如何调整二者的关系,需要进行较好的抽样设计。

三、抽样估计的理论依据

(一)大数定理

大数定理又称大数法则。在大量重复出现的随机事件中,往往呈现几乎必然的规律,这个规律就是大数定律。通俗地说，这个定理就是在试验条件不变的情况下，重复试验多次，随机事件的频率近似于它的概率。

常用的大数定理之一是切比雪夫大数定理。

设 $X_1, X_2, \cdots, X_n$ 是一列相互独立的随机变量，它们的数学期望 $E(X_k)$ 和方差 $D(X_k)$ 都存在且有限。若存在常数 C 使得：

$$D(X_k) \leq C (k=1,2,\cdots,n)$$

则对任意小的正数 ε 满足：

$$\lim_{n\to\infty} P\left\{ \left| \frac{1}{n}\sum_{k=1}^{n} X_k - \frac{1}{n}\sum_{k=1}^{n} E(X_k) \right| < \varepsilon \right\} = 1$$

在抽样推断过程中，利用切比雪夫大数定理可以得出结论：随着样本容量的增加，样本平均数将接近总体平均数。从而为统计推断中依据样本平均数估计总体平均数提供了理论依据。由于成数指标是一个特殊的平均数，大数定理对成数指标自然也成立。

（二）中心极限定理

中心极限定理是指，$X_1, X_2, \cdots, X_n$ 是一列相互独立的随机变量，分别存在数学期望 $E(X_k) = \mu(k=1,2,\cdots,n)$ 和方差 $D(X_k) = \sigma^2 (k=1,2,\cdots,n)$，对于任意分布函数：

$$F_n(x) = P\left\{ \frac{\sum_{k=1}^{n} X_k - n\mu}{\sigma\sqrt{n}} \leq x \right\}$$

满足：

$$\lim_{n\to\infty} F_n(x) = \lim_{n\to\infty} P\left\{ \frac{\sum_{k=1}^{n} X_k - n\mu}{\sigma\sqrt{n}} \leq x \right\} = \Phi(x)$$

从这个定理可以得出结论：无论总体服从何种分布，只要它的数学期望与方差存在，就可以通过增大样本容量的方式保证样本平均数和样本成数近似服从正态分布。

同步思考 5-1 ▶▶▶

1. 什么是总体参数？什么是样本统计量？样本统计量与总体参数有什么关系？
2. 什么是重复抽样？什么是不重复抽样？二者在应用时各有什么条件？

第二节 抽样误差

一、抽样误差的含义

抽样误差是指在抽样调查中，由于抽样随机性导致的样本结构与总体结构的代表性差别，进而引起的样本统计量和总体参数之间的离差绝对值，即抽样误差是指样本指标和总体指标之间数量上的差异。用数学表达式可以表示为

$$|\bar{x} - \bar{X}| \quad |p - P|$$

抽样误差的大小是抽样优良性的评判标准。抽样误差越大，则样本代表性越弱，推断精度则越差；抽样误差越小，则样本代表性越强，推断精度也越好。

二、抽样平均误差

抽样平均误差是所有可能的样本指标与总体指标之间的平均离差，也是样本指标的标准差，用来反映抽样误差的一般水平。

从总体中按随机的原则抽取样本，有许多种抽取方法，每种方法都可以抽取不同的样本，样本指标也就不会完全相同，样本指标与总体指标的误差也就不会完全相同。抽样平均误差就是这些所有可能误差的平均数。

抽样平均误差通常用 μ 来表示，由于抽样推断主要是推断总体平均数和总体成数的，所以抽样平均误差也就分为推断总体平均数的抽样平均误差和推断总体成数的抽样平均误差。推断总体平均数的抽样平均误差用 $\mu_{\bar{x}}$ 表示，推断总体成数的抽样平均误差用 μ_p 表示。

数理统计已经证明，样本统计量的数学期望等于总体平均数，即样本指标是总体指标的无偏估计量，因此，所有可能的样本指标与总体指标的离差和等于零，即

$$\sum(\bar{x}-\bar{X})=0, \quad \sum(p-P)=0$$

由此得到抽样平均误差也为零，即

$$\mu_{\bar{x}}=\frac{\sum(\bar{x}-\bar{X})}{M}=0, \quad \mu_p=\frac{\sum(p-P)}{M}=0$$

抽样平均误差是客观存在的，等于零的可能性很小，为了解决这个问题，可以采用标准差的方式来解决，即抽样平均误差也是样本指标的标准差：

$$\mu_{\bar{x}}=\sqrt{\frac{\sum(\bar{x}-\bar{X})^2}{M}}, \quad \mu_p=\sqrt{\frac{\sum(p-P)^2}{M}}$$

式中，M 是样本个数。

然而，在实际运用时，该公式是无法实现的。由于我们在实际运用过程中只会在总体中抽取一个样本，而不会抽取所有的样本进行计算，同时在工作过程中总体平均数更是未知的，因此上述公式无法达到计算抽样平均误差的目的。事实上，我们是通过数理统计的理论推导出平均数和成数抽样平均误差公式来进行计算的。

（一）平均数的抽样平均误差

在重复抽样的情况下，抽样平均误差为

$$\mu_{\bar{x}}=\sqrt{\frac{\sigma^2}{n}}=\frac{\sigma}{\sqrt{n}}$$

在不重复抽样的情况下，抽样平均误差为

$$\mu_{\bar{x}}=\sqrt{\frac{\sigma^2}{n}\left(\frac{N-n}{N-1}\right)}$$

当总体规模 N 很大时，公式中的 $N-1$ 可用 N 来代替。

因而实际工作中不重复抽样调查的抽样平均误差，可改为下式

$$\mu_{\bar{x}} = \sqrt{\frac{\sigma^2}{n}\left(1-\frac{n}{N}\right)}$$

式中，$\frac{n}{N}$ 是抽样比；σ^2 是总体方差，以样本方差 s^2 来代替。

在上述公式中，总体方差是未知的，在实际工作中，主要有三种方法来解决这个问题：一是利用样本的方差来代替总体的方差，这是最常用的方法；二是利用该总体的历史方差来代替当前方差，当存在若干个历史方差时，我们选择其中较大的方差来代替，其目的是保证推断结果的可靠性；三是以小规模的试点调查资料来代替部分数据，即在正式开始调查前，组织一次小规模的调查，获取计算抽样误差所使用的数据资料。

例如，某农户种植水稻共 50 亩 [⊖]，从中抽取 6 亩，其亩产量（单位：kg）分别为 560、580、645、610、615、590，则该农户种植水稻亩产量的抽样平均误差是多少？

由于总体参数都是未知的，因此这里需要利用样本方差作为总体方差的估计。

样本均值
$$\bar{x} = \frac{\sum x_i}{6} = 600(\text{kg})$$

样本方差为
$$s^2 = \frac{\sum(x_i - \bar{x})^2}{n} = \frac{(560-600)^2 + (580-600)^2 + (645-600)^2 + (610-600)^2 + (615-600)^2 + (590-600)^2}{6}$$
$$\approx 741.67$$

在重复抽样的情况下，抽样平均误差为
$$\mu_{\bar{x}} = \frac{\sigma}{\sqrt{n}} = \frac{s}{\sqrt{n}} = \frac{\sqrt{741.67}}{\sqrt{6}} \approx 11.1(\text{kg})$$

在不重复抽样的情况下，抽样平均误差：
$$\mu_{\bar{x}} = \sqrt{\frac{\sigma^2}{n}\left(1-\frac{n}{N}\right)} = \sqrt{\frac{s^2}{n}\left(1-\frac{n}{N}\right)} = \sqrt{\frac{741.67}{6}\times\left(1-\frac{6}{50}\right)} \approx 10.4(\text{kg})$$

显然，相同条件下，不重复抽样误差的数值一定小于重复抽样误差的数值。不过，实际工作中，在没有掌握总体规模或者总体规模 N 很大的情况下，一般用重复抽样平均误差公式来计算不重复抽样平均误差。

（二）成数的抽样平均误差

成数的抽样平均误差表明各样本成数和总体成数绝对离差的一般水平。由于总体成数可以表现为总体是非标志的分布的平均数，而且它的标准差也可以从总体成数推算出来，即

$$\bar{x}_P = P, \quad \sigma_P = \sqrt{P(1-P)}$$

因此，容易从抽样平均数的抽样平均误差和总体标准差的关系推出抽样成数平均误差的计算公式。

在重复抽样的情况下，成数的抽样平均误差为

⊖ 1 亩 = 666.67 m²。

$$\mu_p = \sqrt{\frac{P(1-P)}{n}}$$

式中，P 为总体成数，通常以样本成数 p 代替，n 为样本容量。

在不重复抽样的情况下，成数的抽样平均误差为

$$\mu_p = \sqrt{\frac{P(1-P)}{n}\left(\frac{N-n}{N-1}\right)}$$

当总体规模 N 很大时，公式中的 $N-1$ 可用 N 来代替。

因而实际工作中不重复抽样调查的抽样平均误差，可改为

$$\mu_p = \sqrt{\frac{P(1-P)}{n}\left(1-\frac{n}{N}\right)}$$

在总体成数 P 未知的情况下，也可以用样本的抽样成数 p 来代替。

例如，从某企业 5 000 名职工中抽取 50 名职工调查工资收入情况，其中月工资超过 5 000 元的职工有 30 人，则月收入在 5 000 元以上的抽样平均误差是多少？

由于总体参数都是未知的，因此这里需要利用样本方差作为总体方差的估计。

样本成数为

$$p = \frac{n_1}{n} = \frac{30}{50} = 0.6$$

样本方差为

$$s^2 = p(1-p) = 0.6 \times 0.4 = 0.24$$

在重复抽样的情况下，抽样平均误差为

$$\mu_p = \sqrt{\frac{p(1-p)}{n}} = \sqrt{\frac{0.24}{50}} \approx 0.069\,3 = 6.93\%$$

在不重复抽样的情况下，抽样平均误差为

$$\mu_p = \sqrt{\frac{p(1-p)}{n}\left(1-\frac{n}{N}\right)} = \sqrt{\frac{0.24}{50} \times \left(1-\frac{50}{5\,000}\right)} \approx 0.068\,9 = 6.89\%$$

三、抽样误差范围及其可靠程度

（一）抽样极限误差

抽样平均误差只能说明样本统计量和总体参数之间的一般离差水平，而不能利用它对总体参数做出数量推断。由于我们只是从总体的众多样本中选取一个样本，因此样本统计量是一个随机变量，它可能大于或小于平均误差，还需要对统计量与总体参数之间的误差范围进行定义。抽样误差范围就是变动的抽样指标与确定的总体参数之间的离差的可能范围。它是根据概率论，以一定的可靠程度保证抽样误差不超过某一给定的范围，统计上把这个给定的抽样误差范围叫作抽样极限误差，也称抽样允许误差。

用 $\Delta_{\bar{x}}$、Δ_p 分别表示样本平均数与样本成数的抽样极限误差，则有：

$$\Delta_{\bar{x}} \geq |\bar{x} - \bar{X}|$$

$$\Delta_p \geq |p - P|$$

（二）抽样估计的可靠程度

1. 概率度

抽样估计的可靠程度通常用抽样平均误差的某个倍数来表示抽样误差范围，这个倍数一般用 t 来表示，以抽样平均误差为尺度来衡量相对误差的范围称为概率度。其计算公式如下：

$$\Delta_{\bar{x}} = t\mu_{\bar{x}}$$

$$\Delta_p = t\mu_p$$

由此可以看出，在抽样平均误差一定的条件下，概率度 t 越大，则抽样误差范围 Δ 越大。我们将抽样估计的可靠程度称为置信概率。常见的概率度 t 值与置信概率 $F(t)$ 值的对应关系如表 5-2 所示。

表 5-2　常见的概率度与置信概率对应表

概率度 t	0.6827	0.9	0.95	0.9545	0.9973
置信概率 $F(t)$	1	1.64	1.96	2	3

2. 抽样误差的计算

例如，对某批次产品的质量进行检测，在该批产品的 10 000 件中，随机抽取 100 件进行调查检测，得到其质量情况，如表 5-3 所示。

表 5-3　100 件产品质量情况资料

产品质量/kg	产品个数（件）
148	10
149	20
150	50
151	20
合计	100

根据右侧资料，首先可以计算出平均数抽样平均误差、成数抽样平均误差。其次，如果置信度为 0.9545，可以计算出平均每件产品质量的抽样极限误差。最后，可以计算出产品质量在 150kg 以上的件数比重、抽样平均误差和抽样极限误差。

首先，计算平均产品质量及有关指标。

（1）计算样本平均数为

$$\bar{x} = \frac{\sum x_i f_i}{\sum f_i} = \frac{14\,980}{100} = 149.8\,(\text{kg})$$

（2）计算样本方差为

$$s^2 = \frac{\sum (x_i - \bar{x})^2 f_i}{\sum f_i} = \frac{76}{100} = 0.76\,(\text{kg}^2)$$

（3）在重复抽样的情况下，抽样平均误差为

$$\mu_{\bar{x}} = \sqrt{\frac{\sigma^2}{n}} = \sqrt{\frac{s^2}{n}} = \sqrt{\frac{0.76}{100}} \approx 0.0871\,(\text{kg})$$

（4）在不重复抽样的情况下，抽样平均误差为

$$\mu_{\bar{x}} = \sqrt{\frac{\sigma^2}{n}\left(1 - \frac{n}{N}\right)} = \sqrt{\frac{s^2}{n}\left(1 - \frac{n}{N}\right)} = \sqrt{\frac{0.76}{100} \times \left(1 - \frac{100}{10\,000}\right)} \approx 0.0867\,(\text{kg})$$

（5）在重复抽样的情况下，抽样极限误差为

$$\Delta_{\bar{x}} = t\mu_{\bar{x}} = 2 \times 0.0871 = 0.1742\,(\text{kg})$$

（6）在不重复抽样的情况下，抽样极限误差为
$$\Delta_{\bar{x}} = t\mu_{\bar{x}} = 2\times 0.086\ 7 = 0.173\ 4(\text{kg})$$

其次，计算成数有关指标。

如果要计算产品质量在150kg以上件数的比重，则属于成数估计，其具体计算为

（1）质量在150kg以上件数的比重为
$$p = \frac{50+20}{100}\times 100\% = 70\%$$

（2）在重复抽样的情况下，成数的抽样平均误差为
$$\mu_p = \sqrt{\frac{p(1-p)}{n}} = \sqrt{\frac{0.7\times 0.3}{100}} \approx 4.58\%$$

（3）在不重复抽样的情况下，成数的抽样平均误差为
$$\mu_p = \sqrt{\frac{p(1-p)}{n}\left(1-\frac{n}{N}\right)} = \sqrt{\frac{0.7\times 0.3}{100}\times\left(1-\frac{100}{10\ 000}\right)} \approx 4.56\%$$

（4）在重复抽样的情况下，成数抽样平均极限误差为
$$\Delta_p = t\mu_p = 2\times 4.58\% = 9.16\%$$

（5）在不重复抽样的情况下，成数抽样平均极限误差为
$$\Delta_p = t\mu_p = 2\times 4.56\% = 9.12\%$$

四、影响抽样平均误差大小的因素

从抽样误差的计算公式中可以看出，抽样平均误差的大小主要受四个因素的影响，如图5-2所示。

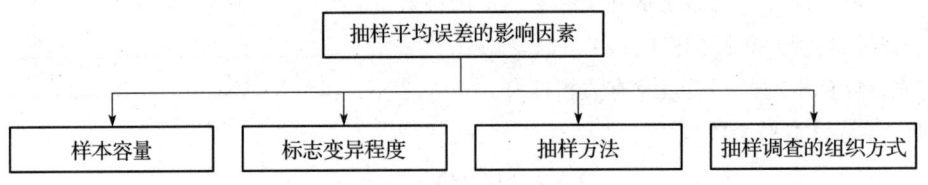

图5-2 影响抽样平均误差大小的因素

（一）样本容量的大小

样本容量越大，抽样平均误差越小，当样本容量大到等于总体单位数，即 $n=N$ 时，样本平均数就会等于总体平均数，样本成数也就等于总体成数，此时不存在抽样误差。反之，样本容量越小，抽样平均误差越大。抽样平均误差与样本容量的平方根成反比。

（二）全及总体各单位标志变异程度

全及总体标志变异程度越大，抽样平均误差也越大；反之，全及总体标志变异程度越小，抽样平均误差也越小。

（三）抽样方法

抽样方法不同，抽样误差也不相同，一般来说，不重复抽样和重复抽样的抽样平均误差不一致，不重复抽样的抽样平均误差比重复抽样的抽样平均误差要小一些。

（四）抽样调查的组织形式

抽样调查的组织形式不同，其抽样误差也不相同，而且同一组织形式的合理程度也会影响抽样误差。通常情况下，分层抽样的误差会小一些。

同步思考 5-2 ▶▶▶

1. 抽样误差是检验抽样方案好坏的重要标准，试说明抽样平均误差的含义以及抽样平均误差是如何反应抽样误差大小的。
2. 置信概率是用来反映抽样误差范围的可靠程度的数量，这种可靠程度是如何体现出来的？

第三节　参数估计

一、参数估计的含义

参数估计是用样本指标的数值估计相应的总体指标的数值，而总体指标是表明总体数量特征的参数，所以这种估计也称参数估计。

抽样调查的目的是用样本指标对总体指标进行估计，由于存在抽样误差，而抽样误差又是随机的，即无法完全消除，所以这种估计不是精确的。它实质上是一种在一定误差范围内对总体参数有科学依据的估计。

参数估计有三个特点：一是逻辑上运用归纳推理的方法，归纳推理从研究个别命题获得一般性的认识，前提正确并不一定意味着结论正确；二是方法上运用不确定的概率估计法，概率估计法是抽取一个样本，计算相应的样本指标，然后要解决的问题是如果用样本指标代替相应的总体指标，那么其可靠程度有多大；三是参数估计存在抽样误差，允许的误差范围越大，则概率可靠程度也越大，反之，允许的误差范围越小，概率可靠程度也就越小。

二、参数估计的优良标准

参数估计是用样本指标作为总体指标的估计量，它满足作为优良估计量的标准，即无偏性、一致性、有效性，如图5-3所示。

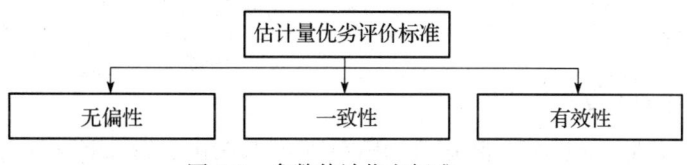

图5-3　参数估计优良标准

（一）无偏性

无偏性是指所有可能的样本指标的平均数等于被估计的总体指标。虽然每一次抽样所得到的样本指标可能都和总体指标有偏差，但在多次反复抽样后，所有可能的样本指标的平均数就会等于总体指标，即用样本指标估计总体指标，总体上来说是没有偏差的。

（二）一致性

一致性是指随着样本容量不断增大，样本统计量接近总体参数的可能性就越来越大，或者，对于任意给定的偏差控制水平，两者间偏差高于此控制水平的可能性会越来越小，甚至接近于零。

（三）有效性

有效性是指用样本指标估计总体指标时，要求作为估计量的方差比其他估计量的方差小。因其方差小，最具有代表性，所以估计得也最为有效。

由大数定理可知，抽样平均数是总体平均数的一致估计。因此，样本平均是总体平均的一个无偏、有效且满足一致性要求的估计量；因为成数是一个特殊的平均数，所以该结论对成数估计也成立。

三、参数估计的方法

参数估计的方法有两种，一种是点估计，另一种是区间估计。

（一）点估计

点估计也称定值估计，是指把实际抽样调查资料得到的样本指标值作为总体指标的估计值。

我们用样本平均数 $\bar{x}$ 作为总体平均数 $\bar{X}$ 的点估计，用样本成数 p 作为总体成数 P 的点估计，用样本方差 s^2 作为总体方差 σ^2 的点估计。

例如，从总体 5 000 件灯泡产品中随机抽取 500 件产品进行质量检验，测得样本产品平均使用时长为 1 500h，样本的合格率为 95%。按点估计的方法可以认为，总体 5 000 件产品的平均使用时长是 1 500h，总体的合格率为 95%。

点估计的优点是简便、易行，所以常为实际工作者所采用，但也有不足之处，即这种估计没有表明抽样估计的误差，也没有指出误差在一定范围内的概率可靠程度有多大。要解决这个问题，就必须采用总体指标的区间估计。

（二）区间估计

1. 区间估计的含义

区间估计是指在一定的概率保证下，用以点估计值为中心的一个区间范围来估计总体参数的估计方法。

样本指标的分布总是在总体指标的上下波动，正好等于总体参数的可能性很小。为了使估计结果可信，可以设计一个区间，使估计结果包括在这个范围内，这个区间叫置信区间。因此在区间估计中，主要是确定置信区间。在这个区间中，有三个基本要素：概率度、样本指标值、抽样平均误差。

2. 置信区间的确定

在介绍抽样极限误差时，我们知道，抽样极限误差可以表示为

$$\Delta_{\bar{x}} \geqslant |\bar{x}-\bar{X}| \quad \Delta_p \geqslant |p-P|$$

上面等式经过变换，可以得到下列不等式：

$$\bar{X}-\Delta_{\bar{x}} \leqslant \bar{x} \leqslant \bar{X}+\Delta_{\bar{x}}$$
$$P-\Delta_p \leqslant p \leqslant P+\Delta_p$$

以上不等式表示，在一定的概率保证下，样本平均数 $\bar{x}$ 以总体平均数 $\bar{X}$ 为中心，在 $(\bar{X}-\Delta_{\bar{x}}, \bar{X}+\Delta_{\bar{x}})$ 范围内变动；样本成数 p 以总体成数 P 为中心，在 $(P-\Delta_p, P+\Delta_p)$ 范围内变动。

根据样本平均数与样本成数的抽样极限误差的定义，经过计算和变换，可以得到：

$$\bar{x}-\Delta_{\bar{x}} \leqslant \bar{X} \leqslant \bar{x}+\Delta_{\bar{x}}$$
$$p-\Delta_p \leqslant P \leqslant p+\Delta_p$$

上面的不等式就是总体平均数和总体成数的置信区间。上式也说明，虽然总体平均数 $\bar{X}$ 或总体成数 P 是未知数，但可以利用样本统计量估算它们的范围。因此，抽样误差范围的实际意义是被估计的总体指标 $\bar{X}$ 或 P 所落在的由抽样统计量所确定的范围，即落在 $(\bar{x}-\Delta_{\bar{x}}, \bar{x}+\Delta_{\bar{x}})$ 或 $(p-\Delta_p, p+\Delta_p)$ 范围内。区间 $(\bar{x}-\Delta_{\bar{x}}, \bar{x}+\Delta_{\bar{x}})$ 或 $(p-\Delta_p, p+\Delta_p)$ 越宽，总体参数落在该区间内的概率（可能性）越大，抽样估计的可靠程度就越高，反之，t 越小，抽样误差范围 Δ 越小，估计区间越窄，总体参数落在区间 $(\bar{x}-\Delta_{\bar{x}}, \bar{x}+\Delta_{\bar{x}})$ 或 $(p-\Delta_p, p+\Delta_p)$ 内的概率（可能性）越低，抽样估计的可靠程度也就越低。

（1）总体平均数的置信区间。

例如，根据统计学测试的经验可知，学生的测试成绩 X 是随机变量，服从标准差为 3.5 的正态分布。从某次测试中采取重复随机抽样的方法随机抽取 5 名学生的测试成绩，测得其成绩（单位：分）分别为 83、76、65、81、90。在 95% 的置信概率下，该测试成绩的均值的置信区间是什么？

根据资料，$n=5$，$F(t)=95\%$，$t=1.96$。

样本平均数 $\bar{x} = \dfrac{\sum x_i}{5} = 79$（分）

抽样平均误差 $\mu_{\bar{x}} = \dfrac{\sigma}{\sqrt{n}} = \dfrac{3.5}{\sqrt{5}} \approx 1.57$（分）

抽样极限误差 $\Delta_{\bar{x}} = t\mu_{\bar{x}} = 1.96 \times 1.57 \approx 3.08$（分）

在 95% 的置信概率下，本次测试学生成绩的置信区间为 $(79-3.08, 79+3.08)$，即 $(75.92, 82.08)$。

(2) 总体成数的区间估计。

例如,对某小区的 1 000 户住户是否缴纳取暖费的情况采用重复随机抽样的方法进行抽检,共抽取样品 100 户,缴纳取暖费的住户比例为 80%,试求其置信概率为 90% 的已缴纳取暖费的住户的置信区间。

根据资料,$n=100$,$F(t)=90\%$,$t=1.64$。

样本成数 $p=80\%$

抽样平均误差 $\mu_p = \sqrt{\dfrac{p(1-p)}{n}\left(1-\dfrac{n}{N}\right)} = \sqrt{\dfrac{0.8\times 0.2}{100}\times\left(1-\dfrac{100}{1\,000}\right)} \approx 0.038$

抽样极限误差 $\Delta_p = t\mu_p = 1.64\times 0.038 \approx 0.062 = 6.2\%$

在 90% 的置信概率下,已缴纳取暖费的住户的置信区间为 (80%-6.2%, 80%+6.2%),即 (73.8%, 86.2%)。

再如,根据表 5-3 的资料已经计算出重复抽样的情况下样本平均数和样本成数的平均数和抽样误差范围,那么,如果置信概率为 95.45%,可以计算总体平均数的总体成数的区间范围。

总体平均数的区间范围为 (149.8-0.174 2, 149.8+0.174 2),即 (149.625 8, 149.974 2)。

总体成数的区间范围为 (70%-9.16%, 70%+9.16%),即 (60.8%, 79.2%)。

(3) 总体总量指标的估计。

在对总体平均数和总体成数进行区间估计的基础上,我们可以进一步推算总体的有关总量指标。推算总体总量指标有两种不同的方法,适用于两种不同的情况。

1) 直接推算法。直接推算法是利用总体平均数或总体成数的估计值乘以总体单位总量而得出总体某一总量数值的方法。利用总体平均数的估计值乘以总体单位总量,得到的是总体的某一标志总量;而利用总体成数的估计值乘以总体单位总量,得到的是总体中具有某一特征的单位总量。

例如,利用估计出来的总体的平均亩产量去乘以总的播种面积,得到的是估计的粮食总产量;而利用推算出来的总体某产品的合格率乘以总的产品数量,得到的是全部合格品的估计量。利用直接推算法来估计总体总量指标,同样也有点估计和区间估计两种形式。

点估计推算法不考虑抽样误差和估计的可靠程度,直接用样本指标乘以总体单位数,估计出总体总量指标。

其计算公式分别为

$$N\bar{x} \quad Np$$

例如,某流水线对 5 000 名工人的工作效率进行检验,随机抽取其中 50 名工人测量他们的额定工作完成情况,其额定工作完成平均数为 16 件,平均数的抽样极限误差为 3.1 件;工人额定工作完成比例为 96%,其抽样平均极限误差为 0.93%。估计该流水线工人额定工作完成总数,并计算其置信概率为 95% 的置信区间。

根据资料,$N=5\,000$,$n=50$,$F(t)=95\%$,$t=1.96$,额定工作完成样本平均数 $\bar{x}=16$ 件,平均数的抽样极限误差 $\Delta_{\bar{x}}=3.1$ 件,成数平均数 $p=96\%$,成数的抽样平均极限误差 $\Delta_p = 0.93\%$。

总体总值点估计 $X = N\bar{x} = 5\,000\times 16 = 80\,000$(件)

总体总数点估计 $N_1 = Np = 5\,000 \times 96\% = 4\,800$（人）

总体总值区间估计 $N(\bar{x}-\Delta_{\bar{x}}) \leqslant X \leqslant N(\bar{x}+\Delta_{\bar{x}})$

得到结果为 $5\,000 \times (16-3.1) \leqslant X \leqslant 5\,000 \times (16+3.1)$

即（64 500，95 500）。

总体总数区间估计 $N(p-\Delta_p) \leqslant N_1 \leqslant N(p+\Delta_p)$

得到结果为 $5\,000 \times (96\%-1.96 \times 0.93\%) \leqslant N_1 \leqslant 5\,000 \times (96\%+1.96 \times 0.93\%)$

即（4 708.86，4 891.14）。

2）修正系数法。它是用样本指标去修正全面统计资料的一种方法。通常在全面调查之后，再从总体中抽取一部分单位进行抽样调查，将抽样调查的结果与全面调查的结果对比，求出差错率，然后用此差错率对全面调查的资料进行修正。

$$差错率 = \frac{抽样调查的结果-全面调查的结果}{全面调查的结果} \times 100\%$$

修正后的总量指标 = 修正前的总量指标 × (1+差错率)

例如，根据全面调查的资料，已知某省人口总数为 41 926 520 人。为核实这一数据，随机抽取一个社区进行再调查，抽样调查该街道人数为 42 565 人，但在全面调查时，这个街道的人数为 42 530 人，由此可以算出差错率为

$$差错率 = \frac{42\,565-42\,530}{42\,530} \times 100\% = \frac{35}{42\,530} \times 100\% \approx 0.082\%$$

根据这个差错率，可以对本市的人口进行修正。

修正后全省的人口数为 $41\,926\,520 \times (1+0.082\%) \approx 41\,960\,900$（人）

同步思考 5-3 ▶▶▶

1. 参数估计是抽样调查的核心内容，参数估计有什么意义？试举三例说明。
2. 什么是点估计？点估计有什么局限？点估计和区间估计有哪些区别与联系？

第四节　样本容量的确定

一、必要样本容量的含义

确定必要的样本容量也是抽样调查中的一个重要问题，样本容量过大会增加调查费用，花费更多的人力、物力和时间，从而发挥不出来抽样调查省时、省力的优越性，而样本容量过小会造成抽样误差加大，降低估计的准确性，失去估计的价值。为了避免样本容量过大或过小，必须恰当地确定样本容量。

必要样本容量是指在保证抽样调查能达到预期的可靠程度和精确程度的条件下，所必须抽取的最低的样本单元数目。也就是说，只要抽取能满足抽样调查的可靠程度和精确程度的要求的单元数就可以了，即用最少的费用、人力、物力和时间来满足抽样估计的要求，以提高调查的效益。

二、必要样本容量的计算

必要样本容量的确定是在抽样误差范围和相应的概率可靠程度既定的条件下，由抽样极限误差、概率度和抽样平均误差三者之间的关系推算出来的。不同的抽样方法有不同的抽样误差计算公式，因此，样本容量的确定也有不同的计算公式，这里我们以简单随机抽样方式为例，介绍样本容量的确定方法。

（一）平均数必要样本容量的计算

1. 重复抽样时所需的样本容量的计算公式

因为 $\Delta_{\bar{x}}=t\mu_{\bar{x}}=t\sqrt{\dfrac{\sigma^2}{n}}$，所以 $n=\dfrac{t^2\sigma^2}{\Delta_{\bar{x}}^2}$。

2. 不重复抽样时所需的样本容量的计算公式

$$n=\dfrac{Nt^2\sigma^2}{N\Delta_{\bar{x}}^2+t^2\sigma^2}$$

例如，某乡共有 5 000 家农户。根据以往调查，农户收入的标准差为 1 500 元，在置信概率为 95% 时，要求对农户收入抽样推断的误差范围不超过 100 元，则抽取农户的样本容量是多少？

根据资料，$N=5\,000$，$\sigma=1\,500$，$\Delta_{\bar{x}}=100$，$F(t)=95\%$，$t=1.96$。

在重复抽样的情况下，样本容量为

$$n=\dfrac{t^2\sigma^2}{\Delta_{\bar{x}}^2}=\dfrac{1.96^2\times 1\,500^2}{100^2}\approx 865(\text{户})$$

在不重复抽样的情况下，样本容量为

$$n=\dfrac{Nt^2\sigma^2}{N\Delta_{\bar{x}}^2+t^2\sigma^2}=\dfrac{5\,000\times 1.96^2\times 1\,500^2}{5\,000\times 100^2+1.96^2\times 1\,500^2}\approx 737(\text{户})$$

根据以上计算结果，在重复抽样的情况下，样本容量应该是 865 户，而在不重复抽样情况下，样本容量应该是 737 户。

（二）成数必要样本容量的计算

1. 重复抽样时所需的样本单位数目的计算公式

因为 $\Delta_p=t\mu_p=t\sqrt{\dfrac{P(1-P)}{n}}$，所以 $n=\dfrac{t^2P(1-P)}{\Delta_p^2}$。

2. 不重复抽样时所需的样本单位数目的计算公式

$$n=\dfrac{Nt^2P(1-P)}{N\Delta_p^2+t^2P(1-P)}$$

例如，从某小区的 3 000 户住户中抽取部分住户，判断缴纳取暖费的情况。按照以往几年的经验，缴纳取暖费的住户比例分别为 80%、85%、83%。试求其置信度为 90%、抽样误差不超过 5% 的条件下的必要样本容量。

根据资料，$\Delta_p = 5\%$，$F(t) = 90\%$，$t = 1.64$。

根据以往的资料，选择合格率 P，来确定总体方差。按照保守原则，由于缴纳比例 $P = 80\%$ 时，总体方差 $P(1-P)$ 最大，因此选择 $P = 80\%$。

$$n = \frac{t^2 P(1-P)}{\Delta_p^2} = \frac{1.64^2 \times 80\% \times (1-80\%)}{(5\%)^2} \approx 173(\text{户})$$

根据计算结果，样本容量确定为 173 户。

三、影响样本容量大小的因素及计算时应注意的问题

（一）影响必要样本单位数目的因素

根据样本单位数目的计算公式，我们可以发现，影响必要样本单位数目的因素有如下四个。

1. 总体各单位标志变异程度

总体标志变异程度大，要求的样本单位数目就多。反之，总体标志变异程度小，样本单位数目就小。

2. 允许的极限误差 $\Delta_{\bar{x}}$ 和 Δ_p 的大小

允许的极限误差越大，要求的样本容量就越少，反之，允许的极限误差越小，要求的样本容量就越多。

3. 抽样调查的可靠程度即概率 $F(t)$ 的大小

推断的可靠程度要求越高，即 $F(t)$ 越大，要求的样本容量就越多，反之，推断的可靠程度要求越低，即 $F(t)$ 越小要求的样本容量越少。

4. 抽样的组织方式和抽样方法

在其他条件相同的情况下，重复抽样要比不重复抽样抽取更多的单位数。采用分层抽样的样本容量要小于简单随机抽样的样本容量。

（二）计算样本容量时应注意的问题

1. 计算值为需要的最低值

公式计算的样本单位数目是最低的，也就是满足抽样估计的精确度和把握程度所需要最少的样本单位数。因此，如果在一次抽样调查中同时对总体平均数和总体成数进行推断，可以计算出两个样本单位数目。一般情况下二者是不相等的，为了同时满足两种估计的要求，在两个样本单位数目中选择大的作为必要样本单位数目。此外，公式计算的样本容量不一定是整数，如果是小数，不采用四舍五入的办法化成整数，而是用比这个小数大的邻近整数来代替。

2. 总体方差未知情况下的处理

用上面公式计算样本容量时，总体方差 σ^2 和 $P(1-P)$ 是未知的，在实际工作中往往利用有关资料来代替。主要有以下几种方法。

第一，利用历史资料代替。如果进行本次抽样调查之前，曾经进行过同类问题的全面调

查，可以用全面调查的有关数据来代替。若有几个全面调查的方差资料，为了保证抽样调查的可靠性，应选择方差大的来代替。

第二，利用试点资料代替。在进行正式抽样调查之前，组织两次或两次以上的试点抽样，然后用试点样本的方差来代替。需要注意的是，从几个试点样本方差中选择较大的使用。

第三，成数方差在完全缺少资料的情况下，可以用成数方差最大的 0.25 来代替。

同步思考 5-4 ▶▶▶

1. 样本容量的大小和哪些因素有关？有什么关系？
2. 样本容量的计算需要用到极限误差，抽样极限误差来源于哪里？

第五节　抽样的组织方式

抽样方案的设计是依据调查目的，在给定的人力、物力、财力等条件下，从一定总体中抽取样本资料前，预先确定抽样程序和方案，在保证所抽取的样本有充分的代表性的前提下，力求取得最经济、最有效的结果。不同的抽样组织方式会产生不同的抽样误差，因而也会出现不同的抽样效果。

抽样方式大体分为概率抽样和非概率抽样两类。

非概率抽样并没有严格的定义，其特征是抽取样本时不依据随机原则，因此无法估计抽样误差。

概率抽样是以概率理论和随机原则为依据来抽取样本的抽样，是使总体中的每一个单位都有一个事先已知的、非零概率被抽中的抽样。总体单位被抽中的概率可以通过样本设计来规定，通过某种随机化操作来实现。虽然随机样本一般不会与总体完全一致，但它所依据的是大数定律，而且能计算和控制抽样误差，因此可以正确地说明样本的统计值在多大程度上适合总体，根据样本调查的结果可以从数量上推断总体，也可以在一定程度上说明总体的性质和特征。概率抽样主要分为简单随机抽样、分层抽样、等距抽样、整群抽样以及多阶段抽样等方式，如图 5-4 所示。现实生活中绝大多数抽样调查都采用概率抽样的方式来抽取样本。

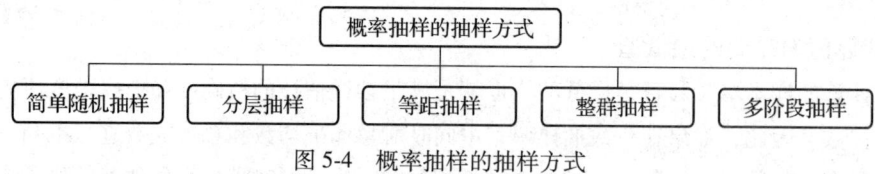

图 5-4　概率抽样的抽样方式

一、简单随机抽样

简单随机抽样又称纯随机抽样，是按随机原则直接从总体 N 个单位中抽取 n 个单位作为样本。简单随机抽样的具体实施方法主要有抽签法、随机数表法等。

一方面，简单随机抽样对总体不加任何限制，等概率地从总体中直接抽取样本，是最简单、最单纯的抽样技术，它具有计算简便的优点，是研究其他复杂抽样技术的基础，也是比较各种抽样技术之间估计效率的标准。同时，从理论上讲，简单随机抽样在各种抽样技术中是贯彻随机原则最好的一种，并且数学性质很简单，是等概率抽样的特殊类型。

另一方面，因为是等概率抽取样本，所以要求总体在所研究的主要标志上同质性或齐整性（共性）较好，即总体要比较均匀。但是在社会经济现象中，这种均匀是很少见的。因此，实际工作中很少单纯使用简单随机抽样的方法。

再者，因为是直接从总体中抽取样本，所以简单随机抽样可以利用总体单元信息进行分层或整群抽样，从而有效提高样本的代表性，进而提高样本的估计效率。

此外，简单随机抽样要求在抽样前编制出抽样框，并对每一个总体抽样单位进行编号，而且当总体抽样单位的分布比较分散时，样本也可能会比较分散，这些都会给简单随机抽样方法的运用造成许多不便，甚至在某些情况下无法使用。因此，在此基础上研究其他抽样技术就显得更为必要。

我们前面讲过的抽样平均误差的计算以及总体参数的估计，都是在简单随机抽样条件下进行的，这也是最常用的抽样方式。

二、分层抽样

分层抽样也称类型抽样，是实际工作中最常用的抽样技术之一。分层抽样是指在抽样之前，先将总体 N 个抽样单位按某一标志划分为 k 层（类），然后在各层（类）内分别独立地进行随机抽样。各层的抽样可以采取同一抽样方法，也可以采取不同的抽样方法。

设总体由 N 个单位构成，把总体划分为 k 组，使 $N=N_1+N_2+\cdots+N_k$，然后从每组的 N_i 个单位中抽取 n_i 个单位，构成样本容量为 n 的样本。

同简单随机抽样相比，分层抽样具有以下特点。一是分层抽样能够充分利用关于总体的各种已知信息进行分层，因此抽样的效果一般比简单随机抽样要好；但当对总体缺乏较多的了解时，则无法分层或不能保证分层的效果。二是在分层抽样中，总体的方差一般可以分解为层间方差和层内方差两部分；由于分层抽样的误差只与层内差异有关，而与层间差异无关，因此分层抽样可以提高估计量的精度。三是由于分层抽样是在每层内独立地进行抽样，因此使得分层样本能够比简单随机抽样更加均匀地分布于总体之内，所以其代表性也更强。四是分层抽样的随机性具体体现在层内各单位的抽取过程之中，即在各层内部的每一个单位都有相同的机会被抽中，而在层与层之间则是相互独立的。五是分层抽样适用于调查标志在各个单位的数量分布差异较大的总体，因为对这样的总体进行合理的分层后，可将其差异较多地转化为层间差异，从而使层内差异大大减弱。六是在分层抽样中除了可以推断总体参数外，还可以推断各不同层的数量特征，并进一步做对比分析，从而满足不同方面的需要，也能帮助人们更全面、更深入地了解总体，但对各层的估计缺乏精度保证。七是在分层抽样中，由于各层的抽样相互独立，互不影响，且各层间可能有显著的不同，因此对不同层可以按照具体情况和条件分别采用不同的抽样和估计方法进行处理，从而提高估计的精确度。八是在进行分层时，需收集可用于分层的各种必要的资料，因此可能会增加一定的额外费用；同时，在分层抽样中，总体参数的估计以及各层间样本量的分配、总样本量的确定等都更为复杂。

分层抽样按照各层样本量的分配方法分为以下几种类型。一是等数分配分层抽样法，是在各类型组中分配同等的样本单位数的方法，该法只在各类型的总体单位数相等或差异不大时采用，运用这种方法可使综合计算比较简单。二是不等比例分层抽样法，是在各类型组中根据各组标志的变异程度按不同比例分配样本单位数的方法，也叫最优（佳）分配法，一般当各类型组的单位相差悬殊或标志变异程度相差较大时，宜采用该法；对标志变异程度大或单位数多的组多抽一些，而对标志差异程度小或单位数少的组少抽一些；各组的抽选比例与对应的总体中各组单位数所占的比例是不相等的。三是等比例分层抽样法，即按类型的大小以相同比例分配确定样本的方法，由于是按有关的主要标志分组，各组的单位数一般不同，分层抽样通常按各组总体单位数占全及总体单位数的一定比例来抽取样本，单位数较多的组应该多抽样，反之则少取样，保持各组样本单位数与样本总容量之比等于各组总体单位数与全及总体单位数之比。

由于分层抽样是对每一组进行随机抽样，所以不存在组间误差，抽样平均误差取决于各组内方差的平均水平。

分层抽样的抽样平均误差与组间的方差无关，仅取决于组内方差的平均水平。由于简单随机抽样采用的是总方差，它等于组间方差与组内方差之和，所以分层抽样的平均误差一般小于简单随机抽样的平均误差。同时，由于总体方差是唯一确定的数值，因此在分层抽样分组时应该尽可能地扩大组间方差，缩小组内方差，即各组间的差异可以大，而组内的差异必须小，这样就可以减少抽样误差，提高抽样效果。

三、等距抽样

等距抽样也称机械抽样或系统抽样，是在将总体各抽样单元按一定的标志排列以后，每隔一定的距离（间距）抽取一个单元，组成样本进行调查。其具体方法如下所示。

设总体由 N 个单元组成，并按某种顺序编上 1 到 N 的号码，要在其中抽取容量为 n 的样本，先在前 K（其中，$K=N/n$）个单元中随机抽选一个单元，以后每隔 K 个单元抽取一个单元，由所有抽中的单元共同组成的样本称为等距样本。可见，抽出了第一个单元就等于决定了整个样本。这种抽样方法就是等距抽样。这里 K 称为抽样间隔。

作为总体各单元顺序排列的标志，可以是无关标志，也可以是有关标志。所谓无关标志是指与调查标志无关的或不起主要影响作用的标志。例如，工业质量调查按时间顺序取样，农产量调查按耕地的地理顺序取样，居民家庭情况调查按街道的门牌号码取样，等等。

在等距抽样中，最简单、最基本的方法是随机起点抽样。但在实际实施等距抽样时，考虑到顺序标志的不同，以及总体规模能否被某一数值整除等因素，具体的抽样方法又可以有一系列不同的变化。常见的等距抽样实施方法有随机起点等距抽样、循环等距抽样、中点等距抽样、对称等距抽样等。

四、整群抽样

整群抽样是将总体各单元划分成许多个群，然后从其中随机抽取部分群，对选中群的所有单元进行全面调查的抽样方法。确切地说，这种抽样组织形式应称为单级整群抽样。

在抽样调查中若没有总体单元的原始记录可利用，则常常采用整群抽样。例如要调查某市去年年底育龄妇女的生育人数，但又没有去年的育龄妇女档案资料，难以建立抽样框，就可以采用整群抽样的方式，将全市按户籍派出所的管辖范围分成若干区域，随机抽选部分区域，并在抽中的派出所管辖区内按户籍册全面调查育龄妇女的生育人数。

因为整群抽样是对选中群的全面调查，所以调查单元很集中，可以大大简化抽样工作，节省经费开支；并且只存在群间抽样误差、不存在群内抽样误差，这一点和分层抽样只存在组内抽样误差、不存在组间抽样误差恰好相反。因此，整群抽样和分层抽样虽然都要对总体各单位进行分组，但分组的原则完全不同。分层抽样的分组要求尽量缩小组内的差异程度，扩大组间方差；而整群抽样的分组则要求扩大群内的差异程度，缩小群间方差。

五、多阶段抽样

如果总体的范围很大，则有必要采用多阶段抽样的组织形式。所谓多阶段抽样，就是先从总体中抽出较大范围的单位，再从所选的大单位中抽出较小范围的单位，依此类推，最后从更小的范围抽出样本的基本单位。这种抽样方式在我国的农产量调查、职工家计调查中都很适用，即先从全国抽出各个省，再从抽中的省中抽出市、县，最后抽出样本的基本单位等。

在多阶段抽样中，前几个阶段的抽样都类似整群抽样，每一个阶段的抽样都会存在抽样误差。为了保证所抽取样本的代表性，各阶段抽取群数的安排和抽样方式都应该注意样本单位的均匀分布，如适当多抽取第一阶段的群数，使样本单位在总体中得到均匀分布。在抽取样本时，也可以根据方差的大小来考虑各阶段抽样群数的多少，对于抽样群间方差大的阶段可以多抽一些群数，对于抽样群间方差小的阶段可以少抽一些群数。

扫码观看全国
1%人口抽样调查

关于多阶段抽样误差的计算及总体参数的估计，通常根据具体的抽样方式来确定，若采用整群抽样，则用整群抽样的公式计算；若采用分层抽样，则用分层抽样的公式来计算。这里就不再举例。

同步思考 5-5 ▶▶▶

1. 在抽样方案的设计过程中，抽样框的设计是否很容易？请你自己拟定一个研究课题，模拟设计一个抽样框。

2. 在抽样调查的过程中，经常会应用分层抽样，通常应该怎样划分类型？请你试举出三个在经济调查中合理划分类型的例子。

◉ 思考与练习

- **知识题**

一、单项选择题

1. 在样本框中每隔一定距离抽选一个受访者，这种抽样方式称为（ ）。
   A. 简单随机抽样　　B. 分层抽样　　C. 系统抽样　　D. 整群抽样
2. 若从总体中抽取一个样本，用该样本对某一未知总体指标所做的一个数值点的估计，称为（ ）。
   A. 普查　　B. 抽样　　C. 区间估计　　D. 点估计

3. 在简单随机重复抽样的情况下，若误差限度扩大一倍，则单位抽样数（　　）。
   A. 只需为原来的 1/2　　　　　　　B. 只需为原来的 1/4
   C. 需为原来的 1 倍　　　　　　　D. 需为原来的 2 倍
4. 根据抽样调查资料，某企业工人生产定额平均完成率为 105%，抽样平均误差为 1%，当置信度为 0.954 5（$t=2$）时，可以估计该企业生产定额平均完成率（　　）。
   A. 大于 107%　　　　　　　　　　B. 在 104% 和 106% 之间
   C. 在 103% 和 107% 之间　　　　　D. 小于 103%
5. 反映样本指标与总体指标之间的平均误差程度的指标是（　　）。
   A. 抽样误差系数　　　　　　　　B. 概率度
   C. 抽样平均误差　　　　　　　　D. 抽样极限误差

二、多项选择题

1. 要增大抽样估计的概率保证程度，可以（　　）。
   A. 缩小概率度　　　　　　　　　B. 扩大极限误差范围
   C. 缩小极限误差范围　　　　　　D. 增加样本容量
   E. 增大概率度
2. 基本的抽样方式有（　　）。
   A. 等距抽样　　　　　　　　　　B. 重复抽样
   C. 分层抽样　　　　　　　　　　D. 整群抽样
   E. 不重复抽样
3. 在 2 000 个单位总体中，抽取 20 个单位进行调查，下列各项正确的是（　　）。
   A. 样本单位数是 20 个　　　　　　B. 样本个数是 20 个
   C. 该样本有 20 个单位　　　　　　D. 样本容量是 20 个
   E. 是一个小样本
4. 抽样方案的检查主要有以下几方面，即（　　）。
   A. 准确性检查　　　　　　　　　B. 快速性检查
   C. 全面性检查　　　　　　　　　D. 可靠性检查
   E. 代表性检查
5. 影响抽样误差的主要因素有（　　）。
   A. 样本容量的大小　　　　　　　B. 总体指标变异程度的大小
   C. 不同的组织方式　　　　　　　D. 抽样周期的长短
   E. 不同的抽样方法

三、判断题

1. 抽样平均误差总是小于抽样极限误差。　　　　　　　　　　　　　　　（　）
2. 在其他条件不变的情况下，提高抽样估计的可靠程度，可以提高抽样估计的精确度。（　）
3. 在不重复抽样的情况下，若调查的单位数为全及总体的 10%，则所计算的抽样平均误差比重复抽样计算的抽样误差少 10%。　　　　　　　　　　　　　　　　　　　　（　）
4. 相同条件下，不重复抽样的抽样误差一定小于重复抽样的抽样误差。　　　（　）

5. 点估计就是把样本的实际值直接当作总体参数的估计值。   (   )

四、简答题

1. 什么是抽样估计？抽样估计有什么特点？
2. 抽样估计的作用有哪些？
3. 什么是抽样平均误差？影响抽样平均误差的因素有哪些？
4. 什么是必要样本单位数目？影响必要样本单位数目的因素有哪些？
5. 抽样估计的优良标准是什么？试解释各个标准的含义。

• 实务题

一、某手表厂在某段时间内，生产100万个某种零件，用纯随机抽样的方式，采用重复抽样的方法抽取1 000个零件进行检验，测得废品率为2%。如果置信概率为95.45%，试确定该零件废品率的区间。

二、某冷藏库需要通过抽样调查来检测库存的一批鹅蛋是否已经变质，根据以往资料，鹅蛋的变质率分别为53%、49%和48%，那么在允许误差不超过3%、置信概率为95%的情况下，应该抽取多少个鹅蛋进行检查？

三、某学校随机抽查了36名男生，平均身高为170cm，标准差为12cm。试确定有多大的把握程度估计该校全体男生的身高介于166~174cm之间。

四、某保险公司欲对某地区家庭拥有私人汽车的情况进行调查，该地区拥有20万户家庭，在全体居民中按简单随机抽样的方法抽出70户家庭，调查发现其中有18户家庭拥有私人汽车。试估计该地区拥有私人汽车的家庭比例并给出抽样平均误差。

• 实训题

实训一

实训目的：通过练习本题，掌握平均数和成数抽样估计方法。

实训资料：某企业对某日生产的2 000件电子元件采用重复抽样的方法随机抽取5%进行耐用时数检验，检验结果及样本有关指标如下表所示。

耐用时数/h	电子元件数（件）
3 000 以下	5
3 000~4 000	30
4 000~5 000	50
5 000 以上	15
合计	100

实训要求：

1. 试以95%的概率保证程度估计这批电子元件平均耐用时间的区间范围；
2. 如果标准规定耐用时数3 000h以下为不合格，试以95%的概率保证程度估计该批电子元件耐用时间的合格区间范围。

实训二

实训目的：通过练习本题，掌握使用不同的抽样方法，根据平均数估计和成数估计来确定样本单位数。

实训资料：对 10 000 只某型号电子元件进行耐用性检验。根据以往抽样测定，求得耐用时数的标准差为 600 小时。

实训要求：

1. 在概率保证程度为 68.27%，元件平均耐用时数的要求误差范围不超过 150h 的情况下，确定重复抽样时要抽取多少元件进行检验；
2. 根据以往抽样经验知道，元件合格率为 95%，要求在 99.73% 的概率保证下，允许误差不超过 4%，确定重复抽样所需抽取的元件数目是多少；
3. 如果其他条件不变，采用不重复抽样应抽取多少只元件进行检验？

实训三

实训目的：通过练习本题，掌握分层抽样方式下计算平均数的估计值。

实训资料：某企业对不同职位员工的家庭经济状况进行抽样调查，所得结果如下。

职位类型	抽样数（户）	每户月平均收入（元）	标准差（元）
管理人员	260	1 700	380
生产工人	580	1 200	180

实训要求：

1. 计算本次调查家庭的月平均收入。
2. 以 95.45% 的概率保证程度估计此次调查家庭的月平均收入的置信区间。
3. 根据表中资料计算组中值、频率、累积频数、累积频率。

数字链接

 扫码阅读
知识拓展

 扫码查看部分
习题参考答案

第六章 假设检验

○ **学习目标**

(1) 了解假设检验的含义及作用
(2) 了解假设检验的基本原理和基本步骤
(3) 掌握假设检验的几种重要的检验方法

○ **主要学习内容**

本章主要阐释了假设检验的含义、假设检验的基本原理即小概率原理;提出了假设检验的步骤;介绍了假设检验重要的检验方法,如总体均值检验、总体成数检验和总体方差检验。

○ **引例 假设检验的由来:女士品茶**

1920 年的一个午后,统计学家罗纳德·费希尔(Ronald Fisher)和他的同事穆丽尔·布里斯托(Muriel Bristol)等人在室外惬意地饮茶聊天。布里斯托婉拒了费希尔给她倒的奶茶,她认为先倒牛奶再倒茶,味道会更好。费希尔不相信先倒牛奶或者先倒茶是有区别的。于是威廉姆·洛奇(William Roach)建议做一个试验:做一杯奶茶,然后让布里斯托品尝,看她能不能猜出倒牛奶和倒茶的顺序。

费希尔在《实验设计》(*The Design of Experiments*)一书中写道,布里斯托的选择是随机的,她不能品尝出两种茶的区别,这就是零假设。费希尔准备了 8 杯奶茶,4 杯先倒茶,4 杯先倒牛奶,打乱顺序后让布里斯托品尝。据说布里斯托不费吹灰之力就辨认出了 8 杯奶茶中牛奶和茶的倒入顺序。如果她全靠瞎猜,全部猜中的可能性只有 0.014。

费希尔认为,基于零假设为真的前提,却依旧观测到这种结果的概率如果不到 5% 就可以拒绝零假设了。布里斯托猜对的概率是 1.4%,小于 5%,所以可以拒绝零假设,认为布里斯托对先倒牛奶还是先倒茶的判断能力是显著的。

资料来源:Fisher R A, *The Design of Experiments*, 1935.

第一节 假设检验的基本问题

一、假设检验的含义

假设检验也是抽样推断的一个重要内容。假设检验也称显著性检验，是根据需要对总体参数做出假设，然后利用样本信息，以一定的概率来检验统计量是否满足要求，从而判断假设是否成立。

例如，某种商品的标准质量应为 80g，如果顾客购买的这种商品称重后低于 80g，是否可以说明存在短斤少两的行为？这样的情况有两种，一种是质量高于或等于 80g，一种是质量低于 80g。假设检验就是先对这两种结果中的其中一种做出原假设，对相反的结果做出备择假设，然后利用样本资料来判断原假设是否正确。

二、假设检验的基本原理

假设检验利用了反证法的思想。首先，提出满足问题要求的假设，如前面提到的商品质量，我们可以先提出总体平均数为大于或等于 80g 的标准规格，后面再检验假设的正误；其次，根据样本指标服从的分布方式建立需要的统计量；再次，根据小概率原理，确定是否产生矛盾，即是否有理由怀疑原假设的真实性；最后，决定接受或者拒绝原假设。

小概率原理是指小概率事件在一次试验中基本上是不可能发生的，即发生概率很小的随机事件。前面提到的确定是否产生矛盾的环节，实际上是通过判断小概率事件是否发生来确定是否产生矛盾。如果小概率事件在一次试验中发生了，我们就认为是发生了矛盾，则要拒绝原假设；反之，如果小概率事件在一次试验中并未发生，则接受原假设。

由于我们研究的总体往往服从正态分布，因此样本统计量会相应地服从某些常见分布，将其构造成服从标准正态分布、t 分布、F 分布或者 χ^2 分布的统计量，就可以通过将统计量的值与分布的临界值进行比较，来观察小概率事件是否发生，从而进行检验。因此，将样本统计量构造成适当分布方式的统计量是假设检验的关键环节。

三、假设检验中的常用术语

（一）原假设和备择假设

原假设是指研究者对总体参数事先提出的假设，即我们进行检验的假设；备择假设也称对立假设，是指与原假设对立的假设，即当原假设不成立时供选择的假设。

设总体参数 θ 的假设值为 θ_0，那么原假设记作：

$$H_0: \theta = \theta_0 \quad \text{或} \quad H_0: \theta \leq \theta_0 \quad \text{或} \quad H_0: \theta \geq \theta_0$$

它表示总体参数值与其假设之间没有显著差异。在假设检验中，"="一般放在原假设上。

而其备择假设记作：

$$H_1: \theta \neq \theta_0 \quad \text{或} \quad H_1: \theta > \theta_0 \quad \text{或} \quad H_1: \theta < \theta_0$$

例如，在定义假设检验的例子中，总体参数的标准值为 80g，我们可以做如下假设：

$$H_0: \theta \geqslant 80, \ H_1: \theta < 80$$

其中,原假设表示总体参数大于或等于 80g 是显著的,而备择假设表示总体参数小于 80g 是显著的。

(二)双侧检验与单侧检验

根据对总体参数的不同要求,我们可以将假设检验分为双侧检验和单侧检验,单侧检验又分为右侧检验和左侧检验。

1. 双侧检验

双侧检验是指检验只关注总体参数与某假设值是否有显著差异,而不管差异是正还是负,其原假设和备择假设表示为

$$H_0: \theta = \theta_0, \ H_1: \theta \neq \theta_0$$

例如,在螺母生产过程中,螺母内径的标准是 9mm,我们只关心生产的螺母内径是否为 9mm,而不关心是大于 9mm 还是小于 9mm,因此这里使用双侧检验。

2. 右侧检验

右侧检验是在检验关注的总体参数越大越好时设立的假设形式,其原假设和备择假设表示为:

$$H_0: \theta \leqslant \theta_0, \ H_1: \theta > \theta_0$$

例如,在灯管的生产过程中,我们对其使用寿命进行检验,该变量数值越长越好,此时可以使用右侧检验。

3. 左侧检验

左侧检验是在检验关注的总体参数越小越好时设立的假设形式,其原假设和备择假设表示为

$$H_0: \theta \geqslant \theta_0, \ H_1: \theta < \theta_0$$

例如,某种商品的标准质量应为 80g,某顾客购买了一件商品,称重后是 79g,顾客希望得到 79g<80g 的判断,即希望总体参数越小越好,此时可以使用左侧检验。

(三)显著性水平

显著性水平是指小概率原理所规定的小概率事件的概率界限值,通常用 α 表示,即当某事件发生的概率不大于 α 时,认为它是小概率事件。显著性水平的选取取决于小概率事件发生后产生后果的严重性,若后果严重,则应当选得小一些;反之,则应当选得大一些。通常情况下,选取 0.01、0.05 或 0.10。

(四)检验临界值

检验临界值是用来判断小概率事件发生与否的界限值。临界值的确定主要依靠各种常见分布,如从标准正态分布、t 分布、F 分布和 χ^2 分布的分布表查取。临界值的大小与显著性水平的大小有关。

（五）假设检验的两类错误

假设检验的结论建立在样本信息的基础上，并且和显著性水平的高低有关，由于抽样的随机性，抽中的样本可能是所有可能值中或高或低的一个，因此检验统计量落入拒绝域并不意味着原假设一定不成立；同样，检验统计量落入接受域也不意味着原假设一定正确。因此，在进行假设检验时可能会出现两类错误。

第一类错误，也称弃真错误，是指原假设正确却被拒绝的错误。产生第一类错误的概率是由假设检验的显著性水平给出的，因此也称 α 错误。α 错误的原因是小概率事件在一次试验中也是可能发生的，所以原假设正确时，检验统计量落入拒绝域的概率为 α。

第二类错误，也称纳伪错误，是指原假设不正确却被接受的错误。犯第二类错误的概率是当备择假设成立时，检验统计量落入接受域的概率，用 β 表示，因此也称 β 错误。

具体如表 6-1 所示。

表 6-1 假设检验的两类错误表

	H_0 为真	H_0 为假
拒绝 H_0	第一类错误（弃真）（概率为 α）	正确决策
接受 H_0	正确决策	第二类错误（纳伪）（概率为 β）

在两类错误中，α 变小，β 就增大；而要使 β 变小，α 就得增大。因此在样本容量固定时，要使二者都变小是不可能的，我们只能让 α 尽可能小，保护原假设，使之不容易被否定。

扫码观看
假设检验的
两类错误

四、假设检验的步骤

（一）提出假设

根据所检验问题的需要，参照双侧检验与单侧检验的定义，提出原假设和备择假设。建立假设是假设检验的第一个环节，也是非常重要的环节，假设定义的正确与否直接关系着我们能否得到真正需要检验的信息。

（二）确定检验统计量

检验统计量是判断样本统计量与总体参数的假设是否有显著差异的主要依据，它是根据样本统计量的分布方式，经过构造得到的我们比较熟悉且容易分析的某种分布的统计量。例如，可以将样本均值构造成服从标准正态分布的统计量，将样本方差构造成服从 χ^2 分布的统计量等。这部分将是下节内容的重点。

（三）确定显著性水平

由于由显著性水平决定的临界值是判断样本统计量与总体参数是否有显著差异的界限值，因此，显著性水平的确定将会直接影响检验的结果。要根据小概率事件发生导致后果的严重性，恰当地选择显著性水平，并通过查分布表的办法取得相应临界值。

（四）判断接受或拒绝原假设

通过检验统计量的分布特征以及显著性水平等因素，查取相应临界值，构造接受域和拒绝域。利用检验统计量的值，判断接受原假设或者拒绝原假设，拒绝原假设则意味着要接受备择假设。这是假设检验获得结论的环节。

同步思考 6-1 ▶▶▶

1. 假设检验的基本原理是小概率原理，试分析小概率原理在假设检验过程中起到的作用。

2. 如何区分单侧检验和双侧检验？它们对于假设检验的过程有什么实际意义？

第二节　总体均值与成数的假设检验

假设检验主要是针对总体均值、总体成数和总体方差三类总体参数进行假设检验的，通常是通过分析样本统计量的分布状况完成统计量的构造。

一、总体均值的假设检验

（一）单正态总体均值的检验

单正态总体均值的检验是指总体服从正态分布，利用样本均值对总体均值这一参数的显著性进行检验。

1. 总体方差 σ^2 已知的情况

Z 检验：由于总体服从正态分布，假设总体均值为 $\overline{X}$，总体方差为 σ^2，则根据数理统计原理，样本平均数服从期望为 $\overline{X}$、方差为 $\dfrac{\sigma^2}{n}$ 的正态分布，即 $\bar{x} \sim N(\mu, \sigma^2)$，因此可以构造如下统计量：

$$z = \frac{\bar{x} - \overline{X}}{\sigma/\sqrt{n}} \sim N(0,1)$$

然后，利用显著性水平 α 查标准正态分布表，查得的相应临界值根据不同检验分为以下三类。

（1）双侧检验用 $z_{\alpha/2}$，当 $|z| \geq z_{\alpha/2}$ 时，拒绝原假设，接受备择假设；反之，接受原假设。

（2）右侧检验用 z_α，当 $z \geq z_\alpha$ 时，拒绝原假设，接受备择假设；反之，接受原假设。

（3）左侧检验用 $-z_\alpha$，当 $z \leq -z_\alpha$ 时，拒绝原假设，接受备择假设；反之，接受原假设。

例如，某种无缝钢管的内径标准为 9mm，按照以往经验，其标准差为 0.1mm。从该批生产的无缝钢管中抽选出 10 件，测量结果的平均数为 9.1mm。在 $\alpha = 0.05$ 的显著性水平下，这一批产品是否符合标准要求？

建立如下假设：

$$H_0: \theta=9, \quad H_1: \theta \neq 9$$

构造检验统计量并计算：

$$z=\frac{\bar{x}-\bar{X}}{\sigma/\sqrt{n}}=\frac{9.1-9}{0.1/\sqrt{10}} \approx 3.16$$

根据显著性水平查表得 $z_{\alpha/2}=1.96$，由于 $|z| \approx 3.16 > 1.96$，所以拒绝原假设，接受备择假设，即认为这一批产品显著不符合标准要求。

2. 总体方差未知且是大样本的情况

需要注意的是，在前面的检验中，总体方差 σ^2 是已知的，如果在总体方差未知的情况下，如何进行检验呢？对于大样本和小样本两种情况，这里的处理方式是不同的。

在大样本的情况下，总体方差 σ^2 如果未知，可以用样本方差 s^2 代替，而且如下统计量近似服从正态分布：

$$z=\frac{\bar{x}-\bar{X}}{s/\sqrt{n}} \sim N(0,1)$$

得到该统计量的值可以用上述同样方法与临界值比较，进行检验。

例如，某种耗材的使用寿命应当超过 1 500h，现在从一批这种耗材产品中抽取 100 件，平均使用寿命为 1 491h，样本标准差为 30h。在 $\alpha=0.05$ 的显著性水平下，这一批耗材产品的使用寿命是否合乎标准要求？

建立如下假设：

$$H_0: \theta \geq 1\,500, \quad H_1: \theta < 1\,500$$

构造检验统计量并计算：

$$z=\frac{\bar{x}-\bar{X}}{s/\sqrt{n}}=\frac{1\,491-1\,500}{30/\sqrt{100}}=-3$$

根据显著性水平查表得 $z_\alpha=1.64$，由于 $z=-3<-1.64$，所以拒绝原假设，即认为这一批耗材产品的使用寿命不符合标准要求。

3. 总体方差未知且是小样本的情况

T 检验：在小样本的情况下，总体方差 σ^2 未知，仍然可以用样本方差 s^2 代替，但是如下统计量服从 t 分布：

$$t=\frac{\bar{x}-\bar{X}}{s/\sqrt{n}} \sim t(n-1)$$

然后，利用显著性水平 α 查 t 分布表，查得的相应临界值根据不同检验分为以下三类。

(1) 双侧检验用 $t_{\alpha/2}(n-1)$，当 $|t| \geq t_{\alpha/2}(n-1)$ 时，拒绝原假设，接受备择假设；反之，接受原假设。

(2) 右侧检验用 $t_\alpha(n-1)$，当 $t \geq t_\alpha(n-1)$ 时，拒绝原假设，接受备择假设；反之，接受原假设。

(3) 左侧检验用 $-t_\alpha(n-1)$，当 $t \leq -t_\alpha(n-1)$ 时，拒绝原假设，接受备择假设；反之，接

受原假设。

例如，某学校对学生进行 800m 体能测试，达标时间为 190s。从进行体能测试的学生中抽取 16 名学生，测得他们的平均时间为 185s，样本标准差为 30s。在 $\alpha = 0.05$ 的显著性水平下，这些参加体能测试的学生能否达到体能测试的标准要求？

建立如下假设：

$$H_0: \theta \geq 190, \quad H_1: \theta < 190$$

构造检验统计量并计算：

$$t = \frac{\bar{x} - \bar{X}}{s/\sqrt{n}} = \frac{185 - 190}{30/\sqrt{16}} \approx -0.67$$

根据显著性水平查表得 $t_{\alpha/2}(n-1) = 1.753$，由于 $t \approx -0.67 > -1.753$，所以接受原假设，即认为这些参加体能测试的学生未能达到体能测试的标准要求。

（二）双正态总体均值的检验

双正态总体均值的检验是指针对两个服从正态分布的总体，利用样本均值的差对两个总体均值差异进行比较的检验。

1. 总体方差已知的情况

当两个正态总体的方差 σ_1^2、σ_2^2 已知时，根据数理统计原理，样本平均数的差 $\bar{x}_1 - \bar{x}_2$ 服从期望为 $\bar{X}_1 - \bar{X}_2$、方差为 $\frac{\sigma_1^2}{n_1} + \frac{\sigma_2^2}{n_2}$ 的正态分布，因此可以构造如下统计量：

$$z = \frac{(\bar{x}_1 - \bar{x}_2) - (\bar{X}_1 - \bar{X}_2)}{\sqrt{\frac{\sigma_1^2}{n_1} + \frac{\sigma_2^2}{n_2}}} \sim N(0,1)$$

然后，利用显著性水平 α 查标准正态分布表，查得的相应临界值根据不同检验分为以下三类。

（1）双侧检验用 $z_{\alpha/2}$，当 $|z| \geq z_{\alpha/2}$ 时，拒绝原假设，接受备择假设；反之，接受原假设。

（2）右侧检验用 z_α，当 $z \geq z_\alpha$ 时，拒绝原假设，接受备择假设；反之，接受原假设。

（3）左侧检验用 $-z_\alpha$，当 $z \leq -z_\alpha$ 时，拒绝原假设，接受备择假设；反之，接受原假设。

例如，某企业生产了一种能够降低饮酒后体内酒精含量的饮品。现在组织 50 名志愿者进行两次试验，在饮入定量的酒后 6h，检测他们体内的酒精含量。饮酒后服用解酒饮品和不服用解酒饮品的酒精含量分别是 11mL 和 12mL，他们的标准差分别为 0.1mL 和 0.15mL。在 $\alpha = 0.05$ 的显著性水平下，能否认为这种解酒饮品是有显著效果的？

建立如下假设：

$$H_0: \bar{X}_1 = \bar{X}_2, \quad H_1: \bar{X}_1 \neq \bar{X}_2$$

构造检验统计量并计算：

$$z = \frac{(\bar{x}_1 - \bar{x}_2) - (\bar{X}_1 - \bar{X}_2)}{\sqrt{\frac{\sigma_1^2}{n_1} + \frac{\sigma_2^2}{n_2}}} = \frac{(11 - 12) - 0}{\sqrt{\frac{0.1^2}{50} + \frac{0.15^2}{50}}} \approx -39.22$$

根据显著性水平查表得 $z_{\alpha/2}=1.96$，由于 $|z|\approx 39.22>1.96$，所以拒绝原假设，即认为这种解酒饮品是有显著效果的。

2. 总体方差未知且相等的情况

当两个正态总体的方差 σ_1^2、σ_2^2 未知且相等时，用样本方差代替总体方差。根据数理统计原理，样本平均数的差 $\bar{x}_1-\bar{x}_2$ 服从期望为 $\bar{X}_1-\bar{X}_2$、方差为 $\dfrac{\sigma_1^2}{n_1}+\dfrac{\sigma_2^2}{n_2}$ 的正态分布，因此可以构造如下统计量：

$$t=\dfrac{(\bar{x}_1-\bar{x}_2)-(\bar{X}_1-\bar{X}_2)}{\sqrt{\dfrac{(n_1-1)s_1^2+(n_2-1)s_2^2}{n_1+n_2-2}}\sqrt{\dfrac{1}{n_1}+\dfrac{1}{n_2}}}\sim t(n_1+n_2-2)$$

然后，利用显著性水平 α 查 t 分布表，查得的相应临界值根据不同检验分为以下三类。

(1) 双侧检验用 $t_{\alpha/2}(n-1)$，当 $|t|\geq t_{\alpha/2}(n-1)$ 时，拒绝原假设，接受备择假设；反之，接受原假设。

(2) 右侧检验用 $t_\alpha(n-1)$，当 $t\geq t_\alpha(n-1)$ 时，拒绝原假设，接受备择假设；反之，接受原假设；

(3) 左侧检验用 $-t_\alpha(n-1)$，当 $t\leq -t_\alpha(n-1)$ 时，拒绝原假设，接受备择假设；反之，接受原假设。

例如，现在甲、乙两个班级各有 30 名学生，比较他们在统计学课程的学习过程中，学习时间长短是否会影响学习效果。甲班级每天学习统计学 30min，期末考试平均成绩为 78 分，样本标准差为 10 分；乙班级每天学习统计学 15min，期末考试平均成绩为 71 分，样本标准差为 15 分。在 $\alpha=0.05$ 的显著性水平下，两个班级的学习时长对学习效果有无显著差异？

建立如下假设：

$$H_0: \bar{X}_1=\bar{X}_2,\ H_1: \bar{X}_1\neq \bar{X}_2$$

构造检验统计量并计算：

$$t=\dfrac{(\bar{x}_1-\bar{x}_2)-(\bar{X}_1-\bar{X}_2)}{\sqrt{\dfrac{(n_1-1)s_1^2+(n_2-1)s_2^2}{n_1+n_2-2}}\sqrt{\dfrac{1}{n_1}+\dfrac{1}{n_2}}}=\dfrac{(78-71)-0}{\sqrt{\dfrac{(30-1)\times 10^2+(30-1)\times 15^2}{30+30-2}}\times\sqrt{\dfrac{1}{30}+\dfrac{1}{30}}}\approx 2.13$$

根据显著性水平查表得 $t_{\alpha/2}(n-1)=1.96$，由于 $|t|\approx 2.13>1.96$，所以拒绝原假设，即认为两个班级的学习时长对学习效果有显著差异。

二、总体成数的假设检验

根据抽样分布定理可知，样本成数服从二项分布，然而二项分布的计算比较复杂。在大样本的情况下，二项分布近似服从正态分布，又因为总体成数的研究往往在大样本的情况下，因此在总体成数的假设检验部分，我们认为构造的统计量都是服从正态分布的。

（一）单正态总体成数的检验

根据上述理由，样本成数 p 近似服从正态分布，因而可以构造如下统计量：

$$z = \frac{p-P}{\sqrt{\dfrac{P(1-P)}{n}}} \sim N(0,1)$$

然后，利用显著性水平 α 查标准正态分布表，查得的相应临界值根据不同检验分为以下三类。

（1）双侧检验用 $z_{\alpha/2}$，当 $|z| \geqslant z_{\alpha/2}$ 时，拒绝原假设，接受备择假设；反之，接受原假设。

（2）右侧检验用 z_α，当 $z \geqslant z_\alpha$ 时，拒绝原假设，接受备择假设；反之，接受原假设。

（3）左侧检验用 $-z_\alpha$，当 $z \leqslant -z_\alpha$ 时，拒绝原假设，接受备择假设；反之，接受原假设。

例如，某工厂要求产品废品率应不超过 15%，现从某一批产品中抽取 100 件产品进行检查，废品率为 14.6%。在 $\alpha = 0.05$ 的显著性水平下，是否达到了规定的要求？

由题意可知，这是一个右侧检验，可建立如下假设：

$$H_0: p \leqslant 15\%, \quad H_1: p > 15\%$$

构造检验统计量并计算：

$$z = \frac{p-P}{\sqrt{\dfrac{P(1-P)}{n}}} = \frac{15\% - 14.6\%}{\sqrt{\dfrac{15\% \times (1-15\%)}{100}}} \approx 0.112$$

根据显著性水平查表得，$z_\alpha = 1.64$，由于 $z \approx 0.112 < 1.64$，所以接受原假设，即认为该批产品达到废品率的要求。

（二）双正态总体成数的检验

同样的理由，两个总体样本成数差 $p_1 - p_2$ 近似服从正态分布，因而可以构造如下统计量：

$$z = \frac{(p_1 - p_2) - (P_1 - P_2)}{\sqrt{\dfrac{p_1(1-p_1)}{n_1} + \dfrac{p_2(1-p_2)}{n_2}}} \sim N(0,1)$$

然后，利用显著性水平 α 查标准正态分布表，查得的相应临界值根据不同检验分为以下三类。

（1）双侧检验用 $z_{\alpha/2}$，当 $|z| \geqslant z_{\alpha/2}$ 时，拒绝原假设，接受备择假设；反之，接受原假设。

（2）右侧检验用 z_α，当 $z \geqslant z_\alpha$ 时，拒绝原假设，接受备择假设；反之，接受原假设。

（3）左侧检验用 $-z_\alpha$，当 $z \leqslant -z_\alpha$ 时，拒绝原假设，接受备择假设；反之，接受原假设。

例如，现有两台机器生产同一种零件，两台机器生产的某批零件分别为 100 件和 150 件，合格率分别为 95% 和 93%。在 $\alpha = 0.05$ 的显著性水平下，两台机器生产的零件合格率是否一致？

由题意可知，这是一个双侧检验，可建立如下假设：

$$H_0: P_1 = P_2, \quad H_1: P_1 \neq P_2$$

构造检验统计量并计算：

$$z = \frac{(p_1-p_2)-(P_1-P_2)}{\sqrt{\frac{p_1(1-p_1)}{n_1}+\frac{p_2(1-p_2)}{n_2}}} = \frac{(95\%-93\%)-0}{\sqrt{\frac{95\%\times(1-95\%)}{100}+\frac{93\%\times(1-93\%)}{150}}} \approx 0.663$$

根据显著性水平查表得 $z_{\alpha/2} = 1.96$，由于 $|z| \approx 0.663 < 1.96$，所以接受原假设，即认为两台机器生产的零件合格率是一致的。

同步思考 6-2 ▶▶▶

1. 单正态总体均值的假设检验问题中，方差已知或未知，样本容量大或者小，对于检验有什么样的影响？
2. 单正态总体检验与双正态总体检验分别具有什么样的实际意义？

第三节 总体方差的假设检验

一、总体方差的假设检验

方差或标准差是衡量变量离中趋势的重要参数，它能够反映数据的稳定性和均衡性，因此对方差进行检验也有其实际意义。这里，将介绍 χ^2 检验和 F 检验两种方法，分别对单正态总体和双正态总体进行方差的显著性检验。

（一）单正态总体方差的检验

χ^2 检验是指对单正态总体进行方差检验的方法，由于样本方差是总体方差的无偏估计量，因此我们可以构造如下统计量：

$$\chi^2 = \frac{(n-1)s^2}{\sigma^2} \sim \chi^2(n-1)$$

然后，利用显著性水平 α 查 χ^2 分布表，查得的相应临界值根据不同检验分为以下三类。

（1）双侧检验用 $\chi^2_{\alpha/2}(n-1)$ 和 $\chi^2_{1-\alpha/2}(n-1)$，当 $\chi^2_{\alpha/2}(n-1) \leqslant \chi^2$ 或 $\chi^2 \leqslant \chi^2_{1-\alpha/2}(n-1)$ 时，拒绝原假设，接受备择假设；反之，接受原假设。

（2）右侧检验用 $\chi^2_{\alpha}(n-1)$，当 $\chi^2 \geqslant \chi^2_{\alpha}(n-1)$ 时，拒绝原假设，接受备择假设；反之，接受原假设。

（3）左侧检验用 $\chi^2_{1-\alpha}(n-1)$，当 $\chi^2_{1-\alpha}(n-1) \geqslant \chi^2$ 时，拒绝原假设，接受备择假设；反之，接受原假设。

例如，某射击运动员在以往的训练和比赛中能够保持较好的稳定性，其射击环数的标准差为 0.8 环。在某一次比赛中，运动员射击 5 次，环数的标准差为 0.78。在 $\alpha = 0.05$ 的显著性水平下，此次比赛中运动员发挥是否稳定？

由题意可知，这是一个左侧检验，可建立如下假设：

$$H_0: \sigma \geqslant 0.8, \quad H_1: \sigma < 0.8$$

构造检验统计量并计算：

$$\chi^2 = \frac{(n-1)s^2}{\sigma^2} = \frac{(5-1)\times 0.78^2}{0.8^2} \approx 3.8$$

根据显著性水平查表得 $\chi^2_{1-\alpha} = 0.711$，由于 $\chi^2 \approx 3.8 > 0.711$，所以接受原假设，即认为此次比赛中运动员发挥稳定。

（二）双正态总体方差的检验

F 检验是指对两个正态总体的方差进行比较的检验方法，由于两个样本方差之比近似服从 F 分布，因此我们可以构造如下统计量：

$$F = \frac{s_1^2/\sigma_1^2}{s_2^2/\sigma_2^2} \sim F(n_1-1, n_2-1)$$

然后，利用显著性水平 α 查 F 分布表，查得的相应临界值根据不同检验分为以下三类。

(1) 双侧检验用 $F_{1-\alpha/2}(n_1-1, n_2-1)$ 和 $F_{\alpha/2}(n_1-1, n_2-1)$，当 $F_{1-\alpha/2}(n_1-1, n_2-1) \geq F$ 或 $F \geq F_{\alpha/2}(n_1-1, n_2-1)$ 时，拒绝原假设，接受备择假设；反之，接受原假设。

(2) 右侧检验用 $F_\alpha(n_1-1, n_2-1)$，当 $F \geq F_\alpha(n_1-1, n_2-1)$ 时，拒绝原假设，接受备择假设；反之，接受原假设。

(3) 左侧检验用 $F_{1-\alpha}(n_1-1, n_2-1)$，当 $F_{1-\alpha}(n_1-1, n_2-1) \geq F$ 时，拒绝原假设，接受备择假设；反之，接受原假设。

例如，现从两个厂家选择同一种零件，判断两个厂家的产品质量稳定性是否相同，已知两个厂家的零件质量的标准差分别为 15kg 和 18kg。在 $\alpha = 0.05$ 的显著性水平下，这两个厂家的零件质量的方差是否一致？

由题意可知，这是一个双侧检验，可建立如下假设：

$$H_0: \sigma_1 = \sigma_2, \quad H_1: \sigma_1 \neq \sigma_2$$

构造检验统计量并计算：

$$F = \frac{s_1^2/\sigma_1^2}{s_2^2/\sigma_2^2} = \frac{s_1^2}{s_2^2} = \frac{15^2}{18^2} \approx 0.694$$

根据显著性水平查表得 $F_{1-\alpha/2}(15,15) = 0.35$，$F_{\alpha/2}(15,15) = 2.86$，由于 $F_{1-\alpha/2} < F < F_{\alpha/2}$，所以接受原假设，即认为这两个厂家的零件质量的方差是一致的。

二、运用假设检验应该注意的问题

一是进行假设检验前，应注意资料本身是否具有可比性；二是当差别有统计学意义时，应注意该差别在实际运用中有无意义；三是根据资料的类型和特点选用正确的检验方法；四是根据经验正确选用单侧或双侧检验；五是判断结论不能绝对化，应注意无论接受还是拒绝原假设，都有判断错误的可能性；六是报告结论时，应注意说明所用的统计量、单侧或是双侧检验等。

同步思考 6-3 ▶▶▶

什么是单正态总体方差检验？什么是双正态总体方差检验？二者的适用条件有什么不同？单正态总体方差检验与双正态总体方差检验的意义有什么差别？

思考与练习

● 知识题

一、单项选择题

1. 对总体参数提出某种假设，然后利用样本信息判断假设是否成立的过程称为（　　）。
   A. 假设检验　　　　B. 参数估计　　　　C. 双边检验　　　　D. 单边检验
2. 研究者想收集证据予以支持的假设通常称为（　　）。
   A. 原假设　　　　　B. 备择假设　　　　C. 合理假设　　　　D. 正常假设
3. 在假设检验中，原假设与备择假设（　　）。
   A. 都有可能被接受　　　　　　　　　　B. 只有一个被接受而且必有一个被接受
   C. 都有可能不被接受　　　　　　　　　D. 原假设一定被接受，备择假设不一定被接受
4. 在假设检验中，"="一般放在（　　）。
   A. 原假设上　　　　　　　　　　　　　B. 可以放在原假设上，也可以放在备择假设上
   C. 备择假设上　　　　　　　　　　　　D. 有时放在原假设上有时放在备择假设上
5. 在假设检验中，不能拒绝原假设意味着（　　）。
   A. 原假设肯定是正确的　　　　　　　　B. 原假设肯定是错误的
   C. 没有证据证明原假设是正确的　　　　D. 没有证据证明原假设是错误的

二、多项选择题

1. 根据样本资料对原假设做出接受或者拒绝时，可能犯的错误是（　　）。
   A. 原假设为假时接受，犯第一类错误
   B. 原假设为真时接受
   C. 原假设为真时拒绝，犯第一类错误
   D. 原假设为假时拒绝
   E. 原假设为假时接受，犯第二类错误
2. 假设检验的假设包括（　　）。
   A. 原假设
   B. 抽样假设
   C. 均值假设
   D. 备择假设
   E. 方差假设
3. 通常显著性水平 α 的取值为（　　）。
   A. 0.01
   B. 0.03
   C. 0.05
   D. 0.1
   E. 0.2
4. 假设检验主要包括（　　）。
   A. 双侧检验
   B. 外侧检验
   C. 内侧检验
   D. 左侧检验
   E. 右侧检验
5. 以下关于 p 值的描述，正确的是（　　）。
   A. p 值是指在原假设为真的情况下，观察到的数据或更极端数据出现的概率
   B. 如果 p 值小于显著性水平（如 0.05），则拒绝原假设
   C. p 值越小，拒绝原假设的证据越强

D. p 值越大，拒绝原假设的证据越强

E. p 值的大小与样本大小有关

三、判断题

1. 对两个总体均值的相等性进行检验，在显著性水平为 0.05 时拒绝了原假设，这表示原假设为真的概率小于 0.05。（ ）
2. 假设检验中要使 α 和 β 同时减少的唯一方法是减少样本容量。（ ）
3. 有个研究者猜测，某贫困地区失学儿童中女孩数是男孩数的 3 倍以上（即男孩数不足女孩数的 1/3）。为了对他的这一猜测进行检验，拟随机抽取 50 个失学儿童构成样本，那么原假设可以为：$H_0: P \leq 1/3$。（ ）
4. 在假设检验中，通常犯第一类错误的概率称为置信水平。（ ）
5. 按设计标准，某自动食品包装机所包装食品的平均每袋重量应为 500g。若要检验该机实际运行状况是否符合设计标准，应该采用双侧检验。（ ）

四、简答题

1. 什么是假设检验？为什么要进行假设检验？
2. 什么是原假设和备择假设？
3. 假设检验的一般步骤是什么？
4. 什么是假设检验中的两类错误？两者之间的关系如何？
5. 双侧检验与单侧检验有什么不同？

• 实务题

一、从某高校经济统计学专业男生中随机调查 10 名学生，测得他们的体重（kg）分别为：55，58，62，61，64，63，68，67，70，73。在 0.05 的显著性水平下，该校经济统计学男生体重的均值是否大于 62kg？

二、某次随机调查，在 339 名被调查者中有 205 名吸烟者，并且在这些吸烟者中有 43 人患慢性支气管炎，剩余的不吸烟者中有 13 人患慢性支气管炎。在 0.05 的显著性水平下，调查数据是否支持"吸烟容易患慢性支气管炎"的观点？

三、某显示器厂声称其产品质量超过规定标准 1 200h，随机抽取 100 件产品测试后得到均值为 1 245h，标准差为 300h。如果显著性水平为 5%，能否说明该厂的产品质量已经显著性高于规定标准？

四、某调查机构预测，至少 80% 的行人在过马路时曾有闯红灯、不走斑马线等违章行为。为了证实这一预测，随机调查了 200 名行人，结果有 146 人如实承认有过交通违章行为。在 0.05、0.1 的显著性水平下，该调查机构的预测是否成立？

• 实训题

实训一

实训目的：通过练习本题，掌握假设检验的基本流程。

实训资料：某市要了解高中三年级学生英语知识的掌握程度是否达到及格水平（90 分）。在一次

全市高三英语统考中，随机抽取 400 名学生的成绩，其平均值为 92.4 分，标准差为 14.4 分。根据样本数据对"该市高三学生英语知识的掌握程度达到及格水平"这一论断进行显著性检验。

实训要求：

试以 0.05 的显著性水平下分析以下问题。

1. 指出由样本数据观测到何种差异。
2. 指出出现这种差异的两种可能原因。
3. 针对这两种可能的原因提出相应的两种假设（原假设和备择假设），指出是单侧检验还是双侧检验，并说明为什么要采用单侧检验或者双侧检验。
4. 构造检验统计量。
5. 计算检验统计量。
6. 确定临界值和观测到的显著性水平。
7. 分别用两种规则判断"该市高三学生英语知识的掌握程度达到及格水平"这一论断是否成立。
8. 根据以上做的工作，给出结论性的表述。

实训二

实训目的：通过练习本题，掌握单正态总体均值和方差的检验方法。

实训资料：某纯净水生产工厂运用灌装机灌装纯净水，该自动灌装机正常灌装量标准为平均 19L，标准差为 0.4L，现从某批灌装水中选取 9 个样品，测量结果如下表所示。

序号	1	2	3	4	5	6	7	8	9
容量/L	18.0	17.6	17.3	18.2	18.1	18.5	17.9	18.1	18.3

实训要求：

在 0.95 的置信度水平下，该批罐装水是否合格？该批罐装水的灌装精度是否在标准范围内？

实训三

实训目的：通过练习本题，掌握双正态总体方差的假设检验方法。

实训资料：甲、乙两台精密机床加工同样的产品，从两台机床加工的产品中随机抽取若干产品，测得产品直径如下表所示。

甲机床加工产品直径/mm	20.5	19.8	19.7	20.4	20.1	20.0	19.6	19.9
乙机床加工产品直径/mm	19.7	20.8	20.5	19.8	19.4	20.6	19.2	

实训要求：

试以 0.95 的置信度分析两台机床加工的精度是否有显著性的差别。

数字链接

扫码阅读
知识拓展

扫码查看部分
习题参考答案

第七章　相关与回归分析

○ 学习目标

（1）理解相关分析与回归分析的概念及其相互关系
（2）掌握相关分析与回归分析的主要内容
（3）熟练掌握相关分析中判断现象之间关系及密切程度的方法
（4）熟练掌握一元回归方程的建立方法，并能利用回归方程进行预测
（5）了解多元线性回归方程和非线性回归方程的建立方法

○ 主要学习内容

本章主要阐释了相关关系与函数关系的概念及相互关系，相关关系的种类，相关分析的内容，相关关系的判断及呈线性相关的两个变量密切程度的判断方法；回归分析的概念及特点，回归分析的内容，一元线性回归方程的建立，一元线性回归方程拟合优度的判断以及利用一元线性回归方程进行预测的方法。简要介绍了多元线性回归方程和非线性回归方程的建立方法。

○ 引例　"回归"的起源

"回归"是由英国著名生物学家兼统计学家弗朗西斯·高尔顿（Francis Galton，1822—1911，生物学家达尔文的表弟）在研究人类遗传问题时提出来的。为了研究父代与子代身高的关系，高尔顿搜集了 1 078 对父亲及其儿子的身高数据。他发现这些数据的散点图大致呈直线状态，也就是说，总的趋势是当父亲的身高增加时，儿子的身高也倾向于增加。于是，高尔顿对试验数据进行了深入的分析，发现了一个很有趣的现象——回归效应。当父亲高于平均身高时，其儿子的身高比他们更高的概率要小于比他们更矮的概率；当父亲矮于平均身高时，其儿子的身高比他们更矮的概率要小于比他们更高的概率。这个现象反映了一个规律，即子辈的身高有向他们父辈的平均身高回归的趋势。对于这个规律的解释是：大自然具有一种约束力，使人类身高的分布相对稳定而不产生两极分化，这就是所谓的回归效应。

资料来源：摘自袁卫《趣味统计案例》。

第一节　相关分析的基本问题

一、函数关系与相关关系

世界是一个普遍联系的整体。无论是自然现象还是社会经济现象，都是在相互联系、相互制约中存在并不断发展变化的。某一现象的变化会影响到其他现象，并随之发生一定的变化。现象之间的这种联系主要有以下两种关系，一种是函数关系，一种是相关关系。

（一）函数关系

函数关系是指现象之间存在着严格的数量依存关系。在这种关系中，只要某个现象的数值发生变化，就有另一个现象的确定值与它相对应，现象之间的数值是一一对应关系，这种关系可以用数学函数关系式反映出来，所以叫函数关系。

例如，圆的面积随半径的变化而变化，每给定一个圆的半径，就有一个唯一的、确定的圆的面积与之相对应，面积是半径的函数。在社会经济现象中，同样也存在着这种关系。例如，某种产品的产值=该产品的产量×该产品的价格，当产品的价格不变时，如果销售量发生变化，就有一个确定的销售额与之对应，销售额是销售量的函数。

（二）相关关系

相关关系是指现象之间存在着不完全确定的数量依存关系。在这种关系中，对于某一现象的每一个数值，可以有另一现象的若干数值与之相对应，现象之间的数值并不是一一对应的关系。

相关关系的特点如下。

（1）相关关系表现为数量上的相互依存关系，即一个现象只要发生一定量的变化，就会引起另一个现象发生一定量的变化。例如，在一定限度内，施肥量的增长会引起农作物产量的增长；股票市场的获利增长会引起银行存款额的降低，等等。

（2）相关关系在数量上表现为非确定性的相互依存关系。存在相关关系的两个变量，其变量值不是一一对应的关系，即一个变量的某一个变量值，可能与另一个变量的若干变量值相对应。例如，人们收入水平的增加会使其支出也得到相应的增加，但支出增加的量不是唯一的，因为人们的消费还受消费习惯、消费预期等方面的影响。

（三）相关关系与函数关系的关系

相关关系与函数关系既有区别，又有联系。有些函数关系往往因为有观察或测量误差的存在，以及各种随机因素的干扰等，在实际中常常通过相关关系表现出来；而在研究相关关系时，其数量间的规律性通常也是通过函数关系来近似地表现出来的。

相关分析是研究现象之间是否存在某种依存关系，并具体探讨有依存关系的现象的相关方向以及相关程度，是研究随机变量之间关系的一种统计方法。

二、相关关系的种类

现象之间的相关关系是复杂的，它们各自以不同的方式和程度相互作用，表现出不同的类型和形态。按照不同的标准，相关关系可以划分为不同种类。

（一）按照相关变量（因素）的多少，分为单相关和复相关

1. 单相关

单相关也称一元相关，是指两个变量之间的相关关系，如广告费用与产品销售量之间的相关关系。

2. 复相关

复相关也称多元相关，是指三个或三个以上变量之间的相关关系，如商品销售额与居民收入、商品价格之间的相关关系。

（二）按照相关的形式，分为线性相关和非线性相关

1. 线性相关

线性相关也称直线相关，是指当一个变量变动时，另一个变量随之发生大致均等的变动。从图形上看，其观察点的分布近似地表现为一条直线，如人均消费水平与人均收入水平通常呈线性相关。

2. 非线性相关

非线性相关也称曲线相关，即一个变量变动时，另一个变量也随之发生变动，但这种变动不是均等的。从图形上看，其观察点的分布近似地表现为一条曲线，如抛物线、指数曲线等。例如，农作物的施肥量与亩产量之间的关系，当施肥量在一定限度内，亩产量会上升，上升到一定程度后，随着施肥量的增加，亩产量却会下降，这就是一种非线性相关。

（三）按照相关关系变化的方向分为正相关和负相关

1. 正相关

正相关是指当一个变量值增加或减少时，另一个变量的值也会随之增加或减少。例如，家庭人均收入的提高，会使家庭支出也随之提高；家庭人均收入的降低，会使家庭支出也随之降低。

2. 负相关

负相关是指当一个变量的值增加或减少时，另一个变量的值随之减少或增加。例如，随着产量的增加，单位成本会下降；而随着产量的下降，单位成本也会相应提高。

（四）按照相关程度，分为完全相关、完全不相关和不完全相关

1. 完全相关

当一个变量的数量完全由另一个变量的数量变化所确定时，两者之间即为完全相关。完全

相关又分为完全正相关和完全负相关。例如，在价格不变的条件下，销售额与销售量之间的关系即为完全相关，因为此时销售额的数值完全取决于销售量的大小，此时的相关关系就变成了完全相关。

2. 完全不相关

当变量之间彼此互不影响，其数量变化各自独立时，两者之间即为不相关。例如，学生的学习成绩与企业的单位成本之间的关系。

3. 不完全相关

当两个现象介于完全相关和不相关之间时，两者之间即为不完全相关。大多数相关关系属于不完全相关。

相关关系的各种形态表现如图 7-1 所示。

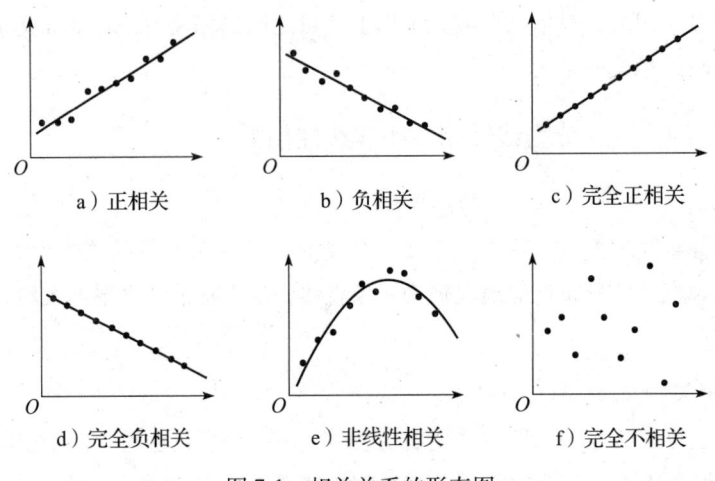

图 7-1　相关关系的形态图

三、相关分析的主要内容

相关分析的主要内容包括确定现象之间有无相关关系、确定相关关系的表现形式以及判断相关关系的密切程度和方向三部分。

（一）确定现象之间有无相关关系

判断现象之间是否存在依存关系是相关分析的起始点。相关分析的首要任务就是判断现象之间是否存在必要的联系以及联系的形式。有依存关系才有必要采用相关分析方法去研究。

例如，判断学生的学习成绩与学习时间两个变量之间的关系。我们通过常识以及实践经验判断可知，二者之间存在着一定的关系，这是进行相关分析的基础。没有相关关系的两个变量，即使从判断相关关系的指标上看具有很强的相关关系，也不能说明二者之间具有相关关系。

（二）确定相关关系的表现形式

只有确定了现象相关关系的具体表现形式后，才能运用相应的相关分析方法去进一步研究相关的程度，并建立相应的相关关系表达式。如果把曲线相关误认为是直线相关，按直线相关来分析，便会导致错误的结论。相关关系的形式可以通过相关图等形式来判断。

（三）判定相关关系的密切程度和方向

现象之间的相关关系是一种不严格的数量关系，相关分析就是要从这种松散的数量关系中判定其相关关系的密切程度和方向。相关关系的密切程度主要通过相关系数来判断。

需要说明的是，上面所讲述的是狭义的相关分析的内容，从广义的相关分析的内容来看，还包括回归分析的内容。回归分析的内容将在第三节至第五节中详细介绍。

同步思考 7-1 ▶▶▶

1. 函数关系可以说是相关关系的一种形式吗？
2. 结合你所了解的知识或掌握的经验，试举出两个存在相关关系的例子。

第二节　相关关系的测定

测定相关关系，首先要判定现象之间是否存在相关关系，这种判定应根据分析者所掌握的知识和经验来做定性分析。比如家庭收入与支出的关系、GDP 与教育经费投入之间的关系等，都具有一定的数量依存关系，这是人们根据长期的经验和知识得到的结论。但这种关系是一种什么形式的关系呢？是正相关还是负相关？相关的程度又如何呢？这需要通过相关表、相关图和相关系数做进一步的判断。

一、相关表

相关表是一种反映变量之间相关关系的统计表。它包括简单相关表、单变量分组相关表和双变量分组相关表。

（一）简单相关表

简单相关表是将相关的两个变量的变量值一一对应地填列在同一张表格上，这样的表格叫简单相关表，如表 7-1 所示。

表 7-1　国内生产总值与居民消费水平相关表

年度	国内生产总值（亿元）	居民消费水平（元）
2005	183 718.9	5 688
2006	219 438.5	6 319
2007	270 092.3	7 454
2008	319 244.6	8 504
2009	348 517.7	9 249
2010	412 119.3	10 575
2011	487 940.2	12 668
2012	538 580.0	14 074
2013	592 963.2	15 586

(续)

年度	国内生产总值（亿元）	居民消费水平（元）
2014	643 563.1	17 220
2015	688 858.2	18 857
2016	746 395.1	20 801
2017	832 035.9	22 968
2018	919 281.1	25 245
2019	986 515.2	27 504
2020	1 013 567.0	27 439
2021	1 149 237.0	31 013
2022	1 210 207.2	31 718

资料来源：《中国统计年鉴》。

简单相关表适用于资料的项数比较少的情况。

（二）单变量分组相关表

单变量分组相关表是对自变量进行分组，因变量不分组，只是计算出次数和平均数的表格。例如，从某市所有家庭中抽取100户家庭，调查某月家庭收入与平均支出的情况，得到的数据如表7-2所示。

表7-2 某城市居民家庭月收入与月消费支出相关表

家庭月收入（元）	家庭户数（户）	家庭月平均支出（元）
1 000以下	3	928
1 000~2 000	6	1 243
2 000~3 000	7	1 643
3 000~4 000	10	2 030
4 000~5 000	18	3 568
5 000~6 000	22	3 875
6 000~7 000	16	4 056
7 000~8 000	8	4 239
8 000~9 000	5	4 558
9 000~10 000	3	4 782
10 000以上	2	5 043

单变量分组相关表可以使原始资料大大简化，在原始数据较多的情况下，使用单变量分组相关表可以更清晰地反映现象的相互依存关系，更容易找出变量间数据变化的规律性。

（三）双变量分组相关表

双变量分组相关表是将自变量和因变量都进行分组，从而编制成的统计表。如上例，可将其变化为如表7-3所示的形式，即为双变量分组相关表。

表7-3 某市家庭月收入与月支出相关表

家庭月收入（元）	家庭月支出（元）					
	1 000以下	1 000~2 000	2 000~3 000	3 000~4 000	4 000~5 000	5 000以上
1 000以下	3					
1 000~2 000		6				
2 000~3 000			7			

（续）

家庭月收入	家庭月支出（元）					
（元）	1 000 以下	1 000~2 000	2 000~3 000	3 000~4 000	4 000~5 000	5 000 以上
3 000~4 000			10			
4 000~5 000				18		
5 000~6 000				22		
6 000~7 000					16	
7 000~8 000					8	
8 000~9 000					5	
9 000~10 000					3	
10 000 以上						2

双变量分组相关表适用于大量复杂数据的处理和分析。双变量分组相关表实质上是一种图表结合的模式，它以表格的形式，反映了两个现象之间的相关形态、方向和程度，但是根据双变量分组相关表的资料计算相关分析指标比较复杂，所以在实际相关分析中使用较少。

二、相关图

相关图又称散点图，是在直角坐标系中将相关现象所对应的观测点的数值用坐标点描绘出来，以表明相关点的分布状况。

根据表 7-1 所绘制的相关图如图 7-2 所示。

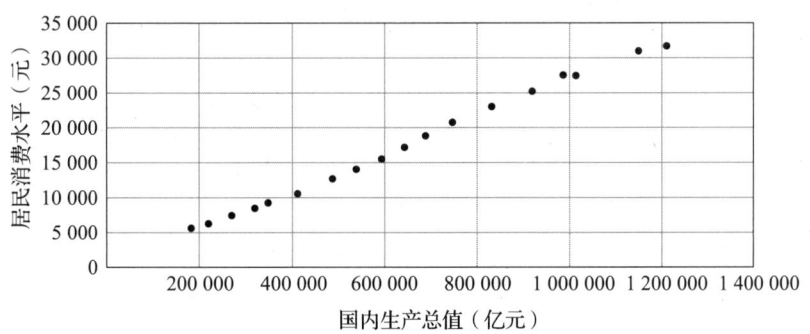

图 7-2　国内生产总值与居民消费水平相关图

由图 7-2 可知，国内生产总值与居民消费水平这两个变量之间呈线性正相关关系，即随着国内生产总值的增长，居民消费水平呈上升趋势。

根据表 7-2 所绘制的相关图如图 7-3 所示。

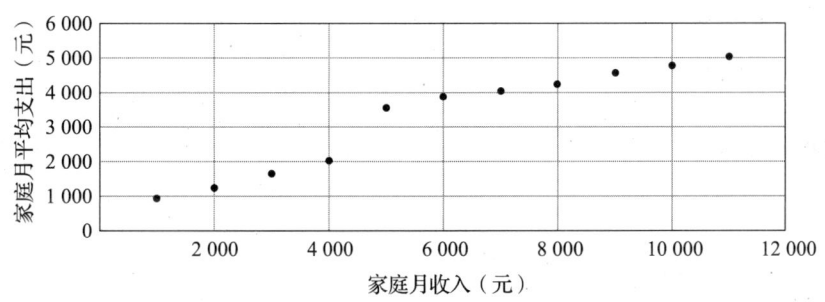

图 7-3　家庭月收入与家庭月平均支出相关图

从图 7-3 可以看出，家庭月收入和家庭月平均支出二者之间呈正的线性相关，即随着收入的增长，支出也在不断增加。

三、相关系数

（一）相关系数的概念

相关表和相关图可以反映变量之间的相互关系及相关方向，但无法确切地表明变量之间相关的密切程度。现象之间相关的密切程度可以通过相关系数来测定。相关系数是描述相关的变量之间密切程度的统计分析指标。

（二）相关系数的种类

相关系数根据所要分析的现象的相关形式及相关变量的多少不同，主要有以下四种。

1. 简单相关系数

简单相关系数是描述呈线性相关的两个变量之间密切程度及相关方向的指标。本书主要介绍简单相关系数，除特殊标明外，后面所提到的相关系数都是指简单相关系数。

2. 复相关系数

复相关系数是测量一个因变量 y 与其他多个自变量 $x_1,x_2,\cdots,x_p$ 之间线性相关程度的指标。它不能直接测算，只能采取一定的方法进行间接测算，可以利用单相关系数和偏相关系数求得。复相关系数取值在 0 和 1 之间。复相关系数越接近于 1，表明变量之间的线性相关程度越密切；越接近于 0，表明变量之间的密切程度越低。复相关系数只能测定相关的程度，无法测定相关的方向。

3. 曲线相关系数

曲线相关系数也称相关指数，是衡量非线性关系密切程度的指标。简单相关系数和复相关系数都是用来衡量线性相关的指标，但对于非线性的相关关系，其密切程度不能用它们来测量，而需要用相关指数来计算。相关指数的数值越大，表明其相关程度越高。

4. 偏相关系数

偏相关系数是在多元相关分析中，在消除其他变量影响的条件下，所计算的某两个变量之间的相关系数。例如，变量 y 与 x_1、x_2、x_3 具有一定的相关关系，假定 x_1、x_2 对变量 y 没有影响，只计算 x_3 与 y 的密切程度，则此时计算的相关系数叫偏相关系数。偏相关系数不同于简单相关系数。在计算简单相关系数时，只需要掌握两个变量的观测数据，并不考虑其他变量对这两个变量可能产生的影响；而在计算偏相关系数时，需要掌握多个变量的数据，一方面要考虑多个变量相互之间可能产生的影响，另一方面要采用一定的方法控制其他变量，专门考察两个特定变量的相关关系。

（三）相关系数的计算

1. 相关系数的计算公式

相关系数通常用 r 来表示。相关系数的计算，通常采用皮尔逊相关系数。1890 年，英国统计学家卡尔·皮尔逊（Karl Pearson）提出了计算相关系数的公式。相关系数的计算有积差法和简捷法两种方法。

（1）积差法。

$$r=\frac{\sigma_{xy}^2}{\sigma_x\sigma_y}=\frac{\sum(x-\bar{x})(y-\bar{y})}{\sqrt{\sum(x-\bar{x})^2}\sqrt{\sum(y-\bar{y})^2}}$$

式中，σ_x 是变量 x 的标准差；σ_y 是变量 y 的标准差；σ_{xy} 是变量 x 和变量 y 的协方差。

（2）简捷法。

由于积差法需要分别计算两个变量的标准差和协方差，比较烦琐，因此，上式经过变换，可得到计算相关系数的简捷法公式：

$$r=\frac{n\sum xy-\sum x\sum y}{\sqrt{n\sum x^2-(\sum x)^2}\sqrt{n\sum y^2-(\sum y)^2}}$$

根据这一公式，只需要计算 x^2、y^2、xy 三个数值就行，不必计算平均数、协方差和标准差，这就大大简化了运算过程。

2. 相关系数的取值范围

相关系数的值介于-1 和 1 之间，即 $-1\leqslant r\leqslant 1$。其意义如下。

第一，当 $r>0$ 时，表明两个变量之间呈正相关；当 $r<0$ 时，表明两个变量呈负相关。

第二，当 $|r|=1$ 时，表明两个变量之间为完全相关，即为函数关系。

第三，当 $r=0$ 时，表明两个变量之间没有相关关系。

第四，当 $0<|r|<1$ 时，表明两个变量之间存在一定程度的相关关系，且 $|r|$ 越接近于 1，两个变量之间的相关关系越密切；$|r|$ 越接近于 0，两个变量之间的相关关系越弱。

第五，相关的密切程度一般可以划分为四个级别：$|r|<0.3$ 为无相关；$0.3\leqslant|r|<0.5$ 为低度相关；$0.5\leqslant|r|<0.8$ 为中度相关；$0.8\leqslant|r|<1$ 为高度相关。

例如，2022 年我国各地区人均可支配收入与人均消费支出情况及相关系数如表 7-4 所示。

表 7-4　2022 年我国各地区人均可支配收入与人均消费支出情况及相关系数

地区	人均可支配收入 x（元）	人均消费支出 y（元）	xy	x^2	y^2
北京	77 414.5	42 683.2	3 304 298 586.4	5 993 004 810.3	1 821 855 562.2
天津	48 976.1	31 323.7	1 534 112 663.6	2 398 658 371.2	981 174 181.7
河北	33 867.0	20 890.3	707 491 790.1	1 146 973 689.0	436 404 634.1
山西	29 178.2	17 536.7	511 689 339.9	851 367 355.2	307 535 846.9
内蒙古	35 920.6	22 298.4	800 971 907.0	1 290 289 504.4	497 218 642.6
辽宁	36 088.8	22 603.7	815 740 408.6	1 302 401 485.4	510 927 253.7
吉林	27 974.5	17 897.5	500 673 613.8	782 572 650.3	320 320 506.3
黑龙江	28 345.5	20 411.9	578 585 511.5	803 467 370.3	416 645 661.6
上海	79 609.8	46 045.4	3 665 665 084.9	6 337 720 256.0	2 120 178 861.2
江苏	49 861.7	32 848.1	1 637 862 107.8	2 486 189 126.9	1 078 997 673.6
浙江	60 362.5	38 971.1	2 352 393 023.8	3 643 631 406.3	1 518 746 635.2

(续)

地区	人均可支配收入 x（元）	人均消费支出 y（元）	xy	x^2	y^2
安徽	32 745.2	22 541.9	738 139 023.9	1 072 248 123.0	508 137 255.6
福建	43 117.7	30 041.7	1 295 329 008.1	1 859 136 053.3	902 503 738.9
江西	32 418.7	21 707.9	703 741 897.7	1 050 972 109.7	471 232 922.4
山东	37 560.1	22 640.4	850 375 688.0	1 410 761 112.0	512 587 712.2
河南	28 222.4	19 019.5	536 775 936.8	796 503 861.8	361 741 380.3
湖北	32 913.6	24 827.8	817 172 278.1	1 083 305 065.0	616 419 652.8
湖南	30 956.6	24 082.7	745 518 510.8	958 311 083.6	579 976 439.3
广东	47 064.6	32 168.7	1 514 006 998.0	2 215 076 573.2	1 034 825 259.7
广西	27 980.7	18 342.8	513 244 384.0	782 919 572.5	336 458 311.8
海南	30 956.6	21 500.4	665 579 282.6	958 311 083.6	462 267 200.2
重庆	35 665.9	25 371.1	904 883 115.5	1 272 056 422.8	643 692 715.2
四川	30 679.2	22 301.9	684 204 450.5	941 213 312.6	497 374 743.6
贵州	25 508.2	17 938.7	457 583 947.3	650 668 267.2	321 796 957.7
云南	26 936.8	18 950.8	510 473 909.4	725 591 194.2	359 132 820.6
西藏	26 674.8	15 885.6	423 745 202.9	711 544 955.0	252 352 287.4
陕西	30 115.8	19 848.4	597 750 444.7	906 961 409.8	393 958 982.6
甘肃	23 273.1	17 489.4	407 032 555.1	541 637 183.6	305 879 112.4
青海	27 000.0	17 260.8	466 041 600.0	729 000 000.0	297 935 216.6
宁夏	29 599.3	19 136.3	566 421 084.6	876 118 560.5	366 197 977.7
新疆	27 062.7	17 927.1	485 155 729.2	732 389 731.3	321 380 914.4
合计	1 134 051.2	742 493.9	30 292 659 085.0	47 311 001 700.0	19 555 857 060.0

根据经济理论我们知道，居民人均可支配收入与人均消费支出是具有相关关系的。将表 7-4 我国各地区居民人均可支配收入与人均消费支出两个变量绘制成相关图，如图 7-4 所示。

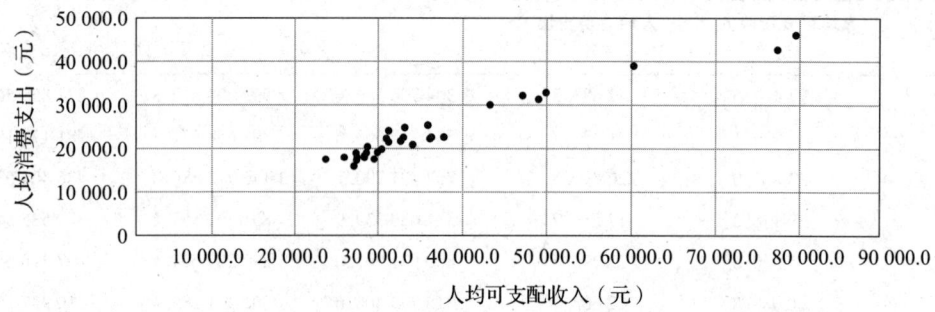

图 7-4　人均可支配收入与人均消费支出相关图

从人均可支配收入与人均消费支出的相关图来看，二者呈线性正相关关系。因此，我们可以利用简捷法计算相关系数。

将表 7-4 的数据代入简捷法公式中，便得到了相关系数。

$$r = \frac{n\sum xy - \sum x \sum y}{\sqrt{n\sum x^2 - (\sum x)^2}\sqrt{n\sum y^2 - (\sum y)^2}}$$

$$= \frac{31 \times 30\,292\,659\,085 - 1\,134\,051.2 \times 742\,493.9}{\sqrt{31 \times 47\,311\,001\,700 - 1\,134\,051.2^2} \times \sqrt{31 \times 19\,555\,857\,060 - 742\,493.9^2}}$$

$$= \frac{97\,046\,333\,347}{\sqrt{180\,568\,928\,469.26} \times \sqrt{54\,934\,377\,323}}$$

$$= \frac{97\,046\,333\,347}{99\,596\,393\,759}$$

$$\approx 0.97$$

计算结果表明，人均可支配收入与人均消费支出呈高度正相关关系。

3. 应用相关系数时要注意的问题

首先，相关系数只适合测定两个变量的线性相关的密切程度，如果计算结果数值很小，并非说明二者之间没有相关关系或相关程度很低，也许现象之间还存在着其他形式的相关关系。

其次，相关系数有一个明显的缺点，即它的数值与实际观测的数据组数有关，当 n 较小时，相关系数的波动较大，当 n 较大时，相关系数的绝对值容易偏小；特别是当 $n=2$ 时，相关系数的绝对值总为 1。因此在样本容量 n 较小时，仅凭相关系数较大就判定变量之间的关系密切程度也是不妥当的。

通过以上的计算与分析过程，我们可以看到，统计学研究的现象之间的相关关系，应该是真实的、客观存在的，而不是主观臆造的或形式上的偶然巧合。这就要求我们在实际进行相关分析时，应依据有关科学理论，通过观察和试验，在深入分析现象的基础上来确定这种相关关系，而且还要经过理论和实践的进一步检验。只有这样，才能得到正确的结论。

扫码观看
利用 Excel 计算
相关系数

同步思考 7-2 ▶▶▶

1. 相关系数的绝对值在 0.3 以下，就一定说明现象之间没有相关关系吗？
2. 相关系数的大小与呈线性相关的两个变量的观察值是否有关？如果呈线性相关的两个变量只取三个观察值，那么以此计算的相关系数可信吗？

第三节 回归分析的基本问题

一、回归分析的含义

在社会经济现象中，各种现象是相互联系、相互制约的。通过相关分析，我们可以判定现象之间有无关系、相关的表现形式及相关的程度和方向，但无法确定现象之间具体的数量变动依存关系，也不能根据一个变量的数值来推断另一个变量的具体数值。为了进一步探讨变量之间的具体数量变动关系，需要在相关分析的基础上，进一步进行回归分析。

回归分析就是对具有相关关系的两个或两个以上变量之间的数量变化关系进行测定，建立因变量和自变量之间数量变动关系的数学表达式（回归方程），以便利用自变量的数值去估计或预测因变量数值的统计分析方法。

回归分析的基本思想是：根据现象间相关关系的形态，绘制一条最合适的直线或曲线，用这条直线或曲线反映它们之间数量变化的一般关系，即当自变量给定一个数值时，因变量一般为多少。例如，当人均可支配收入为 38 000 元时，人均消费支出一般是多少元？当学生的学习时间为 8h 时，其学习成绩一般是多少？

如果设变量 $x_1,x_2,\cdots,x_n$ 与随机变量 y 之间存在着较为密切的相关关系，则相关关系的数学表达式，即回归模型为

$$y=f(x_1,x_2,\cdots,x_n)+\varepsilon$$

式中，y 是因变量或被解释变量；$x_1,x_2,\cdots,x_n$ 是自变量或解释变量；ε 是服从均值为零、方差为常数的随机误差项。

二、回归分析与相关分析的关系

（一）回归分析与相关分析的区别

从广义上来说，相关分析包括回归分析；从狭义上来说，相关分析与回归分析又有一定的区别。狭义的相关分析和回归分析的区别主要有以下三个方面。

第一，在相关分析中，涉及的变量不存在自变量和因变量的划分问题，变量之间的关系是对等的；而在回归分析中，必须根据研究对象的性质和研究分析的目的，对变量进行自变量和因变量的划分。因此，在回归分析中，变量之间的关系是不对等的。

第二，在相关分析中，所有的变量都必须是随机变量；而在回归分析中，自变量是给定的，因变量才是随机的。

第三，相关分析主要通过一个指标即相关系数来反映变量之间相关密切程度的大小，由于变量之间是对等的，因此相关系数是唯一确定的；而在回归分析中，对于互为因果关系的两个变量，则有可能存在两个回归方程。当 x 为自变量、y 为因变量时，称为 y 倚 x 的回归方程；当 y 为自变量、x 为因变量时，称为 x 倚 y 的回归方程。

（二）相关分析与回归分析的联系

相关分析是回归分析的基础和前提，回归分析则是相关分析的深入和继续。相关分析需要依靠回归分析来表现变量之间数量相关的具体形式，而回归分析则需要依靠相关分析来表现变量之间的相关程度。只有当变量之间存在一定的相关时，进行回归分析寻求其相关的具体形式才有意义。如果在对变量之间是否相关以及相关方向和程度做出正确判断之前就进行回归分析，很容易造成"虚假回归"。如果只进行了相关分析而没有进行回归分析，就无法由一个变量的数值去推断另一个变量的数值。因此，在具体应用过程中，只有把相关分析和回归分析结合起来，才能达到研究和分析的目的。

三、回归分析的主要内容

通过相关分析可以确定现象之间存在一定的相关关系，并根据相关图等方法，确定现象之间

的相关形式,在此基础上,可以进一步进行回归分析。回归分析主要包括以下几个方面的内容。

(一)根据研究的目的和现象之间的内在联系确定自变量和因变量

现象之间除了有相关关系,还存在着因果关系。作为原因的变量称为自变量,作为结果的变量称为因变量,或者说,影响因素为自变量,被影响因素为因变量。在进行回归分析时,应该首先从理论出发,进行定性分析,根据现象的内在联系确定变量的因果关系,从而确定哪个是自变量,哪个是因变量。回归分析的目的是利用自变量的数值估计因变量的数值,而不能反过来用因变量的数值估计自变量的数值。

(二)确定回归分析模型的类型及数学表达式

根据现象之间的内在影响机制或通过对具体变量数据进行分析,找出最合适的回归分析模型,再通过计算求出模型的待定参数,建立回归方程。对于直线形式的相关关系,我们需要为其建立一条直线的模型,而对于指数曲线形式的相关关系,就需要为其建立一条指数的曲线模型,只有建立正确的回归模型,才能真正反映出现象相关的规律性,才有可能正确地进行预测和决策。

(三)对回归分析模型进行检验

建立回归方程后,还要对其进行统计检验。检验方法有 T 检验、F 检验、DW 检验等。若想知道统计模型的好坏,即能否真正反映现象之间的相关关系、是否为所有观测值的最优拟合线,就需要对模型进行相关的检验,以验证其有效性。

(四)根据给定的自变量数值推断因变量数值

回归方程可以用来统计估计或预测,即可以根据给定的自变量数值去推断因变量数值或置信区间,但不可以用因变量数值去推断自变量数值。通过推断可以进行预测,并根据预测的结果,结合其他相关信息,进行决策。回归分析的内容如图 7-5 所示。

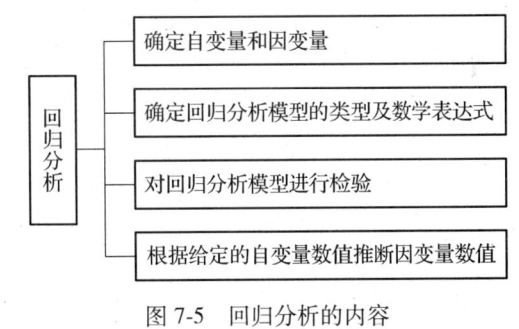

图 7-5 回归分析的内容

四、回归分析的种类

按照相关因素的多少和相关形式的不同,回归分析也有不同的分类。

(一)按照相关关系变量的多少,可分为一元回归分析和多元回归分析

1. 一元回归分析

一元回归分析是指只有一个自变量和一个因变量的回归分析。例如,对学习时间与学习成绩两个变量进行回归分析,在这两个变量中,学习时间为自变量,是解释变量,是现象变化的原因;学习成绩为因变量,是被解释变量,是自变量发生变化所带来的结果。这两个变量之间的回归分析只有学习时间一个自变量。

2. 多元回归分析

多元回归分析是指多个自变量和一个因变量的回归分析。例如，研究农作物亩产量与施肥量、浇水量、温度等因素的关系，此时，施肥量、浇水量、温度等是亩产量变化的原因，是自变量；而亩产量是自变量变化所引起的结果，是因变量。这里有施肥量、浇水量、温度三个自变量，若利用回归分析方法来分析施肥量、浇水量、温度对农作物亩产量的影响，则此时的分析就是多元回归分析。

（二）按照相关形式的不同，可分为线性回归分析和非线性回归分析

1. 线性回归分析

当相关变量之间的表现形式为线性相关时，为其拟合的直线回归方程所进行的回归分析称为线性回归分析。

2. 非线性回归分析

当变量之间的表现形态为曲线相关时，为其拟合的曲线方程所进行的回归分析称为非线性回归分析。

同步思考 7-3 ▶▶▶

1. 为什么在回归分析时需要确定因变量与自变量？
2. 在回归分析中，你认为最重要的工作是什么？它与其他内容是什么关系？

第四节　一元线性回归分析

相关分析的目的在于测度变量之间关系的强弱，它所使用的测度工具就是相关系数；而回归分析则是侧重考察变量之间的数量关系，并通过一定的数学表达式将这种关系描述出来，进而确定一个或几个变量（自变量）的变化对另一个特定变量（因变量）的影响程度。根据相关因素的多少及相关形式的不同，回归方程分为一元线性回归方程、一元非线性回归方程、多元线性回归方程和多元非线性回归方程。

一、一元线性回归方程的建立

一元线性回归方程又称简单线性回归方程，它是根据成对的两个变量的样本数据，配合直线方程，并根据自变量的变动来推算因变量的发展趋势和水平的一种数学关系式。

其数学表达式为

$$\hat{y} = a + bx$$

式中，$\hat{y}$ 是因变量的估计值，也叫理论值；a 是回归直线的起始值，也是回归直线在直角坐标系上 y 轴上的截距，即 $x=0$ 时的 $\hat{y}$ 值，从数学意义上理解，它表示在没有自变量 x 的影响时，其他各种因素对因变量 y 的影响；b 是回归系数，也是回归直线的斜率，表示当自变量 x 每变动一个单位时，因变量 y 平均变动 b 个单位。

在回归直线的数学表达式中，只要能确定两个待定参数 a 和 b，那么回归方程也就确定了。统计理论已经证明，用最小平方法求解待定参数 a 和 b 而建立的回归方程最具有代表性，也是所有观测点的优良拟合线。

应用最小平方法配合直线方程的基本要求是实际值与估计值的离差平方和为最小值。其公式如下：

$$\sum(y-\hat{y})^2 = \sum(y-a-bx)^2 = 最小值$$

根据数学中对二元函数求极值的原理，我们可以得到如下求解 a 和 b 的标准方程组：

$$\begin{cases} \sum y = na + b\sum x \\ \sum xy = a\sum x + b\sum x^2 \end{cases}$$

将上述方程组进一步整理，就会得到如下求解 a 和 b 的计算公式：

$$\begin{cases} b = \dfrac{n\sum xy - \sum x \sum y}{n\sum x^2 - (\sum x)^2} \\ a = \dfrac{\sum y}{n} - b\dfrac{\sum x}{n} \end{cases}$$

根据例表 7-4 中的资料，我们尝试建立一元直线回归方程。

设回归方程为 $\hat{y} = a + bx$，其中 b 和 a 分别计算得：

$$b = \frac{n\sum xy - \sum x \sum y}{n\sum x^2 - (\sum x)^2}$$

$$= \frac{31 \times 30\,292\,659\,085 - 1\,134\,051.2 \times 742\,493.9}{31 \times 47\,311\,001\,700 - 1\,134\,051.2^2}$$

$$= \frac{97\,046\,333\,334}{180\,568\,928\,469.26}$$

$$= 0.537\,447\,578$$

$$a = \frac{\sum y}{n} - b\frac{\sum x}{n}$$

$$= \frac{742\,493.9}{31} - 0.537\,447\,578 \times \frac{1\,134\,051.2}{31}$$

$$= 4\,290.35$$

将 a 和 b 代入所设的回归方程中，则所建立的回归方程为

$$\hat{y} = a + bx = 4\,290.35 + 0.537\,447\,578x$$

二、一元线性回归方程的拟合优度

回归方程 $\hat{y} = a + bx$ 在一定程度上描述了变量 x 与 y 之间的数量关系，据此可以根据自变量数值去推断因变量数值，但是估计或预测的精度如何则取决于回归直线对观测值的拟合程度。各观测值越是紧密围绕回归直线，说明回归直线对观测数据的拟合程度越好，估计或预测的精度就越高，反之则越低。各观测值与回归直线的接近程度称为回归直线对观测值的拟合优度。

回归直线对各观测值的拟合优度，可以利用判定系数和估计标准误差来测定。

（一）判定系数

拟合优度通常可用判定系数来衡量。判定系数是对估计的回归方程拟合优度进行判定的一个指标，也称可决系数、决定系数。

判定系数建立在对因变量取值变差进行分解的基础上，因此，为说明判定系数的含义，需要对因变量取值变差予以分解。变差分解见图7-6。

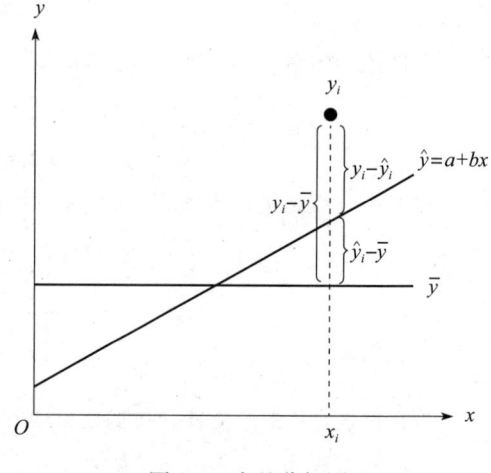

图7-6 变差分解图

因变量 y 的取值是随机波动的，这种波动称为变差。对一个具体的观测值来说，变差的大小可以用实际观测值 y_i 与其均值 $\bar{y}$ 之差（$y_i-\bar{y}$）来表示。

从图7-6中可以看出，每个观测点的变差可以分解为如下公式：

$$y_i-\bar{y}=(y_i-\hat{y}_i)+(\hat{y}_i-\bar{y})$$

可以证明：

$$\sum(y_i-\bar{y})^2=\sum(y_i-\hat{y}_i)^2+\sum(\hat{y}_i-\bar{y})^2$$

上式中，等号左边表示 n 次观测值的总变差平方和，记为 SST，即 $SST=\sum(y_i-\bar{y})^2$，总变差平方和可以分解为两部分。一部分是估计值 $\hat{y}_i$ 与其均值 $\bar{y}$ 的变差平方和 $\sum(\hat{y}_i-\bar{y})^2$。根据估计的回归方程，估计值 $\hat{y}=a+bx$，因此可以把（$\hat{y}_i-\bar{y}$）看作由自变量 x 的变化引起的 y 的变化，其平方和 $\sum(\hat{y}_i-\bar{y})^2$ 则反映了 y 的总变差中由于 x 与 y 之间的线性关系引起的 y 的变化部分，它是能够由回归直线解释的 y_i 的变差部分，称为回归平方和，记为 SSR。另一部分是各实际观测值与估计值的残差平方和，它是除了 x 对 y 的线性影响之外的其他因素对 y 变化的作用，是不能由回归直线加以解释的 y_i 的变差部分，称为残差平方和或误差平方和，记为 SSE，用公式表示这三个平方和的关系即为

$$SST=SSR+SSE$$

将上式两边同时除以 SST，得到：

$$1=\frac{SSR}{SST}+\frac{SSE}{SST}$$

显而易见，各个样本观测点与样本回归直线靠得越近，SSR 在 SST 中所占的比例就越大。因此，可定义这一比例为判定系数，即有：

$$R^2=\frac{SSR}{SST}=1-\frac{SSE}{SST}$$

R^2 为判定系数，是回归模型对样本观测值拟合程度的综合度量，判定系数越大，回归方程对样本观测值的拟合程度越高；判定系数越小，回归方程对样本观测值的拟合程度越低。

判定系数 R^2 具有如下特征：一是判定系数具有非负性，其值必然大于零；二是判定系数

的取值范围为 $0 \leqslant R^2 \leqslant 1$；三是判定系数是样本观测值的函数，它也是一个统计量；四是在一元线性回归方程中，判定系数是相关系数 r 的平方。

例如，根据表 7-4 计算的人均可支配收入与人均消费支出两个变量间的相关系数为 0.97，则相关系数的平方为 0.94，说明在人均消费支出的变动中，人均可支配收入对其影响占到了 94%。或者说，在人均消费支出的变动中，人均可支配收入能解释其 94% 的变动原因。

（二）估计标准误差

判定系数可以用于度量回归直线的拟合程度，相关系数也可以起到类似的作用，而残差平方和则可以说明实际观测值与回归估计值之间的差异程度。对于一个变量的诸多观测值，可以用标准差来测度各变量值在其平均数周围的离散程度。与之类似的一个量可以用来测试各实际观测点在回归直线周围的散布状况，这个量就是估计标准误差，也称估计量的标准差或标准误差。

估计标准误差是说明回归直线代表性大小的统计分析指标，它说明了观察值围绕回归方程的变化程度或分散程度，也是理论值与实际值的平均误差。

概括起来，估计标准误差主要有三个作用。

第一，说明以回归直线为中心的所有相关点的离散程度。如果估计标准误差的数值大，则说明现象之间的离散程度大；反之，如果估计标准误差的数值小，则说明现象的离散程度小。

第二，说明回归方程的代表性强弱。如果估计标准误差的数值大，则说明回归方程对所有观察值的代表性弱，也就是对所有观察值的拟合差；反之，如果估计标准误差的数值小，则说明回归方程对所有观察值的代表性强，即拟合好。

第三，可以对因变量的值进行区间估计。回归分析的目的是建立回归模型，并利用回归模型对因变量的数值进行预测，但在预测时会产生误差。估计标准误差是度量误差大小的尺度，通过这个尺度，可以对因变量的数值进行区间估计。

估计标准误差通常用 S_{yx} 表示，其计算公式为

$$S_{yx} = \sqrt{\frac{\sum (y_i - \hat{y}_i)^2}{n-2}} = \sqrt{\frac{\text{SSE}}{n-2}}$$

在统计学中，习惯性地将上式表示为

$$S_{yx} = \sqrt{\frac{\sum (y - \hat{y})^2}{n-2}} = \sqrt{\frac{\text{SSE}}{n-2}}$$

从公式中可以看出，估计标准误差是残差平方和 SSE 除以它的自由度 $n-2$ 后的平方根。这个公式比较形象地说明了估计标准误差的概念，但在实际计算时会非常麻烦，例如上例，如果按这个公式计算，需要计算出每个自变量观测值的估计值，还需要和其实际值进行比较，才能计算出估计标准误差。

根据表 7-4 人均可支配收入与人均消费支出情况及相关系数，我们来计算其估计标准误差，如表 7-5 所示。

表 7-5　估计标准误差计算表

地区	人均可支配收入 x（元）	人均消费支出 y（元）	$\hat{y}$	$y-\hat{y}$	$(y-\hat{y})^2$
北京	77 414.5	42 683.2	45 896.59	−3 213.39	10 325 846.55
天津	48 976.1	31 323.7	30 612.44	711.26	505 896.02
河北	33 867.0	20 890.3	22 492.09	−1 601.79	2 565 721.99
山西	29 178.2	17 536.7	19 972.10	−2 435.40	5 931 187.38
内蒙古	35 920.6	22 298.4	23 595.79	−1 297.39	1 683 219.44
辽宁	36 088.8	22 603.7	23 686.19	−1 082.49	1 171 780.60
吉林	27 974.5	17 897.5	19 325.18	−1 427.68	2 038 262.39
黑龙江	28 345.5	20 411.9	19 524.57	887.33	787 353.96
上海	79 609.8	46 045.4	47 076.44	−1 031.04	1 063 052.13
江苏	49 861.7	32 848.1	31 088.40	1 759.70	3 096 544.44
浙江	60 362.5	38 971.1	36 732.03	2 239.07	5 013 437.03
安徽	32 745.2	22 541.9	21 889.18	652.72	426 045.45
福建	43 117.7	30 041.7	27 463.85	2 577.85	6 645 292.92
江西	32 418.7	21 707.9	21 713.70	−5.80	33.66
山东	37 560.1	22 640.4	24 476.93	−1 836.53	3 372 859.98
河南	28 222.4	19 019.5	19 458.41	−438.91	192 642.45
湖北	32 913.6	24 827.8	21 979.68	2 848.12	8 111 761.31
湖南	30 956.6	24 082.7	20 927.90	3 154.80	9 952 764.98
广东	47 064.6	32 168.7	29 585.11	2 583.59	6 674 961.68
广西	27 980.7	18 342.8	19 328.51	−985.71	971 623.11
海南	30 956.6	21 500.4	20 927.90	572.50	327 756.60
重庆	35 665.9	25 371.1	23 458.90	1 912.20	3 656 502.83
四川	30 679.2	22 301.9	20 778.81	1 523.09	2 319 797.86
贵州	25 508.2	17 938.7	17 999.67	−60.97	3 717.38
云南	26 936.8	18 950.8	18 767.47	183.33	33 610.65
西藏	26 674.8	15 885.6	18 626.66	−2 741.06	7 513 391.58
陕西	30 115.8	19 848.4	20 476.01	−627.61	393 899.04
甘肃	23 273.1	17 489.4	16 798.42	690.98	477 451.66
青海	27 000.0	17 260.8	18 801.43	−1 540.63	2 373 554.99
宁夏	29 599.3	19 136.3	20 198.42	−1 062.12	1 128 103.35
新疆	27 062.7	17 927.1	18 835.13	−908.03	824 523.15
合计	1 134 051.2	742 493.9	—	—	89 582 596.55

将上表计算结果代入估计标准误差公式得：

$$S_{yx}=\sqrt{\frac{\sum(y-\hat{y})^2}{n-2}}=\sqrt{\frac{89\,582\,596.55}{31-2}}\approx 1\,757.57\,(元)$$

从上面的计算来看，这种计算比较麻烦，因此我们通过对上述公式进行变换，最终得到下面的公式来求解估计标准误差：

$$S_{yx}=\sqrt{\frac{\sum y^2-a\sum y-b\sum xy}{n-2}}$$

利用这个公式,我们就可以用在计算相关系数和建立回归方程时的有关资料来求估计标准误差了。将相关数据代入上式,则其估计标准误差为

$$S_{yx}=\sqrt{\frac{\sum y^2-a\sum y-b\sum xy}{n-2}}$$

$$=\sqrt{\frac{19\ 555\ 857\ 060-4\ 290.35\times742\ 493.9-0.537\ 447\ 578\times30\ 292\ 659\ 085}{31-2}}$$

$$\approx 1\ 757.57(元)$$

用这两个公式计算的估计标准误差有时会有一点误差,这主要是在计算过程中,由于取舍小数点的问题造成的。

估计标准误差 S_{yx} 与相关系数 r 在数量上也存在着密切的关系,这从另一个角度说明了相关分析与回归分析之间的联系。二者之间的关系可由下列公式来表述:

$$r=\sqrt{\frac{1-S_{yx}^2}{\sigma_y^2}}$$

$$S_{yx}=\sigma_y\sqrt{1-r^2}$$

从这两个公式可以看出,r 与 S_{yx} 的变化方向是相反的。r 的绝对值越大,相关密切程度越高,回归直线的代表性越强;当 $r=\pm1$ 时,$S_{yx}=0$,现象间完全相关,各相关点均落在回归直线上,此时对 x 的任何变化,y 总有一个相应的值与之对应。r 的绝对值越小,S_{yx} 就越大,这时相关密切程度就低,回归直线的代表性就弱。当 $r=0$ 时,S_{yx} 取得最大值,这时,现象间不存在直线关系。

扫码观看
回归模型的 t 检验

三、回归分析的预测方法

回归方程概括地描述了现象之间的数量关系,可以反映现象之间的一般规律性,我们可以通过建立的回归方程,用自变量的数值来估计因变量的数值。其估计方法有两种,一种是点估计,另一种是区间估计。

(一)点估计

点估计就是将给定的自变量 x_0 代入回归方程,求出 y 的估计值 $\hat{y}_0$。

例如,我们利用表 7-4 的资料所建立起来的人均可支配收入与人均消费支出之间的回归方程 $\hat{y}=a+bx=4\ 290.35+0.537\ 447\ 578x$,推断人均可支配收入为 30 000 元时,人均消费支出的估计值为

$$\hat{y}=a+bx=4\ 290.35+0.537\ 447\ 578x=4\ 290.35+0.537\ 447\ 578\times30\ 000=20\ 413.78(元)$$

(二)区间估计

回归分析的区间估计是在一定的概率下,给出一个自变量 x_0,然后利用回归方程,推断出因变量 y 的估计值 $\hat{y}_0$ 的区间范围的预测方法。

因变量估计值的区间为

$$(\hat{y}-tS_{yx}, \hat{y}+tS_{yx})$$

式中，t 可通过查概率表求得，其方法与抽样推断概率的求法一样。

例如，当把握程度为 95.45%，人均可支配收入为 30 000 元时，求人均消费支出的区间。

由于当把握程度为 95.45% 时，概率度 $t=2$，则得到估计的区间下限为

$$\hat{y}-tS_{yx} = 20\ 413.78-2\times1\ 757.57 = 16\ 898.64(\text{元})$$

区间的上限为

$$\hat{y}+tS_{yx} = 20\ 413.78+2\times1\ 757.57 = 23\ 928.92(\text{元})$$

即当人均可支配收入为 30 000 元，把握程度为 95.45% 时，人均消费支出在 16 898.64 元至 23 928.92 元之间。

这里需要指出，一个回归方程只能做一个方向的推算，不能进行相反推算，即只能以自变量 x 推算因变量 y，而不能以因变量 y 来推算自变量 x。例如，利用年广告投入和月销售额的回归方程，我们只能利用这个回归方程的自变量年广告投入来推断因变量月销售额，而不能利用这个回归方程的因变量月销售额去推算自变量年广告投入。在互为因果关系的变量之间，可以根据研究需要建立 y 对 x 的回归方程和 x 对 y 的回归方程，但此时的两个回归方程是两个不同的回归方程，具有不同的斜率和意义，各自只能根据给定的自变量去推算相应的因变量。

四、相关与回归分析中应注意的问题

相关与回归分析是研究变量之间相互关系的一种科学有效的方法，在自然技术领域已普遍得到应用，近年来，在社会经济现象的研究和预测中也被广泛采用。在进行相关与回归分析时，要注意以下几个问题。

（一）进行相关分析要以现象客观存在的相关关系为基础

判断现象之间是否存在相关关系，是进行相关分析首先要解决的问题。但是，由于社会经济现象是错综复杂的，哪些现象之间确实存在直接的依存关系，哪些现象之间只有间接关系，哪些现象之间根本没有关系，并不是一目了然的。判断现象之间有没有关系、是什么关系、关系是否密切，需要根据经济理论、有关的专业知识和实践经验，在经过反复研究、获得了准确的定性认识之后，才能应用相关方法做进一步的分析。所以，在相关分析中，判断有无关系和关系的密切程度是第一步，相关分析方法的进一步应用是第二步，这个位置不能颠倒，否则就可能把关系搞错。如果把没有关系的现象当作有相关关系的现象，运用相关分析去测定它们之间的数量变化关系，就会发生虚假相关的现象，最终导致认识上的错误。

（二）回归方程、相关系数和回归误差应结合起来应用

回归方程抽象地反映了现象之间数量关系的变化规律，根据回归方程，如果我们确定了自变量的数值，就可以推算出因变量的数值，但是回归方程不能说明现象之间数量相关关系的密切程度，也不能说明根据回归方程所做出的估计或预测的误差和可靠程度。所以要对现象间数量关系进行系统性的相关分析，必须在配合回归方程的同时，计算并结合运用相关系数及回归标准误差，只有这样才有可能系统、全面地认识相关现象的数量变动规律，做出较正确的分析和判断。

（三）应用相关分析进行预测要注意其他有关现象所产生的作用

相关分析的预测是根据历史资料配合的回归方程来进行的，是根据经验公式来进行预测的。因此，在运用时要注意条件的相对稳定，尤其是延伸回归直线进行外推预测，要考虑相关关系是否仍然存在，其密切程度、回归误差有无变化，慎重应用为妥。在预测时，不仅要选用最主要的影响因素，而且还要充分考虑其他相关因素的影响。在条件发生变化时，只要相关关系仍然较为显著，回归方程还是可以作为预测依据的，但要进行一定的修正，以提高其可靠程度。

（四）注意社会经济现象的复杂性

社会经济现象之间的数量关系比自然技术现象之间的数量关系更为复杂。影响社会经济现象之间数量关系变化的不仅有自然技术因素，还不可避免地受到政治、经济、伦理道德、情理等因素的影响，并且这诸多因素的影响往往是交互的，所以要充分注意社会经济现象的复杂性。

例如，商品价格与商品销售之间有显著的相关关系，但是销售量的变化不仅受到价格的影响，同时还受到政治形势、经济政策、消费心理、产品质量、产品升级换代等许多因素的制约。这些因素都是很难进行定量分析的。

因此，应用相关分析法研究社会经济现象之间数量关系的变化时，不仅要注意它的复杂性，还要注意将定性分析和定量分析结合应用。

（五）注意相关系数的应用条件

我们这里所介绍的相关系数 r 只适用于测定两个变量呈线性相关时的密切程度，而对于多元线性相关的相关程度和非线性相关的相关程度，则不能用这里所介绍的相关系数 r 来测量。

同步思考 7-4 ▶▶▶

1. 在利用回归分析模型进行预测时，给定的自变量数值大于观察值的最大值，这种预测合适吗？应用时应注意什么问题？为什么在回归分析时，需要确定因变量与自变量？

2. 如果两个变量的相关系数为 0.90，是否可以说二者之间存在高度的正相关？

第五节　多元线性回归方程及非线性回归方程的建立

回归的类型有许多，前面所研究的一元线性回归的问题，是反映因变量与一个自变量之间线性关系的问题。但客观现象之间的联系是复杂的，除了涉及一元线性关系以外，许多现象的变动都涉及多个变量之间的数量关系。例如，某块耕地面积上粮食产量的高低，一方面受施肥量的影响，另一方面也受浇水量、温度、管理等诸多因素的影响。客观现象具有多方面的相互联系，因此就需要我们进一步研究和掌握分析这类问题的方法。同时，现象之间除了线性关系以外，还存在大量的非线性关系。本书简单介绍一下回归分析中的多元线性回归方程以及非线性回归方程的建立问题。

一、多元线性回归方程的建立

在统计中，研究一个因变量与多个自变量之间相互关系的理论和方法，称为多元回归分析或复回归分析。

多元回归分析可以分为多元线性回归分析和多元非线性回归分析，在这里，我们只讨论多元线性回归的问题。

多元回归方程是用于表达一个因变量与多个自变量之间相互关系及其规律性的一种数学方程。当一个变量值 y 的变动受 $x_1, x_2, \cdots, x_n$ 等多个因素的影响时，我们可以把 y 作为因变量，$x_1, x_2, \cdots, x_n$ 作为自变量。如果它们之间存在着直线相关的形式，那么这时可以建立的线性回归方程为

$$\hat{y} = a_0 + a_1 x_1 + a_2 x_2 + \cdots + a_n x_n$$

式中，$\hat{y}$ 是多元回归的估计值，也叫理论值；$a_0, a_1, a_2, \cdots, a_n$ 分别是 y 对自变量 $x_1, x_2, \cdots, x_n$ 的回归系数。在多元回归方程中，y 对某一自变量的回归系数表示当其他自变量都固定时，该自变量变化一个单位而使 y 平均改变的数值，也通称为偏回归系数。

与研究一元回归时的情形相似，求参数 $a_0, a_1, a_2, \cdots, a_n$ 的方法还是采用最小平方法，即要求 $\sum (y - \hat{y})^2 =$ 最小值。

通过求极值的方法，我们可以求得多元线性回归方程参数的求解方程组。以两个自变量为例，设其直线回归方程为

$$\hat{y} = a_0 + a_1 x_1 + a_2 x_2$$

则其求解参数 a_0, a_1, a_2 的回归方程组为

$$\begin{cases} \sum y = n a_0 + a_1 \sum x_1 + a_2 \sum x_2 \\ \sum x_1 y = a_0 \sum x_1 + a_1 \sum x_1^2 + a_2 \sum x_1 x_2 \\ \sum x_2 y = a_0 \sum x_2 + a_1 \sum x_1 x_2 + a_2 \sum x_2^2 \end{cases}$$

通过以上方程组，我们就可以求得 a_0, a_1, a_2 了，然后代入到线性回归方程中，就可以得到线性回归方程。这里我们就不详细叙述了。

二、常见的非线性回归方程的建立

在实践中，经常会遇到的问题是变量之间的关系不是直线形式的，而是呈现出某种曲线关系，此时就必须根据其具体的数据情况为变量配合一个适当的曲线回归方程。

本书只介绍两个常见的回归方程的建立方法，一个是指数曲线回归方程的建立方法，一个是抛物线回归方程的建立方法。对于非直线回归方程的建立，通常采用变换法将非直线方程直线化，从而将曲线回归问题化为直线回归问题，再按照建立直线回归方程的方法，建立曲线回归方程。

（一）指数曲线回归方程的建立

当现象之间呈指数曲线的相关形式时，我们可以为之配合指数曲线回归方程。

指数曲线回归方程为

$$\hat{y} = ab^x$$

式中，a 和 b 是两个待定参数。

将上式两边同取自然对数，即 $\ln\hat{y} = \ln a + x\ln b$

设 $\ln\hat{y} = \hat{y}'$，$\ln a = a'$，$\ln b = b'$，则可将上式化为

$$\hat{y}' = a' + b'x$$

上式为直线回归方程的形式，我们再按求解直线回归方程参数的方法，来建立回归方程。

参数 a' 和 b' 的求解方程如下：

$$\begin{cases} \sum y' = na' + b'\sum x \\ \sum xy' = a'\sum x + b'\sum x^2 \end{cases}$$

其中，$y' = \ln y$，代入数据即可求解 a' 和 b' 的数值。由于 $\ln a = a'$，$\ln b = b'$，所以对 a' 和 b' 分别求反对数，即可得到指数曲线方程的参数 a 和 b 的值。

例如，某市对本市某区年龄与脑血管病的关系进行了调查，调查结果如表 7-6 所示。

表 7-6 年龄与脑血管病死亡率相关表

年龄（岁）	脑血管病死亡率（1/100 000）	年龄组中值（岁）
0~10	0.04	5
10~20	0.23	15
20~30	0.97	25
30~40	5.19	35
40~50	29.71	45
50~60	145.54	55
60~70	629.06	65

用散点图描绘上表资料，得到相关图，如图 7-7 所示。

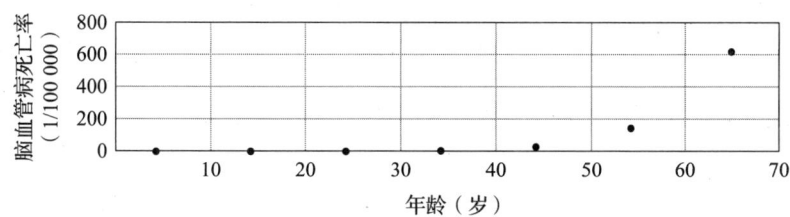

图 7-7 年龄与脑血管病死亡率相关图

从图 7-7 我们可以看到，年龄与脑血管病死亡率呈一种指数曲线相关的形式。

根据指数方程的求解方法，我们得到如下计算指数回归方程的参数求解表，如表 7-7 所示。

表 7-7 指数回归方程参数求解表

年龄（岁）	脑血管病死亡率 y（1/100 000）	年龄组中值（岁） x	x^2	$y' = \ln y$	y'^2	xy'
0~10	0.04	5	25	-3.22	10.36	-16.09
10~20	0.23	15	225	-1.47	2.16	-22.05
20~30	0.97	25	625	-0.03	0.00	-0.76

（续）

年龄（岁）	脑血管病死亡率 y（1/100 000）	年龄组中值（岁）x	x^2	$y'=\ln y$	y'^2	xy'
30~40	5.19	35	1 225	1.65	2.71	57.64
40~50	29.71	45	2 025	3.39	11.50	152.62
50~60	145.54	55	3 025	4.98	24.80	273.92
60~70	629.06	65	4 225	6.44	41.53	418.87
合计	—	245	11 375	11.74	93.07	864.15

根据求解参数的方程组，得到：

$$\begin{cases} 11.74 = 7 \times a' + b' \times 245 \\ 864.15 = a' \times 245 + b' \times 11\,375 \end{cases}$$

解方程得到：$b' \approx 0.161\,8$，$a' \approx -3.985\,9$

因为 $\ln a = a'$，$\ln b = b'$，求反自然对数得到

$$a \approx 0.018\,6, \quad b \approx -1.175\,6$$

因此，得到的指数曲线方程为

$$\hat{y} = 0.018\,6 \times (-1.175\,6)^x$$

（二）抛物线回归方程的建立

当现象呈抛物线相关形式时，我们可以为其配合抛物线回归方程。

抛物线方程的公式为

$$\hat{y} = a + bx + cx^2$$

式中，a, b, c 是三个待定参数。

若设抛物线回归方程中的 $x^2 = x_1$，则抛物线方程可以转变为

$$\hat{y} = a + bx + cx_1$$

这是二元直线回归方程，根据多元线性回归方程的建立方法，我们就可以得到 a, b, c 三个参数的数值。

同步思考 7-5 ▶▶▶

1. 偏回归系数与一般的回归系数有什么不同？
2. 如何判断回归的形式？

思考与练习

- 知识题

一、单项选择题

1. 具有因果关系的现象，必然具有（　　）。
   A. 函数关系　　　B. 相关关系　　　C. 线性相关关系　　　D. 非线性相关关系
2. 回归系数和相关系数的符号是一致的，其符号均可用来判断变量之间是（　　）。

A. 正相关还是负相关　　　　　　　B. 完全相关还是不完全相关
C. 线性相关还是非线性相关　　　　D. 单相关还是复相关

3. 如果 x 与 y 的相关系数为正，则说明（　　）。
   A. y 一般大于 x　　　　　　　　B. 随着 x 的增加，y 会减少
   C. y 一般小于 x　　　　　　　　D. 随着 x 的增加，y 会增加

4. 年劳动生产率 x（千元）和职工工资 y（元）之间的回归方程为 $\hat{y}=10+70x$。这意味着年劳动生产率每提高 1 000 元，职工工资平均（　　）。
   A. 增加 70 元　　B. 减少 70 元　　C. 增加 80 元　　D. 减少 80 元

5. 下列直线回归方程中，肯定错误的是（　　）。
   A. $\hat{y}=-100-0.90x$　　$r=-0.83$　　　　B. $\hat{y}=2+3x$　　$r=0.88$
   C. $\hat{y}=4+5x$　　$r=0.55$　　　　　　　D. $\hat{y}=-10+5x$　　$r=-0.90$

二、多项选择题

1. 以下属于函数关系的有（　　）。
   A. 圆面积与半径的关系　　　　　　B. 农作物的亩产量与浇水量的关系
   C. 学习成绩与智商的关系　　　　　D. 居民收入与支出的关系
   E. 在价格一定的情况下，销售收入与销售量的关系

2. 相关分析的内容包括（　　）。
   A. 确定现象之间有无关系　　　　　B. 确定现象之间的相关形式
   C. 确定现象之间的相关程度　　　　D. 判断现象之间的相关方向
   E. 确定自变量与因变量

3. 相关系数 r（　　）。
   A. 适用于计算各种现象之间的相关关系　　B. 与估计标准误差呈反比
   C. 能准确反映现象之间相关程度的大小　　D. 其正负完全取决于协方差
   E. 越大说明相关程度越高

4. 单位成本（元）倚产量（千件）变化的回归方程为 $\hat{y}=78-2x$，这表示（　　）。
   A. 产量为 1 000 件时，单位成本为 76 元
   B. 产量为 1 000 件时，单位成本为 78 元
   C. 产量每增加 1 000 件，单位成本下降 2 元
   D. 产量每增加 1 000 件，单位成本下降 78 元
   E. 当单位成本为 72 元时，产量为 3 000 件

5. 对于一元线性回归分析来说，（　　）。
   A. 两个变量之间必须明确哪个是自变量，哪个是因变量
   B. 回归方程根据自变量的给定值来估计和预测因变量的平均可能值
   C. 可能存在着 y 倚 x 和 x 倚 y 的两个回归方程
   D. 回归系数只有正数
   E. 确定回归方程时，要求自变量是给定的

三、判断题

1. 相关系数 r 有正负、有大小，因而它反映的是两个现象之间具体的数量变动关系。（　　）

2. 假定变量 x 与 y 的相关系数是 0.8，变量 m 与 n 的相关系数是 -0.9，则 x 与 y 的相关密切程度更高。（   ）
3. 家庭收入越多，则消费也越多，这种关系是函数关系。（   ）
4. 回归分析应建立在相关分析的基础上。（   ）
5. 所有现象之间的相互联系都是通过数量关系反映出来的。（   ）

四、简答题
1. 什么是相关分析？相关分析的主要内容是什么？
2. 什么是回归分析？回归分析的主要内容是什么？
3. 相关分析和回归分析有什么关系？
4. 什么是估计标准误差？估计标准误差的作用是什么？
5. 应用相关系数时，要注意哪些问题？

• **实务题**

一、九个生产同类产品的企业的月产量与单位成本之间的关系如下表所示。

九个企业的月产量与单位成本

序号	月产量（千件）	单位成本（元）
1	4.1	80
2	6.3	72
3	5.4	71
4	7.6	58
5	3.2	86
6	8.5	50
7	9.7	42
8	6.8	63
9	2.1	91
合计	53.7	613

1. 相关系数为（   ）。
   A. 0.786 5   B. -0.988 6   C. 0.869 3   D. -0.895 8
2. 回归方程的截距为（   ）。
   A. 110.489 6   B. 98.265 3   C. 106.669 6   D. 132.356 2
3. 回归系数与相关系数的符号（   ）。
   A. 可能一样   B. 可能不一样   C. 一定一样   D. 一定不一样
4. 当产量为 5 000 件时，单位成本为（   ）元。
   A. 71.368 7   B. 74.358 0   C. 72.356 8   D. 75.321 8
5. 本题中，以下说法正确的是（   ）。
   A. 估计标准误差的值是正值   B. 估计标准误差的值是负值
   C. 回归系数比相关系数小   D. 回归系数比相关系数大

二、某班 12 位学生统计学课程的每周学习时长与学习成绩如下表所示。

每周学习时长/h	学习成绩（分）
4	40
4.2	50
5	60
5.3	65
5.8	72
5.9	75
6	78
7	80
7.8	86
8	90
10	95
13	95

经过相应的分析得知，每周学习时长与学习成绩呈一元线性相关，请回答下列问题。

1. 相关系数为（   ）。
   A. 0.844 9   B. 0.845 1   C. 0.853 8   D. 0.792 7
2. 回归系数为（   ）。
   A. 5.75   B. 5.63   C. 7.28   D. 6.37
3. 回归方程的截距为（   ）。
   A. 38.79   B. 34.51   C. 29.67   D. 30.57
4. 回归方程的估计标准误差为（   ）。
   A. 3.25   B. 5.63   C. 7.37   D. 9.52
5. 如果每周学习时长为 7.5h，那么学习成绩的估计值为（   ）分。
   A. 75.36   B. 77.67   C. 78.32   D. 79.25

三、某企业在全国各地都有其产品的代理商，为研究其商品的销售额（万元）与其广告费用（千元）之间的关系，该企业随机抽取了 10 家代理商进行调查，经过相关的计算，广告费用（x）与商品销售额（y）的有关数据如下：

$$n=10, \quad \sum x=346.2, \quad \sum y=422.5, \quad \sum x^2=14\,304.52,$$
$$\sum xy=16\,679.09, \quad \sum y^2=19\,687.81$$

要求：

1. 根据上面的数据，建立 y 倚 x 的一元线性回归方程，并说明其斜率的意义。
2. 若该地区的广告费用为 50 000 元，试推算该地区的商品销售额。

• 实训题

实训一

实训目的：通过练习本题，掌握相关分析与回归分析的基本方法。

实训资料：为了研究家庭收入和食品支出的关系，随机抽取了 10 个家庭的样本，得到的数据如下表所示。

家庭收入（千元）	20	30	33	40	15	13	26	38	35	43
食品支出（千元）	7	9	8	11	5	4	8	10	9	10

实训要求：

1. 根据所掌握的知识和上表，判断现象之间是否存在相关关系。
2. 绘制相关图，并判断现象之间存在的相关形式。
3. 计算相关系数，判断现象的密切程度。
4. 建立食品支出倚家庭收入的回归方程，并说明方程中参数的意义。
5. 计算估计标准误差。

实训二

实训目的：通过练习本题，掌握相关系数的计算和回归方程的建立，并利用回归方程进行预测。

实训资料：在其他条件不变的情况下，某种商品的需求量 y 与该商品的价格 x 有相关关系，现对一定时期内的价格与需求量进行观察，得到如下资料。

价格（元）	10	6	8	8	9	12	11	9	10	10	12	7
需求/t	60	72	70	72	56	55	57	58	55	53	55	71

实训要求：

1. 计算价格与需求量之间的相关系数。
2. 配合需求量对价格的回归直线方程。
3. 当价格为9.5元时，对需求量进行点估计。

数字链接

 扫码阅读知识拓展

 扫码查看部分习题参考答案

第八章 时间数列分析

○ 学习目标

（1）理解时间数列的概念和种类，区分时期数列和时点数列，比较序时平均数与一般平均数的异同，理解、运用相对数时间数列和平均数时间数列计算序时平均数的原则和方法

（2）熟练掌握增长量、发展速度、增长速度、增长1%的绝对值的计算公式及应用条件

（3）熟练掌握平均发展速度和平均增长速度的计算方法，并根据各指标计算结果分析和说明经济问题

（4）初步掌握直线趋势分析方法和季节变动分析方法

（5）配合课程学习内容准确进行数据变动分析

○ 主要学习内容

本章阐述了时间数列的水平分析、速度分析、长期趋势分析和季节变动分析的计算与分析方法。具体包括：①时间数列的基本问题；②时间数列的水平分析方法；③时间数列的速度分析方法；④了解经济波动研究周期，理解移动平均法的思想和特点，掌握时间数列构成分析的一般方法。

○ 引例 我国历年人口普查数据彰显人口发展规律

新中国成立70多年来，我国总人口由1949年的5.4亿人发展到2020年的14亿多人，年均增长率约为1.4%。新中国成立以来，我国人口发展大致分为四个阶段。

（1）高速增长阶段（1949—1970年）。从1949年到1970年，我国人口由新中国成立时的5.42亿人增长到8.29亿人，21年间净增2.87亿人。除1960—1961年由于自然灾害等导致人口出现了短暂的负增长外，这一时期各年人口增长率普遍在2%以上，部分年份接近3%，其中1949—1957年的8年间是新中国成立后的第一次人口生育高峰，1962—1970年的8年间是第二次人口生育高峰。

（2）调控增长阶段（1971—1980年）。进入20世纪70年代后，随着计划生育政策的推行，人口增速出现明显下降，增长率由1971年的2.7%迅速下降至1980年的1.2%。但由于人

口基数较大，1971—1980 年的净增人口数仍相当可观，全国总人口由 8.52 亿人增加到 9.87 亿人，净增 1.35 亿人，超过了第一次人口生育高峰时期的净增人口。

（3）增速回升阶段（1981—1990 年）。进入 20 世纪 80 年代以后，计划生育被确定为我国的一项基本国策，生育率下降，但由于新中国成立后第二次人口生育高峰中出生的人口陆续进入婚育年龄，人口增长率出现短暂回升，在 1987 年达到峰值 1.7%。这一阶段全国总人口由 1981 年的 10.0 亿人增到 1990 年的 11.43 亿人，净增 1.43 亿人，年均增长 1 584 万人，略高于 1971—1980 年的 1 497 万人。

（4）平稳增长阶段（1991—2020 年）。由于育龄妇女人数的减少，以及人们婚育观念的转变，1991 年以来，我国人口增长率稳步下降，最终在 0.5% 左右的增速上保持平稳。1991—2020 年，我国人口年均增长 927 万人，进入 21 世纪以来年均增长 729.75 万人。

此外，从各年龄段人口占比数据看，随着国家医疗条件的改善，我国人口平均寿命越来越长，而随着我国新生人口占比不断降低，我国老龄人口占比也越来越高。我国已经进入了"人口老龄化"社会，并正在步入"人口深度老龄化"社会。

数据会说话。根据我国人口数据的发展变化，适时调整我国人口发展战略尤为重要。

资料来源：根据国家统计局历年人口普查数据资料整理。

第一节 时间数列分析的基本问题

统计对社会经济现象的研究，不仅要从静态上揭示研究对象在具体时间、地点条件下的数量特征和数量关系，还要从动态上反映现象发展变化的规律性。而编制时间数列是进行时间数列分析的基础。

时间数列分析就是利用发展水平、发展速度等动态指标研究现象的动态发展变化规律。

一、时间数列概述

时间数列也称动态数列、时间序列，是指将某一统计指标在不同时间上的数值按时间先后顺序排列起来形成的统计数列。例如，将我国 2019—2023 年的国内生产总值（GDP）、工业增加值、GDP 环比发展速度、GDP 环比增长速度、年末国家外汇储备等指标按时间先后顺序进行排列可以形成多种时间数列，如表 8-1 所示。

表 8-1   2019—2023 年我国部分国民经济基本指标发展情况

指标	单位	2019 年	2020 年	2021 年	2022 年	2023 年
国内生产总值（GDP）	亿元	986 515	1 013 567	1 149 237	1 204 724	1 260 582
其中：工业增加值	亿元	380 795	383 128	451 650	473 457	482 803
工业增加值占比重	%	38.60	37.80	39.30	39.30	38.30
GDP 环比发展速度	%	106.00	102.20	108.40	103.00	105.20
GDP 环比增长速度	%	6.00	2.20	8.40	3.00	5.20
年末国家外汇储备	亿美元	31 079	32 165	32 502	31 277	32 380

资料来源：国家统计局，《2023 年国民经济和社会发展统计公报》，2024 年 2 月 29 日。

时间数列的构成要素主要有两个。

（1）现象所属的时间。构成时间数列的时间单位可以视研究目的与现象性质而定，可长可短，可以"日"为时间单位，也可以"月、季、年"为时间单位，甚至更长。

（2）统计指标在一定时间条件下的数值。统计指标可以是总量指标、相对指标或平均指标。

通过时间数列，人们可以更客观、更全面地认识事物发展变化的全过程，进一步掌握事物发展变化的趋势和规律性，进行短期和长期预测，为生产管理决策提供依据。

二、时间数列的种类

时间数列可以从不同角度进行分类，通常按所列指标的表现形式分为绝对数时间数列、相对数时间数列和平均数时间数列三种。其中绝对数时间数列是基本数列，相对数时间数列和平均数时间数列是派生数列。

（一）绝对数时间数列

绝对数时间数列也称总量指标动态数列，它是将一系列在不同时间上的总量指标按时间先后顺序排列起来而形成的数列。总量指标是反映现象在一段时间内达到的规模、水平和工作总量的指标。例如，国内生产总值、年末国家外汇储备、财政收入、粮食种植面积、粮食总产量等，绝对数时间数列可以划分为时期数列和时点数列两种，而时点数列又可以细分为连续时点数列、间断时点数列（间隔相等和间隔不等的时点数列）。

1. 时期数列

时期数列是指在绝对数时间数列中，所列的总量指标都反映了社会经济现象在一段时间内的发展总量。例如，各年国内生产总值、第三产业增加值等都是时期数列。时期数列有三个特点。

（1）可加性。因为构成时期数列的每一个指标值都反映了社会经济现象在一个时期内的发展总量，所以各指标值相加后可反映更长时间的社会经济发展总量。例如，一个季度的产值是由3个月的产值加总得到的，一年的产值是由12个月的产值加总得到的。再如，月度GDP、季度GDP和年度GDP指标所属的时间长短不同，把1月、2月、3月的GDP加总，就得到了第一季度的GDP，把一年4个季度的GDP加总，就得到了全年的GDP。

（2）指标值的大小与时期的长短直接相关。时期数列中，每一个指标值所包含的时间长度称为"时期"。时期可以是日、月、季、年，或者更长时间。具体研究时，时期长短可以根据研究目的确定。如表8-1中，时期就是"年"。通常，时期越长，指标值越大；时期越短，指标值越小。例如同一地区，季度GDP总是大于月度GDP，年度GDP也总是大于季度GDP。

（3）指标值通常需要连续统计。由于时期指标反映了现象在一段时间内的发展总量，因而必须在这段时间内把现象发生的数量逐一登记，并进行累计，从而得到指标值。

2. 时点数列

时点数列是指在绝对数时间数列中，所列总量指标都反映了社会经济现象在某一时刻（或瞬间）的总量。例如，年末就业人数、年末某产品的库存数等都是时点数列。时点数列有三个特点。

（1）不可加性。这主要是指时点数列中各指标值通常不能纵向相加。因为把不同时点的总量指标相加后，无法解释所得数值的时间状态。例如，表 8-1 中我国 2022 年年末外汇储备额为 31 277 亿美元，2023 年年末为 32 380 亿美元。如果把这两个年末数字相加，得出的数字既不属于 2022 年，也不属于 2023 年。所以，时点数列中指标值相加后无法准确说明该数值到底是哪个时点上现象的数量，各指标值相加没有实际意义。

（2）指标值的大小与时点间隔的长短没有直接关系。间隔是指相邻的两个时点指标值之间的时间距离。时点指标的时间单位是瞬间的，因而许多现象时点间隔的长短与指标值的大小没有直接关系。例如，年末的人口数、库存量就不一定比年内各月末的数值大。但如果现象本身存在着长期变化趋势，如呈现长期增长或长期下降趋势，则指标值的大小与时点间隔的长短就有一定关系了。例如，我国老龄人口变动呈现长期增长趋势，因此时点间隔越长，指标值就越大。

（3）指标值采用间断统计的方式获得。时点指标具有不连续统计的特点，因为时点指标是反映现象在某一时刻的数量，所以只需要在某一时点（例如月末、年末等）进行统计，从而取得该时点资料，不必连续统计。例如我国历次的人口普查就是根据联合国的有关建议和国家的有关规定，间隔一定时间进行一次。

（二）相对数时间数列

相对数时间数列是将一系列在不同时间上的相对指标按时间先后顺序排列起来所形成的数列。它可以反映社会经济现象之间相互联系的发展过程。例如，各年第三产业增加值占国内生产总值的比重、各年居民消费价格涨跌幅等都是相对数时间数列。在相对数时间数列中，各个指标值是不能相加的。

（三）平均数时间数列

平均数时间数列是将一系列在不同时间上的平均指标按时间先后顺序排列起来所形成的数列。它可以反映社会经济现象总体各单位某一数量标志值一般水平的发展变化趋势。例如，将各月、各季、各年的平均工资收入、人均劳动生产率指标按时间先后顺序排列起来所形成的数列就是平均数时间数列。平均数时间数列中各个指标值也不能相加。

绝对数时间数列反映了社会经济现象的规模和水平的变化，相对数时间数列和平均数时间数列反映了社会经济现象之间相互联系的发展过程。在经济统计分析中，常常把绝对数（总量指标）、相对数（相对指标）和平均数（平均指标）时间数列结合起来，以便从多方位对社会经济现象进行全面的分析和评价。

时间数列的种类如图 8-1 所示。

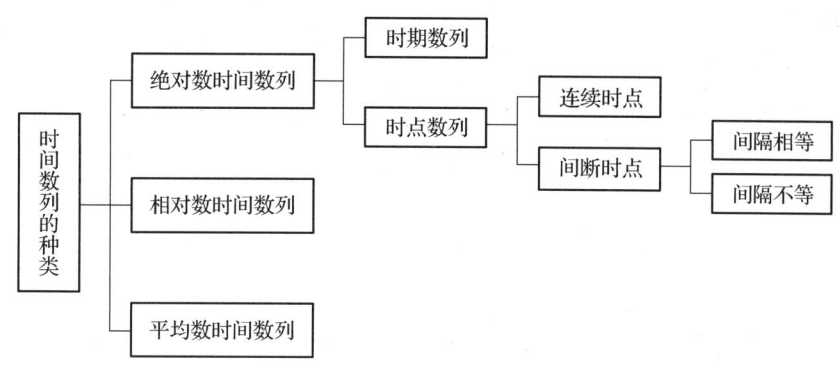

图 8-1　时间数列的种类

三、编制时间数列的原则

编制时间数列是为了通过对比不同时间的指标值，研究现象发展变化的过程和规律。因此，保证数列中各项指标具有充分的可比性，是编制时间数列的基本原则。具体来说，应注意以下几点（见图 8-2）。

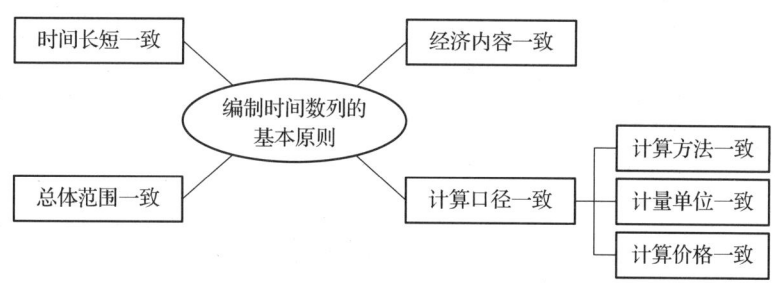

图 8-2　编制时间数列的基本原则

1. 时间长短一致

在时期数列中，各个指标值的大小与时期的长短有直接关系。一般时期越长，数值越大，反之越小，所以时期数列各指标所属时期长短应该相等。否则时期不同，长短不一，就很难做出判断和比较。但在特殊研究目的下，也可编制时期不等的时间数列。

对于时点数列来说，其指标值的大小与时点间隔的长短无直接关系，所以各指标值之间的间隔是否相等可根据实际情况和需要而定。但为了便于比较分析，各指标值之间的间隔也最好相等。

2. 总体范围一致

现象总体范围一致是要求序列中各时间点的现象所属的空间范围保持一致。因为无论是时期数列还是时点数列，指标值的大小都与现象总体范围有密切关系，若指标的总体范围不一致，就失去了比较意义，但实际上总体范围有时会发生变化。例如，要研究某一地区的经济发展情况，就要注意该地区行政区划是否发生变更，如果发生过变更，就要对变更前后的数据资料进行调整，在保证总体范围一致后才能直接比较分析。我们知道重庆市原隶属于四川省，那么用包含重庆市的四川省财政收入与不包含重庆市的四川省财政收入进行直接对比就没有意义。

3. 经济内容一致

经济内容一致主要是指同一个指标在不同时间的含义、范畴有可能发生变化,这就要求用来比较的时间段内指标的经济含义相同。例如,我国曾把乡镇工业产值划归至农业产值,又有一个阶段划归至工业产值。因此,在编制长期的经济活动总量时间数列时,就要对这些变化了的指标加以区分和调整,才能使其具有可比性。再如,新中国成立以来,曾先后采用工农业总产值、社会总产值、国民收入和国内生产总值等指标来反映我国经济总量,这些指标都有不同的经济内容。在编制新中国成立以来的经济活动总量时间数列时,就需要对这些指标加以区别和调整,才能使其具有可比性。

4. 计算口径一致

计算口径一致是指指标的计算方法、计量单位和计算价格等均要保持一致。

(1) 计算方法一致。各个指标采用什么方法计算要保持前后一致。例如,国内生产总值有三种计算方法,即生产法、收入法和支出法,理论上这三种方法的计算结果应该相同,但由于获取资料的渠道不同,通过三种方法计算的国内生产总值往往存在差异,所以,在编制时间数列时,应注意各指标的计算方法是否统一。又如,在研究工业企业劳动生产率时,产量可以通过实物量计算,也可以通过价值量计算;人数可以是全部职工数,也可以是生产工人数。因此,要研究企业劳动生产率,产量用实物量还是价值量,人数是用全部从业人员数还是工人(含学徒工)人数,就需要前后统一。

(2) 计量单位一致。计量单位有实物单位、价值单位、劳动时间单位,而实物指标的计量单位又有自然单位、度量衡单位和标准实物单位等,因此,在编制实物量指标的时间数列时,要保证各指标的计量单位相同。如果按实物指标计算,就应采取统一的计量单位,否则就违背了指标值可比性的原则。

(3) 计算价格一致。价值指标有不变价格、现行价格,而不变价格又有不同时期的不变价格,因此,在编制价值指标的时间数列时,在同一时间数列中,各指标值的计算价格相同才具有比较意义。

保证时间数列中各个时期(时点)指标值的可比性,是认识客观事物发展变化的基本原则,但是任何事物都不存在绝对可比性,在利用时间数列进行动态分析时,只要能满足统计研究的基本要求,就可以视为具有可比性。

同步思考 8-1 ▶▶▶

1. 什么是时期数列?什么是时点数列?为什么时期数列具有可加性?时点数列指标值可以横向累计吗?

2. 若按时间先后顺序排列开学初在校生人数、年末国家外汇储备、年财政总收入、月利润总额、固定资产累计投资额、粮食种植面积、粮食总产量、一等品率、纳税率、人均国民收入、各季度流动资金占用额、工人平均劳动生产率等指标,各自形成的时间数列应该是什么数列?

第二节 时间数列的水平分析

在研究社会经济现象的发展趋势和变化规律时，我们常常需要面对两类问题：一类问题是在一个特定的时点或时期，现象的状态和一段时间内的平均状态如何，这类问题就是时间数列所研究的发展水平和平均发展水平的问题；另一类问题是在两个特定时间内现象状态变化的快慢，以及一段时间内现象平均变化的快慢，这类问题就是时间数列所研究的现象发展速度和平均发展速度的问题。其中，反映现象的状态和一段时间内平均状态的指标是时间数列分析的基本指标，如发展水平、平均发展水平、增长量、平均增长量等；反映现象状态变化快慢以及一段时间内平均变化快慢情况的指标是时间数列分析的派生指标，如发展速度、增长速度、增长1%的绝对值、平均发展速度和平均增长速度等。本节主要介绍时间数列的水平指标。

一、发展水平

发展水平是指时间数列中的各个具体数值，也称时间数列水平。它具体反映了社会经济现象在不同时期或时点所达到的总量。它可以表现为总量指标，如工资总额、年末人口数等；也可以表现为相对指标或平均指标，如人口出生率、男性人口所占比重、职工平均工资等。

按在时间数列中的位置不同，发展水平分为最初水平、最末水平和中间发展水平。

最初水平就是时间数列的第一项指标值，通常用符号 a_0 表示（通常初始项有自 a_0 开始的，也有自 a_1 开始的）。最末水平就是时间数列的最后一项指标值，通常用符号 a_n 表示。除去最初水平和最末水平，时间数列的其余各项发展水平就是中间发展水平，通常用符号 a_1，$a_2,\cdots,a_{n-1}$ 表示。

根据发展水平在动态分析中的作用不同，通常将所研究时期的水平称为报告期水平或计算期水平，用来做比较的基础时期的水平称为基期水平。

二、平均发展水平

在对时间数列进行分析时，为了综合说明现象在一段时间内的发展水平，需要计算平均发展水平指标。

平均发展水平指标也称序时平均数、动态平均数，它是将各不同时间上的指标值差异抽象化，以一个数值来代表现象在这段时间的一般水平。

序时平均数和静态平均数的共同之处是将现象的个别数量差异抽象化，概括地反映现象的一般水平。二者的区别为：序时平均数是根据时间数列计算的，所平均的是现象在不同时间的数量差异，说明现象在一段时间内发展的一般水平；静态平均数是根据变量数列计算的，所平均的是总体各单位在同一时间的数量差异，反映现象在不同单位的一般水平。

计算序时平均数的方法要根据时间数列指标的性质来确定。在前面我们已经学习了由总量指标、相对指标和平均指标形成的时间数列，计算这三种时间数列序时平均数的方法不同。但由于相对指标和平均指标是由总量指标派生的，所以根据总量指标时间数列计算序时平均数是最基本的方法。

（一）时期数列序时平均数的计算

时期数列中各指标值可以相加，所以时期数列的序时平均数可以直接用各时期指标值之和除以时期项数来计算。若以 $a_1, a_2, \cdots, a_n$ 分别代表 n 个时期的发展水平，以 $\bar{a}$ 代表序时平均数，则时期数列序时平均数为

$$\bar{a} = \frac{a_1 + a_2 + \cdots + a_n}{n} = \frac{\sum a}{n}$$

例如，我国 2019—2023 年国内生产总值最终核实数据为（亿元）：986 517、1 013 567、1 149 237、1 210 207、1 260 582，则 2019—2023 年平均国内生产总值为

$$\bar{a} = \frac{\sum a}{n} = \frac{986\,517 + 1\,013\,567 + 1\,149\,237 + 1\,210\,207 + 1\,260\,582}{5} = \frac{5\,620\,110}{5} = 1\,124\,022（亿元）$$

（二）时点数列序时平均数的计算

从理论上说，时点指标都是间断统计的，但有时有些时点指标由于考核的需要，每天都需要登记，对逐日统计的时点指标可以视同于时期指标，即可以按时期指标的计算方法计算其序时平均数。其计算公式为

$$\bar{a} = \frac{a_1 + a_2 + \cdots + a_n}{n} = \frac{\sum a}{n} \quad 或 \quad \bar{a} = \frac{\sum af}{\sum f}$$

式中，f 是时点间隔的长短。

例如，某企业 2024 年 1 月 1 日—6 日 A 产品库存量如表 8-2 所示。

表 8-2　某企业 2024 年 1 月 1 日—6 日 A 产品库存量

日期	1 日	2 日	3 日	4 日	5 日	6 日
A 产品库存量（万件）	550	850	900	700	750	798

$$\bar{a} = \frac{a_1 + a_2 + \cdots + a_n}{n} = \frac{\sum a}{n}$$

$$\frac{550 + 850 + 900 + 700 + 750 + 798}{6} = \frac{4\,548}{6} = 758（万件）$$

再如，某企业 2024 年 1 月某种工具库存量如表 8-3 所示。

表 8-3　某企业 2024 年 1 月某种工具库存量

日期	1 日—10 日	11 日—14 日	15 日—20 日	21 日—24 日	25 日—29 日	30 日—31 日
库存量（件）	850	50	850	500	200	900

$$\bar{a} = \frac{\sum af}{\sum f}$$

$$= \frac{850 \times 10 + 50 \times 4 + 850 \times 6 + 500 \times 4 + 200 \times 5 + 900 \times 2}{10 + 4 + 6 + 4 + 5 + 2}$$

$$= \frac{18\,600}{31} = 600（件）$$

通常,时点指标大多数是间断统计的,如每月末、每季末、每半年末、每年末统计一次;时点数列有间隔相等和间隔不等两种。

1. 间隔相等时点数列序时平均数的计算

根据间隔相等的时点数列计算序时平均数,通常假定指标值在两个时点之间均匀变动,先求两个时点指标值的平均数,再根据这些平均数进行简单算术平均求得序时平均数。计算公式为

$$\bar{a}=\frac{\frac{a_1+a_2}{2}+\frac{a_2+a_3}{2}+\cdots+\frac{a_{n-1}+a_n}{2}}{n-1}=\frac{\frac{a_1}{2}+a_2+\cdots+a_{n-1}+\frac{a_n}{2}}{n-1}$$

例如,表 8-1 中我国 2019—2023 年各年末外汇储备额分别为(亿美元):31 079、32 165、32 502、31 277、32 380,则我国 2019—2023 年年平均外汇储备额为

$$\bar{a}=\frac{\frac{a_1}{2}+a_2+a_3+\cdots+\frac{a_n}{2}}{n-1}$$

$$=\frac{\frac{31\,079}{2}+32\,165+32\,502+31\,277+\frac{32\,380}{2}}{5-1}$$

$$=\frac{127\,673.5}{4}$$

$$\approx 31\,918.38(亿美元)$$

2. 间隔不等时点数列序时平均数的计算

根据间隔不等的时点数列计算序时平均数,通常假定指标值在两个时点之间的变动是均匀的,先求两个时点指标值的平均数,然后以间隔时间长度为权数进行加权平均求得序时平均数。用公式表示为

$$\bar{a}=\frac{\frac{a_1+a_2}{2}f_1+\frac{a_2+a_3}{2}f_2+\cdots+\frac{a_{n-1}+a_n}{2}f_{n-1}}{f_1+f_2+\cdots f_{n-1}}$$

式中,f_i 是时点间隔的长短。

例如,某企业 2023 年银行存款额如表 8-4 所示,计算 2023 年该企业银行平均存款额。

表 8-4 某企业 2023 年银行存款额

时间	1月1日	4月1日	9月1日	12月1日	12月31日
银行存款额(万元)	360	300	420	440	480

$$\bar{a}=\frac{\frac{a_1+a_2}{2}f_1+\frac{a_2+a_3}{2}f_2+\cdots+\frac{a_{n-1}+a_n}{2}f_{n-1}}{f_1+f_2+\cdots f_{n-1}}$$

$$\bar{a}=\frac{\frac{360+300}{2}\times 3+\frac{300+420}{2}\times 5+\frac{420+440}{2}\times 3+\frac{440+480}{2}\times 1}{3+5+3+1}$$

$$\approx 378.33(万元)$$

（三）相对数和平均数序时平均数的计算

相对数和平均数时间数列中的各指标值 c 都是根据两个相联系的绝对数时间数列的对应数值 a 和 b 相除而求得的。因此，由相对数和平均数时间数列计算序时平均数，不能直接根据该相对数或平均数时间数列中各项观察值简单平均计算 $\bar{c}$（即不应当用 $\bar{c}=\dfrac{\sum c}{n}$ 的公式），而应先分别计算构成该相对数或平均数时间数列的分子数列和分母数列的序时平均数 $\bar{a}$ 和 $\bar{b}$，然后再对比求出相对数或平均数时间数列的序时平均数 $\bar{c}$。用公式表示为

$$\bar{c}=\dfrac{\bar{a}}{\bar{b}}$$

式中，应首先判断分子数列 $\bar{a}$ 和分母数列 $\bar{b}$ 是时期数列还是时点数列，再按正确的计算方法求得。

例如，某企业 2024 年第一季度各月产品产量计划完成情况如表 8-5 所示。

表 8-5　某企业 2024 年第一季度各月产品产量计划完成情况

时间	1 月	2 月	3 月
（a）实际完成数（件）	630	660	669
（b）计划完成数（件）	600	600	660
（c）计划完成情况（a)÷(b)×100%（%）	105	110	101.36

该企业第一季度的平均计划完成程度为

$$\bar{a}=\dfrac{\sum a}{n}=\dfrac{630+660+669}{3}=653(件)$$

$$\bar{b}=\dfrac{\sum b}{n}=\dfrac{600+600+660}{3}=620(件)$$

$$\bar{c}=\dfrac{\bar{a}}{\bar{b}}=\dfrac{653}{620}\times 100\%\approx 105.32\%$$

例如，某企业 2023 年 9—12 月月产值和月末职工人数如表 8-6 所示。

表 8-6　某企业 2023 年 9—12 月月产值和月末职工人数

时间	9 月	10 月	11 月	12 月
（a）月产值（万元）	1 150	1 170	1 200	1 370
（b）月末职工人数（人）	650	670	690	710

该企业第四季度月平均劳动生产率为

$$\bar{a}=\dfrac{\sum a}{n}=\dfrac{1\,170+1\,200+1\,370}{3}\approx 1\,246.67(件)$$

$$\bar{b}=\dfrac{\dfrac{b_1}{2}+b_2+\cdots+b_{n-1}+\dfrac{b_n}{2}}{n-1}=\dfrac{\dfrac{650}{2}+670+690+\dfrac{710}{2}}{4-1}=680(人)$$

$$\bar{c}=\dfrac{\bar{a}}{\bar{b}}=\dfrac{1\,246.67}{680}\approx 1.83(万元/人)$$

再如，某商店 2023 年 9—12 月商品零售额、月末商品库存额及商品流转次数如表 8-7 所示。

表 8-7　某商店 2023 年 9—12 月商品零售额、月末商品库存额及商品流转次数

时间	9 月末	10 月末	11 月末	12 月末
（a）商品零售额（元）	—	200	300	420
（b）月末商品库存额（元）	90	110	130	170
（c）商品流转次数（次）	—	2	2.5	2.8

该商店第四季度月平均商品流转次数为

$$\bar{a} = \frac{\sum a}{n} = \frac{200+300+420}{3} \approx 306.67(\text{万元})$$

$$\bar{b} = \frac{\frac{b_1}{2}+b_2+\cdots+b_{n-1}+\frac{b_n}{2}}{n-1} = \frac{\frac{90}{2}+110+130+\frac{170}{2}}{4-1} \approx 123.33(\text{万元})$$

$$\bar{c} = \frac{\bar{a}}{\bar{b}} = \frac{306.67}{123.33} \approx 2.49(\text{次})$$

从以上计算可以看出，计算序时平均数时分子的分母和分母的分母是可以互相抵消的，因此，在计算时也可以省略分步计算过程。所以，上例也可以写为

$$\bar{c} = \frac{\bar{a}}{\bar{b}} = \frac{(200+300+420)/3}{\left(\frac{90}{2}+110+130+\frac{170}{2}\right)/(4-1)} \approx 2.49(\text{次})$$

综上各类时间数列序时平均数计算规则如表 8-8 所示。

表 8-8　时间数列序时平均数计算规则

序时平均方法	绝对数时间数列	时期数列		简单算术平均	
		时点数列	连续时点	以"天"为单位，每天统计	简单算术平均
				每天统计，有不同天数	加权算术平均
			间断时点	间隔相等	两次简单平均
				间隔不等	先简单后加权
	相对数、平均数时间数列	视情况选用：先平均再相除、先加总再相除、加权算术平均、加权调和平均等			

三、增长量

增长量是报告期水平与基期水平之差，反映某一现象在不同时期增减变化的绝对量。增长量可以是正数，代表现象的增加量；也可以是负数，代表现象的减少量。其计算公式为

增长量 = 报告期水平 - 基期水平

由于采用的基期不同，增长量分为累计增长量和逐期增长量两种。累计增长量是报告期水平与某一固定基期水平（常用最初水平）之差，用来反映现象在某一较长时期增减变化的绝对量。逐期增长量是报告期水平与前一时期水平之差，用来反映现象在相邻时期增减变化的绝对量。用符号表示计算公式如下：

累计增长量：$a_1-a_0, a_2-a_0, \cdots, a_{n-1}-a_0, a_n-a_0$

逐期增长量：$a_1-a_0, a_2-a_1, \cdots, a_{n-1}-a_{n-2}, a_n-a_{n-1}$

从上述公式中可以看出，累计增长量与逐期增长量之间有一定的等式关系，即累计增长量

等于各期的逐期增长量之和,用公式表示为

$$a_n - a_0 = (a_1 - a_0) + (a_2 - a_1) + \cdots + (a_n - a_{n-1})$$

例如,根据表 8-1 的资料,计算我国各年国内生产总值逐期增长量和累计增长量,如表 8-9 所示。

表 8-9　2019—2023 年我国各年国内生产总值增长量计算表

年份		2019	2020	2021	2022	2023
国内生产总值(亿元)		986 515	1 013 567	1 149 237	1 204 724	1 260 582
增长量	逐期	—	27 052	135 670	55 487	55 858
	累计	—	27 052	162 722	218 209	274 067

在实际工作中,常计算年距增长量,它是报告期水平与上年同期水平之差,其计算公式为

$$年距增长量 = 报告期水平 - 上年同期水平$$

例如,某羽绒服企业 2024 年 6 月的销售额与 2023 年 6 月的销售额之差,2024 年 12 月的销售额与 2023 年 12 月的销售额之差,都是年距增长量。当然,年距增长量也可能是负值。

计算年距增长量可消除季节变动的影响,表明报告期水平比上年同期水平增减变化的绝对数量。

四、平均增长量

平均增长量是时间数列各逐期增长量的平均数,用于描述现象在一段时间内每期平均增加或减少的数量。它可以根据逐期增长量求得,也可以根据累计增长量求得。计算公式为

$$平均增长量 = \frac{逐期增长量之和}{逐期增长量项数}$$

$$= \frac{末期累计增长量}{时间数列项数 - 1}$$

用符号表示则为

$$平均增长量 = \frac{\sum a_i - a_{i-1}}{n} = \frac{a_n - a_0}{n}$$

式中,n 是逐期增长量的项数,即时间数列项数减 1。

例如,表 8-9 中我国国内生产总值 2019—2023 年平均增长量为

$$平均增长量 = \frac{27\,052 + 135\,670 + 55\,487 + 55\,858}{4} = \frac{274\,067}{4} = 68\,516.75(亿元)$$

同步思考 8-2 ▶▶▶

1. 序时平均数和静态平均数的共同之处是什么?序时平均数和静态平均数的区别又在哪?若计算 2023 年辽宁省 14 个市的城市居民平均可支配收入,这个指标是静态平均数还是序时平均数?若计算辽宁省 2023 年 1—12 月的城市居民平均可支配收入,这个指标是静态平均数还是序时平均数?为什么?

2. 为什么由相对数和平均数时间数列计算序时平均数时不能直接进行对比?应该如何计算?

第三节 时间数列的速度分析

时间数列的速度分析指标是反映国民经济运行的主要指标，包括发展速度、增长速度、增长1%的绝对值、平均发展速度和平均增长速度。这几个指标之间具有密切的联系，其中发展速度是基本的速度分析指标。

一、发展速度

发展速度是两个不同时期发展水平对比所得的动态相对指标，用来反映社会经济现象发展变化的相对程度。该指标说明了报告期水平已发展为（或增加到）基期水平的百分之几或若干倍。计算公式为

$$发展速度 = \frac{报告期水平}{基期水平}$$

由于采用的基期不同，发展速度分为定基发展速度和环比发展速度两种。定基发展速度也称总发展速度，是报告期水平与某一固定基期水平（常用最初水平）之比，用来反映社会经济现象在某一较长时期内发展的总速度；环比发展速度是报告期水平与前一时期水平之比，用来反映社会经济现象在相邻时期发展的相对程度。用符号表示为

定基发展速度：$\frac{a_1}{a_0}, \frac{a_2}{a_0}, \cdots, \frac{a_n}{a_0}$

环比发展速度：$\frac{a_1}{a_0}, \frac{a_2}{a_1}, \cdots, \frac{a_n}{a_{n-1}}$

例如，根据某企业2018—2023年历年利润总额资料可计算出不同年份的发展速度和增长速度，如表8-10所示。

表8-10 某企业2018—2023年历年利润总额速度计算表

年份		2018	2019	2020	2021	2022	2023
利润总额（万元）		200	230	250	240	260	300
增长量（万元）	逐期	—	30	20	-10	20	40
	累计	—	30	50	40	60	100
发展速度（%）	环比	—	115.00	108.70	96.00	108.33	115.38
	定基	100	115.00	125.00	120.00	130.00	150.00
增长速度（%）	环比	—	15.00	8.70	-4.00	8.33	15.38
	定基	—	15.00	25.00	20.00	30.00	50.00

从上述计算中可以看出，定基发展速度和环比发展速度之间具有一定的等式关系，即定基发展速度等于相应各期环比发展速度的连乘积，用公式表示为

$$\frac{a_n}{a_0} = \frac{a_1}{a_0} \times \frac{a_2}{a_1} \times \cdots \times \frac{a_n}{a_{n-1}}$$

在实际工作中，常计算年距发展速度，它是报告期水平与上年同期水平之比，表明在消除季节变动影响的情况下，现象本期比上年同期的相对发展程度。计算公式为

$$年距发展速度 = \frac{报告期发展水平}{上年同期发展水平}$$

例如，某羽绒服企业 2023 年 6 月的销售额与 2022 年 6 月的销售额之比，2023 年 12 月的销售额与 2022 年 12 月的销售额之比，都是年距发展速度。当然，年距发展速度也可能低于 100%。

二、增长速度

增长速度是增长量与基期水平对比所得的动态相对数，用来反映社会经济现象增长变化的相对程度。该指标说明了报告期水平比基期水平增加（或提高）了百分之几或若干倍。计算公式为

$$增长速度 = \frac{增长量}{基期水平}$$

$$增长速度 = \frac{报告期水平 - 基期水平}{基期水平}$$

$$= 发展速度 - 1(或 100\%)$$

由于采用的基期不同，增长速度可以分为定基增长速度和环比增长速度两种。定基增长速度也称总增长速度，是累计增长量与某一固定基期水平之比，反映社会经济现象在某一较长时期内增长的总速度；环比增长速度是逐期增长量与前一时期水平之比，反映社会经济现象在相邻时期增长的相对程度。用符号表示为

定基增长速度：$\dfrac{a_1-a_0}{a_0}, \dfrac{a_2-a_0}{a_0}, \cdots, \dfrac{a_n-a_0}{a_0}$ 或 $\dfrac{a_1}{a_0}-1, \dfrac{a_2}{a_0}-1, \cdots, \dfrac{a_n}{a_0}-1$

环比增长速度：$\dfrac{a_1-a_0}{a_0}, \dfrac{a_2-a_1}{a_1}, \cdots, \dfrac{a_n-a_{n-1}}{a_{n-1}}$ 或 $\dfrac{a_1}{a_0}-1, \dfrac{a_2}{a_1}-1, \cdots, \dfrac{a_n}{a_{n-1}}-1$

例如，表 8-10 计算出了 2018—2023 年的定基增长速度和环比增长速度。

需要指出的是，发展速度是计算增长速度的基本指标，但从指标的实际意义来看，增长速度的重要性远远超过发展速度。通常，发展速度大于 1 则增长速度为正值，表示现象增长的程度；反之则表示现象下降的程度。

值得注意的是，由于增长速度只反映增长部分的相对程度，所以，环比增长速度的连乘积不等于定基增长速度。如果要由环比增长速度求定基增长速度，必须将环比增长速度加 1（或 100%）再连乘，然后将所得结果再减 1（或 100%）。

实际工作中，有时也计算年距增长速度，它是年距增长量与上年同期水平之比。计算公式为

$$年距增长速度 = \frac{年距增长量}{上年同期发展水平} = 年距发展速度 - 1(或 100\%)$$

总之，总增长速度不等于相应各环比增减速度之和（积）。发展速度和增长速度之间的关系如图 8-3 所示。

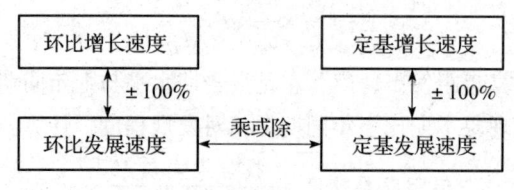

图 8-3 各种速度之间的关系

三、增长1%的绝对值

运用时间数列进行动态比较时,既要看速度,又要看水平。相对数具有抽象化的特点,用百分比表示的发展速度和增长速度把所对比的发展水平掩盖了,因此,要把速度与水平结合起来,就必须计算报告期水平比前一期每增减1%所包含的绝对值,它表明环比增长速度所包含的绝对数量,也是相对数与绝对数结合应用的一种形式。计算公式为

$$增长1\%的绝对值 = \frac{逐期增长量}{环比增长速度 \times 100}$$

$$= \frac{前期水平}{100}$$

例如,2018—2023年某企业历年利润每增长1%的绝对值计算结果如表8-11所示。

表8-11　某企业历年利润增长1%绝对值计算表

年份	2018	2019	2020	2021	2022	2023
利润额(万元)	200	230	250	240	260	300
增长1%的绝对值	—	2.00	2.30	2.50	2.40	2.60

四、平均发展速度和平均增长速度

平均发展速度与平均增长速度是两个非常重要的速度指标。前者反映了现象在一定时期内逐期发展变化的一般程度,后者反映了现象在一定时期内逐期增长或降低的一般程度。因此,这两个指标被广泛应用,是编制和检查计划的重要依据,可用于比较一个国家或地区不同发展阶段的状况以及同一时期不同国家或地区发展的状况。

(一)平均发展速度

平均发展速度是一定时期内各期环比发展速度的序时平均数,用以说明现象在一段时间内平均发展变化的程度,可用于编制和检查计划,对比不同时期、不同国家或地区经济发展的变化,进行推算和预测等。

平均发展速度通常采用水平法和方程法计算。

1. 水平法

水平法也称几何平均法,应用这一方法的原理或基本思想是从最初水平 a_0 出发,每期按平均发展速度 $\bar{x}$ 发展,经过 n 期后将达到最末水平 a_n。这一方法的特点是考察期末水平,中间水平无论如何变化都对平均发展速度的计算结果没有影响,因此称为"水平法"。在实际应用中,如果关心的是现象在最后一期应达到的水平,就应采用水平法计算平均发展速度。

如果以 $x_i(i=1,2,\cdots,n)$ 表示各期环比发展速度,以 $\bar{x}$ 代表平均发展速度,根据上述平均发展速度的定义,对若干个环比发展速度求序时平均数,就需要用水平法,则平均发展速度为

$$\bar{x} = \sqrt[n]{x_1 \cdot x_2 \cdots x_n} = \sqrt[n]{\prod x}$$

式中,$\bar{x}$ 是平均发展速度;x 是各期环比发展速度;n 是环比发展速度的个数;$\prod$ 是连乘符号。

因为环比发展速度的连乘积等于总速度 R，所以：

$$\bar{x} = \sqrt[n]{R}$$

又因为总速度 R 等于末期水平（a_n）与最初水平（a_0）之比，所以：

$$\bar{x} = \sqrt[n]{\frac{a_n}{a_0}}$$

这两个公式中的 n，需根据 a_n 与 a_0 的间隔期数确定，它与平均发展速度公式中的环比发展速度的个数相同。

对上述三个公式的应用，可视掌握资料的情况而定。

根据表 8-10 的资料，可计算 2019—2023 年某企业历年利润额的平均发展速度为

$$\bar{x} = \sqrt[n]{\prod x} = \sqrt[5]{1.15 \times 1.087 \times 0.96 \times 1.0833 \times 1.1538} \approx \sqrt[5]{1.5} \approx 108.45\%$$

或

$$\bar{x} = \sqrt[n]{R} = \sqrt[5]{1.5} \approx 108.45\%$$

或

$$\bar{x} = \sqrt[n]{\frac{a_n}{a_0}} = \sqrt[5]{\frac{300}{200}} = \sqrt[5]{1.5} \approx 108.45\%$$

在实际经济工作中，实际上只用一种方法计算就可以了，若以上资料都掌握，通常用总速度公式计算最简便。

2. 方程法

方程法也称累计法，应用这一方法的原理或基本思想是从最初水平 a_0 出发，按平均发展速度 $\bar{x}$ 发展，计算的各期发展水平的总和要等于相应各期实际发展水平的总和，所以叫累计法，即

$$a_0\bar{x} + a_0\bar{x}^2 + a_0\bar{x}^3 + \cdots + a_0\bar{x}^n = a_1 + a_2 + a_3 + \cdots + a_n$$

即 $a_0(\bar{x} + \bar{x}^2 + \bar{x}^3 + \cdots + \bar{x}^n) = \sum a$

于是有：$\bar{x} + \bar{x}^2 + \bar{x}^3 + \cdots + \bar{x}^n - \dfrac{\sum a}{a_0} = 0$

解此高次方程所得 x 的正根，就是平均发展速度。该方法计算平均发展速度的特点是考察各期水平的累计总和，因此也称"累计法"。在实际应用中，如果侧重于研究现象在一段时间内各期发展水平的总和，如累计固定资产投资完成额、植树造林面积等，适宜采用方程法计算平均发展速度。

方程法中求解高次方程是比较复杂的，在实际工作中往往利用事先编好的"平均增长速度查对表"来查对应用，这里我们就不做阐述了。

（二）平均增长速度

平均增长速度是各期环比增长速度的序时平均数，用以反映现象在一段时间内平均增长变化的程度。

平均增长速度不能根据各期环比增长速度直接计算，而要通过平均发展速度减 1 来求得。平均增长速度的计算公式为

平均增长速度 = 平均发展速度 -1（或 100%）

在上例中，如果已经求出平均发展速度是 108.45%，则平均增长速度为

$$平均增长速度 = 平均发展速度 - 1(或 100\%)$$
$$= 108.45\% - 100\%$$
$$= 8.45\%$$

例如,已知某企业 2019—2023 年利润额历年增长速度分别为:15.3%、18.7%、20.4%、28.6%、34.3%,要计算该企业 2019—2023 年利润额平均增长速度就不能直接用各期增长速度计算,而应该先将各期增长速度加上 100%,变成各期环比发展速度,即 115.3%、118.7%、120.4%、128.6%、134.3%,然后再按平均发展速度计算。当然,在计算时,通常去掉%计算更简便,即以 1.153、1.187、1.204、1.286、1.343 计算,其年平均发展速度为

$$\bar{x} = \sqrt[n]{\prod x} = \sqrt[5]{1.153 \times 1.187 \times 1.204 \times 1.286 \times 1.343} \approx \sqrt[5]{2.8459} \approx 1.232 = 123.2\%$$

则年利润额平均增长速度为

$$123.2\% - 100\% = 23.2\%$$

(三)应用速度指标时应该注意的问题

1. 速度分析应该与水平分析结合应用

时间数列的速度指标是由水平指标对比计算后以百分数表示的抽象化指标,它不能反映现象绝对量的差别。在应用速度指标进行分析时,要注意以下几个问题。一是要结合具体研究目的适当选择基期,并注意其所依据的基本指标在整个研究时期的同质性。如果资料中出现显著的悬殊和不同的发展方向,如有几年的环比增长速度特别快,而有几年又是负增长,以及所选择的最初水平和最末水平受特殊因素的影响过高或过低,那么用这样的资料来计算平均发展速度就会降低甚至失去指标的代表意义和实际分析意义。二是要联系各个时期的环比发展速度来补充说明平均发展速度,如水平法名义上是各个时期环比发展速度的平均数,但实际上只计算最末水平和最初水平两个数字,把中间各个时期的具体变动抽象掉了,所以要补充各期的环比速度加以分析。三是要结合基期水平进行分析。因为发展速度是报告期水平除以基期水平得到的,从数量关系来看,基期水平低,速度就容易高;基期水平高,速度就容易低。因此,速度高可能掩盖低水平,速度低可能隐藏着高水平。四是平均速度指标应结合其所依据的各个基本指标,如发展水平、增长量、环比发展速度、定基发展速度等进行分析研究,这样才能深入、全面地了解现象的发展历程、具体过程和特点,从而对所研究的现象具有比较确切和完整的认识。

2. 计算平均速度应该选择合适的平均速度计算方法

一是因为计算平均速度要考虑研究目的和研究对象两个方面。水平法侧重考核最末一年的水平,而方程法(累计法)侧重考核整个期间的发展水平之和。水平法能够按平均发展速度推算出最末一年的发展水平等于实际的发展水平,而方程法能够按平均发展速度推算出各期发展水平之和等于实际的发展水平之和。产值、产量、人口增长等通常用水平法,而新增生产能力、植树造林面积等通常用方程法。二是水平法的应用要与具体的环比速度分析相结合。运用水平法要注意各期水平的波动状况,用具体的环比发展速度补充总平均发展速度进行分析,这样才能对现象的发展变化过程得出正确且完整的认识。三是对平均速度指标的分析要充分利用原始时间数列的信息。利用原始时间数列信息的可能方法有:利用分段平均发展速度补充说明整个时期的总平均发展速度;利用原始时间数列的发展水平、增长量以及计算平均速度所依据

的环比速度、定基速度等指标补充说明平均速度本身。四是用水平法计算平均发展速度时，通常可以用计算器，也可以查平均增长速度查对表，还可以利用 Excel 中的 GEOMEAN（几何平均数）函数计算求得；而方程法通常只能利用平均增长速度查对表，否则很难计算出其平均发展速度。

同步思考 8-3 ▶▶▶

1. 增长 1% 的水平值表示每增长一个百分点所增加的绝对量，它表明环比增长速度所包含的绝对数量，也是相对数与绝对数结合应用的一种形式。那么，为什么要计算增长 1% 的绝对值？怎样计算？

2. 什么是年距发展速度？什么是年距增长速度？为什么要计算年距速度？

3. 按水平法计算的平均发展速度侧重于考察现象的期末发展水平吗？方程法（累计法）侧重考核什么水平？

第四节　时间数列长期趋势分析

一、时间数列的构成因素

现象的发展受多种因素的影响，时间数列的形成也是多种因素共同作用的结果。在一个时间数列中，有长期的起决定性作用的因素，也有临时的起非决定性作用的因素；有可以预知和控制的因素，也有不可预知和不可控制的因素。这些因素相互影响，从而使时间数列的变化趋势呈现不同的特点。影响时间数列的因素大体可分为四种：长期趋势、季节变动、循环变动和不规则变动。

（一）长期趋势

长期趋势也称趋势变动，是指现象在一个相当长的时期内，受某种长期的、决定性的因素影响而呈现出的持续上升或持续下降的趋势，通常以 T 表示。例如，改革开放后，我国国内生产总值持续上升；随着医疗条件的改善，新生婴儿的死亡率连年降低；等等。

（二）季节变动

季节变动原本是指受自然因素的影响，在一年内随季节的更替而发生的有规律的变动。现在季节变动的概念得到了扩展，对于一年内由于社会、经济、自然因素的影响，形成以一定时期为周期的、有规则的重复变动，都称为季节变动。例如，学校的寒暑假、农民工外出打工等，使客运部门的客运量在一年中呈现规律性变化；再如，"朝九晚五"的上下班制度对市内公共交通带来的规律性高峰，都可以称为季节变动。

（三）循环变动

循环变动是指以若干年为一定周期的、有一定规律性的周期波动的变动。循环变动与长期趋势不同，它不是单一方向的持续变动，而是有涨有落的交替波动。循环变动与季节变动也不同，季节变动有明显的按月或按季的固定周期规律，而循环变动的周期通常在一年以上，周期的长短、波动的大小也不一致。

（四）不规则变动

不规则变动也称随机变动，是指现象由于受突发事件或偶然因素的影响而引起的无规则性的变动。例如，受到自然灾害等不可抗力的影响，这种变动一般无法做出规律性的解释。

时间数列分析的任务，就是要对时间数列中的变动进行测定和分析，从中分析出各种要素的具体作用，揭示经济现象的变动规律和特征，为认识和预测现象的发展变化提供依据。

时间数列反映现象的发展变化，是多种复杂因素共同作用的结果。从长期来看，揭示经济现象发展的长期趋势和测定其季节变动的影响，对于每一个具体的时间数列来说都是十分重要的。因此，本节主要阐述长期趋势的测定方法。

二、长期趋势的测定

（一）长期趋势测定的意义

长期趋势是指现象在相当长的时间内，持续增长或持续下降的趋势。例如，我国经济发展和人民生活水平总的趋势是持续增长的，而人口死亡率呈持续下降趋势。

测定和分析长期趋势的主要目的有三个：一是认识现象随时间发展变化的趋势和规律性；二是对现象未来的发展趋势做出预测；三是从时间数列中剔除长期趋势成分，以便于分解出其他类型的影响因素。

时间数列的长期趋势可分为线性趋势和非线性趋势。线性趋势的特点是时间数列各期的增减数量大致相同，趋势线的斜率基本保持不变；而非线性趋势的特点是时间数列各期的变动随时间而异，趋势线的斜率有明显变动。有规律的非线性趋势也称曲线趋势。

（二）长期趋势测定的方法

测定长期趋势的方法有许多种，这里只介绍最常用的时距扩大法、移动平均法和最小平方法三种方法。

1. 时距扩大法

时距扩大法是测定现象长期趋势的一种最简单的方法。它通过把原时间数列各个时期的数值加以合并，扩大研究时期，消除偶然因素影响，使扩大时距后的时间数列能明显地反映现象发展的长期趋势。

下面通过表 8-12 说明时距扩大法修匀时间数列的方法。

表 8-12　某企业 2023 年 A 产品销售量

月份	1	2	3	4	5	6	7	8	9	10	11	12
销售量（万件）	91	93	95	101	102	106	103	110	114	110	111	115

从表 8-12 中可以看出，销售量有波动，升降交替，长期趋势不明显。为消除各月销售量

的波动，可以把研究的时距从一月扩大到一个季度，则可整理出如表 8-13 所示的一个新时间数列。从修匀后的时间数列看，该企业的 A 产品销售量呈明显上升趋势。

表 8-13 某企业 2023 年 A 产品销售量

季度	第一季度	第二季度	第三季度	第四季度
销售总量（万件）	279	309	327	336
平均销售量（万件）	93	103	109	112

运用时距扩大法修匀时间数列时，要求所扩大的时距要相等，以便于比较、观察现象的变动趋势。在确定时距时，时距大小要适中。如果时距过小，则不能消除现象变动中的偶然因素；如果时距过长，修匀后的时间数列数值太少，则会掩盖现象发展的具体趋势。

2. 移动平均法

移动平均法是时距扩大法的改良版。它是在时距扩大的基础上，通过逐项移动，计算得出一个由序时平均数构成的新时间数列，并用新时间数列把现象发展趋势明显地表现出来。通过这种修匀的方法，也可以消除偶然因素对时间数列的影响，使现象发展的长期趋势明显地呈现出来。

设时间数列为 $a_1, a_2, \cdots, a_n$，移动时距为 k。若 k 为奇数，则移动平均形成的新时间数列为 $\bar{a}$，其计算公式为

$$\bar{a} = \frac{a_1 + a_2 + \cdots + a_n}{k}$$

若 k 为偶数，则需进行两次移动平均。第一次移动平均的方法与奇数项移动的方法一样，只是得到的时间数列的各个数值与原时间数列中的各个数值都错了半格；第二次移动是对第一次移动的结果进行移正，移正后的各个数值与原时间数列的数值正好对齐。

例如，某企业 2023 年各月销售额如表 8-14 所示。

表 8-14 某企业 2023 年各月销售额

月份	销售额（万元）	三项移动平均值	四项移动平均值	
			一次移动	二次移正
1	41	—	—	—
2	42	45.0	44.5	—
3	52	45.7	45.5	45.0
4	43	46.7	47.8	46.6
5	45	46.3	48.0	47.9
6	51	49.7	47.3	47.6
7	53	48.0	48.8	48.0
8	40	48.0	48.3	48.5
9	51	46.7	49.0	48.6
10	49	52.0	52.5	50.8
11	56	53.0	—	—
12	54	—	—	—

从表 8-14 可以看出，经过移动平均后所得到的序时平均数时间数列的项数比原时间数列少，但表现的现象长期趋势较清晰。在使用移动平均法时应注意以下几个问题。

（1）移动时距的选择。移动时距越长，现象长期趋势表现得越明显，但数列保留的项数越少；反之亦然，如表 8-14 所示。在实际统计研究中，移动时距的选择应根据掌握资料的性质确定。如果掌握的是日资料，通常采用 7 项移动平均；如果掌握的是月度资料，通常采用 12 项移动平均；如果掌握的是季度资料，通常采用 4 项移动平均；如果现象有明显的周期波动，通常采用周期波的长度移动平均。一般来说，对于奇数项移动平均所形成的新数列，头尾各减少 $\frac{n-1}{2}$ 项；对于偶次项移动平均所形成的新数列，头尾各减少 $\frac{n}{2}$ 项。

（2）移动平均法不能直接用于预测。因为移动平均后得到的新时间数列的前后项数已不再完整，所以不能直接用于预测。如要进行预测，需对移动后的时间数列进行加工处理。

（3）移动平均法是通过移动平均来平滑时间数列的，但由于平均数易受异常数值的影响，为避免这种情况，可以用各中位数来代表平均数，这就是移动中位数法。例如，某企业 2023 年各月销售额平均法趋势图如图 8-4 所示。

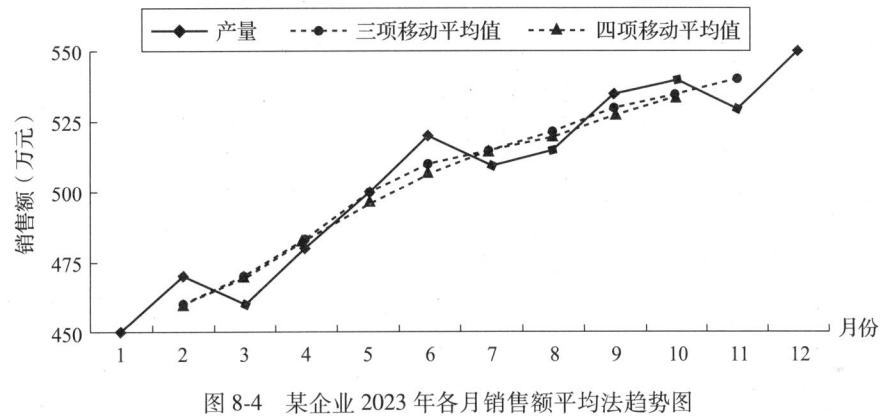

图 8-4　某企业 2023 年各月销售额平均法趋势图

3. 最小平方法

最小平方法又称最小二乘法，是测定现象长期趋势常用的方法。其基本思路是利用数学方法，配合一条较理想的趋势线。这条趋势线必须满足两个条件：一是实际观测值（y）与趋势值（y_c）的离差平方和为最小值；二是实际观测值与趋势值的离差之和等于 0，即

$$\sum(y-y_c)=0$$
$$\sum(y-y_c)^2 = 最小值$$

在最小平方法配合趋势线之前，首先要对趋势线的形状进行判断，其方法是：把原时间数列中的各个数值绘制到直角坐标系中，观察散点图的形状，如呈现直线变动，则配合直线；如呈现曲线变动，则配合曲线。有时也可以用近似方法判断：若观察值的一次差（逐期增长量）大体相同，则配合直线；若二次差大体相同，则配合曲线；若各观察值对数的一次差大体相同，则配合指数曲线；若各观察值一次差的环比值大体相同，则配合修正指数曲线，等等。如果对于同一时间数列有几种趋势线可供选择，以估计标准误差最小者为宜。

趋势模型有直线趋势模型和曲线趋势模型两种，我们主要阐述直线趋势模型。直线趋势线的一般形式为

$$y_c = a + bt$$

式中，y 是实际观测值；t 是时间项次；a、b 是待定参数（a 是直线的截距，即当 $t=0$ 时 y_c 的数值，b 是直线的斜率，即 t 每变动一个单位，y_c 的平均增加量或减少量）；y_c 是趋势值。

根据最小平方法的要求，得下式：

$$\sum(y-y_c)^2 = \sum(y-a-bt)^2 = 最小值$$

如果把 Q 看作待定参数 a 和 b 的函数，要令 Q 等于最小值，可对上式中的 a 和 b 分别求偏导数，并使其等于 0，经整理，可得两个标准方程式：

$$\begin{cases} \sum y = na + b\sum t \\ \sum ty = a\sum t + b\sum t^2 \end{cases}$$

解这个标准方程式，求得待定参数，可得 a、b 的计算公式为

$$b = \frac{n\sum ty - \sum t \sum y}{n\sum t^2 - (\sum t)^2}$$

$$a = \bar{y} - b\bar{t}$$

例如，某地区 2015—2023 年的 A 产品产量如表 8-15 所示。

表 8-15　某地区 2015—2023 年的 A 产品产量

年份	2015	2016	2017	2018	2019	2020	2021	2022	2023
年产量（万件）	29	32	36	40	43	48	52	56	60

根据表 8-15 的资料，用最小平方法配合直线趋势方程如下。

第一步，根据表 8-15 中的数据计算出有关数据，如表 8-16 所示。

表 8-16　最小平方法计算表

年份	时间序号 t	产量 y（万件）	产量逐期增长量	ty	t^2	趋势值 y_c
2015	1	29	—	29	1	28.27
2016	2	32	3	64	4	32.20
2017	3	36	4	108	9	36.13
2018	4	40	4	160	16	40.07
2019	5	43	3	215	25	44.00
2020	6	48	5	288	36	47.93
2021	7	52	4	364	49	51.87
2022	8	56	4	448	64	55.80
2023	9	60	4	540	81	59.73
合计	45	396	—	2 216	285	396.00

第二步，由表中计算数据可求得参数 a 和参数 b 的具体数值。

已知，$n=9$，$\sum t=45$，$\sum y=396$，$\sum ty=2\,216$，$\sum t^2=285$，那么：

$$b = \frac{n\sum ty - \sum t \sum y}{n\sum t^2 - (\sum t)^2} = \frac{9\times 2\,216 - 45\times 396}{9\times 285 - 45^2} \approx 3.933$$

$$a = \bar{y} - b\bar{t} = \frac{396}{9} - 3.933 \times \frac{45}{9} = 24.335$$

第三步，建立直线趋势方程为
$$y_c = 24.335 + 3.933t$$

第四步，预测2024年的产量，即当 $t=10$ 时 y_c 的具体值：
$$y_c = 24.335 + 3.933 \times 10 = 63.665(万件)$$

如果将各年的 t 值代入所求方程，可以得到各年空调机产量的趋势值，如表8-16最后一栏所示，可以验证实际观测值和趋势值的离差之和等于零。

在上例中，从 t 的取值可以看出，直线趋势方程的原点取在时间数列的前一年，即2014年。如果把原点移到数列的正中间（2019年），可以求解 a、b 的标准方程式，即令 $\sum t = 0$，那么，a、b 的计算公式也可简化为

$$a = \frac{\sum y}{n}$$

$$b = \frac{\sum ty}{\sum t^2}$$

值得注意的是，在利用上述简化计算方法时，如果时间数列是奇数项，t 的取值为…,-3,-2,-1,0,1,2,3,…；如是偶数项，t 的取值为…,-5,-3,-1,1,3,5,…。

例如，仍用表8-15资料，简化计算方法如下。

第一步，将计算所用数据列入计算表，如表8-17所示。

表8-17 最小平方简捷法计算表（1）

年份	时间序号 t	原时间序号 t_0	产量 y（万件）	产量逐期增长量	ty	t^2	趋势值 y_c
2015	-4	1	29	—	-116	16	28.27
2016	-3	2	32	3	-96	9	32.20
2017	-2	3	36	4	-72	4	36.13
2018	-1	4	40	4	-40	1	40.07
2019	0	5	43	3	0	0	44.00
2020	1	6	48	5	48	1	47.93
2021	2	7	52	4	104	4	51.87
2022	3	8	56	4	168	9	55.80
2023	4	9	60	4	240	16	59.73
合计	0	45	396	—	236	60	396.00

第二步，根据表8-17中的计算数据，直接求解 a、b，得：

$$a = \frac{\sum y}{n} = \frac{396}{9} = 44$$

$$b = \frac{\sum ty}{\sum t^2} = \frac{236}{60} \approx 3.933$$

第三步，建立简捷法求得的直线趋势方程为
$$y_c = 44 + 3.933t$$

第四步，预测2024年的产量，即当 $t=5$ 时，y_c 的具体值为
$$y_c = 44 + 3.933 \times 5 = 63.665(万件)$$

从上述计算结果可以看出，用最小平方方法的一般方法和简捷法配合直线趋势方程，所预测的结果是相同的。

再如，若表 8-15 的资料是从 2016 年开始的，数列是偶次项，那么，要以 2020 年 6 月 30 日为原点（即为 0 时），则简化计算方法如下。

第一步，将计算所用数据列入计算表，如表 8-18 所示。

表 8-18　最小平方简捷法计算表（2）

年份	时间序号 t	产量 y（万件）	产量逐期增长量	ty	t^2	趋势值 y_c
2016	−7	32	—	−224	49	31.83
2017	−5	36	4	−180	25	35.85
2018	−3	40	4	−120	9	39.86
2019	−1	43	3	−43	1	43.87
2020	1	48	5	48	1	47.88
2021	3	52	4	156	9	51.89
2022	5	56	4	280	25	55.91
2023	7	60	4	420	49	59.92
合计	0	367	—	337	168	367.00

第二步，根据表 8-18 中的计算数据，直接求解 a、b，得：

$$a = \frac{\sum y}{n} = \frac{367}{8} = 45.875$$

$$b = \frac{\sum ty}{\sum t^2} = \frac{337}{168} \approx 2.006$$

第三步，建立简捷法求得的直线趋势方程为

$$y_c = 45.875 + 2.006t$$

第四步，预测 2024 年的产量，即当 $t=9$ 时，y_c 的具体值为

$$y_c = 45.875 + 2.006 \times 9 = 63.929（万件）$$

从上述计算结果也可以看出，用最小平方方法的一般方法和简捷法配合直线趋势方程，所预测的结果是相同的。因此，实践中可以根据所掌握的资料任意选择其中一种方法进行计算。

三、季节变动的测定

（一）季节变动的含义和基本原理

1. 季节变动的含义

在社会经济领域有很多现象的变化呈现季节性规律，最简单的表现方式就是有"淡季"和"旺季"之别。因此，认识并测定季节变动的规律，对于正确指导生产、流通、消费都具有重要意义。通常，季节变动是指某些社会经济现象由于受自然因素或社会因素的影响，在一年内随着季节的交替而引起的有规律性的变动。例如，毛皮服装、棉衣、羽绒服一类商品在冬季是销售旺季，在夏季则销售大量减少，随着气候转寒又回到了销售旺季；而啤酒、冷饮、电风扇等商品的销售量却是夏高冬低。

季节变动中的"季节"一词是广义的，不仅仅是指一年中的四季，还指任何一种有规律

的、按一定周期重复出现的变化。季节变动的原因通常与生产条件、节假日、风俗习惯等因素有关。季节变动往往会给人们的社会经济生活带来某种影响，如影响生产、销售、库存和消费等。

在这种变动中，如气候（这是外部原因）、节假日、政府有关制度的原因等是系统原因。这种系统原因的大部分若从长期来考虑，虽然在季节和日期方面有若干变动的可能性，但无论如何，年年都存在着某种程度的规则性。用时间数列观察季节变动，就可以测定这类系统原因的影响。

2. 季节变动的基本原理

测定季节变动的基本原理，主要是通过季节指数或称季节比率来反映现象在一个年度内各月或季的数量特征。通常，如果分析的是月份数据，就有12个季节指数；如果分析的是季度数据，则有4个季节指数。其中各个指数是以全年（月或季）资料的平均数为基础计算的，因而12个月（或4个季度）指数的平均数应等于100%，各月（或季）的指数之和应等于1 200%（或400%）。季节指数反映了某一月份或季度的数值占全年平均数值的大小。如果现象的发展没有季节变动，则各期的季节指数应等于100%；如果某一月份或季度有明显的季节变化，则各期的季节指数应大于或小于100%，根据各季节指数与其平均数（100%）的偏差程度来测定季节变动的程度。

（二）测定季节变动的方法

测定季节变动的方法很多，按是否考虑长期趋势的影响分为两种，一是不考虑长期趋势的影响，根据原始时间数列直接测定季节变动，称为按月（季）平均法；二是根据剔除长期趋势后的数据测定季节变动，称为长期趋势剔除法。在经济和管理分析中所使用的时间数列，通常要消除季节变动的影响。这种时间数列就称为"季节调整后"的时间数列。

1. 按月（季）平均法

按月（季）平均法是直接根据原始时间数列的数据，通过简单平均来计算季节指数的一种方法。该方法的基本思想是先计算出各年同月（季）的平均数，以消除随机影响，作为该月（季）的代表值；然后计算出各年总的月（季）平均数，作为全年的代表值；再将同月（季）平均数与总的月（季）平均数进行对比，即为季节指数。

例如，某商场2019—2023年各季度电风扇的销售量（单位：万台）如表8-19所示。根据所给资料用按季平均法计算该种电风扇销售量的季节指数。

表8-19 季节指数计算表

年份	第一季度	第二季度	第三季度	第四季度	合计	各季平均
2019	3.0	12.0	5.8	1.2	22.0	5.5
2020	3.5	13.2	7.0	1.5	25.2	6.3
2021	4.1	15.0	8.8	2.1	30.0	7.5
2022	4.5	17.8	9.2	2.5	34.0	8.5
2023	4.9	19.0	10.2	2.7	36.8	9.2
同季平均	4.0	15.4	8.2	2.0	—	7.4
季节指数（%）	54.1	208.1	110.8	27.0	—	400.0

具体计算步骤如下。

第一，根据各年的月（或季）数据计算出同月（季）的平均数（以第一季度为例）：

$$\frac{3.0+3.5+4.1+4.5+4.9}{5}=4.0$$

第二，计算出全部数据的总的月（季）平均数：

$$\frac{5.5+6.3+7.5+8.5+9.2}{5}=7.4$$

第三，将各同月（季）平均数与总的月（季）平均数对比，得到季节指数（S），即

$$季节指数(S)=\frac{同月(季)平均数}{总的月(季)平均数}\times100\%=\frac{4.0}{7.4}\times100\%\approx54.1\%。$$

由表 8-19 的资料可以看出，各同季平均数分别与总的季平均数 7.4 相比，可以得到各季度的季节指数。由各季度的季节指数可见，第二季度的销售量比全年平均水平高出 108.1%，是全年的销售高峰；第三季度销售高峰趋缓，只高出季节指数 10.8%，第四季度是销售低谷，季节指数只有 27.0%；第一季度销售回升，季节指数回升至 54.1%。

各季度的季节指数总和应等于 400%，如果是各月的季节指数，则其总和应等于 1 200%。由于计算过程中小数进位的影响，各季（月）的季节指数总和也可能不等于 400%（或 1 200%），这时应加以调整。

运用按月（季）平均法计算季节指数的基本假定是，原时间数列没有明显的长期趋势和循环变动，因而通过若干年同期数值的平均，不仅可以消除不规则变动，而且当平均的周期与循环周期一致时，循环变动也可以在平均过程中加以消除。所以，只有当数列的长期趋势和循环变动不明显时，运用该方法才比较合适。

2. 长期趋势剔除法

当时间数列存在明显的长期趋势时，运用按月（季）平均法进行季节变动分析将不准确。因为如果存在剧烈的上升趋势，年末的季节指数会明显高于年初的季节指数；如果存在下降趋势，年末的季节指数会明显低于年初的季节指数。因此，当时间数列包含明显的上升（下降）趋势时，为了更准确地计算季节指数，就应当首先设法从数列中剔除长期趋势，然后再用平均的方法消除不规则变动，从而较准确地分解出季节变动的成分，这种方法称为长期趋势剔除法。数列的长期趋势可用移动平均法或趋势方程拟合法测定。

长期趋势剔除法的核心在于充分考虑较长期时间数列的影响，在计算各月的理论数值时，用当月的趋势值代替年平均值。其具体计算步骤如下：

首先，利用移动平均法计算对应各月（季）的趋势值；

其次，将各月（季）实际值除以相应的趋势值，得到各月（季）的季节变化情况；

然后，将各年同一季节的情况进行平均，求得同月（季）平均数，即得各月（季）末季节比率；

最后，把各月（季）的季节指数加总，总和应等于 1 200%（或季度应该等于 400%），否则要进行调整。

例如，某地区 2019—2023 年各季度白酒产量如下，用移动平均长期趋势剔除法计算季节指数，计算过程如表 8-20 所示。

表 8-20 趋势剔除法季节比率计算表

年份	季度	销售量 Y_t/万 t	4 个季度移动平均		季节比率(%)
			移动平均值	(移正)趋势值 T_t	
(甲)	(乙)	(1)	(2)	(3)	(4)
2019	第一季度	3.0	—	—	—
	第二季度	12.0	—	—	—
	第三季度	5.8	5.500	5.5625	104.27
	第四季度	1.2	5.625	5.7750	20.78
2020	第一季度	3.5	5.925	6.0750	57.61
	第二季度	13.2	6.225	6.2625	210.78
	第三季度	7.0	6.300	6.3750	109.80
	第四季度	1.5	6.450	6.6750	22.47
2021	第一季度	4.1	6.900	7.1250	57.54
	第二季度	15.0	7.350	7.4250	202.02
	第三季度	8.8	7.500	7.5500	116.56
	第四季度	2.1	7.600	7.9500	26.42
2022	第一季度	4.5	8.300	8.3500	53.89
	第二季度	17.8	8.400	8.4500	210.65
	第三季度	9.2	8.500	8.5500	107.60
	第四季度	2.5	8.600	8.7500	28.57
2023	第一季度	4.9	8.900	9.0250	54.29
	第二季度	19.0	9.150	9.1750	207.08
	第三季度	10.2	9.200	—	—
	第四季度	2.7	—	—	—

需要特别指出的是，用移动平均法计算各季度的趋势值时，为了计算结果不受残留季节的影响，在选择移动平均的周期（N）时，应该使周期长度与季节变动的实际长度一致。在本例中使用了 4 个季度做移动周期的长度，如果使用的是月度资料，就应该用 12 个月作为移动的周期。由于采用的是偶次项移动，所以，还需进行二次移正。

各季节指数总和应等于 400%（或月度应该等于 1 200%），如果有误差，应该进行修正和调整。调整系数的计算公式为

$$调整系数 = \frac{400\%（或 1\,200\%）}{季节比率之和}$$

修正后各季（月）的季节比率＝各季（月）平均季节比率×调整系数

本例中的调整系数为

$$调整系数 = \frac{400\%}{397.58\%} \approx 1.006\,1$$

将调整系数乘以各季（月）的同季（月）平均数，最终就得到各季（月）的季节指数。具体计算结果如表 8-21 所示。

表 8-21　调整系数及修正后的季节比率计算表

年份	第一季度	第二季度	第三季度	第四季度	合计
2019	—	—	104.27	20.78	—
2020	57.61	210.78	109.80	22.47	—
2021	57.54	202.02	116.56	26.42	—
2022	53.89	210.65	107.60	28.57	—
2023	54.29	207.08	—	—	—
合计	223.32	830.52	438.24	98.24	—
同季平均	55.83	207.63	109.56	24.56	397.58
修正后季节指数（%）	56.17	208.90	110.23	24.71	400.00

利用计算机来计算季节比率将大大缩短计算时间，提高计算效率，并且能更清晰、便捷、准确地反映季节变动的情况。

四、循环变动的测定*

循环变动也是一种周期变化，它通常用来描述经济现象中的一般循环，与季节变动类似，但不同的是，循环变动的周期是在若干年而不是在一年之内的规律，短则三五年，长则数十年，并且循环波动的周期缺乏规则和周期性。利用时间数列的几种变动因素间的相互关系，如乘法模型等，可以通过对原始数列的分解来大致测定变动状态。这里只介绍两种常用的测定循环变动的方法。

（一）对年度资料循环变动的测定

如果时间数列是按年统计的，则影响已经消除，因为年度资料中包含了所有季节。此时，短期的、不规则的变动也趋于消失，可以忽略不计。这样，时间数列只受长期趋势和循环变动两种因素的影响，根据乘法模型，就变成了：

$$Y = T \times C, \quad 即 \ C = Y/T$$

把原数列的实际值（Y）除以长期趋势值（T）后，得到了循环变动值 C，循环变动值 C 乘以 100%，称为变动循环系数。

这种方法计算简便，容易理解，是常用的循环变动测定方法，但是它有一定的假设性。此外，当动态数列是按月或按季的资料表现时，因为含有季节变化，通常不适合采用这种方法。

（二）对月度（季度）资料循环变动的测定

在分月或分季资料中，存在着季节变动的影响，同时还可能存在不规则变动的影响，为了同时消除长期趋势和季节变动的影响，我们可以先把原数列的实际值除以长期趋势值和季节指数，得到不规则系数 CI，通过计算 CI 的加权移动平均值，就可以消除不规则变动 I，最后得到的平均数就是循环变动系数 C。具体计算步骤如下：

第一步，测定原始数据序列中的长期趋势值 T；

第二步，测定原始数据序列中的季节比率 S；

第三步，测定时间数列中的"正同值" TS，即长期趋势值乘以相应的季节指数；

第四步，计算"循环不规则序列"CI，即
$$\frac{Y}{T \times S} = \frac{T \times S \times C \times I}{T \times S} = CI$$

第五步，对CI序列进行移动平均（可加权），就可以消除不规则的影响，得到循环变动序列C。

测定循环变动可以掌握经济波动的一些规律，预测下一个循环变动可能产生的原因、影响和变动趋势，对计划、决策者来说有很重要的意义。需要指出的是，循环变动预测与长期趋势预测不同，其不确定因素太多。因此，循环变动预测在很大程度上要依靠经济分析，把经济分析和统计分析结合起来才能客观准确地把握经济现象的发展规律。

同步思考 8-4 ▶▶▶

1. 已知一时间数列有30年的数据，需采用移动平均法测定原时间数列的长期趋势，若采用5年移动平均，修匀后的时间数列有多少年的数据？

2. 用最小平方方法配合趋势线有一般方法和简捷法两种，对任何一个数列都可以任意使用其中一种方法吗？在使用简捷法时，对偶次项和奇次项时间序次的确定有什么不同？为什么？

3. 季节指数反映了某一月份或季度的数值占全年平均数值的大小。如果各期的季节指数等于100%，可以说明有季节变动的影响吗？季节指数应该怎样计算？季节指数高于或低于100%有什么含义？

思考与练习

- **知识题**

一、单项选择题

1. 下列不属于动态数列的是（　　）。
   A. 近10年来各年每万人口中大学生的人数比重
   B. 2013—2023年我国各年国民收入的增长速度
   C. "十四五"时期各年年底各行业职工人数
   D. 2023年我国农村与城镇居民人均消费水平的比例

2. 用几何平均法计算的平均发展速度数值的大小（　　）。
   A. 不受最初水平和最末水平的影响
   B. 只受中间各期水平的影响
   C. 只受最初水平和最末水平的影响
   D. 既受最初水平和最末水平的影响，也受中间各期水平的影响

3. 用几何平均法计算的平均发展速度侧重于考察现象的（　　）。
   A. 期末水平　　　　　　　　　　　B. 期初水平
   C. 中间各项发展水平　　　　　　　D. 整个时期各发展水平的总和

4. 某地区工农业总产值2021年比2020年增长4%，2022年比2021年增长6%，2023年比2022年增长8%，则三年来该地区工农业总产值平均每年增长速度是（　　）。

A. 5.99% B. 5.88% C. 5.77% D. 6%

5. 某市2011年年末人口为1 200万人,2021年年末达到1 530万人,则人口的平均发展速度为( )。

   A. 0.024 6 B. 1.024 6 C. 0.022 3 D. 1.022 3

二、多项选择题

1. 编制时间数列可以( )。

   A. 反映社会经济现象的发展变化状况 B. 反映社会经济现象的数量变化趋势
   C. 测定社会经济现象的季节变动规律性 D. 为经济预测提供方法
   E. 计算社会经济现象的平均发展水平和平均发展速度

2. 下列哪些属于序时平均数?( )。

   A. 一季度平均每月的职工人数 B. 某产品产量某年各月平均增长量
   C. 某企业职工第四季度人均产值 D. 某商场职工某年各月平均人均销售额
   E. 某地区近几年出口商品贸易额平均增长速度

3. 序时平均数包括( )。

   A. 平均增长速度 B. 平均增长量 C. 平均发展速度 D. 增长1%水平值
   E. 平均发展水平

4. 时间数列中,各项数值相加没有意义的时间数列是( )。

   A. 时期数列 B. 时点数列 C. 平均数时间数列 D. 相对数时间数列
   E. 绝对数时间数列

5. 用最小平方法配合的趋势线的具体要求是( )。

   A. $\sum(y-y_t) = $ 最大值 B. $\sum(y-y_t)^2 = $ 最大值
   C. $\sum(y-y_t) = 0$ D. $\sum(y-y_t)^2 = $ 最小值
   E. $\sum(y-y_t) = $ 最小值

三、判断题

1. 发展速度是以相对数形式表达式的速度分析指标。 ( )
2. 季节波动会周而复始地出现,具有明显的周期性,并且周期长短相对固定。 ( )
3. 定基发展速度和环比发展速度之间的关系是相邻时期的定基发展速度之积等于相应的环比发展速度。 ( )
4. 定基发展速度等于相应各个环比发展速度的连乘积,故定基增长速度等于相应各个环比增长速度的连乘积。 ( )
5. 环比速度与定基速度之间存在如下关系式:各期环比增长速度的连乘积等于定基增长。 ( )

四、简答题

1. 时间数列有哪几种?编制时间数列的原则是什么?
2. 什么是时期数列?什么是时点数列?各有什么特点?
3. 什么是长期趋势?测定长期趋势有哪几种方法?
4. 为什么要计算年距发展速度?为什么要计算增长1%的绝对值?
5. 什么是循环变动?对年度资料循环变动如何测定?

• **实务题**

一、某企业 2023 年总产值及职工人数资料如下表所示，又知 2022 年年末的职工人数为 1 960 人。

季度	第一季度	第二季度	第三季度	第四季度
产值（万元）	620	594.5	627	670
季末人数	2 040	2 080	2 020	2 100

1. 各季度劳动生产率（元/人）为（　　）。

季度	第一季度	第二季度	第三季度	第四季度
A.	3 039.2	2 858.2	3 104.0	3 190.5
B.	3 100.0	2 885.9	3 058.5	3 252.4
C.	3 039.2	2 885.9	3 058.5	3 190.0
D.	3 010.0	2 900.0	3 043.7	3 190.5

2. 季平均人数为（　　）。

   A. 2 060　　　　B. 2 056.6　　　　C. 2 042.5　　　　D. 2 040

3. 2023 年平均季劳动生产率（元/人）为（　　）。

   A. 3 074.05　　B. 3 074.9　　　　C. 3 053　　　　　D. 3 077.8

4. 2023 年劳动生产率（元/人）为（　　）。

   A. 12 212　　　B. 12 311.2　　　C. 1 291.6　　　　D. 12 296.2

二、某企业 2023 年各月库存额资料如下。

日期	1月1日	3月1日	5月1日	8月1日	11月1日	12月31日
库存额（万元）	250	270	260	300	290	320

要求：根据资料计算该企业 2023 年月平均库存额。

三、已知某工业企业 2023 年各季度的实际产值和产值计划完成程度的资料如下。

季度	第一季度	第二季度	第三季度	第四季度
实际产值（万元）	420	470	500	510
产值计划完成程度（%）	102	105	100	101

要求：计算 2023 年该企业平均每季产值计划完成程度。

四、已知某商厦 2024 年第一季度各月份有关商品销售资料如下。

月份	1月	2月	3月
商品销售额（万元）	120	143	289
平均库存额（万元）	60	65	85
商品流转次数（次）	2.0	2.2	3.4

要求：计算第一季度商品月平均流转次数。

• 实训题

实训一

实训目的：通过练习本题，掌握增长量、发展速度、增长速度和增长1%绝对值的基本计算方法。

实训资料：某企业2018—2023年A产品销售收入资料如下。

年份		2018	2019	2020	2021	2022	2023
销售收入（万元）		200	300	450	400	440	500
增长量（万元）	逐期						
	累计						
发展速度（%）	环比						
	定基						
增长速度（%）	环比						
	定基						
增长1%的绝对值							

实训要求：

试根据上列资料，填写表中空白处，并计算平均发展水平、平均增长量。

实训二

实训目的：通过练习本题，掌握发展水平、增长量、发展速度、增长速度之间的关系。

实训资料：已知某企业产值2019年比2018年增长21%，2020年比2019年增长20%，2021年比2020年增长25%，2022年比2021年增长10%，2023年比2022年增长30%。

实训要求：

根据资料编制2018—2023年的环比发展速度、定基发展速度、环比增长速度、定基增长速度时间数列；计算2018—2023年的平均发展速度和平均增长速度，并填入下表。

年份	环比发展速度	环比增长速度	定基发展速度	定基增长速度
2018				
2019				
2020				
2021				
2022				
2023				

实训三

实训目的：通过练习本题，掌握用最小平方法配合直线趋势方程的基本方法。

实训资料：某企业2018—2023年A产品各年产量资料如下。

年份	时间序号 t	产量 y（万件）
2018	1	68
2019	2	71
2020	3	75
2021	4	79
2022	5	84
2023	6	88
合计	21	465

实训要求：

用最小平方法配合直线趋势方程，并预测 2025 年的产品产量。提示：统计外推预测期间不能太远。

实训四

实训目的：通过练习本题，掌握用最小平方法配合直线趋势方程的简捷计算方法。

实训资料：某企业 2015—2023 年各年利润额资料如下。

年份	利润额（万元）
2015	217
2016	230
2017	225
2018	248
2019	242
2020	253
2021	280
2022	309
2023	343
合计	2 347

实训要求：

用最小平方法简捷法配合直线趋势方程，并预测 2024 年的利润额。

实训五

实训目的：通过练习本题，掌握季节变动的分析方法，学会计算季节比率。

实训资料：某地区 2021—2023 年各季度旅游人数资料如下。

年份	旅游人数（万人）				
	第一季度	第二季度	第三季度	第四季度	合计
2021	32	40	61	28	161
2022	41	51	74	36	202
2023	57	65	93	57	272
合计	130	156	228	121	635
同季平均	43.33	52	76	40.33	52.915

实训要求：
根据上述资料测定各季度旅游人数的季节比率。

数字链接

 扫码阅读
知识拓展

 扫码查看部分
习题参考答案

第九章 统计指数分析

○ **学习目标**

（1）理解统计指数的含义和作用
（2）熟练掌握综合指数的编制方法
（3）掌握平均指数的编制方法
（4）熟练掌握利用指数体系进行因素分析的方法

○ **主要学习内容**

本章主要阐述了统计指数的含义、种类，综合指数的编制方法和平均指数的编制方法；总量指标指数体系、平均指标指数体系的建立及因素分析；指数在经济工作中的具体运用等。具体内容为：指数的概念及作用，综合指数的编制方法，平均指数的编制方法，平均指标指数的编制方法，指数体系及其因素分析。

○ **引例　形形色色的指数**

2024 年上半年，CPI 比上年同期上涨 0.1%，第一季度为持平，运行总体平稳。分月看，1 月，受上年同期对比基数较高影响，CPI 同比下降 0.8%；2 月，春节因素影响 CPI 同比上涨 0.7%；3—6 月，消费市场总体供应充足，CPI 同比涨幅在 0.1%~0.3%，运行平稳。上半年，扣除食品和能源价格的核心 CPI 同比上涨 0.7%，涨幅与第一季度及上年同期相同，保持温和上涨。

资料来源：国家统计局官网。

第一节　统计指数分析的基本问题

一、统计指数的概念

统计学中的"指数"一词有广义和狭义之分。广义的指数是指一切用以表明所研究事物变化方向及其程度的相对数，如发展速度、计划完成相对数、比较相对数等都是广义的指数。

狭义的指数是一种特殊的相对数,是用来反映不能直接相加的复杂社会经济现象总体数量变动的相对数。这里所说的复杂现象是指不同性质的事物,由于其性质不同,因此不能直接相加,这些不能直接相加的事物整体,就是复杂现象。

例如,某商店销售三种商品,其销售价格和销售量有关资料如表9-1所示。

表9-1 某商店销售的三种商品情况

商品名称	销售量(件)		价格(元)	
	3月	4月	3月	4月
A	500	550	220	180
B	220	200	520	550
C	450	500	150	140
合计	—	—	—	—

表中,每种商品4月相对3月的销售量和价格都有所变化,如果只反映一种商品的销售量和价格变化,则可以直接计算,但如果要反映三种商品的综合变化,那就需要用一种特殊的方法来解决,这就是狭义的指数方法。本章重点介绍如何利用狭义的指数进行统计分析。

二、统计指数的作用

(一)分析复杂社会经济现象总体变动的方向和程度

通过统计指数的方法,可以将复杂的现象进行综合,使不能直接相加的现象变成可以相加的现象,并通过对比,分析复杂社会经济现象总体的变动方向和程度。例如,要了解全国居民生活消费品价格水平的总变动,由于不同的消费品使用价值不同,计量单位不同,因此不能把所有消费品的单价直接进行加总并对比,而单件消费品价格的变化又不能反映整体消费品价格的变化。因此,必须找到某种能综合反映整体消费品价格变化的统计方法,这种方法就是指数的方法。

(二)对复杂经济现象总体变动进行因素分析

在许多现象的发展变化中,会受到许多相关因素的影响。可以通过指数体系来分析每个因素的影响方向和程度。例如,总成本的变动主要受两个因素的影响,一是受单位成本变动的影响,二是受产量变动的影响。如果总成本发生了变化,那么受单位成本变动的影响有多大,受产量变动的影响又有多大呢?对这样的问题,可以利用指标体系来进行因素分析。

(三)研究事物的长期变动趋势

在由连续编制的动态指数形成的指数数列中,可以发现事物发展变化的过程、规律和趋势,从而为我们深入了解和掌握事物发展的本质提供依据。例如,把历年的居民消费价格指数加以排列,可以清楚地表明居民消费品价格指数的长期变化过程、所呈现的规律和可能的发展趋势;把不同时期的股价指数进行排列,可以发现股票价格的走势。

三、统计指数的种类

从不同的角度可以把统计指数划分为不同的种类。

（一）按其所考察的范围不同，分为个体指数和总指数

1. 个体指数

个体指数是反映个别事物或单一现象总体数量变动的相对数。例如，某种商品的基期单价为 100 元，报告期单价为 110 元，则其个体指数为 110%（= 110÷100×100%）。个体指数通常用 k 表示。

2. 总指数

总指数是反映多种事物或复杂现象总体数量综合变动的相对数。例如，反映甲、乙、丙三种商品综合变动的物价指数，反映 A、B、C 三种产品产量综合变动的产量指数，等等。总指数通常用 $\bar{k}$ 表示。总指数是指数分析的主要内容，主要是用来分析复杂现象总体变动情况的方法。

所谓复杂现象，是指那些不能直接加总对比的现象。如想了解一个商店里的衣服、帽子、鞋三种商品的销售量 2023 年比 2022 年的综合变动情况，此时，由于衣服、帽子、鞋是三种不同的商品，其数量是不能直接加总的，因此无法将两个时期的数量直接进行对比。此时，衣服、帽子、鞋就是一个复杂现象。若想反映它们的综合变动，只有通过编制总指数的方法来分析。

总指数通常分为综合指数和平均指数。

（二）按指数化指标性质不同，分为数量指标指数和质量指标指数

指数化指标也称指数化因素，是反映现象数量变化或对比关系的指标。例如，在居民消费价格指数中，"价格"就是指数化指标；在股票成交量指数中，"成交量"就是指数化指标。由于指标的性质不外乎数量指标和质量指标两种，因此按指数化指标的性质不同，统计指数可以分为数量指标指数和质量指标指数。

1. 数量指标指数

数量指标指数是反映数量指标变动的指数。如反映产品的产量指数、商品的销量指数、能源的消耗量指数等。数量指标通常用字母 q 表示。数量指标个体指数用 k_q 表示，数量指标总指数通常用 $\bar{k}_q$ 表示。

2. 质量指标指数

质量指标指数是反映质量指标变动的指数。如反映产品的出厂价格指数，商品的销售价格指数、股票价格指数、单位成本指数等。质量指标通常用字母 p 表示。质量指标个体指数用 k_p 表示，质量指标总指数通常用 $\bar{k}_p$ 表示。

统计指数的种类如图 9-1 所示。

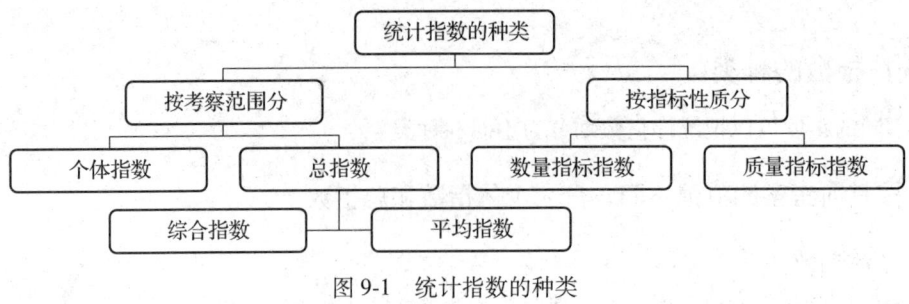

图 9-1 统计指数的种类

四、统计指数的性质

统计指数具有以下四个性质。

（一）综合性

统计指数是综合反映由多事物或多项目组成的复杂现象总体某一方面数量的总变动方向和程度的相对数，是对多事物或多项目数量变动综合反映的结果。

（二）平均性

统计指数所反映的综合变动实际上是多事物或多项目中某一数量的平均变动，是各事物或各项目中某一数量变动的平均结果。

（三）相对性

相对性有两层含义：第一层含义是统计指数都用相对数或比率来表示，属于相对数的范畴；第二层含义是在编制总指数时，要在假定其他指标或因素不变的情况下，来反映指数化指标的变动情况，其结果具有相对准确性。

（四）代表性

在编制总指数时，有时由于所涉及的事物或项目太多，难以逐一加以考虑，只能选择部分有代表性的事物或项目作为编制指数的依据。

扫码观看
统计指数

同步思考 9-1 ▶▶▶

1. 发展速度指标是不是指数？如果是指数，为什么还要学习指数这部分内容呢？
2. 如果要分析劳动生产率的变化，那么劳动生产率指数是数量指标指数还是质量指标指数呢？试列举出三个数量指标指数和三个质量指标指数。

第二节　综合指数

指数分为个体指数和总指数，总指数是我们本章介绍的主要内容。总指数有两种形式，一种是综合指数，一种是平均指数。综合指数是总指数的基本形式，而平均指数通常作为综合指数的变形来应用。

一、综合指数的概念及特点

（一）综合指数的概念

综合指数是由两个总量指标对比而形成的指数。当一个总量指标可以分解为两个或两个以上的因素指标时，将其中一个或一个以上的因素指标固定下来，仅观察其中一个因素指标的变动程度，这样编制的总指数称为综合指数。

例如，销售收入这个总量指标是单位产品价格和销售量的乘积，即可以分解为两个构成要素，一个是单位产品价格，一个是销售量。这时，如果我们想分析销售量的综合变动，首先需要将产量乘以产品的价格，计算出价值指标，然后将单位产品价格这个指标的时期加以固定，这样就可以单独观察销售量的综合变动了，这样计算的总指数就叫综合指数。

（二）综合指数的特点

1. 先综合后对比

编制综合指数首先要解决总体中各个个体由于使用价值、经济用途、计量单位等不同而不能直接简单地相加和对比的问题。解决的办法是引入一个媒介因素，使不能直接相加和对比的现象转变为能够相加和对比的现象。引入的这个因素叫同度量因素。同度量因素就是在编制综合指数时，将不能直接相加和对比的指标过渡为可以相加和对比的指标的因素。

例如，在研究三种不同产品的产量综合变动情况时，因为三种产品的性质不同，所以不能直接将三种不同产品的产量相加，也就无法进行对比。此时，我们可以引进一个同度量因素——单位成本，将产量乘以单位成本，得到总成本，三种产品的总成本指标是可以相加的，相加后，我们再将其进行对比。

关于同度量因素需要说明以下三点。

一是在决定总量指标的各因素中，指数化指标与同度量因素的区分是相对的，实际上它们互为同度量因素。例如，在商品销售收入的因素分析中，如果分析商品价格的变动，则可以将销售量作为同度量因素；如果分析商品销售量的变动，则可以将商品价格作为同度量因素。

二是在编制综合指数时，同度量因素的时间或空间必须加以固定，即分子、分母总量指标中的同度量因素的时期是相同的，只有这样才能反映指数化指标的变化情况。

三是同度量因素在起到同度量作用的同时，也起到一定的加权作用，即同度量数值越大，其对应的指数化指标的数值对总指数的影响就越大；反之，对总指数的影响就越小。

2. 固定同度量因素的时期

综合指数是要对指数化指标进行分析，引进同度量因素的目的是使不能相加对比的现象转为能相加对比的现象。引进同度量因素后，原先不能直接相加和对比的指标变成了价值指标，就可以相加和对比了，但在对比时，需要将同度量因素的时期加以固定，才能单独分析指数化指标的变动情况。

如上例在研究三种产品产量的综合变动时,我们引进单位成本这个同度量因素,将产量指标变成了总成本指标,然后再将总成本进行对比,但在对比前,需要将同度量因素单位成本的时期加以固定,使其不变,这样才能反映产量的综合变动。

二、综合指数的编制

综合指数有两种具体形式,一种是数量指标综合指数,另一种是质量指标综合指数。在编制综合指数时,需要就两种指数分别进行编制。

为了便于分析和计算,这里我们设数量指标为 q,质量指标为 p,报告期的角标为 1,基期的角标为 0,即报告期的数量指标为 q_1,质量指标为 p_1;基期的数量指标为 q_0,质量指标为 p_0。数量指标综合指数通常用 $\bar{k}_q$ 表示,质量指标综合指数通常用 $\bar{k}_p$ 表示。

(一)数量指标综合指数的编制

前面已经明确过数量指标指数是反映数量指标变动的指数,如反映多种产品的产量变动、多种商品的销量变动等。

例如,某工业企业甲、乙、丙三种产品产量及单位成本如表 9-2 所示。要求分析三种产品产量的综合变动情况。

表 9-2　某企业生产的三种产品产量及单位成本

产品名称	产量 q/t		单位成本 p（元）	
	基期 q_0	报告期 q_1	基期 p_0	报告期 p_1
甲	2 500	3 000	400	420
乙	200	180	1 200	1 500
丙	2 000	2 200	800	780

由于三种产品的性质不同,其产量不能直接相加和对比,所以根据综合指数的编制原理,如果要分析三种产品产量的综合变动,就需要引入同度量因素。根据需要,这里我们可以引入的同度量因素为单位成本。将其与产量相乘,则得到了总成本这个价值指标,然后将总成本这个价值指标进行对比,则有下式:

$$\bar{k}_q = \frac{\sum q_1 p}{\sum q_0 p}$$

为了单纯反映产量的变化,需要将上式的单位成本固定在某一个时期。单位成本固定的时期通常有两种,一种是基期,一种是报告期。

1. 以基期的单位成本作为同度量因素的公式

$$\bar{k}_q = \frac{\sum q_1 p_0}{\sum q_0 p_0}$$

以基期的单位成本作为同度量因素的公式称为拉氏公式,由德国学者拉氏贝尔提出,又称拉氏指数。

如上例,根据需要,我们在表格中计算相关数据,如表 9-3 所示。

表 9-3 综合指数计算表

产品名称	产量 q/t		单位成本 p（元）		总成本 qp（元）			
	基期 q_0	报告期 q_1	基期 p_0	报告期 p_1	$q_0 p_0$	$q_1 p_1$	$q_1 p_0$	$q_0 p_1$
甲	2 500	3 000	400	420	1 000 000	1 260 000	1 200 000	1 050 000
乙	200	180	1 200	1 500	240 000	270 000	216 000	300 000
丙	2 000	2 200	800	780	1 600 000	1 716 000	1 760 000	1 560 000
合计	—	—	—	—	2 840 000	3 246 000	3 176 000	2 910 000

根据上表的计算，我们可以得到以基期单位成本为同度量因素的产量综合指数：

$$\bar{k}_q = \frac{\sum q_1 p_0}{\sum q_0 p_0} = \frac{3\ 176\ 000}{2\ 840\ 000} \approx 1.118\ 3\ 或\ 111.83\%$$

这表明，三种产品的产量综合上升了 11.83%。

除了计算产量综合指数以反映现象的相对变化以外，还要计算绝对数，即用综合指数的分子减去分母，以反映由于产量增长了 11.83% 而使总成本增长的数量。

$$\sum q_1 p_0 - \sum q_0 p_0 = 3\ 176\ 000 - 2\ 840\ 000 = 336\ 000（元）$$

2. 以报告期的单位成本作为同度量因素的公式

$$\bar{k}_q = \frac{\sum q_1 p_1}{\sum q_0 p_1}$$

以报告期的单位成本作为同度量因素的公式称为派氏公式，由德国学者派许提出的，又称派氏指数。

将上表资料代入公式则有：

$$\bar{k}_q = \frac{\sum q_1 p_1}{\sum q_0 p_1} = \frac{3\ 246\ 000}{2\ 910\ 000} \approx 1.115\ 5\ 或\ 111.55\%$$

$$\sum q_1 p_1 - \sum q_0 p_1 = 3\ 246\ 000 - 2\ 910\ 000 = 336\ 000（元）$$

它表明，三种产品的产量增长了 11.55%，并使总成本增加了 336 000 元。

从以上计算中可以看出，将基期单位成本作为同度量因素和将报告期单位成本作为同度量因素的结果是不同的。从经济意义上看，编制数量指标综合指数时，一般将基期的质量指标作为同度量因素。

（二）质量指标综合指数的编制

我们仍以计算数量指标综合指数的例子来介绍质量指标综合指数的编制方法。

由于三种产品的性质不同，三种产品的单位成本不能直接相加和对比，所以根据综合指数的编制原理，如果要分析三种产品单位成本的综合变动，就需要引入同度量因素。根据需要，这里我们可以引入的同度量因素为产量，将其与单位成本相乘，则得到了总成本这个价值指标，然后将总成本这个价值指标进行对比，则有下式：

$$\bar{k}_p = \frac{\sum q p_1}{\sum q p_0}$$

为了单纯反映单位成本的变化，需要将上式的产量固定在某一个时期。产量固定的时期通常有两种，一种是基期，一种是报告期。

1. 以基期的产量作为同度量因素的公式

$$\bar{k}_p = \frac{\sum q_0 p_1}{\sum q_0 p_0}$$

以基期的产量作为同度量因素的公式是拉氏公式。

把上例中的数据代入公式中,得到:

$$\bar{k}_p = \frac{\sum q_0 p_1}{\sum q_0 p_0} = \frac{2\ 910\ 000}{2\ 840\ 000} \approx 1.024\ 6 \text{ 或 } 102.46\%$$

$$\sum q_0 p_1 - \sum q_0 p_0 = 2\ 910\ 000 - 2\ 840\ 000 = 70\ 000(\text{元})$$

上述计算结果表明,三种产品的单位成本综合上升了 2.46%,并使总成本增加了 70 000 元。

2. 以报告期的产量作为同度量因素的公式

$$\bar{k}_p = \frac{\sum q_1 p_1}{\sum q_1 p_0}$$

以报告期的产量作为同度量因素的公式是派氏公式。

把上例中的数据代入公式中,得到:

$$\bar{k}_p = \frac{\sum q_1 p_1}{\sum q_1 p_0} = \frac{3\ 246\ 000}{3\ 176\ 000} \approx 1.022\ 0 \text{ 或 } 102.20\%$$

$$\sum q_1 p_1 - \sum q_1 p_0 = 3\ 246\ 000 - 3\ 176\ 000 = 70\ 000(\text{元})$$

上述计算结果表明,三种产品的单位成本综合上升了 2.20%,并使总成本增加了 70 000 元。

从以上计算中可以看出,将基期产量作为同度量因素和将报告期产量作为同度量因素的结果是不同的。从经济意义上看,编制质量指标综合指数时,一般将报告期的数量指标作为同度量因素。

三、综合指数运用时应注意的问题

(一) 拉氏指数与派氏指数的比较

除非每种产品的销售量都按同一比例上升或下降,否则两种方法计算出来的结果是不一致的,通常情况下,拉氏指数会大于派氏指数。这是因为,对于价格上升幅度大的商品,人们的购买量会相对下降,而对于价格上升幅度小的商品,人们的购买量会相应上升,因此在物价上涨时,派氏指数中价格上升幅度大的商品的权数与基期权数之比要低,价格上升幅度小的商品的权数与基期权数之比要高,这样就使上升幅度大的价格在总指数形成中的影响不如拉氏指数大,而上升幅度小的价格在总指数形成中的影响大于拉氏指数,从而导致拉氏指数大于派氏指数;反过来看,当物价下跌时,人们更倾向于购买价格下跌较多的商品,从而导致派氏指数中下降幅度大的价格具有较大的权数,其结果还是派氏指数低于拉氏指数的数值。研究结果表明,当销售量的变动率 (q_1/q_0) 与价格的变动率 (p_1/p_0) 之间的相关程度比较小时,拉氏指数和派氏指数的计算结果相差就很小。

（二）综合指数编制的一般原则

在实际工作中，考虑到指数编制的实际意义以及进行因素分析的需要，通常在编制综合指数时，就确定了一个一般原则：在编制数量指标综合指数时，以基期的质量指数作为同度量因素，即拉氏指数；在编制质量指标指数时，以报告期的数量指标作为同度量因素，即派氏指数。

同步思考 9-2 ▶▶▶

1. 什么是广义的指数？什么是狭义的指数？试举出三个狭义的指数的例子。
2. 编制综合指数时的一般原则是什么？为什么这样规定呢？

第三节　平均指数

除了综合指数以外，总指数的另一种形式是平均指数。

一、平均指数的概念和特点

（一）平均指数的概念

平均指数是从个体指数出发，并以价值量指标为权数，通过加权平均计算来测定复杂现象的变动程度，是个体指数的加权平均数。

平均指数是总指数的一种，它并不是对平均指标进行分析的指数，而仅仅是平均指标的形式。在统计中，通常将其作为综合指数的变形来应用。由于在实际工作中，个体指数比较容易得到，所以平均指数的应用十分广泛。

平均指数有两种具体形式，一种是加权算术平均指数，一种是加权调和平均指数。

（二）平均指数的特点

编制平均指数的基本方法是"先对比，后平均"。所谓"先对比"，是指先通过对比计算个体指数；所谓"后平均"，则是将个体指数赋予适当的权数后再加以平均得到总指数。

平均指数和综合指数比较，有三个不同特点：①综合指数是"先综合，后对比"，平均指数是"先对比，后平均"；②综合指数主要用于编制全面资料，平均指数既可以用于编制全面资料，也可以用于编制非全面资料；③综合指数一般采用实际资料做权数进行编制，平均指数在编制时，除了用实际资料做权数外，还可以用估算的资料做权数。

综合指数和平均指数的联系：在一定条件下，二者可以相互转换。由于这种关系的存在，当掌握的资料不能直接使用综合指数形式计算时，可以把它转换成平均指数的形式计算。在这种情况下，平均指数和对应的综合指数的计算结果是一致的，也有着完全相同的经济意义。

二、平均指数的编制

（一）加权算术平均指数

加权算术平均指数是以个体指数为变量、以基期的价值指标为权数计算的加权算术平均数形式的指数。

根据编制综合指数的一般原则，编制数量指标综合指数时，需要以基期的质量指标作为同度量因素，即采用如下形式来计算数量指标综合指数：

$$\bar{k}_q = \frac{\sum q_1 p_0}{\sum q_0 p_0}$$

因为数量指标的个体指数 $k_q = \dfrac{q_1}{q_0}$，所以 $q_1 = k_q \times q_0$，将其代入数量指标综合指数的编制公式中，则有：

$$\bar{k}_q = \frac{\sum k_q q_0 p_0}{\sum q_0 p_0}$$

上式即为以个体指数 k_q 为变量、以基期的 $q_0 p_0$ 为权数的加权算术平均数，因此，我们称之为加权算术平均指数。由此可以看到，通常在计算数量指标总指数时，可以采用加权算术平均指数，或者说，数量指标综合指数可以变形为加权算术平均指数。

例如，某商店四种商品的销售量及基期销售额如表 9-4 所示。试计算四种商品的销售量综合变动情况。

表 9-4 加权算术平均数指数计算表

商品	计算单位	商品的销售量 q		基期销售额 $q_0 p_0$（元）	$k_q = q_1/q_0$	$k_q q_0 p_0$
		基期 q_0	报告期 q_1			
甲	件	280	275	35 000	0.982 1	34 375
乙	条	125	130	60 000	1.040 0	62 400
丙	双	260	260	32 500	1.000 0	32 500
丁	米	50	52	8 000	1.040 0	8 320
合计	—	—	—	135 500	—	137 595

上表中，前五栏为资料栏，后两栏为计算分析栏。

经过上表的计算，我们可以得到四种商品的销售量综合变动指数为

$$\bar{k}_q = \frac{\sum k_q q_0 p_0}{\sum q_0 p_0} = \frac{137\ 595}{135\ 500} \approx 1.015\ 5 \text{ 或 } 101.55\%$$

由于三种商品的销售量增长了 1.55%，从而可以计算销售额增加的绝对额为

$$\sum k_q q_0 p_0 - \sum q_0 p_0 = 137\ 595 - 135\ 500 = 2\ 095(元)$$

（二）加权调和平均指数

加权调和平均指数是以个体指数为变量、以报告期的价值指标为权数计算的加权调和平均数形式的指数。

根据编制综合指数的一般原则，编制质量指标综合指数时，需要以报告期的数量指标作为同度量因素，即采用如下形式来计算质量指标综合指数：

$$\bar{k}_p = \frac{\sum q_1 p_1}{\sum q_1 p_0}$$

因为质量指标的个体指数 $k_p = \frac{p_1}{p_0}$，所以 $p_0 = \frac{p_1}{k_p}$，将其代入质量指标综合指数的编制公式中，则有：

$$\bar{k}_p = \frac{\sum q_1 p_1}{\sum \frac{q_1 p_1}{k_p}}$$

上式即为以个体指数 k_p 为变量、以报告期的 $q_1 p_1$ 为权数的加权调和平均数，因此，我们称之为加权调和平均指数。由此可以看到，通常在计算质量指标总指数时，可以采用加权调和平均指数，或者说，质量指标综合指数可以变形为加权调和平均指数。

例如，某企业生产的三种产品的单位成本及报告期总成本资料如表9-5所示。试计算三种产品的成本综合变动情况。

表 9-5 加权调和平均指数计算表

产品名称	计量单位	单位成本 p（元）		报告期总成本 $q_1 p_1$（元）	$k_p = p_1/p_0$	$q_1 p_1 / k_p$
		1月 p_0	2月 p_1			
甲	件	1 000	1 050	577 500	1.05	550 000
乙	台	5 000	4 950	108 900	0.99	110 000
丙	只	120	120	300 000	1	300 000
合计	—	—	—	986 400	—	960 000

上表中，前五栏为资料栏，后两栏为计算分析栏。

经过上表的计算，我们可以得到三种产品的单位成本综合变动指数为

$$\bar{k}_p = \frac{\sum q_1 p_1}{\sum \frac{q_1 p_1}{k_p}} = \frac{986\,400}{960\,000} \approx 1.027\,5 \text{ 或 } 102.75\%$$

其计算结果和综合指数的计算结果是一致的。

由于三种产品的单位成本增长了 2.75%，从而可以计算总成本上升的绝对额为

$$\sum q_1 p_1 - \sum \frac{q_1 p_1}{k_p} = 986\,400 - 960\,000 = 26\,400 \text{（元）}$$

同步思考 9-3 ▶▶▶

1. 在编制综合指数时，为什么要引入同度量因素？如何引入同度量因素？引入同度量因素后，为什么还要将同度量因素的时期加以固定？同度量因素的时期通常如何来确定？

2. 平均指数与综合指数有什么不同？在什么条件下应用算术平均指数？在什么条件下应用调和平均指数？

第四节　指数体系及因素分析

一、指数体系

（一）指数体系的概念

现象之间是相互联系、相互制约的，一个现象发生一定量的变化，会影响到其他现象，使其发生一定量的变化，例如，销售额的变化受销售量和产品价格的影响；总成本的变化受单位成本和产量的影响；消费税额的变化受产量、价格及消费税率的影响。这种关系可以用公式表示：

$$产品销售额 = 产品销售量 \times 产品单价$$
$$产品总成本 = 产品产量 \times 单位成本$$
$$消费税额 = 产量 \times 价格 \times 消费税率$$

现象的这种关系，不仅表现在静态上，从动态上同样保持着这种关系。上面三个等式表现在动态上的关系，见下面三个等式：

$$产品销售额指数 = 产品销售量指数 \times 产品单价指数$$
$$产品总成本指数 = 产品产量指数 \times 单位成本指数$$
$$消费税额指数 = 产量指数 \times 价格指数 \times 消费税率指数$$

这三个等式就是指数体系。由此可见，所谓统计指数体系，是由三个或三个以上在内容上具有一定联系、在形式上具有一定对等关系的指数所构成的整体。

现象之间的这种关系不仅体现在相对量上，同时也体现在绝对量上。如上例，销售额增减的绝对额是商品销售量变动引起的销售额变动的绝对额和销售价格变动引起的销售额变动的绝对额之和；产品总成本增减的绝对额是产量变动引起的产品总成本变动的绝对额和单位成本变动引起的产品总成本变动的绝对额之和。

（二）指数体系的作用

1. 进行因素分析

利用指数体系，可以分析复杂现象总体数量变动中各个因素变动影响的程度和方向。

例如，产品销售额指数＝产品销售量指数×产品单价指数，在这个指数体系中，产品销售额的变动受销售量变化和价格变化的共同影响。那么，销售量的变化对销售额的影响有多大呢？价格的变化对销售额的影响又有多大呢？我们可以通过指数体系来进行因素分析。

当然，在对现象进行分析时，不仅可以对相对量即指数进行分析，同时还可以对绝对量即各个因素的变化对总的变化影响的绝对额有多大进行分析。

2. 推算指数大小

例如，掌握了销售额变化的情况，同时也掌握了销售单价变化的情况，就可以根据指数体系推断出销售量变化的情况。例如，产品销售量指数＝产品销售额指数／产品单价指数。

(三)构建指数体系的一般原则

统计指数体系是进行因素分析的基本依据,在构建指数体系时要遵循以下三个基本原则。

一是统计指数体系中的各个指数必须保持对等关系,以便于从相对数和绝对数两个方面进行因素分析。一般地,相对数之间的关系是乘除关系,而绝对数之间的关系是加减关系。

二是在利用指数体系进行因素分析时,必须分清各个因素的性质,即确定哪个因素是数量指标,哪个因素是质量指标,然后根据指数编制的一般原则确定各因素指数的编制方法。

三是指数体系之间、总体指数与因素指数之间必须具有实质的关系,有内在的联系,不能牵强附会。

二、因素分析

(一)因素分析的概念

因素分析是利用统计指数体系中各个指数之间的数量关系,对现象总体变动的各个影响因素进行分解,分析各因素变动对现象总体变动的影响程度和影响数额。

例如,产品销售额指数=产品销售量指数×产品单价指数,在销售额的变动中,分析受销售量变动和销售单价变动的影响程度,这样的分析就是因素分析。

(二)因素分析的种类

因素分析从不同的角度,可以分为不同的种类。

1. 按分析对象的范围不同,分为简单现象因素分析和复杂现象因素分析

简单现象因素分析的基础是个体指数及其指数体系,如在某种产品的产量变动中,分析投入的劳动量及劳动生产率的影响程度。

复杂现象因素分析的基础是总指数及指数体系,如在多种产品销售额的变动中,价格变动与销售量变动对销售额的影响分析。

2. 按分析指标的表现形式不同,分为总量指标因素分析和相对指标、平均指标因素分析

总量指标因素分析可以分解为数量指标指数分析和质量指标指数分析,如对销售额变动的分析、对产值变动的分析等。

相对指标和平均指标的因素分析是对平均指标的变动或相对指标的变动进行分析,如对总平均工资的变动进行的因素分析、对单位成本的变动进行的因素分析、对劳动生产率变动进行的因素分析等。

3. 按影响因素的多少,分为两因素分析和多因素分析

两因素分析是指在三个指数所构成的指数体系中,有两个因素指数,通过对两个因素指数进行分析,得到总量指标变动的原因。

多因素分析是指构成指数体系的指数有四个或四个以上,因素指数在三个以上,通过三个或三个以上因素指数的变动,对总体总量指标的变动进行因素分析。

因素分析的种类如图9-2所示。

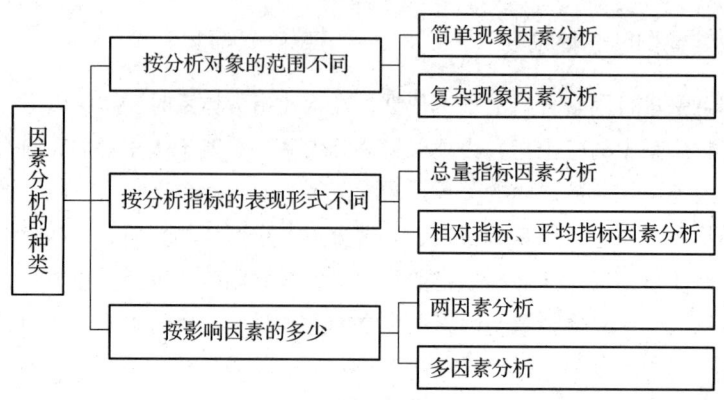

图 9-2　因素分析的种类

（三）因素分析的步骤

因素分析主要包括以下三个步骤。

1. 确定指数体系

从研究的任务与目的出发，依据有关科学理论确定分析的对象和影响因素，并根据各指标的内在联系确定关系式及指数体系。

例如，对于销售收入的分析，我们可以根据现象的内在联系，确定出如下的关系式：

$$产品销售收入 = 产品销售量 \times 产品单价$$

由此而形成的指数体系为

$$产品销售收入指数 = 产品销售量指数 \times 产品单价指数$$

2. 计算各因素指数

根据构建指数体系的要求，选用合适的指数形式，计算反映现象总体变动和各影响因素变动的指数。例如，在分析数量指标变动影响时，通常采用拉氏公式；在分析质量指数变动影响时，通常采用派氏指数。

3. 进行因素分析

从相对数和绝对数两个方面对各影响因素进行综合分析和验证。

三、总量指标的因素分析

总量指标的因素分析通常可以分为两因素分析和多因素分析，同时又包括简单现象分析和复杂现象分析。这里我们只介绍复杂现象因素分析。

（一）两因素分析

总量指标的两因素分析的影响因素有两个。以销售收入和销售量及价格三个指标之间的关系为例，可以构成如下的指数体系：

$$销售收入指数 = 销售量指数 \times 销售价格指数$$

根据综合指数编制的一般原则，我们可以将上面的指数体系写成如下形式：

$$\frac{\sum q_1 p_1}{\sum q_0 p_0} = \frac{\sum q_1 p_0}{\sum q_0 p_0} \times \frac{\sum q_1 p_1}{\sum q_1 p_0}$$

在总量指标的因素分析中，不仅可以通过以上的指数（相对数）形式进行因素分析，还可以通过各种因素的相对变化情况，结合绝对数进行因素分析。将相对数和绝对数结合起来进行因素分析，可以更全面地认识总体总量指标的变动原因。在绝对量上，可以通过如下关系式来进行分析：

$$\sum p_1 q_1 - \sum p_0 q_0 = (\sum q_1 p_0 - \sum q_0 p_0) + (\sum q_1 p_1 - \sum q_1 p_0)$$

例如，某企业三种商品的产量及单位成本情况如表 9-6 所示。根据表 9-6 的资料，可以对该企业总成本的变动进行因素分析。

表 9-6　因素分析计算表

产品名称	产量 q（台）		单位成本 p（百元）		总成本 qp（百元）		
	1月 q_0	2月 q_1	1月 p_0	2月 p_1	$q_0 p_0$	$q_1 p_1$	$q_1 p_0$
甲	50	55	10	10.5	500	577.5	550
乙	10	22	50	49	500	1 078	1 100
丙	20	25	1.2	1.5	24	37.5	30
合计	—	—	—	—	1 024	1 693	1 680

根据上表资料，计算出总成本指数为

$$\overline{k}_{qp} = \frac{\sum q_1 p_1}{\sum q_0 p_0} = \frac{1\ 693}{1\ 024} \approx 1.653\ 3 \text{ 或 } 165.33\%$$

$$\sum q_1 p_1 - \sum q_0 p_0 = 1\ 693 - 1\ 024 = 669 (\text{百元})$$

计算结果表明，由于产量及单位成本的变化，使总成本增加了 65.33%，并使总成本的绝对额增加了 66 900 元。

三种产品的产量综合指数：

$$\overline{k}_q = \frac{\sum q_1 p_0}{\sum q_0 p_0} = \frac{1\ 680}{1\ 024} \approx 1.640\ 6 \text{ 或 } 164.06\%$$

$$\sum q_1 p_0 - \sum q_0 p_0 = 1\ 680 - 1\ 024 = 656 (\text{百元})$$

三种产品的单位成本综合指数：

$$\overline{k}_p = \frac{\sum q_1 p_1}{\sum q_1 p_0} = \frac{1\ 693}{1\ 680} \approx 1.007\ 7 \text{ 或 } 100.77\%$$

$$\sum q_1 p_1 - \sum q_1 p_0 = 1\ 693 - 1\ 680 = 13 (\text{百元})$$

计算结果表明，三种产品的产量综合上涨了 64.06%，并使总成本上升了 65 600 元；三种产品的单位成本上涨了 0.77%，并使总成本上升了 1 300 元。

通过以上的计算，我们可以形成两个指数体系：

相对数指数体系为

$$\frac{\sum q_1 p_1}{\sum q_0 p_0} = \frac{\sum q_1 p_0}{\sum q_0 p_0} \times \frac{\sum q_1 p_1}{\sum q_1 p_0}$$

$$165.32\% \approx 164.06\% \times 100.77\%$$

绝对数指数体系为

$$\sum q_1p_1 - \sum q_0p_0 = (\sum q_1p_0 - \sum q_0p_0) + (\sum q_1p_1 - \sum q_1p_0)$$
$$66\,900 = 65\,600 + 1\,300$$

从计算结果上来看，总成本上升了 165.32%，是由于产量增长了 164.06% 和单位成本增长了 0.77% 两个因素造成的。总成本增长了 66 900 元，是由于产量增长使之增长了 65 600 元和单位成本增长使之增长了 1 300 元两个因素共同造成的。

（二）多因素分析

总量指标的多因素分析的影响因素为三个或三个以上。这里，我们以三因素的指数体系为例来介绍多因素分析。

多因素的分析方法与两因素的分析方法基本一致，首先要构建指数体系，然后确定指数中各因素指数的编制方法，最后从相对数和绝对数两个方面对总体总量指标进行因素分析。

在进行多因素分析时，最关键的是如何确定各因素指数的编制方法。首先，要将各因素按照数量指标在前、质量指标在后的原则排列，因为在多因素分析中有三个或三个以上的因素，所以其中有两个或两个以上的因素指标具有相同的性质，即同为数量指标或同为质量指标。此时，需要按现象之间的内在联系，即相邻的两个因素指标相乘有一定的意义来确定因素指标的先后顺序。其次，当分析因素指标时，需要将该因素指标以前的因素固定在报告期，而将该因素指标以后的因素固定在基期。例如：

$$消费税额指数 = 产量指数 \times 价格指数 \times 消费税率指数$$

上式中，我们首先将产量这一数量指标放在第一位，然后是价格，最后是消费税率，这样排序是因为产量是数量指标，而在价格和消费税率这两个质量指标的排序上，根据现象之间的内在联系，产量乘以价格等于销售收入，价格乘以消费税率等于单位产品的消费税额，而产量乘以消费税率却没有实际的意义。所以将价格因素排在第二位，而将消费税率排在第三位。

再如：

$$原材料费用指数 = 产量指数 \times 单位产品原材料消耗量指标指数 \times 单位原材料价格指数$$

在这个指数体系中，影响因素为产量、单位产品原材料消耗量和单位原材料价格。其中，产量为数量指标，而后两者皆为质量指标，但由于单位产品原材料消耗量与产量相乘等于原材料消费总量是有一定意义的，而单位产品原材料消耗量与产量相乘是没有意义的，所以其排序为产量、单位产品原材料消耗量、单位原材料价格。

如果设产量为 q，单位产品原材料消耗量为 p，单位原材料价格为 m，则根据多因素指标体系的构建原则，我们可以得到相应的指数体系。

相对数指数体系：

$$\frac{\sum q_1p_1m_1}{\sum q_0p_0m_0} = \frac{\sum q_1p_0m_0}{\sum q_0p_0m_0} \times \frac{\sum q_1p_1m_0}{\sum q_1p_0m_0} \times \frac{\sum q_1p_1m_1}{\sum q_1p_1m_0}$$

绝对数指数体系：

$$\sum q_1p_1m_1 - \sum q_0p_0m_0 = (\sum q_1p_0m_0 - \sum q_0p_0m_0) + (\sum q_1p_1m_0 - \sum q_1p_0m_0) + (\sum q_1p_1m_1 - \sum q_1p_1m_0)$$

例如，某企业生产的三种产品的生产消耗资料如表 9-7 所示。

表 9-7 三种产品生产消耗资料

品名	产量 q/kg		单位产品原材料消耗量 p/kg		单位材料价格 m（元）	
	基期	报告期	基期	报告期	基期	报告期
甲	600	800	0.5	0.4	20	21
乙	400	400	1.0	0.9	15	14
丙	800	1 000	2.2	2.3	30	28

根据上述资料，计算指数分析需要的有关指标如表 9-8 所示。

表 9-8 原材料费用因素分析计算表

品名	$q_0 p_0 m_0$	$q_1 p_1 m_1$	$q_1 p_0 m_0$	$q_1 p_1 m_0$
甲	6 000	6 720	8 000	6 400
乙	6 000	5 040	6 000	5 400
丙	52 800	64 400	66 000	69 000
合计	64 800	76 160	80 000	80 800

原材料费用总额指数为

$$\bar{k}_{qpm} = \frac{\sum q_1 p_1 m_1}{\sum q_0 p_0 m_0} = \frac{76\ 160}{64\ 800} \approx 1.175\ 3 \text{ 或 } 117.53\%$$

原材料费用增长的绝对额为

$$76\ 160 - 64\ 800 = 11\ 360(\text{元})$$

三种产品的产量总指数为

$$\bar{k}_q = \frac{\sum q_1 p_0 m_0}{\sum q_0 p_0 m_0} = \frac{80\ 000}{64\ 800} \approx 1.234\ 6 \text{ 或 } 123.46\%$$

由于三种产品产量的增长，使原材料费用增长额为

$$80\ 000 - 64\ 800 = 15\ 200(\text{元})$$

三种产品的原材料单耗总指数为

$$\bar{k}_p = \frac{\sum q_1 p_1 m_0}{\sum q_1 p_0 m_0} = \frac{80\ 800}{80\ 000} = 1.01 \text{ 或 } 101\%$$

由于三种产品原材料单耗的增长，使原材料费用增长额为

$$80\ 800 - 80\ 000 = 800(\text{元})$$

三种产品的原材料单价总指数为

$$\bar{k}_m = \frac{\sum q_1 p_1 m_1}{\sum q_1 p_1 m_0} = \frac{76\ 160}{80\ 800} \approx 0.942\ 6 \text{ 或 } 94.26\%$$

由于三种产品原材料单价的增长，使原材料费用增长额为

$$76\ 160 - 80\ 800 = -4\ 640(\text{元})$$

根据上述计算，得到的指数体系。
相对数指数体系：

$$\frac{\sum q_1 p_1 m_1}{\sum q_0 p_0 m_0} = \frac{\sum q_1 p_0 m_0}{\sum q_0 p_0 m_0} \times \frac{\sum q_1 p_1 m_0}{\sum q_1 p_0 m_0} \times \frac{\sum q_1 p_1 m_1}{\sum q_1 p_1 m_0}$$

$$117.54\% \approx 123.46\% \times 101\% \times 94.26\%$$

绝对数指数体系：

$$\sum q_1p_1m_1 - \sum q_0p_0m_0 = (\sum q_1p_0m_0 - \sum q_0p_0m_0) + (\sum q_1p_1m_0 - \sum q_1p_0m_0) + (\sum q_1p_1m_1 - \sum q_1p_1m_0)$$

$$11\ 360 = 15\ 200 + 800 - 4\ 640$$

根据计算结果可知，三种产品的原材料消耗总额增长了 17.54%，是由于三种产品的产量增长了 23.46%、单位产品消耗量增长了 1%以及单位原材料价格降低了 5.74%三个因素共同造成的；从绝对数上来看，三种产品原材料消耗总额增长了 11 360 元，是由于产量的增长使其增长了 15 200 元，单位产品消耗量的增加使其增长了 800 元，以及由于单位原材料价格的下降使其降低了 4 640 元三个因素共同造成的。

四、平均指标的因素分析

综合指数和平均指数都是对复杂现象的总量指标的变动进行分析，但在实际工作中，我们经常会遇到对平均指标变动进行分析的问题。对平均指标又如何进行分析呢？这需要借助于平均指标指数。

（一）平均指标指数的含义

平均指标是反映变量分布特征的重要指标，也是衡量现象发展水平的重要依据之一，因此，我们经常要对一些重要现象的平均指标进行动态考察和研究，以便及时了解和掌握其变动方向和程度，这就需要计算平均指标的动态相对数，即平均指标指数。平均指标指数是将两个不同时期的同一平均指标的数值进行对比而形成的指数。

计算平均指标指数并不仅仅是为了掌握平均指标数值本身的变动程度，更是为了了解平均指标的数值为什么会发生这样或那样的变化。

加权算术平均数的计算公式如下：

$$\bar{x} = \frac{\sum xf}{\sum f}$$

从这个公式中我们可以看到，算术平均数的大小受两个因素的影响，一是变量本身的影响，二是权数（准确地说是次数比重）的影响。所以平均指标指数因素分析是要观测两个因素的变动对总平均数变动的影响方向和影响程度，这里不仅要分析总平均指标是如何变动的，同时还要研究各个因素对总平均指标的影响方向和影响程度。

在对平均指标变动进行分析时，通常需要运用三个指数，一个叫可变构成指数，一个叫固定构成指数，还有一个叫结构影响指数。可变构成指数是反映总平均指标变动程度的指数。固定构成指数是反映变量值本身变动对总平均数的影响程度的指数。结构影响指数是反映权数变动对总平均数影响程度的指数。

（二）平均指标指数的编制

1. 可变构成指数

可变构成指数是分析一个平均指标在两个不同时期的数值变化的指数，其计算公式为

$$\bar{k}_{可变} = \frac{\bar{x}_1}{\bar{x}_0}$$

式中，$\bar{k}_{可变}$ 是可变构成指数；$\bar{x}_1$ 是报告期平均指标，$\bar{x}_1 = \dfrac{\sum x_1 f_1}{\sum f_1}$；$\bar{x}_0$ 是基期平均指标，$\bar{x}_0 = \dfrac{\sum x_0 f_0}{\sum f_0}$。

可变构成指数反映的是报告期平均指标与基期平均指标对比后的发展变化程度。

2. 固定构成指数

固定构成指数是反映标志值本身变动对总平均数变化影响程度的指数。其计算公式为

$$\bar{k}_{固定} = \dfrac{\bar{x}_1}{\bar{x}_n}$$

式中，$\bar{k}_{固定}$ 是固定构成指数；$\bar{x}_n$ 是假定的平均值，$\bar{x}_n = \dfrac{\sum x_0 f_1}{\sum f_1}$。

3. 结构影响指数

结构影响指数是分析在平均指标的构成因素中，结构变化对总平均数影响程度的指数。其计算公式为

$$\bar{k}_{结构} = \dfrac{\bar{x}_n}{\bar{x}_0}$$

式中，$\bar{k}_{结构}$ 是结构影响指数。

（三）利用平均指标指数进行因素分析

从平均指标指数中的三个指数来看，不难发现，这三个指数可以构成如下平均指标指数体系。

从相对数上看：

$$\bar{k}_{可变} = \bar{k}_{固定} \times \bar{k}_{结构}$$

$$\dfrac{\bar{x}_1}{\bar{x}_0} = \dfrac{\bar{x}_1}{\bar{x}_n} \times \dfrac{\bar{x}_n}{\bar{x}_0}$$

从绝对数上看：

$$\bar{x}_1 - \bar{x}_0 = (\bar{x}_1 - \bar{x}_n) + (\bar{x}_n - \bar{x}_0)$$

例如，某企业三类职工的人数及平均工资如表 9-9 所示。

表 9-9 某企业三类职工的人数及平均工资

组别	人数（人）		月平均工资（元）		工资总额（元）		
	基期 f_0	报告期 f_1	基期 x_0	报告期 x_1	基期 $x_0 f_0$	报告期 $x_1 f_1$	假定的 $x_0 f_1$
普通工人	120	105	4 200	4 500	504 000	472 500	441 000
技术员	56	60	6 050	6 500	338 800	390 000	363 000
管理人员	30	35	6 000	6 200	180 000	217 000	210 000
合计	206	200	—	—	1 022 800	1 079 500	1 014 000

根据上表的资料，我们可以计算出各个平均指标指数。

（1）计算平均指标。

$$\bar{x}_0 = \dfrac{\sum x_0 f_0}{\sum f_0} = \dfrac{1\,022\,800}{206} \approx 4\,965.05(\text{元})$$

$$\bar{x}_1 = \dfrac{\sum x_1 f_1}{\sum f_1} = \dfrac{1\,079\,500}{200} = 5\,397.50(\text{元})$$

$$\bar{x}_n = \frac{\sum x_0 f_1}{\sum f_1} = \frac{1\,014\,000}{200} = 5\,070.00(\text{元})$$

（2）计算可变构成指数。

$$\bar{k}_{可变} = \frac{\bar{x}_1}{\bar{x}_0} = \frac{5\,397.50}{4\,965.05} \approx 1.087\,1 \text{ 或 } 108.71\%$$

$$\bar{x}_1 - \bar{x}_0 = 5\,397.50 - 4\,965.05 = 432.45(\text{元})$$

（3）进行因素分析。

$$\bar{k}_{固定} = \frac{\bar{x}_1}{\bar{x}_n} = \frac{5\,397.50}{5\,070.00} \approx 1.064\,6 \text{ 或 } 106.46\%$$

$$\bar{x}_1 - \bar{x}_n = 5\,397.50 - 5\,070.00 = 327.50(\text{元})$$

$$\bar{k}_{结构} = \frac{\bar{x}_n}{\bar{x}_0} = \frac{5\,070.00}{4\,965.05} \approx 1.021\,1 \text{ 或 } 102.11\%$$

$$\bar{x}_n - \bar{x}_0 = 5\,070.00 - 4\,965.05 = 104.95(\text{元})$$

（4）构建指数体系。

相对数指数体系：

$$\frac{\bar{x}_1}{\bar{x}_0} = \frac{\bar{x}_1}{\bar{x}_n} \times \frac{\bar{x}_n}{\bar{x}_0}$$

$$108.71\% \approx 106.46\% \times 102.11\%$$

绝对数指数体系：

$$\bar{x}_1 - \bar{x}_0 = (\bar{x}_1 - \bar{x}_n) + (\bar{x}_n - \bar{x}_0)$$

$$432.45 = 327.50 + 104.95$$

以上计算结果表明，该企业职工总平均工资增长了 8.71%，绝对额增长了 432.45 元。其原因有两个：一是由于各组平均工资增长 6.46%，使职工总平均工资增长了 327.50 元；二是由于职工结构的变化，使企业职工平均工资增长了 2.11%，绝对额增长了 104.95 元。

此外，对平均指标的绝对数进行分析，不仅可以分析平均指标本身的绝对变化，而且还可以对总体总量指标进行分析。

分析公式如下：

$$(\bar{x}_1 - \bar{x}_0)\sum f_1 = (\bar{x}_1 - \bar{x}_n)\sum f_1 + (\bar{x}_n - \bar{x}_0)\sum f_1$$

如上例：

$$432.45 \times 200 = 327.50 \times 200 + 104.95 \times 200$$

即 86 490 = 65 500 + 20 990

上式说明，该企业职工的工资总额增长了 84 690 元，是由于各组平均工资增长使工资总额增长了 65 500 元和由于职工结构的变化使工资总额增长了 20 990 元两个因素共同造成的。

同步思考 9-4 ▶▶▶

1. 进行指数的因素分析首要做什么？指数体系和因素分析有什么关系？
2. 利用指数体系，是否可以对总成本及单位成本进行因素分析？

第五节　几种常用的经济指数

指数是一种最古老、最重要、应用最广泛的统计方法，它与人们的经济生活息息相关。例如，衡量经济发展程度要使用国内生产总值指数，反映人民生活质量变化要使用生活质量指数，反映物价变化要使用居民消费价格指数，反映证券市场股票价格水平变化要使用股价指数，等等。这里我们主要介绍居民消费价格指数、生产者物价指数和股价指数。

一、居民消费价格指数

（一）居民消费价格指数的含义及作用

居民消费价格指数（consumer price index，CPI）是反映与居民生活有关的商品及劳务价格变动的指标，通常用于观察通货膨胀的水平。CPI 升幅过大，表明通货膨胀已经成为经济不稳定因素。一般来说，当 CPI 增幅大于 3% 时称为通货膨胀，而当 CPI 增幅大于 5% 时称为严重通货膨胀。虽然 CPI 是一个滞后性的数据，但它往往是市场经济活动和政府货币政策的一个重要参考指标。CPI 稳定、就业充分以及国内生产总值增长往往是最重要的社会经济目标。

我国 CPI 指数的计算统一执行国家统计局规定的"八大类"指数体系，即指数的构成包括食品烟酒、衣着、居住、生活用品及服务、交通通信、教育文化娱乐、医疗保健、其他用品及服务八大类。

（二）我国现行的 CPI 编制方法

1. 选择代表规格品

全社会零售商品的种类多达上百万种，要编制包括全部商品的零售价格指数显然是不可能的。因此在编制价格指数时，只选择部分具有代表性的商品。首先对商品进行科学分类，在此基础上分别选择能代表各类别的代表规格品。选择各类的代表规格品通常是那些成交量比重较大、市场供应稳定、能代表该类商品价格变动趋势的商品。

2. 选择典型地区

CPI 是反映全社会零售商品价格的总体变动水平的指数，但我国幅员辽阔，很难包括所有地区，因此一般只选择部分具有代表性的地区编制 CPI。典型地区的选择既要考虑其代表性，也要注重类型上的多样性，还要注意地区分布上的合理性及稳定性。

3. 确定商品价格

通过手持数据采集器，采用定人、定点、定时的方法直接调查。在保证价格准确的前提下，经国家统计局审定，各地可利用被调查单位的电子数据进行辅助采价，也可从互联网采集特定商品和服务的价格。为准确反映当月的价格变动情况，对于与居民生活密切相关、价格变动比较频繁的商品，每 5 天调查一次价格；一般性商品（服务），每月调查 2 次价格；部分服务项目，每月调查 3 次价格；由国家或地方统一定价的商品（服务）或价格相对稳定的商品（服务），每月调查一次价格。对所选择的代表性商品，通常使用该商品在一定时期内的综合平均价。根据各代表商品基期和报告期的平均价,计算每种商品的个体价格指数,以此作为计算类指数的基础。

4. 确定权数

我国目前的 CPI 采用加权算术平均的形式计算,其权数是根据当年住户调查资料把上年商品零售额资料予以调整来确定的。其权数即某种商品零售额占所属细类商品零售额的比重,或者某小类商品零售额占所属中类商品零售额的比重。此外,还需分层计算权数,首先确定各大类的权数,然后分别确定中类、小类、细类、各代表商品的权数。权数均以百分比表示,各权数之和等于100%。为便于计算,权数一律取整数。

5. 计算指数

具体计算过程是先计算各代表规格商品的个体价格指数,然后分层逐级计算细类、小类、中类、大类和全部商品总指数。其中,个体价格指数为

$$K_p = \frac{P_1}{P_0}$$

类价格指数或价格总指数为

$$\overline{K}_p = \frac{\sum K p_0 q_0}{\sum p_0 q_0} \left(\text{也可以把报告期销售量作为同度量因素,即 } \overline{K}_p = \frac{\sum K p_0 q_1}{\sum p_0 q_1}\right),\text{或}:$$

$$\overline{K}_p = \frac{\sum K_p W}{\sum W}$$

现以某地区部分资料说明价格总指数的编制和计算过程,如表 9-10 所示。

表 9-10 CPI 计算表

商品类别及名称	计量单位	平均单价(元)		个体指数 K (%)	权数 W (100)	KW
		p_0	p_1			
总指数				115.1	100	11 510.0
一、食品烟酒类				117.5	51	5 992.5
1. 粮食				105.3	35	3 685.5
2. 副食品				125.4	45	5 643.0
猪肉	kg	9.48	11.93	125.8	85	10 693.0
牛肉	kg	11.04	12.76	115.6	3	346.8
羊肉	kg	9.48	11.20	118.1	2	236.2
鸡蛋	kg	8.52	10.76	126.3	10	1 263.0
3. 烟酒茶				126.0	11	1 386.0
4. 其他				114.8	9	1 033.2
二、衣着类				115.2	20	2 304.0
三、居住类				109.5	11	1 204.5
四、生活用品及服务类				110.4	5	552.0
五、交通通信类				106.4	2	212.8
六、教育文化娱乐类				116.4	6	698.4
七、医疗保健类				114.5	2	229.0
八、其他用品及服务类				105.6	3	316.8

根据上表资料计算过程如下。

(1) 计算各代表规格品的价格指数,如:

$$\text{猪肉价格指数} = \frac{P_1}{P_0} = \frac{11.93}{9.48} \approx 1.258 \text{ 或 } 125.8\%$$

$$\text{牛肉价格指数} = \frac{P_1}{P_0} = \frac{12.76}{11.04} \approx 1.156 \text{ 或 } 115.6\%$$

$$\text{羊肉价格指数} = \frac{P_1}{P_0} = \frac{11.20}{9.48} \approx 1.181 \text{ 或 } 118.1\%$$

$$\text{鸡蛋价格指数} = \frac{P_1}{P_0} = \frac{10.76}{8.52} \approx 1.263 \text{ 或 } 126.3\%$$

(2) 计算副食品类价格指数。

$$\overline{K}_p = \frac{\sum K_p W}{\sum W}$$

$$= \frac{125.8\% \times 85 + 115.6\% \times 3 + 118.1\% \times 2 + 126.3\% \times 10}{100}$$

$$\approx 125.4\%$$

(3) 用同样的方法计算出其他各中类、大类的商品价格指数。

(4) 根据各大类商品价格指数及相应的权数计算出全部商品的价格总指数:

$$\overline{K}_p = \frac{\sum K_p W}{\sum W}$$

$$= \frac{117.5 \times 51 + 115.2 \times 20 + \cdots + 105.6 \times 3}{100}$$

$$= 115.1\%$$

二、生产者物价指数

生产者物价指数(producer price index,PPI)与 CPI 不同,PPI 的主要目的是衡量企业购买物品和劳务的总费用。由于企业最终要把它们的费用以更高的消费价格形式转移给消费者,所以,通常认为 PPI 的变动对预测 CPI 的变动是有用的。

PPI 是衡量工业企业产品出厂价格变动趋势和变动程度的指数,是反映某一时期生产领域价格变动情况的重要经济指标,也是制定有关经济政策和国民经济核算的重要依据。目前,我国 PPI 的调查产品有 4 000 多种(含规格品 9 500 多种),包含了 41 个工业行业大类,207 个工业行业中类,666 个工业行业小类,1 638 个基本分类,2 万多种代表产品。

根据价格传导规律,PPI 对 CPI 有一定的影响。PPI 反映生产环节的价格水平,CPI 反映消费环节的价格水平。整体价格水平的波动一般首先出现在生产领域,然后通过产业链向下游产业扩散,最后波及消费品。产业链可以分为两条:一条是以工业品为原材料的生产,存在原材料→生产资料→生活资料的传导;另一条是以农产品为原料的生产,存在农业生产资料→农产品→食品的传导。

CPI 不仅包括消费价格,还包括服务价格,CPI 与 PPI 在统计口径上并非严格的对应关系，因此 CPI 与 PPI 出现变化不一致的情况是可能的，但 CPI 与 PPI 持续处于背离状态不符合价格传导规律。价格传导出现断裂的主要原因在于工业品市场处于买方市场以及政府对公共产品价格的人为控制。

在不同市场条件下，工业品价格向最终消费价格传导有两种可能的情形：一是在卖方市场条件下，成本上涨引起的工业品价格（如电力、水、煤炭等能源和原材料价格）上涨最终会顺利传导到消费品价格上；二是在买方市场条件下，由于供大于求，工业品价格很难传递到消费品价格上，企业需要通过压缩利润对上涨的成本予以消化，其结果表现为中下游产品价格稳定，甚至可能继续走低，企业盈利减少。对于部分难以消化成本上涨的企业，可能会面临破产。可以顺利完成传导的工业品价格（主要是电力、水、煤炭等能源和原材料价格），目前主要属于政府调价的范围。在上游产品价格（PPI）持续走高的情况下，企业如果无法顺利把上游成本转嫁出去，无法提高消费品价格（CPI），最终就会导致企业利润减少。

PPI 通常作为观察通货膨胀水平的重要指标。食品价格的变动受季节的影响较大，并且能源价格也经常出现意外波动，因此，为了能更清晰地反映出整体商品的价格变化情况，一般将食品和能源价格的变动剔除，从而形成"核心生产者物价指数"，进一步观察通货膨胀率变化趋势。

PPI 能够反映生产者获得原材料的价格波动情况，推算预期 CPI，从而估计通货膨胀风险。

总之，PPI 上升不是好事，如果生产者转移成本，则会导致终端消费品价格上扬，通货上涨；如果不转移，则会导致企业利润下降，经济有下行风险。

三、股价指数

股价指数（stock price index，SPI）是运用统计学中的指数方法编制而成的，反映股市总体价格或某类股价变动和走势的指标。它是影响投资人决策行为的重要因素，而且股票价格的波动和走向也是反映经济景气状况的敏感指标。SPI 的编制方法有多种，综合指数公式是其中的一种重要方法。标准普尔指数、恒生指数、上证指数等都是采用综合指数公式编制的。其计算公式为

$$\bar{k}_p = \frac{\sum q_0 p_1}{\sum q_0 p_0}$$

式中，q_0 是基期的股票发行量（或流通量）。该公式是以基期的股票发行量（或流通量）作为同度量因素的拉氏综合指数。

不同股价指数的样本范围和基期日期的选定都不同。例如，标准普尔指数的样本范围包括 500 种股票（其中工业股票 400 种、公用事业股票 40 种、金融业股票 40 种、运输业股票 20 种），选择 1941—1943 年为基期；恒生指数选择了 33 种具有代表性的股票（成分股）为指数计算对象（其中金融业 4 种、公用事业 6 种、地产业 9 种、其他行业 14 种），选择 1964 年 7 月 31 日为基期；上证指数包括全部上市股票，基期为 1990 年 12 月 19 日。股票的基期指数定为 100，股票价格的变动幅度以"点"数来表示，每上升或下降一个单位称为"1 点"。例如，2024 年 11 月 22 日，上证指数为 3 267.19 点，表明股票价格报告期比基期上升 3 167.19 点。

需要指出的是，按照编制 SPI 时纳入指数计算范围的股票样本数量，可以将股价指数划分为全部上市股票价格指数和成分股指数。前者是指将指数所反映出的价格走势涉及的全部股票

都纳入指数计算范围,如上海证券交易所发布的上海证券交易所综合指数,就是把全部上市股票的价格变化都纳入计算范围,上海证券交易所工业股价格指数、商业股价格指数等则分别把全部的工业类上市股票和商业类上市股票纳入各自的指数计算范围。成分股指数是指从指数所涵盖的全部股票中选取一部分较有代表性的股票作为指数样本,称为指数的成分股,计算时只把所选取的成分股纳入指数计算范围。例如,深圳证券交易所成分股指数就是从深圳证券交易所全部上市股票中选取 40 种计算得出的一个综合性成分股指数。这个指数可以近似地反映出全部上市股票的价格走势。深圳证券交易所发布的工业股成分指数是从深圳证券交易所上市的工业股中选取 20 家成分股为代表计算得出的。

在编制成分股指数时,为了保证所选样本具有充分的代表性,国际上惯用的做法是综合考虑样本股的市价总值及成交量在全部上市股票中所占的比重,并要充分考虑所选样本股企业的行业代表性。指数公布后,还要根据市场变化状况定期或不定期地更换样本股。

SPI 的计算方法有算术平均法和加权平均法两种。算术平均法是将组成指数的每只股票的价格进行简单平均,计算得出一个平均值。例如,如果所计算的 SPI 包括 3 只股票,其价格分别为 15 元、25 元、35 元,则其股价算术平均值为

$$\bar{x} = \frac{\sum x}{\sum f} = \frac{15+25+35}{3} = 25(元)$$

加权平均法就是在计算股价平均值时,不仅考虑到每只股票的价格,还要根据每只股票对市场影响的大小,对其平均值进行调整。实践中,一般是将股票的发行量或成交量作为市场影响参考因素纳入指数计算,称为权数。例如,上例中 3 只股票的发行数量分别为 1 亿股、2 亿股、3 亿股,以此为权数进行加权计算,则价格加权平均值为

$$\bar{x} = \frac{\sum xf}{\sum f} = \frac{15 \times 1 + 25 \times 2 + 35 \times 3}{1+2+3} = 28.33(元)。$$

同步思考 9-5 ▶▶▶

1. 什么是 CPI?我国的 CPI 是怎样编制出来的?
2. 什么是 PPI?PPI 有什么经济意义?

思考与练习

- **知识题**

一、单项选择题

1. 某企业职工工资总额,今年比去年减少 2%,平均工资上升了 5%,则职工人数(   )。
   A. 增加 3%   B. 增加 7%   C. 增加 10%   D. 减少 6.7%
2. 根据所反映的对象范围不同,可把指数分为(   )。
   A. 个体指数和总指数   B. 综合指数和平均指数
   C. 数量指数和质量指数   D. 动态指数和静态指数
3. 下列属于数量指标指数的是(   )。
   A. 销售量总指数   B. 个体价格指数   C. 价格总指数   D. 单位成本指数

4. 总指数的形式有两种，即（　　）。
   A. 个体指数和综合指数　　　　　　B. 综合指数和平均指数
   C. 算术平均数指数和调和平均数指数　D. 综合指数和平均指标指数
5. 某企业报告期产品产量比基期增长 25%，单位产品成本比基期下降 20%，则产品费用总指数（　　）。
   A. 增加 5%　　　B. 增加 25%　　　C. 减少 20%　　　D. 没有变化

二、多项选择题

1. 统计指数的作用有（　　）。
   A. 可以综合反映社会经济现象总体的变动方向和变动程度
   B. 可以分析经济发展变化中各种因素的影响方向和程度
   C. 仅可以反映社会经济现象总体的变动方向和变动程度，不能分析经济发展变化中各种因素的影响方向和程度
   D. 可以综合反映社会经济现象总体的变动方向，但不可以综合反映社会经济现象总体的变动程度
   E. A 和 B 都对
2. 某种商品基期售出 50kg，报告期售出 60kg，指数为 120%，该指数是（　　）。
   A. 综合指数　　B. 个体指数　　C. 总指数　　D. 销售量指数
   E. 数量指标指数
3. 同度量因素的作用有（　　）。
   A. 平衡作用　　B. 权数作用　　C. 稳定作用　　D. 同度量作用
   E. 调节作用
4. 下列指数中属于数量指标指数的有（　　）。
   A. 工业产品产量指数　　　　　　B. 商品零售价格指数
   C. 农产品收购价格指数　　　　　D. 商品销售量指数
   E. 产品成本指数
5. 以下计算多种产品产量变化的指数中，正确的有（　　）。
   A. $\bar{k}_q = \dfrac{\sum p_0 q_1}{\sum p_0 q_0}$　　B. $\bar{k}_q = \dfrac{\sum p_1 q_1}{\sum p_0 q_1}$　　C. $\bar{k}_q = \dfrac{\sum p_1 q_1}{\sum p_0 q_0}$　　D. $\bar{k}_q = \dfrac{\sum p_1 q_1}{\sum p_1 q_0}$
   E. $\bar{k}_q = \dfrac{\sum p_0 q_1}{\sum p_1 q_0}$

三、判断题

1. 发展速度不是指数。　　　　　　　　　　　　　　　　　　　　　　（　　）
2. 可变构成指数用来分析现象结构的变化对平均指标变化的影响。　　　（　　）
3. 两因素指数体系中包括两个指数。　　　　　　　　　　　　　　　　（　　）
4. 指数分析法只可用来进行动态分析。　　　　　　　　　　　　　　　（　　）
5. 拉氏数量指数并不是编制数量指标综合指数的唯一公式。　　　　　　（　　）

四、简答题

1. 什么是狭义的统计指数？它的作用有哪些？

2. 什么是指数体系？指数体系有什么作用？
3. 什么是同度量因素？同度量因素有什么作用？
4. 什么是数量指标指数？什么是质量指标指数？编制这两种指数有什么异同？
5. 什么是平均指数？平均指数的特点是什么？

- **实务题**

一、某市场上四种副食品的销售资料如下表所示。

品种	销售量/kg		销售价格（元/kg）	
	基期	报告期	基期	报告期
白菜	550	560	1	1.2
猪肉	224	250	24	26
鸡蛋	40	42	8	7.5
带鱼	20	18	30	32

1. 四种产品的销量综合指数为（　　）。
    A. 117.77%　　　B. 108.62%　　　C. 108.43%　　　D. 92.22%
2. 四种产品的价格综合指数为（　　）。
    A. 117.77%　　　B. 108.62%　　　C. 108.43%　　　D. 92.22%
3. 四种产品的销售额指数为（　　）。
    A. 117.77%　　　B. 108.62%　　　C. 108.43%　　　D. 92.22%

二、某企业三种主要产品的有关资料如下表所示。

品名	计量单位	销售量增（%）	销售额（百元）	
			基期	报告期
甲	米	12	1 000	1 200
乙	件	10	600	700
丙	双	15	1 500	2 000

1. 三种主要产品的销售量总指数为（　　）。
    A. 100.35%　　　B. 108.42%　　　C. 113.06%　　　D. 115.38%
2. 由于销售量的增长，销售额增长了（　　）。
    A. 320 元　　　B. 405 元　　　C. 460 元　　　D. 478 元

三、某商店向农民收购农产品的有关资料如下表所示。

品名	2023 年收购价格/2022 年收购价格（%）	实际收购额（万元）	
		2022 年	2023 年
甲	105	1 368	1 200
乙	102	920	800
丙	125	416	320
丁	117	140	80

1. 收购价格总指数为（　　）。
   A. 103.28%　　　B. 106.59%　　　C. 108.24%　　　D. 110.35%
2. 由于收购价格的变化，2023年比2022年增加的收购额为（　　）。
   A. 148.45万元　　B. 15.26万元　　C. 166.37万元　　D. 167.25万元

• **实训题**

实训一

实训目的：通过练习本题，掌握利用指数体系对总量指标的变动进行因素分析。

实训资料：某商场销售三种不同的商品，有关的销售量、价格如下表所示。

产品种类	计量单位	基期		报告期	
		销售量	价格（元）	销售量	价格（元）
甲	双	300	120	320	180
乙	台	400	18	400	20
丙	米	250	86	350	74

实训要求：

请你根据你所掌握的统计分析方法，对企业销售额的变动进行因素分析。

实训二

实训目的：通过练习本题，掌握利用指数体系对平均指标的变动进行因素分析。

实训资料：某企业所属两个分厂生产的同种产品的有关资料如下表所示。

企业各厂	单位成本（元/件）		产量（件）	
	基期	报告期	基期	报告期
甲分厂	10	9	300	1 300
乙分厂	12	12.2	700	700
总计	—	—	1 000	2 000

实训要求：

根据所学知识，对企业的单位成本变动情况从相对数和绝对数上进行分析，并说明产生这种变动的原因。

实训三

实训目的：通过练习本题，掌握利用指数体系对经济现象进行因素分析。

实训资料：某企业三个车间的职工人数及劳动生产率相关资料如下表所示。

车间	职工人数		劳动生产率（万元/人/年）	
	基期	报告期	基期	报告期
甲	200	190	30	33
乙	180	200	40	45
丙	120	150	45	50

实训要求：
1. 利用统计指数体系分析该企业平均劳动生产率变动的原因。
2. 利用统计指数体系分析该企业总产值变动的原因。（提示：总产值＝劳动生产率×职工人数）

数字链接

 扫码阅读
知识拓展

 扫码查看部分
习题参考答案

第十章　统计综合评价

○ 学习目标

（1）理解统计综合评价的概念及意义
（2）掌握统计综合评价的指标构建方法
（3）掌握统计综合评价指标同度量的处理方法
（4）掌握统计指标权重的确定方法
（5）掌握综合评价指标的综合方法

○ 主要学习内容

　　本章主要阐述了统计综合评价的概念、特点及评价作用，统计综合评价的程序，统计综合评价指标体系的确定方法，统计综合评价指标的同度量处理方法，统计综合评价指标的权重确定方法，统计综合评价指标的综合方法。

○ 引例　购买汽车的选择

　　李先生想购买一辆综合性能较好的家用汽车，拟在德系、日系、美系和国产车中选择一款。为此，他在德系中初步选择了一款大众途观 L，在日系中选择了一款本田冠道，在美系中选择了一款别克昂克威 plus，在国产车中选择了红旗 HS5。但在最终确定时他很纠结，大众汽车销量较大，维修方便，但双离合的口碑不好；本田冠道空间较大，质量较好，但日系车的配置相对较低；美系车质量较好，用料扎实，但油耗较高；而国产车更新换代快，保值率低，但配置高，价格低。每款车都有长处，也有短处，所以李先生很纠结，如何选择一辆综合性能较好的家用汽车呢？李先生结合网上和朋友提供的信息，对初选车进行了综合对比评价，最终选择了一台综合性能较好的家用车。

第一节　统计综合评价的基本问题

一、统计综合评价的概念及特点

（一）统计综合评价的概念

评价是对事物的评定、判别和估价，而统计评价是以指标为基础的评价。根据评价指标的多少，可以分为单指标评价和多指标评价。单指标评价是利用一个指标对事物进行的评价，这种评价通常具有一定的片面性，而综合评价是利用多指标的评价，其评价更全面、更科学。统计综合评价是指利用反映社会经济现象总体的指标体系，结合各种定性材料，构建综合评价模型，求得综合评价值，对被评价的现象做出明确评定和排序的一种统计分析方法。其基本思想是将多个指标转化为一个能够反映综合情况的指标，并据以对事物做出全面评价。

统计综合评价活动由三个要素构成：评价客体、评价标准和评价模型。评价客体是特定时间、地点之下的一个或者多个可比单位、事物、行为、态度的集合。例如，对某年全国各省、自治区、直辖市的综合经济实力进行评价时，全部参评的省、自治区、直辖市构成了评价的客体；对某企业2019—2023年核心竞争力进行综合评价时，该企业这5个年份（相当于以年份为下标的5个企业）构成了评价的客体，评价客体又称评价对象。评价标准则是判断评价客体价值高低或水平优劣的参照系，可以是客观的标准，也可以是主观的标准；可以是比较明确的标准，也可以是相当模糊的标准；可以是定性的标准，也可以是定量的标准。评价模型是将多个评价指标值"合成"一个整体性的综合评价值的数学模型。根据评价模型将多个评价指标值合成一个综合值后，就可以对各评价客体进行排序，并进行综合评价。

随着研究的不断深入以及各学科的不断融合，统计综合评价方法也越来越丰富。有经典综合评价方法、多元分析综合评价方法、模糊综合评价方法、灰色综合评价方法、数据包络综合评价方法、层次分析综合评价方法、人工神经网络综合评价方法等。本书只介绍经典综合评价方法，旨在让读者了解综合评价的基本思想和分析步骤。

（二）统计综合评价的特点

相对于单指标的评价，综合评价有如下特点。

1. 综合性

综合评价包含了若干个指标，并且不是一个指标接一个指标顺次完成，而是通过一些特殊的方法同步完成多个指标的评价，最终形成一个综合值，从而对事物进行评价。

2. 全面性

利用反映被评价客体的多个评价指标，对评价客体进行多方面评价，评价更加全面、客观。

3. 同度量性

多个评价指标分别说明了被评价事物的不同方面，彼此间往往是异度量的，不存在一个统一的同度量因素。因此，在进行综合评价时，需要将各个指标进行同度量处理。

4. 区别指标的重要程度

在综合评价过程中，要根据指标的重要性对其进行加权处理，使评价结果更具有科学性。

5. 评价的明晰性

这种评价方法最终要对被评价事物做出一个整体性的评判，用一个总指标来说明被评价事物的一般水平，评价的结果根据综合分值进行排序，并据此得出结论。

由以上特点可见，综合评价可以避免一般评价方法的局限性，使得运用多个指标对多个单位进行评价成为可能。这种方法从计算及其需要考虑的问题来看比较复杂，但从整体来看，其优点大于缺点，因此，综合评价方法得到了人们的认可，并在实践中被广泛应用，如工业经济效益综合评价、小康生活水平综合评价、科技进步的综合评价、国家（地区）的综合实力评价等。

二、统计综合评价的作用

统计综合评价经过长期发展，其方法也得到了越来越广泛的应用。统计综合评价主要具有以下几个方面的作用。

首先，对所分析的现象总体数量特征有一个综合的认识。综合评价从本质上看仍然是一种统计综合指标，但它所概括或综合的内容较一般统计综合指标广泛得多、全面得多。它将整个评价指标体系中的基本评价信息全部集中或浓缩到一个综合评价值上，从而使我们更容易获得对事物的整体性认识。例如，曾经开展十分广泛的经济效益综合评价，就是将活劳动效益、物化劳动效益、资金占用效益等方面的效益水平综合成一个数值，从而判断被评价单位经济效益整体水平的高低与优劣。又如，综合国力评价就是将一国的经济、科技、政治、外交、军事、文教、资源等方面的实力进行高度的量化概括，从而了解该国综合国力的整体状况。

其次，对不同单位或不同地区的综合评价结果进行比较与排序，从而了解各个单位或地区在同类现象总体中的层次位置，鼓励先进，鞭策落后，唤起竞争意识。例如，通过对经济效益进行综合排序，就可以促使落后企业努力寻找原因，提高经济效益水平。如果总体中各单位的效益水平都努力朝良好的方向发展，则全社会的效益水平也就自然会更上一个台阶。

再次，对同一单位或地区的综合评价值进行动态分析，从而了解自身整体实力的发展变化情况是进步还是退步，并进一步找出进退的主要方面与主要原因，以改进工作。

最后，综合评价的结果要么以"数值"的形式出现，要么以"排序"或"分类"的形式出现。无论是哪一种形式，都可以看作一种统计指标（或标志）的具体表现，正因为此，综合评价结果还可以继续分析，例如，在价值评价的基础上进一步构建计量经济模型，在分类评价的基础上进一步进行假设检验或因素分析。因此，综合评价过程也是统计指标的构造过程，只是这种统计指标具有更强的综合性与抽象性。

三、综合评价的不足

综合评价虽然在实践中得到了广泛的应用，但在实际运用过程中也存在着一些不足。

首先，综合评价会造成原有信息的缺失。综合评价是将若干个评价指标数值综合成一个数值，损失了原有指标带来的信息，导致计算结果较为抽象，难以解释合成指标的经济意义和现实意义。

其次，评价的主观性强。在综合评价中，选择什么指标、选择多少指标、权重的确定等都带有很大的主观性，这样，往往会造成不同的评价主体针对同一评价对象，得出不一样的评价结论，甚至是相反的结论。

最后，评价结果的不确定性。不同评价指标的选择、不同权重的确定、不同的综合评价方法，都可能导致评价结论的不唯一性。

四、经典统计综合评价的步骤

经典统计综合评价通常需要按以下步骤来进行。

第一步，确定综合评价的目的。在实际工作中，综合评价总是针对某一个或若干个专题统计分析展开的，都是要达到一个特定的目的或目标，并且统计评价的目的决定了综合评价指标体系及具体方法。因此，对于某一事物进行综合评价，首先要明确为什么要进行综合评价、评价事物的哪一方面、评价的精确度以及评价要说明什么问题等。确定综合评价目的，是为了解决为什么评价的问题。

第二步，确定评价指标和评价指标体系。在明确综合评价的目的后，就要对评价目标进行因素分析，找出影响被评价总体目标的各个方面的因素，然后利用聚类分析等方法，建立一套能够从不同角度、不同侧面反映评价对象的指标体系。评价指标体系的确定是关系到综合评价是否客观、准确的关键问题。

第三步，确定评价指标的同向化和同度量化方法。不同指标的计量单位通常是不一致的，数值的水平也有很大差异，如果把不同计量单位的指标或水平高低不同的指标直接相加，进行综合，得到的评价结果是不科学、不合理的。因此，需要把不同的指标转换成能够进行综合的指标，这就是指标的同度量问题。同时，还必须使各指标方向一致，能够从同一角度说明总体。

第四步，确定各个评价指标的权重。在评价指标体系中，各指标的重要程度是不一样的，如果将不同的指标作用都等同起来，得到的评价结果也是不科学的。所以在综合评价时，需要对评价的指标的重要程度进行认定，即确定各指标的权重系数，以保证评价更具科学性。

第五步，求综合评价值。综合评价的目的是通过相应的分析计算，将各指标最终综合在一起，得到一个评价值，以说明评价客体综合值的大小或排名情况。

第六步，根据评价结果进行统计分析。综合评价结果是一个综合性的指数（或指数体系），按评价指标体系的层次结构划分为总目标指数、子目标指数以及子子目标指数等，依据各个指数的计算结果即可进行综合评价结果分析。通过比较分析各个评价对象总目标或子目标的评价结果指数，分析各自的优势、劣势、差距或不足，来查找原因并提出相应的扬长避短的对策措施。

五、统计综合评价的类型

经过多年的研究发展，统计综合评价方法日渐丰富和多样化，形成了不同的综合评价类型。

（一）按评价客体的时空维度，分为纵向评价和横向评价

1. 纵向评价

纵向评价也称动态评价，主要是对某一现象在不同时间上的情况进行综合评价。例如，对某地区 2022 年和 2023 年的综合实力进行综合评价，以反映该地区的发展变化状况。

2. 横向评价

横向评价也称静态评价，主要是对不同单位或地区的某一现象进行综合评价。例如，对东北三省的经济和社会发展状况进行综合评价，以明确哪个省份发展水平较高。

（二）按综合评价的目的，分为实绩评价和预测评价

1. 实绩评价

实绩评价是指统计指标体系中的各指标的数值均为实际值，评价的是现象总体的现状或过去。例如，对辽宁省 2023 年的社会经济发展状况进行综合评价。

2. 预测评价

预测评价是指统计指标体系中的各指标数值均为预计或预测值，评价的现象是总体的未来，其目的是预测某一现象未来的状况。

同步思考 10-1 ▶▶▶

1. 试举例说明为什么统计综合评价能够避免单指标评价的局限性。
2. 统计综合评价为什么要对不同的指标进行加权处理呢？

第二节　统计综合评价指标体系

统计综合评价首先要根据评价的目的，确定评价指标体系，从多个角度对评价客体进行评价。

一、确定评价指标的原则

对客观现象进行统计综合评价，关键是要科学地选择评价项目，建立一个科学合理的评价指标体系。确定评价指标应遵守以下几个原则。

（一）目的性原则

评价的指标必须与评价的目的相吻合。综合评价的目的是要通过分析多指标，对评价客体的情况进行综合排名，或计算出相应的综合值，这就需要根据评价的目的来确定评价指标。

（二）客观性原则

评价指标体系能够准确把握所要研究问题的本质与内涵，能够客观反映事物的总体特征。

确定的指标必须能够真实、恰当地反映客观现象某一方面的特征，要科学合理。

（三）全面性原则

评价指标体系本身就是一个系统，具有多层次、多元化的特征，即指标体系所包含的指标不能仅局限于反映某一方面的特征，评价指标体系中的各个指标应该能够从不同的角度完整地反映评价主体的全貌。

（四）敏感性原则

所选择的评价指标应该能够敏感地反映被评价对象的变化。如果评价指标的敏感性不够，那么即使这个指标发生了很大的变化，其对评价客体的影响作用也不会很大，对评价的结果也不会产生太大的影响。

（五）独立性原则

在评价指标体系中，尽可能选择那些无内在联系或内在联系低的指标，这样既能减少指标体系的冗余，又能避免因统计指标之间的信息重复而导致的最后的综合结果难以反映客观实际的问题。

（六）可比性原则

指标选取的可比性是一切定量比较方法都必须考虑的问题和必须遵循的原则，不同单位之间存在着各种各样的差异，因此，指标体系的设计必须充分考虑各单位间统计指标的差异，在具体指标的选择上，各单位所有的评价指标都必须在指标含义、统计口径和范围上保持一致，以保证指标的可比性。

（七）可操作性原则

评价指标体系中的指标要尽可能地考虑其收集资料的可能性，要尽可能地利用已有的统计资料。如果收集不到指标的数据，即使指标确定得再客观、再科学也是没有用的。

确定评价指标的原则如图 10-1 所示。

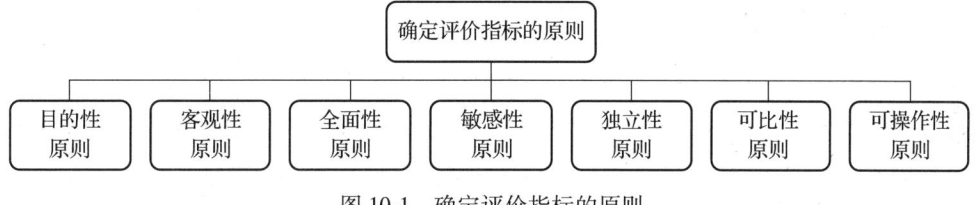

图 10-1　确定评价指标的原则

二、确定评价指标的方法

根据确定评价指标的原则，确定评价指标的方法主要有两个。

（一）定性方法

定性方法是根据社会现象或事物所具有的属性和在运动中的矛盾变化，从事物的内在规定性来研究事物的一种方法或角度。它以普遍承认的公理、事物内在的逻辑性和大量的历史事实为分析基础，从事物的矛盾性出发，对所研究的事物展开描述和阐释。定性方法主要包括专家意见法和分析法。

1. 专家意见法

专家意见法是指向专家发函，征求意见的方法。评价者根据评价目标和评价对象的特点，在所设计的评价表中，列出一系列的评价指标，分别征询各位专家对所设计的评价指标的意见，然后进行综合处理，并反馈咨询结果，经过几轮咨询后，如果专家意见趋于一致，则由最后一次咨询结果确认评价指标体系。

2. 分析法

分析法是将评价对象分为若干个组成部分或不同的侧面，明确各个部分或侧面所要评价的问题的内涵和外延，在此基础上，对每一个侧面分别选用一个或几个指标反映被评价对象的特征。如何把握各个侧面或各个部分的重点指标是分析法的关键。这种方法的运用与人们的工作经验和求真务实的科学态度密切相关。

（二）定量方法

定量方法是依据统计数据建立数学模型，并用数学模型计算确定分析对象的各项指标及其数值的一种方法。常用的定量方法包括试算法、系统聚类法以及主成分分析法。这里只介绍试算法和系统聚类法。

1. 试算法

试算法是通过对历史数据进行试算来判断指标的有效性的方法。例如，要分析2023年全国耕地可持续利用的实施效果，可以用2022年的数据进行试算，通过试算结果判断所选指标是否适合，然后对相关指标进行科学比较分析，把代表性强的指标确定下来，再不断筛选，直到满意为止。

2. 系统聚类法

系统聚类法是通过判断指标之间的相似程度来筛选指标的方法。例如，假设有 N 个指标，将每个指标作为一类，根据指标之间的相似程度并通过比较各类之间的距离，把距离最小的两类指标进行合并，然后在 $N-1$ 类中，再选择各类之间距离最小的进行合并，如此连续地进行，逐步选择所需要的评价指标。我们可以选择评价指标体系中所需的各个指标。系统聚类法的步骤如下。

第一步，计算指标（或类）之间的相似程度。计算各类指标之间的相似程度常用的方法是相关系数法或判定系数法。其过程是：根据 N 个指标的历史数据，分别计算各个指标中两两之间的相关系数或判定系数，并形成相关系数矩阵 r 或判定系数矩阵 R^2，以此表示各个指标之间的相关关系。

第二步，计算指标（或类）之间的距离。在利用相关系数矩阵 r 或判定系数矩阵 R^2 表示指标（或类）之间的相似程度时，也可以将其转换为指标距离 d，d 值越小，表示两个指标（或类）之间的关系越密切，在统计评价中就表示两者之间具有可替代性。

第三步，根据聚类情况确定指标（或类）的个数。所选指标的多少可以根据相关系数的大小来确定。如果指标之间的相关系数较大，表示具有显著的相关性，则在不影响科学评价的条件下，可以适当少选一些评价指标；反之，如果指标（或类）之间的相关系数较小，就需要选取更多的评价指标（或类）来构成评价指标体系。

第四步，选择最具有代表性的评价指标。在具有显著相关性的指标中，若要选择更加合适的指标，则首先要分析选择指标的科学性，再考虑人们对指标的理解和可接受程度，选择那些科学合理，同时又能被人们理解和接受的指标作为评价指标。

系统聚类法的具体操作见下例。

例如，有 6 个指标，根据历史资料计算每两个指标的相关系数并建立相关系数矩阵 r，如表 10-1 所示。

表 10-1　相关系数矩阵 r

指标	1	2	3	4	5	6
1	1.00	0.85	0.55	0.63	0.58	0.42
2		1.00	0.78	0.54	0.40	0.66
3			1.00	0.90	0.72	0.38
4				1.00	0.70	0.80
5					1.00	0.82
6						1.00

根据相关系数矩阵 r，计算距离矩阵，如表 10-2 所示。

表 10-2　距离矩阵表

指标	1	2	3	4	5	6
1	0.00	0.15	0.45	0.37	0.42	0.58
2		0.00	0.22	0.46	0.60	0.34
3			0.00	0.10	0.28	0.62
4				0.00	0.30	0.20
5					0.00	0.18
6						0.00

在距离矩阵表中，找到距离最小的两个指标。距离最小的两个指标是指标 3 和指标 4，其距离为 0.1，由此可知，指标 3 和指标 4 的关系最密切，可以聚为一类。然后在距离矩阵中再找到距离第二小的两个指标。从距离矩阵表中可以看出，数值第二小的是 0.15，意味着指标 1 和指标 2 的关系第二密切，也可以聚为一类。依此类推，直到指标聚为一类为止。

通过定性和定量分析，根据评价的目的、实际的可操作性以及各个指标之间相关的密切程度来确定指标体系的容量，即评价指标体系中指标的个数。

例如，在本例中，如果研究该现象需要选择 4 个评价指标，可以在指标 3 和指标 4 之间选择一个，并将其确定为评价指标中的一个，再在指标 1 和指标 2 之间选择一个，也将其确定为评价指标中的一个，再将指标 5 确定为一个评价指标，将指标 6 确定为一个评价指标，这样，4 个评价指标就确定了。如果需要确定 5 个评价指标，则在指标 3 和指标 4 中选择一个，再将其他 4 个指标作为评价指标，这样就确定了 5 个评价指标。

同步思考 10-2 ▶▶▶

1. 为什么在确定评价指标时，需要考虑敏感性原则？
2. 指标相似程度高就可以少选择一些指标来构建评价指标体系，对吗？

第三节 评价指标权重的确定方法

指标权重是指被评价对象的各个评价指标在评价指标体系中的相对重要程度，表示评价指标在总体中所起作用的大小。权重大，则说明该指标在评价中的作用大；权重小，则说明该指标在评价中的作用小。

一、权重的种类

权重可以从不同的角度划分为不同的权重。

（一）按照权重的表现形式，分为绝对数权重和相对数权重

如果权重是以绝对数的形式确定的，那么权重就是绝对数权重；如果权重是以相对数的形式确定的，那么权重就是相对数权重。相对数权重相对于绝对数权重来说，能更加直接地反映权重在评价中的作用。

（二）按照权重的确定方式，分为人工权重和自然权重

自然权重也称客观权重，是由于变换统计资料的表现形式和合成方式而得到的权重。人工权重也称主观权重，是根据研究目的和评价指标的内涵状况，通过主观分析和判断来确定各个指标的权重。

（三）按照权重与评价指标数值的相关程度，分为独立权重和相关权重

独立权重是指评价指标的权重与该指标数值的大小无关，在综合评价中使用独立权重较多，以此权重建立的综合评价模型称为"定权综合模型"。相关权重是指评价指标的权重与该指标的数值具有函数关系，例如，当某一评价指标的数值达到一定水平时，该指标的重要性会相应减弱，或者当某一评价指标的数值达到另一个水平时，该指标的重要性会相应增加。相关权重适用于评价指标的重要性随着指标取值的不同而发生变化的情况，基于相关权重建立的综合评价模型称为"变权综合模型"。

二、权重的确定方法

权重的确定方法有很多，归纳起来可以分为两类，一是主观赋权法，二是客观赋权法。主

观赋权法包括专家调查法、层次分析法、环比评分法、最小平方法等，客观赋权法包括最大熵权技术法、主成分分析法、变异系数法、简单关联函数法等。这里只介绍几种相对简单的权重确定方法，如专家调查法和变异系数法。

（一）专家调查法

专家调查法也称统计平均数法，是对所选择的各位专家对各评价指标所赋予的相对重要性系数分别求算术平均值，将计算出的平均数作为各项指标的权重的方法。其基本步骤如下。

第一步，确定专家。一般选择本行业或本领域中既有实际工作经验，又有扎实理论基础并且公平公正的专家。

第二步，专家初审。将待定权重的指标提交给各位专家，并请专家在不受外界干扰的前提下独立地给出各项指标的权重值。

第三步，回收专家意见。将各位专家的数据收回，并计算各项指标的权重均值和标准差。

第四步，分别计算各项指标权重的平均数。

如果第一轮的专家意见比较集中，并且均值的标准差在可控范围内，即可以用均值确定指标权重。如果第一轮的专家意见比较分散，可以把第一轮的计算结果反馈给专家，并请他们重新给出自己的意见，直至各项指标的权重的标准差不超过预先设定的标准为止，即各位专家的意见基本一致，才能将各项指标的权重的平均值作为相应指标的权重。

（二）变异系数法

变异系数法是直接利用各项指标所包含的信息进行计算而得到指标权重的方法，是一种客观的方法。此方法的基本原理是：在评价指标体系中，取值差异越大的指标，也就是越难实现的指标，这样的指标更能反映被评价单位的差距。例如，在评价各个国家的经济发展状况时，选择人均国民生产总值作为评价的标准之一，是因为人均国民生产总值不仅能反映各个国家的经济发展水平，还能反映一个国家的现代化程度。如果各个国家的人均国民生产总值没有多大区别，则这个指标就失去了衡量经济发展水平和现代化程度的意义。

反映现象差异程度的指标是标志变异指标，而其中最重要的指标是标准差，但由于标准差是一个绝对量，不适合用来反映指标体系中各项量纲不同的指标的差异程度，因此需要用标准差系数来反映各项指标的差异程度。各项指标的标准差系数计算公式如下：

$$V_i = \frac{\sigma_i}{\bar{x}_i} \quad (i=1,2,\cdots,n)$$

式中，V_i 是第 i 项指标的变异系数，也称标准差系数；σ_i 是第 i 项指标的标准差；$\bar{x}_i$ 是第 i 项指标的平均数。

各项指标的权重为

$$W_i = \frac{V_i}{\sum_{i=1}^{n} V_i}$$

美国社会学家阿列克斯·英格尔斯（Alex Inkeles）提出，在综合评价一个国家或地区的现代化程度时，其各项指标的权重的确定方法就是变异系数法。

例如，在评价 40 个国家的现代化程度时，我们首先确定了 10 个指标作为评价指标，现在需要确定这 10 个指标的权重系数。经过计算，这 40 个国家在这 10 个指标上的平均数和标准差以及各指标的变异系数计算如表 10-3 所示。

表 10-3 现代化水平评价指标权重计算表

指标	人均国民生产总值（美元）	农业占GDP比重（%）	第三产业占GDP比重（%）	非农劳动力比重（%）	城市人口比重（%）	人口自然增长率（%）	平均预期寿命（岁）	成人识字率（%）	大学生占适龄人口比重（%）	每千人拥有医生（人）	合计
平均数	11 938.400	9.352	54.860	0.826	69.792	0.721 4	72.632	93.340	36.556	2.446	—
标准差	7 966.270	7.316	12.940	0.170	19.339	0.831 9	5.375	9.050	20.477	1.314	—
变异系数	0.667	0.782	0.236	0.206	0.277	1.153	0.074	0.097	0.560	0.537	4.590
权重	0.145	0.170	0.051	0.045	0.060	0.251	0.016	0.021	0.122	0.117	1.000

资料来源：曾五一，庄赟. 中国现代化进程的统计考察 [J]. 中国统计，2003（1）：21-23.

其具体计算过程如下。

第一步，根据各个国家的指标数据，计算这些国家在每个指标上的均值和标准差。

第二步，根据均值和标准差，计算这些国家各项指标的变异系数，即标准差系数。

如，人均国内生产总值变异系数：

$$V_i = \frac{\sigma_i}{\bar{x}_i} = \frac{7\,966.27}{11\,938.40} \approx 0.667$$

依此类推，分别得到 10 个指标的标准差系数，如表 10-3 所示。

第三步，将各项指标的变异系数相加总：

0.667+0.782+0.236+0.206+0.277+1.153+0.074+0.097+0.560+0.537≈4.59

第四步，构成评价指标体系的这 10 个指标的权重：

人均国民生产总值的权重

$$W_i = \frac{V_i}{\sum_{i=1}^{n} V_i} = \frac{0.667}{4.59} \approx 0.145$$

依此类推，分别得到各个指标的权重系数，如表 10-3 所示。

扫码观看
Excel 在评价指标权重确定上的应用

同步思考 10-3 ▶▶▶

1. 专家调查法确定权重系数时，为什么要计算标准差？
2. 为什么标准差系数的比重可以作为权重系数？

第四节 评价指标的同度量处理方法

在评价指标体系建立后，有可能因为各个指标计量单位的不同，而不能直接进行比较。因此，一般在收集到相关数据后，还需要进一步进行无量纲化处理，即同度量处理。

在统计综合评价的指标中，有些指标是定性指标，有些指标是定量指标。定性指标有两类数据：定类数据和定序数据。定类数据是无法真正量化的，而定序数据可以通过一定的形式进行量化，其量化的方法主要有两种，一种是名次序数百分比法，另一种是统计综合评分法。

评价指标的同度量处理，主要是对定量数据的处理，其同度量的方法主要有三种：相对化处理方法、功效系数法、标准化处理方法。

一、相对化处理方法

相对化处理的主要原理是：先对待评价的指标确定一个比较标准，作为比较的标准值，然后用各指标的实际值和相应的标准值进行比较，这样，可将不同性质、不能同度量的各种指标换算成可以进行同度量的抽象化指标。

标准值的确定，可以采用以下几种标准。

（一）计划标准

计划标准是以计划指标、定额指标作为综合评价的尺度，将各项指标的实际数值与相应的计划水平等进行比较。采用计划标准有利于在制订计划时综合考虑各方面的因素，全面检查计划执行情况。

（二）时间标准

时间标准也称历史标准，是以考察对象的历史水平，如本单位的前期、上年同期、历史最好水平或某一基期水平作为综合评价的尺度，将各项指标报告期的实际水平与相应的历史水平进行比较。采用时间标准有利于全面反映现象的历史发展过程和进步速度，揭示现象的运行规律。

（三）空间标准

空间标准是将所研究的经济现象置于相似或更广泛的空间范围中来进行考察而建立的统一的评判尺度。它将具体评价对象的各项指标的实际值与同行业、同地区、全国或国际同一指标的平均水平、平均先进水平、先进水平进行比较。采用空间标准有利于找出实际水平与先进水平的差距，考核参评单位水平的高低，为全面采取赶超措施提供依据。

在进行综合评价时，应注意从实际出发，根据具体的研究目的及各种评价标准的特点，选用合适的评价标准。

在将实际值与标准值进行比较时，要将"正指标"和"逆指标"区别对待。正指标是指实际值越大越好的指标，如产值、劳动生产率等指标；逆指标是指实际值越小越好的指标，如单位成本、万元产值能耗等指标。

正指标相对化处理的公式为

$$x'_{ij} = \frac{x_{ij}}{x_{im}}$$

逆指标相对化处理的公式为

$$x'_{ij} = \frac{x_{im}}{x_{ij}}$$

式中，x'_{ij}是第i个指标第j个单位的相对化处理数值；x_{ij}是第i个指标第j个单位的实际值；x_{im}是第i个指标的标准值。

下面，我们以某地区某行业平均水平作为标准值，来对四个企业的四个指标进行相对化处理。四个企业的经济效益指标数据如表10-4所示。

表10-4　四个企业的经济效益指标数据

企业名称	每股收益（元）	营业收入（万元）	毛利率（%）	净资产收益率（%）
行业平均水平	0.80	8 000	28.00	15.00
A	0.70	5 940	32.65	17.79
B	1.74	9 530	29.03	19.63
C	0.51	5 500	32.27	12.43
D	0.60	4 120	23.79	7.48

表10-4中的指标都是正指标，相对化处理都采用正指标的计算公式。在上例中，四个指标的计量单位不同，而且数值大小也不一，因此需要进行同度量处理，这里我们采用相对化处理方法来进行指标的同度量。经过计算，我们得到如下相对化处理后的数值，如表10-5所示。

表10-5　数据经相对化处理后的四个企业的经济效益数值表

企业名称	每股收益（元）	营业收入（万元）	毛利率（%）	净资产收益率（%）
行业平均水平	0.80	8 000	28.00	15.00
A	0.88	0.74	1.17	1.19
B	2.18	1.19	1.04	1.31
C	0.64	0.69	1.15	0.83
D	0.75	0.52	0.85	0.50

二、功效系数法

功效系数法又称函数化处理方法，功效系数是指各项评价指标的实际值在该指标允许变动范围内的相对位置。功效系数法的特点是利用特定的方法将每一个指标的实际值转化为百分制的数值。这种方法不仅可以对每一个指标的好坏优劣做出直观的判断，还可以解决不同性质的指标综合汇总的问题，因此无论是正指标还是逆指标，利用同一公式均可得到合理的分值。功效系数法一般可分为两个步骤。

第一步，对每个指标确定一个满意值和一个不满意值。例如，企业研制开发一种新产品，规定其使用寿命的满意值为10 000h，不满意值为6 000h；该产品单位成本的满意值为5元，不满意值为8元。

第二步，以满意值与不满意值的差额作为分母来计算功效系数。

功效系数公式如下：

$$x'_{ij} = \frac{x_{ij}-x_i^s}{x_i^h-x_i^s} \times 40 + 60$$

式中，x'_{ij}是第i个指标第j个单位的功效系数；x_{ij}是第i个指标第j个单位的实际值；$x_i^h-x_i^s$是第i个指标的满意值与不满意值之差，表明在现有条件下指标所允许的变化范围，是用来衡量指标所达到满意程度的尺度；×40+60是为了使计算结果不为零，同时也符合人们百分制的习惯。

我们仍以表10-4中四个企业的四个指标为例来计算各指标的功效系数，如表10-6所示。

表 10-6　四个企业经济效益指标的功效系数

企业名称	每股收益（元）	营业收入（万元）	毛利率（%）	净资产收益率（%）
满意值	1.00	10 000.00	35.00	20.00
不满意值	0.50	5 000.00	20.00	10.00
A	76.00	67.52	93.73	91.16
B	159.20	96.24	84.08	98.52
C	60.80	64.00	92.72	69.72
D	68.00	52.96	70.11	49.92

三、标准化处理方法

标准化处理方法是在需要进行标准化处理的指标服从正态分布的前提下，将各指标转化为数学期望值为 0、方差为 1 的标准化数值，从而达到同度量效果的方法。

标准化处理方法的步骤如下。

第一步，计算各指标的平均数 $\bar{x}_i$ 及标准差 σ_i。

第二步，根据下面的计算公式，将各指标进行标准化处理：

$$x'_{ij} = \frac{x_{ij} - \bar{x}_i}{\sigma_i}$$

式中，x'_{ij} 是标准化数值。

第三步，如果指标中有逆指标，需要改变标准化处理的数值的正负号，即正号变为负号，负号变为正号。

仍以表 10-4 中四个企业的四个指标为例来进行标准化处理，如表 10-7 所示。

表 10-7　数据经标准化处理后的四个企业的经济效益数值表

企业名称	每股收益（元）	营业收入（万元）	毛利率（%）	净资产收益率（%）
平均数	0.89	6 272.50	29.44	14.33
标准差	0.50	1 996.99	3.55	4.76
A	-0.38	-0.17	0.90	0.73
B	1.70	1.63	-0.12	1.11
C	-0.76	-0.39	0.80	-0.40
D	-0.58	-1.08	-1.59	-1.44

标准化后的数值将围绕 0 上下波动，数值大于 0 说明高于平均水平，数值小于 0 说明低于平均水平。

标准化处理的优点是，它建立在科学的统计分布理论之上，不用人为地凭经验选择满意值和不满意值，同时，目前许多计算机软件中都带有标准化处理的功能，为这一方法的应用提供了更加方便的条件。

同步思考 10-4 ▶▶▶

功效系数法为什么不必考虑指标的方向问题，即不必考虑指标的正逆问题？

第五节 评价指标的综合方法

评价指标的综合是把消除量纲影响后的各指标的数值综合在一起的过程。综合汇总的方法有许多，这里只介绍一种比较简单有效的方法，即直接综合法。

直接综合法是指直接将消除量纲后的指标用平均的方法进行综合，形成一个总值，再按照总值的高低排出名次，从而进行综合比较和评价。

直接综合法有算术平均法和几何平均法，可根据指标的重要程度是否相等采用简单平均法和加权平均法。如果消除量纲影响后的各指标数值中有零值或负值，则不能采用几何平均法。

一、算术平均法

算术平均法可分为简单算术平均法和加权算术平均法。

（一）简单算术平均法

如果各个指标的重要程度相同，则可采用简单算术平均法，其计算公式为

$$\bar{x}_j = \frac{\sum x'_{ij}}{n}$$

式中，n 是评价指标的个数。

例如，我们根据表 10-5 的相对化处理方法，对相对化处理后的数值进行汇总，然后对四个企业进行排序，其综合计算得到的平均分及排序情况如表 10-8 所示。

表 10-8　经相对化处理后的四个企业的效益综合排名计算表

企业名称	每股收益（元）	营业收入（万元）	毛利率（%）	净资产收益率（%）	合计	平均	排序
A	0.88	0.74	1.17	1.19	3.98	1.00	2
B	2.18	1.19	1.04	1.31	5.72	1.43	1
C	0.64	0.69	1.15	0.83	3.31	0.83	3
D	0.75	0.52	0.85	0.50	2.62	0.66	4

表中，A 企业的综合值为

$$\bar{x}_j = \frac{\sum x'_{ij}}{n} = \frac{0.88+0.74+1.17+1.19}{4} = \frac{3.98}{4} \approx 1.00$$

其他三个企业综合值的计算方法也是如此。

根据计算结果，我们可以看到在四个企业中，排名从第一到第四的分别是：B、A、C、D。我们再利用表 10-7 标准化处理不同指标量纲不同的方法，对不同的评价指标进行综合，然后对四个企业进行排序。计算结果及排序如表 10-9 所示。

表 10-9　经标准化处理后的四个企业的效益综合排名计算表

企业名称	每股收益（元）	营业收入（万元）	毛利率（%）	净资产收益率（%）	合计	平均	排序
A	-0.38	-0.17	0.90	0.73	1.08	0.27	2
B	1.70	1.63	-0.12	1.11	4.32	1.08	1
C	-0.76	-0.39	0.80	-0.40	-0.75	-0.19	3
D	-0.58	-1.08	-1.59	-1.44	-4.69	-1.17	4

在不考虑权重的情况下，利用标准化处理方法和相对化处理方法进行同度量处理，并进行综合计算后，对四个企业进行排名，排名从第一到第四的分别是：B、A、C、D。

（二）加权算术平均法

如果各个指标的重要程度不一样，则需采用加权算术平均法来确定综合排名，其计算公式为

$$\bar{x}_j = \frac{\sum x'_{ij} w_i}{\sum w_i}$$

设每股收益、营业收入、毛利率、净资产收益率四个指标的权重系数分别为：0.32、0.18、0.22、0.28，则经相对化处理后的指标数值再经加权后，得到的四个企业的综合排名计算如表 10-10 所示。

表 10-10　经相对化处理并加权后的四个企业的效益综合排名计算表

企业名称	每股收益（元）	营业收入（万元）	毛利率（%）	净资产收益率（%）	平均	排序
权数	0.32	0.18	0.22	0.28	—	—
A	0.88	0.74	1.17	1.19	1.00	2
B	2.18	1.19	1.04	1.31	1.52	1
C	0.64	0.69	1.15	0.83	0.81	3
D	0.75	0.52	0.85	0.50	0.66	4

表中 A 企业的综合值为

$$\bar{x}_j = \frac{\sum x'_{ij} w_i}{\sum w_i} = \frac{0.88 \times 0.32 + 0.74 \times 0.18 + 1.17 \times 0.22 + 1.19 \times 0.28}{0.32 + 0.18 + 0.22 + 0.28} \approx 1.00$$

其他三个企业综合值的计算方法依此类推。

经过加权计算后，四个企业的综合排序仍然为 B、A、C、D。

我们再利用标准化方法同度量后的指标数值，加权后进行综合，计算结果及排名如表 10-11 所示。

表 10-11　经标准化处理并加权后的四个企业的效益综合排名计算表

企业名称	每股收益（元）	营业收入（万元）	毛利率（%）	净资产收益率（%）	平均	排序
权数	0.32	0.18	0.22	0.28	—	—
A	-0.38	-0.17	0.90	0.73	0.25	2
B	1.70	1.63	-0.12	1.11	1.12	1
C	-0.76	-0.39	0.80	-0.40	-0.25	3
D	-0.58	-1.08	-1.59	-1.44	-1.13	4

表中 A 企业的综合值为

$$\bar{x}_j = \frac{\sum x'_{ij} w_i}{\sum w_i} = \frac{(-0.38) \times 0.32 + (-0.17) \times 0.18 + 0.90 \times 0.22 + 0.73 \times 0.28}{0.32 + 0.18 + 0.22 + 0.28} \approx 0.25$$

其他三个企业综合值的计算方法依此类推。

经过加权后，利用标准化法进行同度量处理后，进行综合，最终四个企业的排名为 B、A、C、D。

二、几何平均法

几何平均法也分为简单几何平均法和加权几何平均法。

（一）简单几何平均法

简单几何平均法的计算公式为

$$\bar{x}_j = \sqrt[n]{\prod x'_{ij}}$$

（二）加权几何平均法

加权几何平均法的计算公式为

$$\bar{x}_j = \sqrt[\sum w_i]{\prod x'^{w_i}_{ij}}$$

关于几何平均法的应用，本书就不再详细举例说明了。

三、应用直接综合法应注意的问题

通常来说，各指标的重要程度是不一样的，所以通常对各指标都要进行加权处理，加权处理的方法有两种，一是加权算术平均法，二是加权几何平均法，这两种方法的选择主要根据两种方法的特点来确定。

加权算术平均法适用于相互独立的、可以相互补偿的指标，评价的结果主要体现各项目各自的功能性。

加权几何平均法适用于各项指标间关系较强时的事物，对于指标值的变动，特别是较小值的变动反应比加权算术平均法更为敏感，评价的结果主要体现各个项目之间的均衡性，各个标准化后的数值不能是零或负值，只能是正值。

同步思考 10-5 ▶▶▶

在统计综合评价中，综合各指标的加权算术平均法和加权几何平均法有什么不同呢？

◉ 思考与练习

- **知识题**

一、单项选择题

1. 确定评价指标的原则不包括（　　）。

A. 目的性原则　　B. 客观性原则　　C. 全面性原则　　D. 相关性原则

2. 评价指标的确定方法不包括（　　）。

A. 综合法　　B. 分析法　　C. 系统聚类法　　D. 变异系数法

3. 通过判断指标之间的相似程度来筛选指标的方法是（　　）。

A. 试算法　　B. 层次分析法　　C. 系统聚类法　　D. 综合评分法

4. 权重的确定方法是（　　）。

A. 变异系数法　　B. 功效系数法　　C. 相对数法　　D. 标准化法

5. $x'_{ij} = \dfrac{x_{ij} - \bar{x}_i}{\sigma_i}$（　　）的公式。

A. 指标同度量的相对化处理方法
B. 指标同度量的标准化处理方法
C. 指标同度量的功效系数法
D. 确定指标权重系数方法中的变异系数法

二、多项选择题

1. 统计综合评价包括三个要素，这三个要素为（　　）。

A. 评价客体　　B. 评价标准
C. 评价模型　　D. 评价主体
E. 评价方法

2. 以下对统计综合评价的描述错误的有（　　）。

A. 是单指标评价　　B. 是多指标评价
C. 对评价指标体系中的指标逐个进行评价　　D. 评价具有一定的局限性
E. 需要确定评价指标的权重系数

3. 权重按表现形式分，包括（　　）。

A. 绝对权重　　B. 相对权重
C. 人工权重　　D. 自然权重
E. 相关权重

4. 主观赋权法包括（　　）。

A. 专家调查法　　B. 层次分析法
C. 最小平方法　　D. 主成分分析法
E. 环比评分法

5. 统计综合评价的类型包括（　　）。

A. 纵向评价　　B. 横向评价
C. 实绩评价　　D. 预测评价
E. 空间评价

三、判断题

1. 动态评价是对不同单位或地区的某一现象进行综合评价。（　　）
2. 层次分析法、主成分分析法和变异系数法都属于客观赋权法。（　　）
3. 在进行统计综合评价时，不仅需要保证评价指标的客观性，还需要考虑评价指标的可操作性。（　　）

4. 相对化处理方法、标准化处理方法及变异系数法均可以实现对评价指标的同度量处理。 （ ）

5. 利用相关系数矩阵或判定系数矩阵，表示指标（或类）之间的相似程度时，可以将其转换为指标距离 d，d 值越大，表示两个指标（或类）之间的关系越密切。 （ ）

四、简答题

1. 统计综合评价的作用是什么？
2. 统计综合评价的特点是什么？
3. 说明统计综合评价的步骤。
4. 在统计综合评价中，为什么要确定评价指标的权重系数？权重系数的确定方法有哪些？
5. 在统计综合评价中，为什么要对各指标进行同度量处理？同度量处理的方法有哪些？

• 实务题

一、某商业集团企业下属三个商业企业的主要经济效益指标资料如下表所示，要求采用综合指数法对 A、B、C 三个企业的商业经济效益进行优劣比较。

评价指标	A 企业	B 企业	C 企业
年人均增加值（万元/人）	11.2	9.6	10.4
流通费用率（%）	13.6	12.4	14.0
中间消耗（%）	28.0	30.0	32.0
年资金利润率（%）	12.5	12.0	11.0
流通资金周转速度（次/年）	4.0	3.5	3.0

二、某医院统计了 2022 年和 2023 年 18 个经济效益指标，具体如下表所示。利用相对化处理方法，将两个年度的指标数值进行同度量处理。

指标	2022 年	2023 年	标准化值
存货周转率	21.50	22.20	21.50
应收账款周转率	6.68	6.55	6.50
流动资产周转率	1.26	1.20	1.30
固定资产周转率	1.07	1.25	1.20
总资产周转率	0.49	0.52	0.50
人均收入（万元）	17.20	18.50	17.00
人均收支结余（万元）	0.80	0.52	0.50
净资产增值率	5.00	6.00	5.00
资产收益率	2.30	2.40	2.20
净资产收益率	4.85	4.90	5.00
医疗毛利率	14.00	14.50	15.00
新技术应用收益（万元）	95.00	120.00	100.00
材料占医疗收入比率	19.67	19.42	19.50
管理费用率	15.00	15.20	15.00
非正常损失率	0.62	0.56	0.50
资产负债率	0.48	0.47	0.48
流动比率	2.50	2.56	3.00
速动比率	2.10	2.20	2.50

• 实训题

实训一

实训目的：通过练习本题，掌握统计综合评价指标的同度量处理方法。

实训资料：衡量企业经济效益的指标为年劳动生产率、销售收入利润率、资金利税率、资金利润率、流动资金周转天数、万元产值能耗，以上各项指标的权重分别为 0.2、0.18、0.22、0.5、0.15、0.1。甲、乙、丙三个企业的经济效益指标如下表所示。

评价指标	单位	权重 W (%)	甲企业	乙企业	丙企业
年劳动生产率	万元/人	20	1.75	2.87	1.53
销售收入利润率	%	18	31.84	32.94	32.98
资金利税率	%	22	26.75	27.56	23.40
资金利润率	%	15	18.04	19.20	16.24
流动资金周转天数	天	15	55.00	55.00	65.00
万元产值能耗	t	10	28.83	32.92	41.69

实训要求：

利用功效系数法对甲、乙、丙三个企业的指标值进行同度量处理，同时利用加权算术平均法对评价指标进行综合计算，并对三个企业进行排序。

实训二

实训目的：通过练习本题，掌握综合评价的方法。

实训资料：三个地区的经济效益考核指标情况如下表所示。

指标名称	计量单位	实际值		
		甲地区	乙地区	丙地区
产品销售率	%	75	85	60
百元产值实现利税	元	25	28	13
可比产品成本降低率	%	-3	-2	1
全员劳动生产率	千元/人	9	12	6
万元产值能耗	t	45	25	22

实训要求：

根据上面的资料，利用标准化处理方法对三个地区的经济效益情况进行综合评价。若 5 个指标的重要程度一致，综合计算后排出名次；若 5 个指标的权重系数不一致，其权重系数分别为 0.2、0.18、0.22、0.25、0.15，利用加权算术平均法进行综合计算后排出名次。

◉ 数字链接

扫码阅读
知识拓展

扫码查看部分
习题参考答案

第十一章　Excel 在统计分析中的应用

作为美国微软公司推出的 Office 套装办公软件中的主要成员，Excel 是一种运行在 Windows 环境下的电子表格系统。Excel 因其具有电子表格管理、数据清单管理、统计图表处理以及数据分析与决策的功能，在统计应用中有着举足轻重的地位，得到了广泛的应用。本书以 Excel 2019 为工具进行统计分析。

实验一　Excel 在统计数据处理中的功能概述

一、Excel 数据分析工具的加载及其使用

作为 Office 电子表格文件处理工具的 Excel，不仅具有进行相关电子表格处理的功能，而且还带有一个可以用来进行统计数据处理分析的宏程序库——"分析工具库"。通常计算机安装了 Office 后，其 Excel 电子表格系统并不能直接使用"分析工具库"来进行统计数据的处理分析，需要通过加载宏，启动"数据分析"宏"分析工具库"系统后，才能运行统计数据的数理分析工具。

打开 Excel 2019 电子表格系统后，如果在"数据"选项卡中没有"分析"组，则说明Excel 电子表格系统尚未加载分析工具宏程序，必须在 Excel 中加载并启动"分析工具库"宏程序。

加载分析工具宏程序的步骤为：打开 Excel 2019，依次单击"文件"选项卡、"选项"和"加载项"类别，在"管理"框中，单击"Excel 加载项"，然后单击"转到"，此时将显示"加载项"对话框。在"可用加载宏"框中，勾选"分析工具库"复选框，然后单击"确定"，如图 11-1 所示。

完成了 Excel 数据分析程序宏的加载后，单击"数据"选项卡"分析"组中的"数据分析"命令，即会弹出 Excel 的统计分析工具对话框，如图 11-2 所示。如果选中其中的

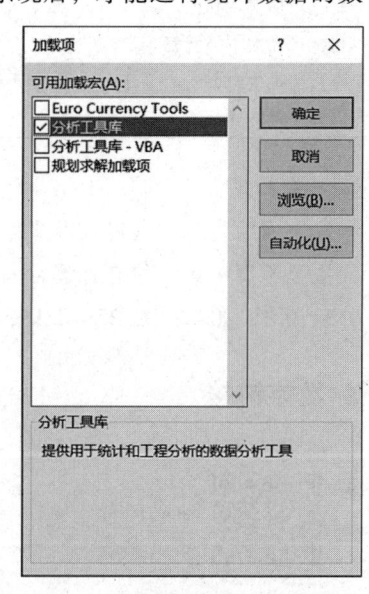

图 11-1　加载分析工具宏程序

某一个统计分析工具,并单击"确定"按钮,就会弹出该分析工具的运行对话框,然后通过运行对话框的对话,可以进入该统计分析工具宏程序的运行过程。在整个分析工具宏程序库中设有各种数据处理分析的工具宏程序,包括用于进行描述统计分析的描述统计分析工具宏和直方图分析工具宏等,也包括可以进行推断统计分析的方差分析、相关和回归分析、统计推断和检验以及时间数列指数平滑法等分析工具宏,具体的统计分析工具所包含的内容如表11-1所示。

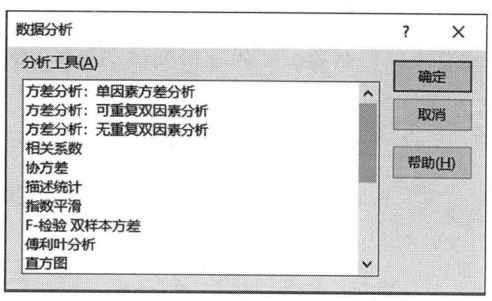

图 11-2　数据分析工具

表 11-1　Excel 统计分析工具

序号	分析工具	类别
1	方差分析:单因素方差分析	方差分析
2	方差分析:可重复双因素分析	
3	方差分析:无重复双因素分析	
4	相关系数	相关与回归
5	协方差	
6	回归	
7	直方图	数据整理
8	移动平均	时间数列预测
9	傅里叶分析	
10	指数平滑	
11	抽样	抽样设计
12	随机数发生器	
13	排位与百分比排位	参数估计
14	描述统计	
15	F-检验　双样本方差	假设检验
16	t-检验:平均值的成对二样本分析	
17	t-检验:双样本等方差假设	
18	t-检验:双样本异方差假设	
19	z-检验:双样本平均差检验	

二、Excel 统计函数及其应用

Excel 具有大量的内置函数,如财务函数、日期和时间函数、数学和三角函数以及统计函数。其中,统计函数的功能简介请参见附录 C。通常在应用 Excel 进行数据处理分析时,应尽量使用这些内置函数,它一方面可以减少因输入计算公式带来的麻烦,另一方面还可以根据处理分析的需要,在电子表格上编辑出由多种内置函数组合而成的复杂运算公式,以适应某些多步骤运算过程的特殊处理分析需要。

在 Excel 运行过程中调用统计函数主要采用两种方法。一是在工作簿的单元格中直接输入统计函数的函数名称(必须在统计函数名称前加"="号),就会立即弹出该函数的初始输入对话框，只要在有关的参数选项内填入确定的参数就能得到函数的计算结果值。二是在工作簿的单元格内输入“=”号后，查找工作簿左上方的“名称”显示格内出现的函数选择表，选择某个函数名称，同样会得到该函数的初始输入对话框，如图 11-3 所示。

图 11-3　插入函数对话框

实验二　Excel 在统计整理中的应用

统计整理主要包括进行统计分组、编制分配数列、编制统计表和绘制统计图等。这里利用第三章第二节中表 3-2（30 只基金的收益率分组表）数据为例，介绍如何进行统计分组，并根据分组结果编制统计表、绘制统计图。

一、进行统计分组

用 Excel 进行统计分组有两种方法，一是利用统计函数中的“FREQUENCY”函数，二是利用“数据分析”中的“直方图”工具。这里我们仅介绍利用“FREQUENCY”函数进行统计分组。

函数向导“FREQUENCY”可用来对一系列数据进行分组，并自动计算各级的分配次数。“FREQUENCY”有两个参数，分别是“Data_array”和“Bins_array”。其中，“Data_array”为待分组的数据的单元地址，存在方式为一个向量区域；“Bins_array”为用于对前述数据系列进行分组间隔点的单元地址，存在方式也为一个向量区域。具体分组步骤如下。

第一步，启动 Excel 2019，新建一个工作簿，并将数据资料输入到表格中，如图 11-4 所示。

	A	B	C	D	E
1	18.5	12.8	18.6	11.5	7.1
2	13.1	11.2	21.5	15.8	14.7
3	8.5	12.8	1.4	8.4	26.2
4	0.6	4.6	11.2	5.1	13.0
5	-0.9	19.0	21.4	13.0	14.6
6	21.8	6.9	13.0	9.4	10.9

图 11-4　输入数据

第二步，确定每一组的上限值。确定上限值是编制分配

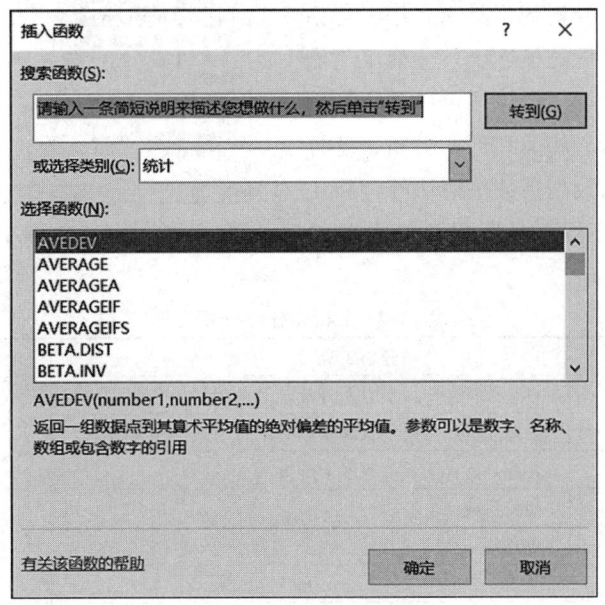

数列的关键，确定了每一组的上限，即确定了每一组的组限和组距。本例中，输入的上限值分别是：0、5、10、15、20、25、30，并把这些值输入到 G1:G7 中，将选取的结果存放在 H1:H7 单元格区域中。

第三步，用光标选定 H1:H7 单元格，启动函数向导"FREQUENCY"，如图 11-5 所示，然后单击"确定"。

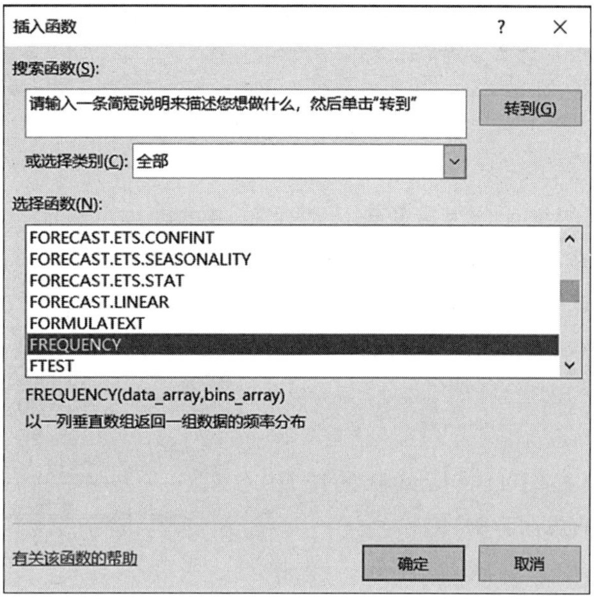

图 11-5　FREQUENCY 函数

第四步，在"Data_array"中输入"A1:E6"，或单击"折叠对话框"按钮选择数据区域；在"Bins_array"中输入"G1:G7"，或单击"折叠对话框"按钮选择数据区域，如图 11-6 所示。

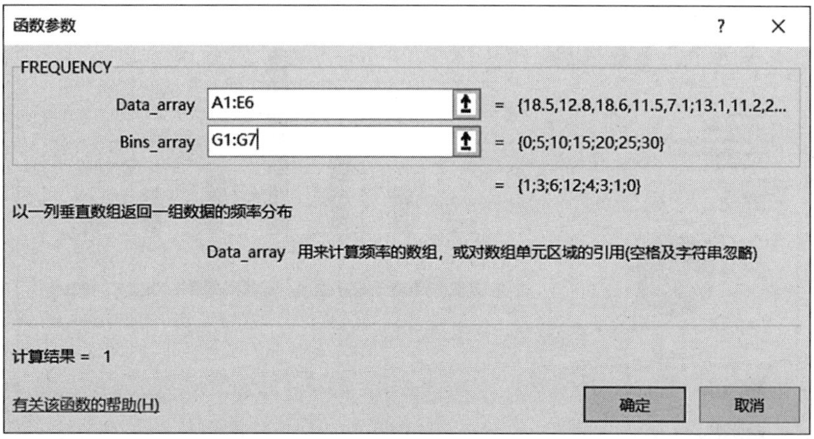

图 11-6　输入 FREQUENCY 函数参数

第五步，按"Ctrl+Shift+Enter"组合键，即可获得各组相应的次数，即 30 只基金的收益率分配数列。如图 11-7 所示。

	A	B	C	D	E	F	G	H
1	18.5	12.8	18.6	11.5	7.1		0.0	1
2	13.1	11.2	21.5	15.8	14.7		5.0	3
3	8.5	12.8	1.4	8.4	26.2		10.0	6
4	0.6	4.6	11.2	5.1	13.0		15.0	12
5	-0.9	19.0	21.4	13.0	14.6		20.0	4
6	21.8	6.9	13.0	9.4	10.9		25.0	3
7							30.0	1

图 11-7　输出结果

二、编制统计表

将图 11-7 中形成的统计分组重新进行整理后，形成统计表，如图 11-8 所示。

在重新编制的统计表中，采用了上下限重叠的方法，并按"上限不在内原则"进行的分组。

三、绘制统计图

接下来，我们根据图 11-8 所编制的统计表，绘制统计图（以直方图为例）。

第一步，鼠标选中数据区域 A1:B8，单击"插入"，在"图表"选项卡中选择"推荐的图表"，选择簇状柱形图，如图 11-9 所示。

	A	B
1	按收益率分组（%）	频数（只）
2	0以下	1
3	0~5	3
4	5~10	6
5	10~15	12
6	15~20	4
7	20~25	3
8	25以上	1
9	合计	30

图 11-8　统计分组表

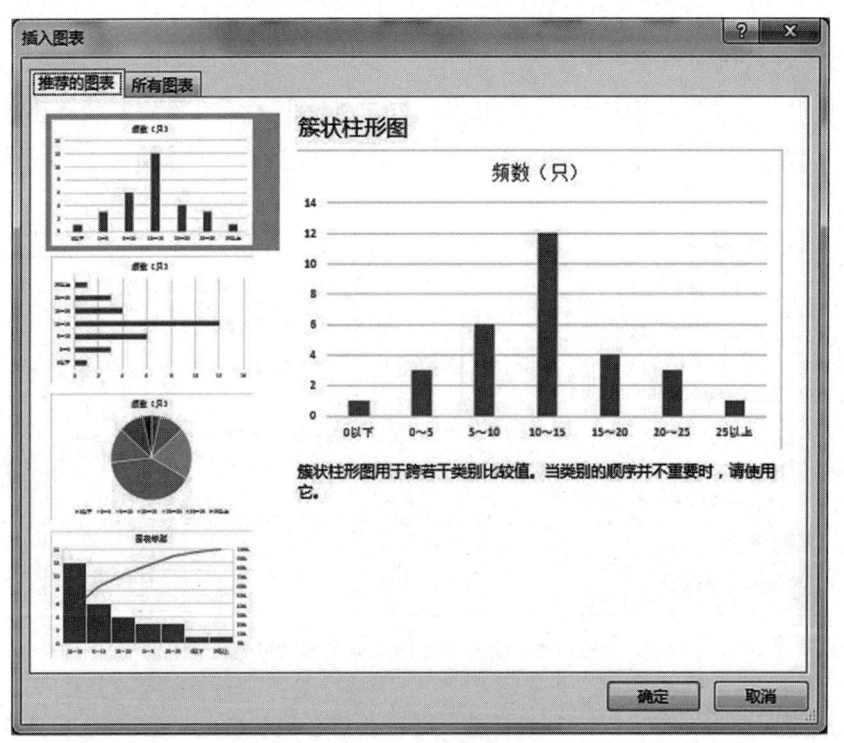

图 11-9　插入柱形图

第二步，单击鼠标，即可得到30只基金的收益率分配数列的柱形图，如图11-10所示。

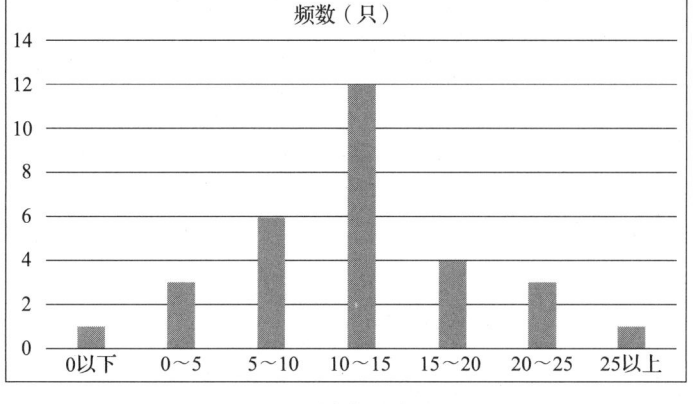

图11-10　初步形成柱形图

第三步，在"图表工具"中选择"设计"选项卡，依次点选"添加图表元素""图表标题""图表上方"，修改柱形图的标题为"30只基金的收益率频数分布统计图"，如图11-11所示。

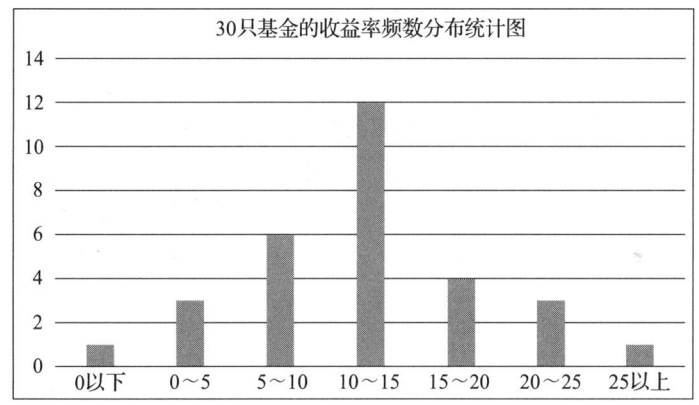

图11-11　修改柱形图标题

第四步，在"图表工具"中选择"设计"选项卡，依次点选"添加图表元素""坐标轴标题""主要横坐标轴"或"主要次坐标轴"，增加该图表的横纵坐标标题，如图11-12所示。

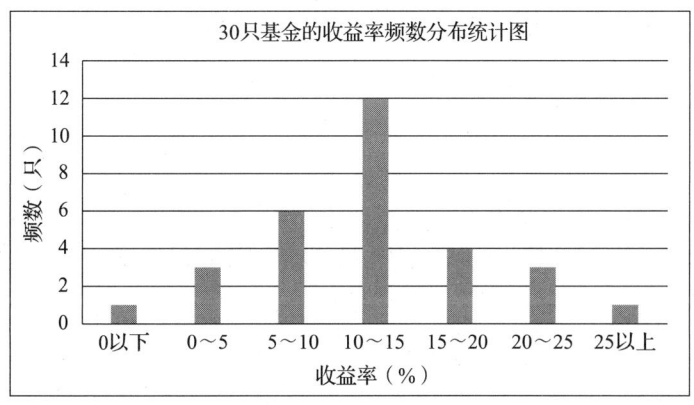

图11-12　修改柱形图横纵坐标

第五步，通过调节"设置数据系列格式"中"间隙宽度"的方法，将原来的柱形图转换为直方图，便于观察数据的分布情况，如图 11-13 所示。

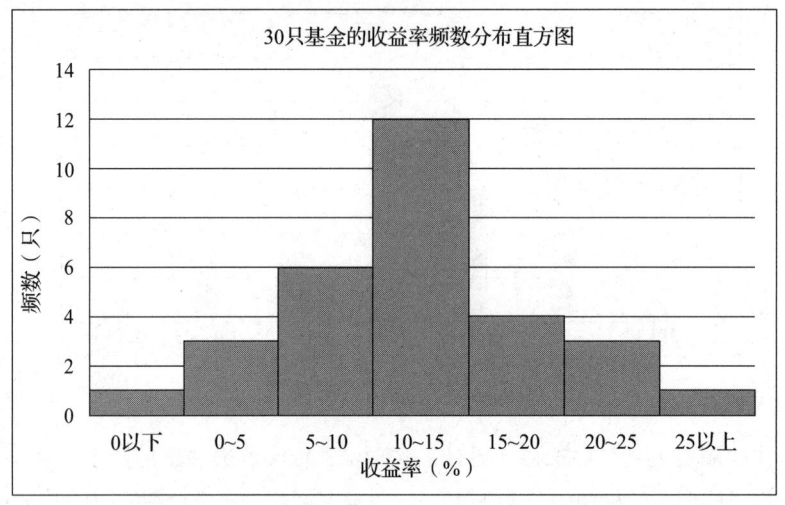

图 11-13　30 只基金的收益率频数分布直方图

实验三　Excel 在数据描述中的应用

常用的描述统计指标有算术平均数、调和平均数、几何平均数、中位数、众数、全距、标准差和标准差系数等。我们这里以某高校 30 名学生的统计学成绩为例，计算各描述统计指标，数据资料如下：

50　54　62　65　68　70　72　72　75　75　76　76　76　77　78
78　80　80　81　82　82　83　85　86　86　88　88　90　90　95

利用 Excel 来计算各种描述统计指标，可以用两种方式，一种是利用"数据分析"中的"描述统计"工具来计算各种描述统计指标，另一种是利用函数方法来计算各种描述统计指标。

一、利用"描述统计"分析工具计算

第一步，将 30 名学生的统计学成绩按一列（或一行）录入一个新建的工作簿中，如图 11-14 所示。

第二步，单击"数据"选项卡，在"分析"组中选择"数据分析"选项，从对话框中选择"描述统计"选项，单击"确定"按钮后，打开"描述统计"对话框，在"输入区域"中输入 30 名学生统计学成绩数据所在的单元格，即"\$A\$1:\$A\$30"，在"输出区域"中可选择"\$D\$5"，其他复选项可根据需要选定，如图 11-15 所示。

图 11-14　输入数据

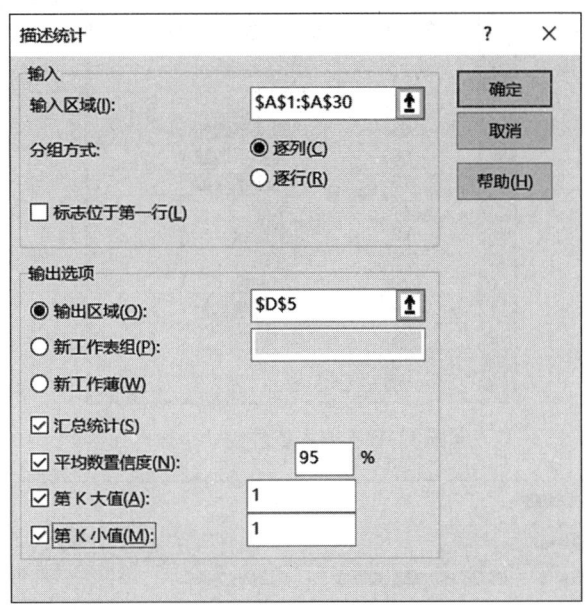

图 11-15　描述统计分析工具

第三步，单击"确定"，则得到输出结果，如图 11-16 所示。

列1	
平均	77.33333
标准误差	1.877473
中位数	78
众数	76
标准差	10.28334
方差	105.7471
峰度	0.97564
偏度	-0.88056
区域	45
最小值	50
最大值	95
求和	2320
观测数	30
最大(1)	95
最小(1)	50
置信度(95.0%)	3.839863

图 11-16　输出结果

输出结果中，"平均"表示的是算术平均数，"区域"表示的是全距。

二、利用统计函数计算

第一步，将描述统计量输入任意单元格，本例中输入区域为 C4:C11，如图 11-17 所示。

第二步，在 D4 单元格中插入算术平均数的函数"= AVERAGE"，然后单击"确定"，如图 11-18 所示。

第三步，在弹出的对话框中"Number1"中输入"A1:A30"，如图 11-19 所示。

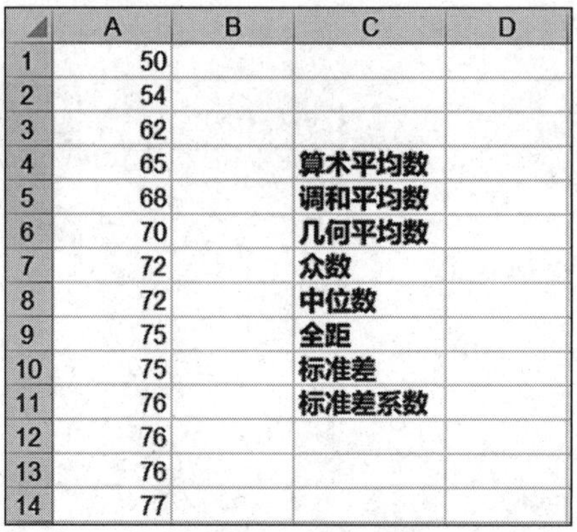

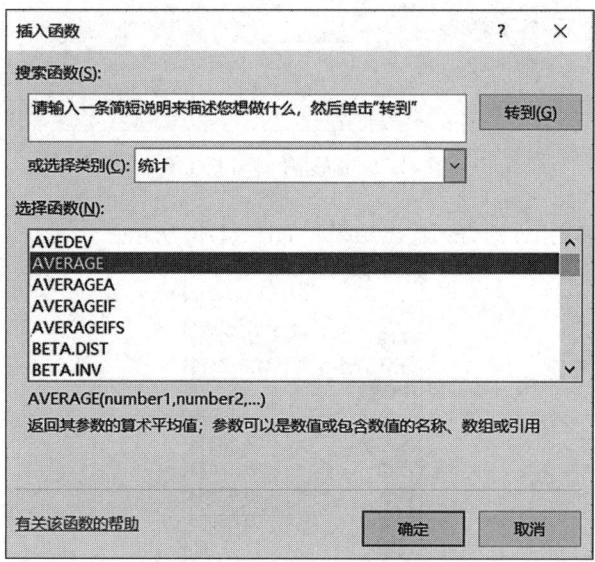

图 11-17　输入各种统计指标

图 11-18　插入 AVERAGE 函数

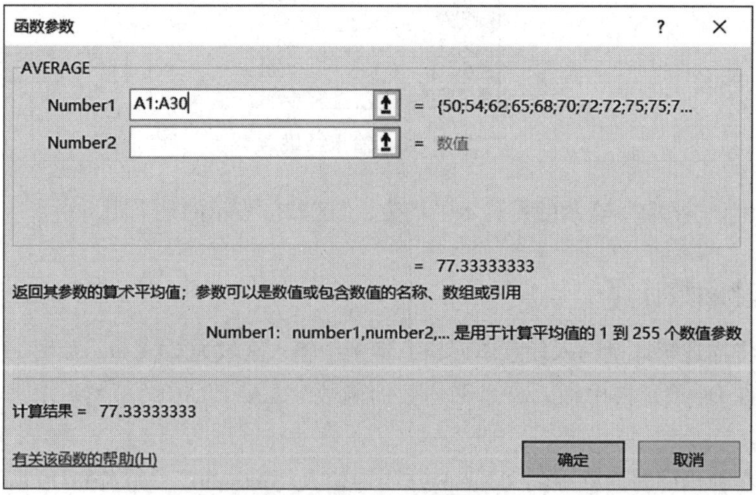

图 11-19　设置 AVERAGE 函数参数

第四步，单击"确定"后，便得到了算术平均数的数值，如图 11-20 所示。

按照以上步骤，分别在 D5、D6、D7、D8、D10 中输入计算调和平均数（HARMEAN）、几何平均数（GEOMEAN）、众数（MODE.SNGL）、中位数（MEDIAN）、标准差（STDEV.P）的函数，计算出对应值；在 D9 单元格中输入"=MAX(A1:A30)-MIN(A1:A30)"，然后按回车键，得到全距；在 D11 单元格中输入"=D10/D4"，然后按回车键，得到标准差系数；如图 11-21 所示。

	A	B	C	D
1	50			
2	54			
3	62			
4	65		算术平均数	77.33333
5	68		调和平均数	
6	70		几何平均数	
7	72		众数	
8	72		中位数	
9	75		全距	
10	75		标准差	
11	76		标准差系数	
12	76			
13	76			
14	77			

图 11-20　算术平均数计算结果

	A	B	C	D
1	50			
2	54			
3	62			
4	65		算术平均数	77.33333
5	68		调和平均数	75.78621
6	70		几何平均数	76.60165
7	72		众数	76
8	72		中位数	78
9	75		全距	45
10	75		标准差	10.1105
11	76		标准差系数	0.130739
12	76			
13	76			
14	77			

图 11-21　输出结果

如果是利用分组资料计算平均数或标准差，则需要在相应的单元格中输入相应的计算公式来计算其数值。这里就不再介绍了。

实验四　Excel 在参数估计中的应用

实验资料：仍以某校 30 名学生统计学成绩为例，在 95% 的置信度下，利用 30 名学生统计学的平均成绩估计该校全体学生统计学平均成绩的置信区间。

第一步，将资料的数据输入到一个新的工作簿中，同时，以 C5 单元格为起始位置，在一列中输入相关的指标名称，如图 11-22 所示。

第二步，计算样本个数。在 D5 单元格中插入统计函数"COUNT"，单击"确定"后，在弹出的对话框中的"Value1"中输入"A1:A30"。如图 11-23 所示，单击"确定"，得到样本单位的个数，如图 11-24 所示。

	A	B	C	D
1	50			
2	54			
3	62			
4	65			
5	68		总体个数	
6	70		总体均值	
7	72		总体标准差	
8	72		抽样平均误差	
9	75		概率保证程度	
10	75		t 值	
11	76		抽样极限误差	
12	76		置信区间上限	
13	76		置信区间下限	
14	77			
15	78			
16	78			
17	80			

图 11-22　输入各种指标名称

第三步，计算总体均值。在 D6 单元格中插入统计函数"AVERAGE"，单击"确定"后，在弹出的对话框中的"Number1"中输入"A1:A30"，如图 11-25 所示。单击"确定"，得到总体均值，如图 11-26 所示。

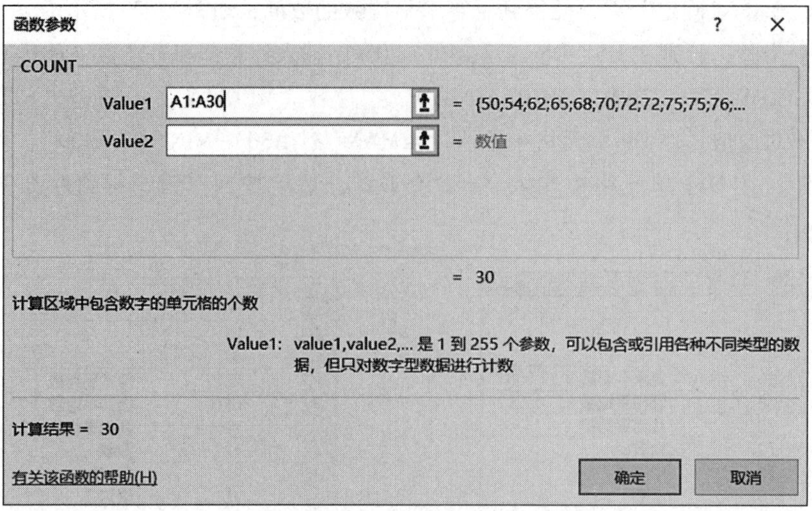

图 11-23　设置 COUNT 函数参数

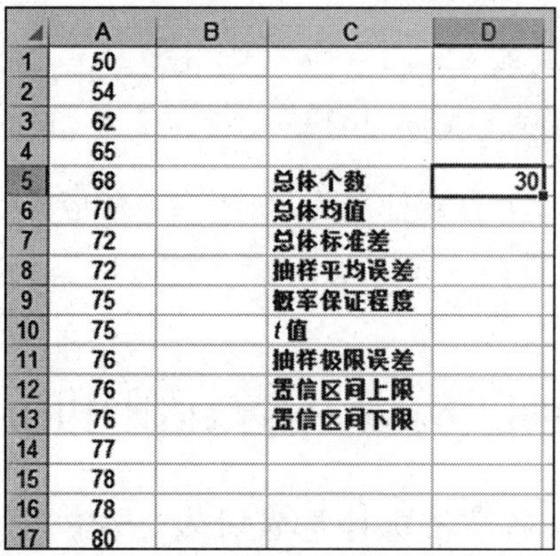

图 11-24　COUNT 函数计算结果

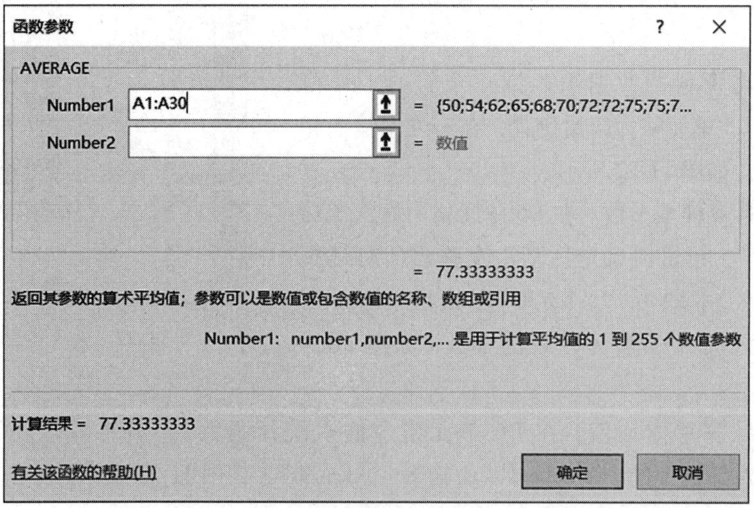

图 11-25　设置 AVERAGE 函数参数

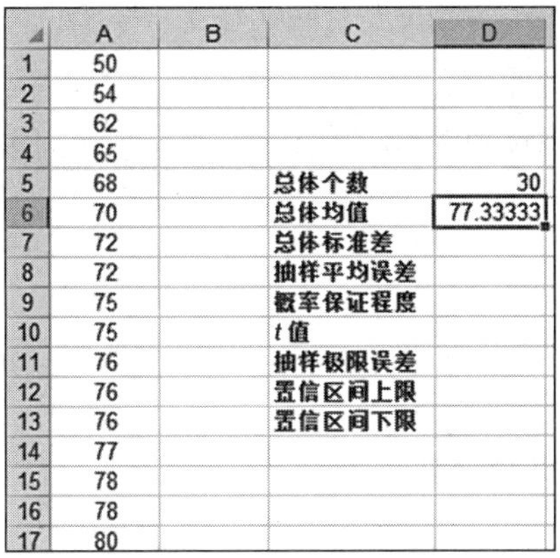

图 11-26 AVERAGE 函数计算结果

第四步,计算总体标准差。在 D7 单元格内插入统计函数"STDEV.P",单击"确定"后,在弹出的对话框中的"Number1"中输入"A1:A30"。如图 11-27 所示。单击"确定",得到样本标准差,如图 11-28 所示。

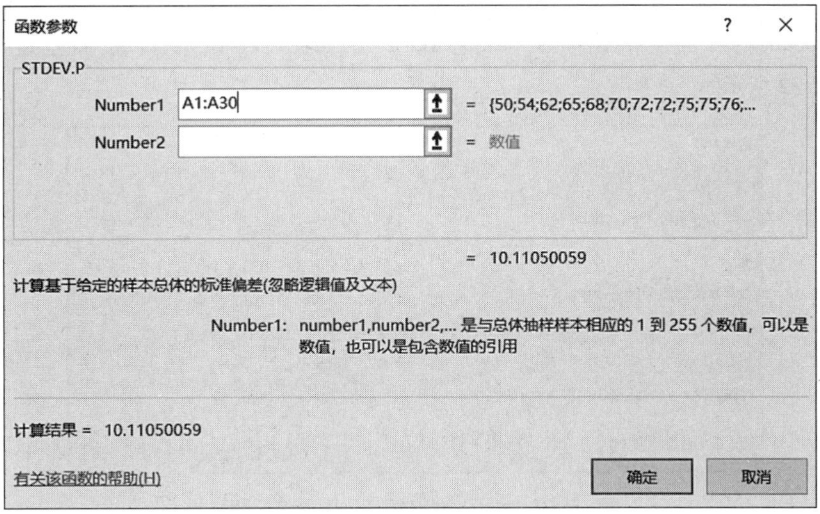

图 11-27 设置 STDEV.P 函数参数

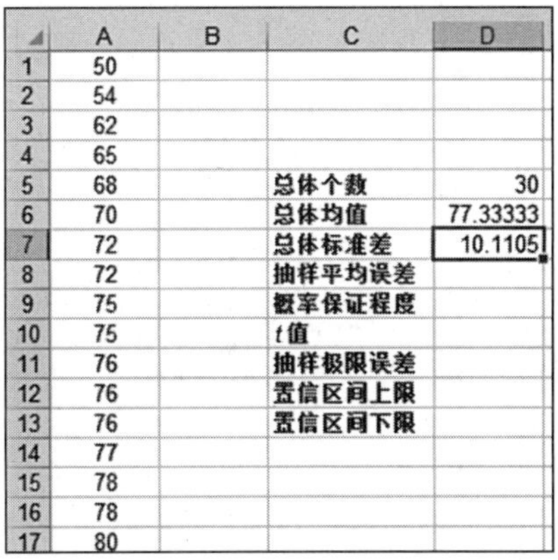

图 11-28 STDEV.P 函数计算结果

第五步，计算抽样平均误差。在 D8 单元格内输入“=D7/SQRT(D5)”后按回车键，即得到了抽样平均误差，如图 11-29 所示。

第六步，输入置信度。在 D9 单元格内输入“95%”后按回车键，如图 11-30 所示。

	A	B	C	D
1	50			
2	54			
3	62			
4	65			
5	68		总体个数	30
6	70		总体均值	77.33333
7	72		总体标准差	10.1105
8	72		抽样平均误差	1.845916
9	75		概率保证程度	
10	75		*t* 值	
11	76		抽样极限误差	
12	76		置信区间上限	
13	76		置信区间下限	
14	77			
15	78			
16	78			

图 11-29　抽样平均误差计算结果

	A	B	C	D
1	50			
2	54			
3	62			
4	65			
5	68		总体个数	30
6	70		总体均值	77.33333
7	72		总体标准差	10.1105
8	72		抽样平均误差	1.845916
9	75		概率保证程度	95%
10	75		*t* 值	
11	76		抽样极限误差	
12	76		置信区间上限	
13	76		置信区间下限	
14	77			
15	78			
16	78			

图 11-30　输入置信度

第七步，计算 *t* 值。在 D10 单元格中插入统计函数“NORM. S. INV”，打开该函数的对话框，在“Probability”的空格处输入“0. 5+D9/2”，如图 11-31 所示。按回车键后，得到 *t* 值，如图 11-32 所示。

图 11-31　设置 NORM. S. INV 函数参数

	A	B	C	D
1	50			
2	54			
3	62			
4	65			
5	68		总体个数	30
6	70		总体均值	77.33333
7	72		总体标准差	10.1105
8	72		抽样平均误差	1.845916
9	75		概率保证程度	95%
10	75		*t* 值	1.959964
11	76		抽样极限误差	
12	76		置信区间上限	
13	76		置信区间下限	
14	77			
15	78			
16	78			

图 11-32　*t* 值计算结果

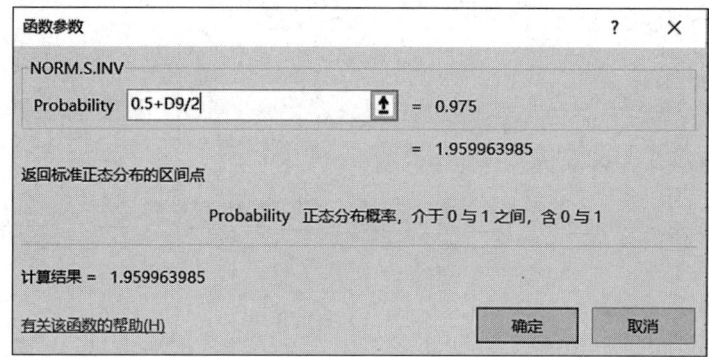

第八步，计算抽样极限误差。在 D11 单元格内输入“=D10＊D8”，按回车键后，得到抽样极限误差，如图 11-33 所示。

第九步，计算置信区间上下限。在 D12 单元格内输入“=D6+D11”，按回车键后，得到置信区间的上限；在 D13 单元格内输入“=D6-D11”，按回车键后，得到置信区间的下限，如图 11-34 所示。

	A	B	C	D
1	50			
2	54			
3	62			
4	65			
5	68		总体个数	30
6	70		总体均值	77.33333
7	72		总体标准差	10.1105
8	72		抽样平均误差	1.845916
9	75		概率保证程度	95%
10	75		*t* 值	1.959964
11	76		抽样极限误差	3.61793
12	76		置信区间上限	
13	76		置信区间下限	
14	77			
15	78			
16	78			

图 11-33　抽样极限误差的计算结果

	A	B	C	D
1	50			
2	54			
3	62			
4	65			
5	68		总体个数	30
6	70		总体均值	77.33333
7	72		总体标准差	10.1105
8	72		抽样平均误差	1.845916
9	75		概率保证程度	95%
10	75		*t* 值	1.959964
11	76		抽样极限误差	3.61793
12	76		置信区间上限	80.95126
13	76		置信区间下限	73.7154
14	77			
15	78			
16	78			

图 11-34　置信区间的上下限计算结果

通过 Excel 的计算，得到该校学生统计学平均成绩的置信区间为 73. 72~80. 95 分。

实验五　Excel 在相关分析和回归分析中的应用

在相关分析和回归分析中，我们这里主要介绍一元线性相关的相关分析和回归分析。例如，现有 12 名成年男人的身高与体重的资料，如表 11-2 所示。

表 11-2　12 名成年男人的身高与体重

身高/cm	165	168	172	172	174	175	175	176	178	179	181	184
体重/kg	62	69	67	68	70	70	74	78	80	86	82	85

根据上表资料绘制散点图，并计算身高和体重的相关系数，建立以体重为因变量、身高为自变量的回归方程。

一、相关分析

相关分析主要是确定现象的相关形式和相关的密切程度，主要是通过绘制相关图和计算相关系数来分析。

（一）绘制相关图

第一步，将资料输入到一个新的工作簿中，如图 11-35 所示。

第二步，绘制散点图。选择数据源 A1:B13，在“插入”选项卡的“图表”组中选择散点图，如图 11-36 所示。

	A	B
1	身高cm	体重kg
2	165	62
3	168	69
4	172	67
5	172	68
6	174	70
7	175	70
8	175	74
9	176	78
10	178	80
11	179	86
12	181	82
13	184	85

图 11-35　输入实验数据

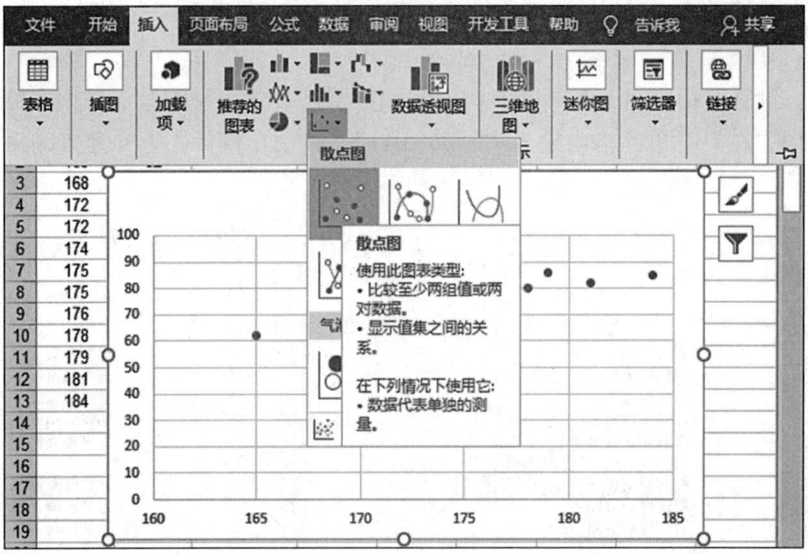

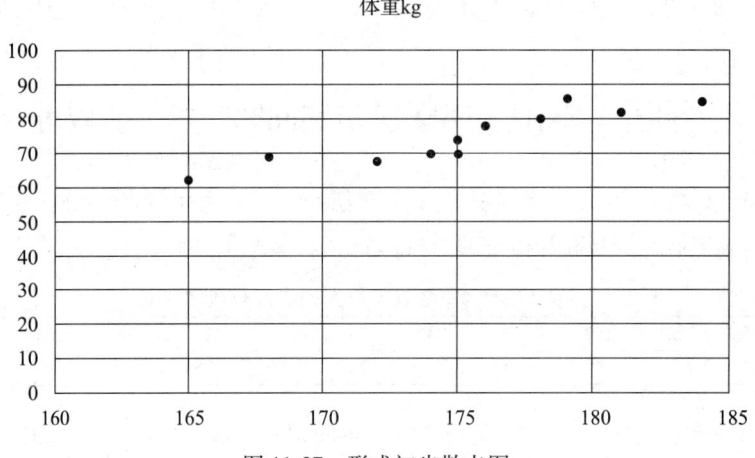

图 11-36　绘制散点图

第三步，单击鼠标，形成身高与体重的初步散点图，如图 11-37 所示。

图 11-37　形成初步散点图

第四步，在"图表工具"中选择"设计"选项卡，依次点选"添加图表元素""图表标题""图表上方"，修改散点图的标题为"12 名成年男人的身高与体重散点图"，如图 11-38 所示。

第五步，在"图表工具"中选择"设计"选项卡，依次点选"添加图表元素""坐标轴标题""主要横坐标轴"或"主要次坐标轴"，修改散点图的横纵标题为"身高/cm"和"体重/kg"，如图 11-39 所示。

（二）计算相关系数

利用 Excel 计算相关系数，有两种方法可以选择，一是利用统计函数"CORREL"来进行计算，二是利用"数据分析"进行计算。

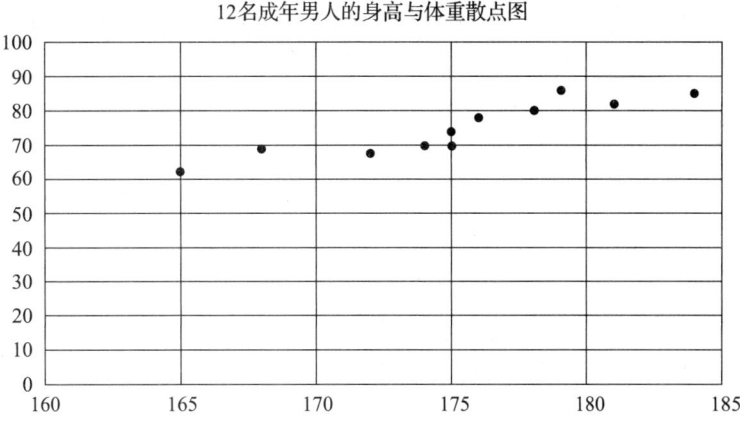

图 11-38　修改散点图标题

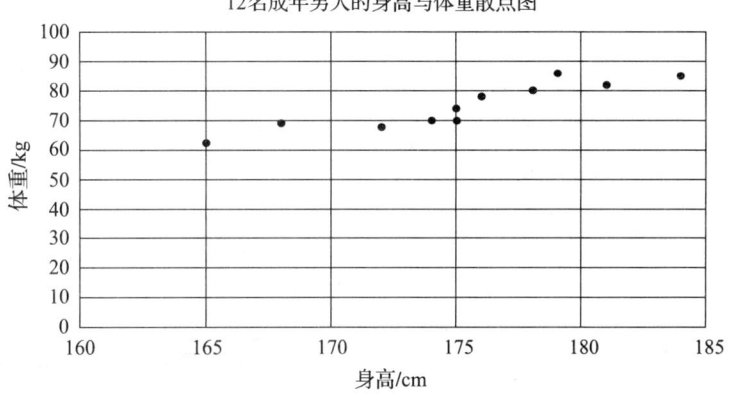

图 11-39　修改散点图横纵坐标轴标题

1. 利用统计函数"CORREL"进行计算

第一步，在"公式"选项卡的"函数库"组中，单击"插入函数"后，在统计函数中选择"CORREL"函数，如图 11-40 所示，单击"确定"。

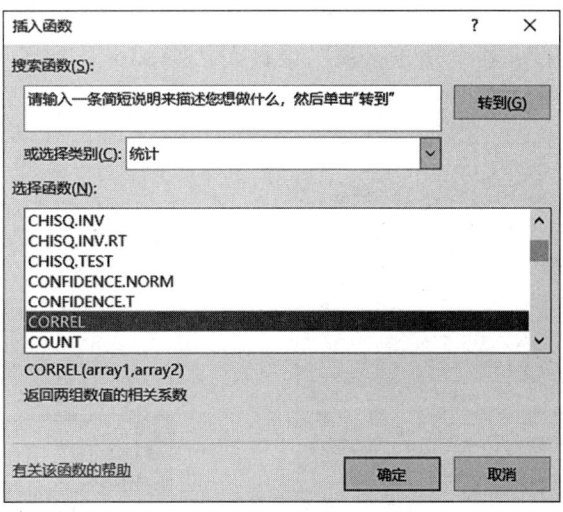

图 11-40　插入 CORREL 函数

第二步，在"Array1"中输入"A2:A13"，在"Array2"中输入"B2:B13"，如图 11-41 所示；单击"确定"后，得到相关系数，如图 11-42 所示。

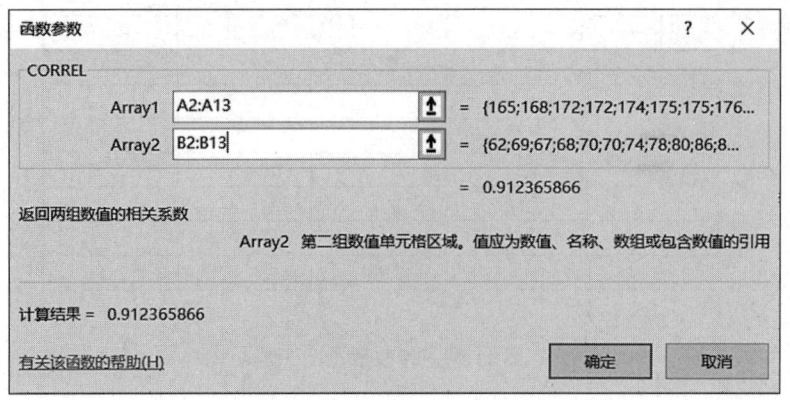

图 11-41　设置 CORREL 函数参数

2. 利用"数据分析"进行计算

第一步，在"数据"选项卡的"分析"组中选择"数据分析"选项，在分析工具中选择"相关系数"，如图 11-43 所示，单击"确定"。

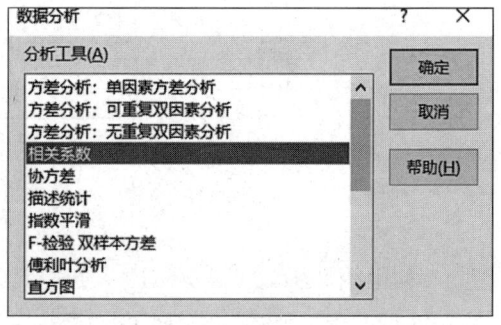

图 11-42　CORREL 函数输出结果　　　　图 11-43　相关系数分析工具

第二步，在"输入区域"中输入"$A$1:$B$13"，在"分组方式"中选择"逐列"，同时勾选"标志位于第一行"，在"输出区域"中输入"$A$16"，如图 11-44 所示，单击"确定"，输出结果如图 11-45 所示。

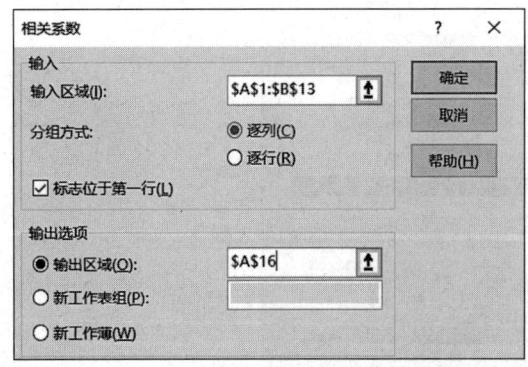

图 11-44　设置相关系数分析工具参数　　　　图 11-45　相关系数输出结果

从相关系数的计算结果上来看，两种方法的结果是一致的。

二、回归分析

第一步，在"数据"选项卡的"分析"组中选择"数据分析"选项，在打开的对话框中选择"回归"选项，如图 11-46 所示，然后单击"确定"。

第二步，在弹出的回归对话框中，在"Y 值输入区域"中输入"\$B\$1:\$B\$13"，在"X 值输入区域"中输入"\$A\$1:\$A\$13"。在"输出选项"中，选择"新工作表组"，如图 11-47 所示。

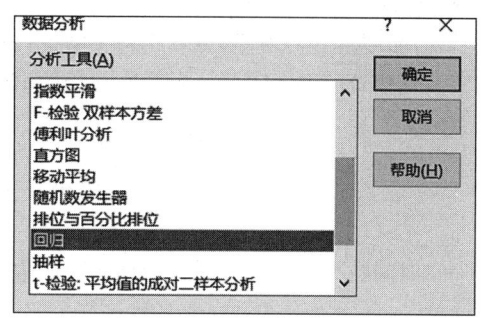

图 11-46　回归分析工具

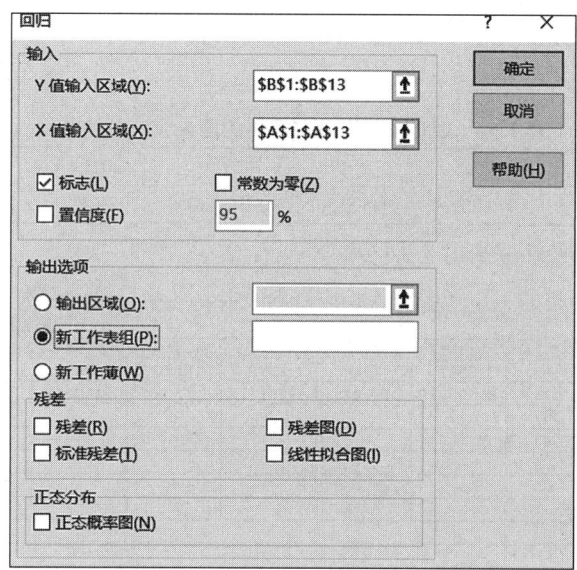

图 11-47　设置回归分析工具的参数

第三步，单击"确定"，得到回归分析结果，如图 11-48 所示。

	A	B	C	D	E	F	G	H	I
1	SUMMARY OUTPUT								
2									
3	回归统计								
4	Multiple R	0.912366							
5	R Square	0.832411							
6	Adjusted R	0.815653							
7	标准误差	3.341495							
8	观测值	12							
9									
10	方差分析								
11		df	SS	MS	F	ignificance F			
12	回归分析	1	554.5941	554.5941	49.66996	3.51E-05			
13	残差	10	111.6559	11.16559					
14	总计	11	666.25						
15									
16		Coefficients	标准误差	t Stat	P-value	Lower 95%	Upper 95%	下限 95.0%	上限 95.0%
17	Intercept	-159.363	33.16147	-4.80566	0.000717	-233.251	-85.4745	-233.251	-85.4745
18	身高cm	1.335567	0.189504	7.047692	3.51E-05	0.913325	1.757808	0.913325	1.757808

图 11-48　回归分析结果

上图结果可以分为三个部分，第一部分是回归统计的结果，包括多元相关系数、可决系数 R^2、调整之后的相关系数、回归标准差以及样本个数；第二部分是方差分析的结果，包括可解释的离差、残差、总离差和它们的自由度，以及由此计算出的 F 统计量和相应的显著性水平；第三部分是回归方程的截距和斜率的估计值及其估计标准误差、t 统计量大小、双边拖尾概率值以及估计值的上下界。根据这部分的结果可知回归方程为 $Y = -159.363 + 1.336X$。

实验六　Excel 在时间数列分析中的应用

时间数列分析主要是分析计算时间数列分析所需的常用指标，如增长量、发展速度、增长速度，增长1%绝对值、平均增长量、平均发展速度和平均增长速度等。

例如，根据我国 2017—2023 年的国内生产总值数据（见表 11-3），计算逐期增长量、累计增长量、环比发展速度、定基发展速度、增长1%绝对值、平均增长量、平均发展速度和平均增长速度等指标。

表 11-3　我国 2017—2023 年的国内生产总值数据　　　（单位：亿元）

年度	2017	2018	2019	2020	2021	2022	2023
生产总值	832 035.9	919 281.1	986 515.2	1 013 567	1 149 237	1 204 724	1 260 582.1

资料来源：国家统计局网站，2024 年 2 月 14 日。

第一步，在一个新建的工作簿中输入相应资料，并将各指标输入在表格中，如图 11-49 所示。

图 11-49　输入各种计算指标

第二步，在"B3:B7"中，以文本的方式输入"—"。

第三步，计算逐期增长量。在"C3"单元格内输入"=C2-B2"，按回车键后，得到 2018 年相对于 2017 年的逐期增长量；用鼠标拖动的方式，将"C3"单元格的公式复制到"D3:H3"区域中，松开鼠标后，即得到 2017—2023 年的逐期增长量，如图 11-50 所示。

图 11-50　逐期增长量计算结果

第四步，计算累计增长量。在"C4"单元格内输入"=C2-$B$2"，按回车键后，得到 2018 年相对于 2017 年的累计增长量；用鼠标拖动的方式，将"C4"单元格的公式复制到"D4:H4"区域中，松开鼠标后，即得到 2017—2023 年的累计增长量。

第五步，计算环比发展速度。在"C5"单元格内输入"=C2/B2*100"，按回车键后，得到 2018 年相对于 2017 年的环比发展速度；用鼠标拖动的方式，将"C5"单元格的公式复制到"D5:H5"区域中，松开鼠标后，即得到 2017—2023 年的环比发展速度。

第六步，计算定基发展速度。在"C6"单元格内输入"=C2/$B$2*100"，按回车键后，得到 2018 年相对于 2017 年的定基发展速度；用鼠标拖动的方式，将"C6"单元格的公式复制到"D6:H6"区域中，松开鼠标后，即得到 2017—2023 年的定基发展速度。

第七步，计算增长 1%绝对值。在"C7"单元格内输入"=B2/100"，按回车键后，得到 2018 年相对于 2017 年的增长 1%绝对值；用鼠标拖动的方式，将"C7"单元格的公式复制到"D7:H7"区域中，松开鼠标后，即得到 2017—2023 年的增长 1%绝对值。

第八步，计算平均增长量。在"B8"单元格内输入"=H4/6"，按回车键后，得到平均增长量。

第九步，计算平均发展速度。在"B9"单元格内输入"=GEOMEAN(C5:H5)"，按回车键后，即得到平均发展速度。

第十步，计算平均增长速度。在"B10"单元格内输入"=B9-100"，按回车键后，得到平均增长速度。

第四步至第十步的实验结果如图 11-51 所示。

	A	B	C	D	E	F	G	H
1	年度	2017	2018	2019	2020	2021	2022	2023
2	国内生产总值（亿元）	832035.9	919281.1	986515.2	1013567	1149237	1204724	1260582.1
3	逐期增长量（亿元）	—	87245.2	67234.1	27051.8	135670	55487	55858.1
4	累计增长量（亿元）	—	87245.2	154479.3	181531.1	317201.1	372688.1	428546.2
5	环比发展速度（%）	—	110.49	107.31	102.74	113.39	104.83	104.64
6	定基发展速度（%）	—	110.49	118.57	121.82	138.12	144.79	151.51
7	增长1%绝对值	—	8320.359	9192.811	9865.152	10135.67	11492.37	12047.24
8	平均增长量（亿元）	71424.36667						
9	平均发展速度（%）	107.1695758						
10	平均增长速度（%）	7.169575823						

图 11-51　实验结果

实验七　Excel 在指数分析中的应用

指数分析主要包括综合指数的编制、平均指数的编制和利用指数体系进行因素分析的内容。其方法基本一致，所以这里只介绍如何利用指数体系进行因素分析。例如，某地区四种主要工业品出厂价格及产量资料如表 11-4 所示。

表 11-4　某地区四种主要工业品出厂价格及产量

工业产品	单位	单位产品出厂价格（元）		产量	
		基期	报告期	基期	报告期
甲	吨	100	230	1 200	1 270
乙	辆	600	470	2 300	2 400
丙	台	200	310	3 100	4 010
丁	件	700	1 210	300	420

利用 Excel 工具，对该地区产值变动情况进行因素分析。

第一步，在一个新建的工作簿中输入实验数据，如图 11-52 所示。

工业产品	单位	单位产品出厂价格（元）		产量	
		基期	报告期	基期	报告期
甲	吨	100	230	1200	1270
乙	辆	600	470	2300	2400
丙	台	200	310	3100	4010
丁	件	700	1210	300	420

图 11-52　输入实验数据

第二步，按利用指数体系进行因素分析的需要，绘制统计分析表，如图 11-53 所示。

工业产品	单位	单位产品出厂价格（元）		产量		产值		
		基期	报告期	基期	报告期	基期	报告期	假定
甲	吨	100	230	1200	1270			
乙	辆	600	470	2300	2400			
丙	台	200	310	3100	4010			
丁	件	700	1210	300	420			
合 计		—						

图 11-53　绘制统计分析表

第三步，计算利用指数体系进行因素分析所需要的各价值指标数值。在"G3"单元格中输入"=C3*E3"，如图 11-54 所示；按回车键后，得到甲产品的基期产值，用鼠标拖动的方式，将"G3"单元格的公式复制到"G4:G6"区域中，松开鼠标后，得到乙、丙、丁三种产品的基期产值，如图 11-55 所示；在"G7"单元格中输入"=SUM（G3:G6）"，按回车键后，则在"G7"单元格内得到了四种产品的基期产值合计值，如图 11-56 所示。

工业产品	单位	单位产品出厂价格（元）		产量		产值		
		基期	报告期	基期	报告期	基期	报告期	假定
甲	吨	100	230	1200	1270	=C3*E3		
乙	辆	600	470	2300	2400			
丙	台	200	310	3100	4010			
丁	件	700	1210	300	420			
合 计		—						

图 11-54　计算甲产品的基期产值

工业产品	单位	单位产品出厂价格（元）		产量		产值		
		基期	报告期	基期	报告期	基期	报告期	假定
甲	吨	100	230	1200	1270	120000		
乙	辆	600	470	2300	2400	1380000		
丙	台	200	310	3100	4010	620000		
丁	件	700	1210	300	420	210000		
合 计		—						

图 11-55　四种产品的基期产值

工业产品	单位	单位产品出厂价格（元）		产量		产值		
		基期	报告期	基期	报告期	基期	报告期	假定
甲	吨	100	230	1200	1270	120000		
乙	辆	600	470	2300	2400	1380000		
丙	台	200	310	3100	4010	620000		
丁	件	700	1210	300	420	210000		
合 计		—				2330000		

图 11-56　四种产品基期产值的合计值

第四步，在"H3"单元格中输入"=D3*F3"，按照第三步的方法，求得报告期四种产品的报告期产值及其合计值，如图11-57所示。

工业产品	单位	单位产品出厂价格（元）		产量		产值		
		基期	报告期	基期	报告期	基期	报告期	假定
甲	吨	100	230	1200	1270	120000	292100	
乙	辆	600	470	2300	2400	1380000	1128000	
丙	台	200	310	3100	4010	620000	1243100	
丁	件	700	1210	300	420	210000	508200	
合计		—				2330000	3171400	

图 11-57　四种产品的报告期产值及其合计值

第五步，在"I3"单元格中输入"=C3*F3"，按照第三步的方法，求得报告期四种产品的以基期价格计算的报告期的假定产值及其合计值，如图11-58所示。

工业产品	单位	单位产品出厂价格（元）		产量		产值		
		基期	报告期	基期	报告期	基期	报告期	假定
甲	吨	100	230	1200	1270	120000	292100	127000
乙	辆	600	470	2300	2400	1380000	1128000	1440000
丙	台	200	310	3100	4010	620000	1243100	802000
丁	件	700	1210	300	420	210000	508200	294000
合计		—				2330000	3171400	2663000

图 11-58　四种产品的假定产值及其合计值

第六步，输入各种指标名称。在相应的单元格中输入各指标名称及影响的绝对值，如图11-59所示。

工业产品	单位	单位产品出厂价格（元）		产量		产值		
		基期	报告期	基期	报告期	基期	报告期	假定
甲	吨	100	230	1200	1270	120000	292100	127000
乙	辆	600	470	2300	2400	1380000	1128000	1440000
丙	台	200	310	3100	4010	620000	1243100	802000
丁	件	700	1210	300	420	210000	508200	294000
合计		—				2330000	3171400	2663000
		产值总指标	产量总指标	价格总指标				
		绝对值	绝对值	绝对值				

图 11-59　输入各种指标名称

第七步，计算各种总指标。在"C10"单元格中输入"=H7/G7*100"，按回车键后，得到产值总指标；在"D10"单元格中输入"=I7/G7*100"，按回车键后，得到产量总指标；在"E10"单元格中输入"=H7/I7*100"，按回车键后，得到价格总指标，如图11-60所示。

工业产品	单位	单位产品出厂价格（元）		产量		产值		
		基期	报告期	基期	报告期	基期	报告期	假定
甲	吨	100	230	1200	1270	120000	292100	127000
乙	辆	600	470	2300	2400	1380000	1128000	1440000
丙	台	200	310	3100	4010	620000	1243100	802000
丁	件	700	1210	300	420	210000	508200	294000
合计		—				2330000	3171400	2663000
		产值总指标	产量总指标	价格总指标				
		136.111588	114.2918455	119.0912505				
		绝对值	绝对值	绝对值				

图 11-60　计算各种总指标

第八步，计算由于各种因素的变化而影响产值变化的绝对值。在"C12"中输入"=H7-G7"，按回车键后，得到报告期产值比基期产值增减的绝对值；在"D12"单元格中输入"=I7-G7"，按回车键后，得到由于产量的变化而使产值增减的绝对值；在"E12"单元格中输入"=H7-I7"，按回车键后，得到由于价格的变化而影响产值变化的绝对值；如图 11-61 所示。

	A	B	C	D	E	F	G	H	I
1	工业产品	单位	单位产品出厂价格（元）		产量		产值		
2			基期	报告期	基期	报告期	基期	报告期	假定
3	甲	吨	100	230	1200	1270	120000	292100	127000
4	乙	辆	600	470	2300	2400	1380000	1128000	1440000
5	丙	台	200	310	3100	4010	620000	1243100	802000
6	丁	件	700	1210	300	420	210000	508200	294000
7	合计				—		2330000	3171400	2663000
8									
9			产值总指标	产量总指标	价格总指标				
10			136.111588	114.2918455	119.0912505				
11			绝对值	绝对值	绝对值				
12			841400	333000	508400				

图 11-61 计算由于各种因素的变化而影响产值变化的绝对值

实验八 Excel 在统计综合评价中的应用

统计综合评价的方法体现在综合评价的不同环节上，包括指标体系的确定方法、各指标权重的确定方法、各指标同度量的处理方法等。指标权重的确定方法有很多，其中变异系数法直接利用各项指标所包含的信息，通过计算得到指标的权重，是一种简单易行的客观赋权方法。这里介绍如何利用 Excel 2019 采用变异系数法确定指标的权重。例如，某地医院 2014—2023 年相关指标资料如表 11-5 所示。

表 11-5 某地医院 2014—2023 年相关指标

年度	有效率（%）	病死率（%）	平均住院日（天）	病床使用率（%）	出入院诊断符合率（%）	甲级病案率（%）
2014	96.2	2.1	19.5	73.3	96.4	77.6
2015	95.6	1.8	21.0	70.9	97.8	79.2
2016	95.5	1.9	20.1	59.7	96.8	71.4
2017	95.6	1.7	16.4	74.2	98.6	86.3
2018	96.8	1.5	15.2	75.1	98.9	92.2
2019	96.9	1.2	16.3	76.3	99.1	95.8
2020	97.1	1.3	15.6	75.9	99.3	96.7
2021	97.2	1.1	16.4	78.6	99.8	98.2
2022	97.1	1.1	17.1	76.2	99.7	98.1
2023	96.8	0.9	16.8	77.1	99.5	97.5

利用 Excel 工具，确定医院各项指标的权重，以作为统计综合评价的依据。

第一步，在一个新建的工作簿中，输入实验数据，如图 11-62 所示。

第二步，计算各种指标的均值。在"B12"单元格中输入"=AVERAGE(B2:B11)"，按回车键后得到有效率指标的均值，用鼠标拖动的方式，将"B12"单元格的公式复制到"C12:G12"区域中，松开鼠标后，得到其他指标的均值，如图 11-63 所示。

	A	B	C	D	E	F	G
1	年度	有效率(%)	病死率(%)	平均住院日(天)	病床使用率(%)	出入院诊断符合率(%)	甲级病案率(%)
2	2014	96.2	2.1	19.5	73.3	96.4	77.6
3	2015	95.6	1.8	21.0	70.9	97.8	79.2
4	2016	95.5	1.9	20.1	59.7	96.8	71.4
5	2017	95.6	1.7	16.4	74.2	98.6	86.3
6	2018	96.8	1.5	15.2	75.1	98.9	92.2
7	2019	96.9	1.2	16.3	76.3	99.1	95.8
8	2020	97.1	1.3	15.6	75.9	99.3	96.7
9	2021	97.2	1.1	16.4	78.6	99.8	98.2
10	2022	97.1	1.1	17.1	76.2	99.7	98.1
11	2023	96.8	0.9	16.8	77.1	99.5	97.5

图 11-62　输入实验数据

	A	B	C	D	E	F	G
1	年度	有效率(%)	病死率(%)	平均住院日(天)	病床使用率(%)	出入院诊断符合率(%)	甲级病案率(%)
2	2014	96.2	2.1	19.5	73.3	96.4	77.6
3	2015	95.6	1.8	21.0	70.9	97.8	79.2
4	2016	95.5	1.9	20.1	59.7	96.8	71.4
5	2017	95.6	1.7	16.4	74.2	98.6	86.3
6	2018	96.8	1.5	15.2	75.1	98.9	92.2
7	2019	96.9	1.2	16.3	76.3	99.1	95.8
8	2020	97.1	1.3	15.6	75.9	99.3	96.7
9	2021	97.2	1.1	16.4	78.6	99.8	98.2
10	2022	97.1	1.1	17.1	76.2	99.7	98.1
11	2023	96.8	0.9	16.8	77.1	99.5	97.5
12	均值	96.48	1.46	17.44	73.73	98.59	89.3

图 11-63　计算各种指标的均值

第三步，计算各种指标的标准差。在"B13"单元格中输入"=STDEV.P(B2:B12)"，按回车键后得到有效率指标的标准差，用鼠标拖动的方式，将"B13"单元格的公式复制到"C13:G13"区域中，松开鼠标后，得到其他指标的标准差，如图 11-64 所示。

	A	B	C	D	E	F	G
1	年度	有效率(%)	病死率(%)	平均住院日(天)	病床使用率(%)	出入院诊断符合率(%)	甲级病案率(%)
2	2014	96.2	2.1	19.5	73.3	96.4	77.6
3	2015	95.6	1.8	21.0	70.9	97.8	79.2
4	2016	95.5	1.9	20.1	59.7	96.8	71.4
5	2017	95.6	1.7	16.4	74.2	98.6	86.3
6	2018	96.8	1.5	15.2	75.1	98.9	92.2
7	2019	96.9	1.2	16.3	76.3	99.1	95.8
8	2020	97.1	1.3	15.6	75.9	99.3	96.7
9	2021	97.2	1.1	16.4	78.6	99.8	98.2
10	2022	97.1	1.1	17.1	76.2	99.7	98.1
11	2023	96.8	0.9	16.8	77.1	99.5	97.5
12	均值	96.48	1.46	17.44	73.73	98.59	89.3
13	标准差	0.65238026	0.38	1.907459043	5.095301758	1.140570033	9.474280975

图 11-64　计算各种指标的标准差

第四步，计算各种指标的标准差系数。在"B14"单元格中输入"=B13/B12"，按回车键后得到有效率指标的标准差系数，用鼠标拖动的方式，将"B14"单元格的公式复制到"C14:G14"区域中，松开鼠标后，得到其他指标的标准差系数，如图 11-65 所示。

第五步，计算全部指标标准差系数总和，即变异系数总和。在"B15"单元格中输入"=SUM(B14:G14)"，按回车键后，得到全部指标的变异系数总和，如图 11-66 所示。

第六步，计算各种指标的权重系数，得到输出结果。在"B16"单元格中输入"=B14/$B$15"，按回车键后，得到有效率指标的权重系数，用鼠标拖动的方式，将"B16"单元格的公式复制到"C16:G16"区域中,松开鼠标后,得到其他指标的权重系数,如图 11-67 所示。

	A	B	C	D	E	F	G
1	年度	有效率(%)	病死率(%)	平均住院日(天)	病床使用率(%)	出入院诊断符合率(%)	甲级病案率(%)
2	2014	96.2	2.1	19.5	73.3	96.4	77.6
3	2015	95.6	1.8	21.0	70.9	97.8	79.2
4	2016	95.5	1.9	20.1	59.7	96.8	71.4
5	2017	95.6	1.7	16.4	74.2	98.6	86.3
6	2018	96.8	1.5	15.2	75.1	98.9	92.2
7	2019	96.9	1.2	16.3	76.3	99.1	95.8
8	2020	97.1	1.3	15.6	75.9	99.3	96.7
9	2021	97.2	1.1	16.4	78.6	99.8	98.2
10	2022	97.1	1.1	17.1	76.2	99.7	98.1
11	2023	96.8	0.9	16.8	77.1	99.5	97.5
12	均值	96.48	1.46	17.44	73.73	98.59	89.3
13	标准差	0.65238026	0.38	1.907459043	5.095301758	1.140570033	9.474280975
14	标准差系数	0.00676182	0.260274	0.109372652	0.069107578	0.011568821	0.106094972

图 11-65 计算各种指标的标准差系数

	A	B	C	D	E	F	G
1	年度	有效率(%)	病死率(%)	平均住院日(天)	病床使用率(%)	出入院诊断符合率(%)	甲级病案率(%)
2	2014	96.2	2.1	19.5	73.3	96.4	77.6
3	2015	95.6	1.8	21.0	70.9	97.8	79.2
4	2016	95.5	1.9	20.1	59.7	96.8	71.4
5	2017	95.6	1.7	16.4	74.2	98.6	86.3
6	2018	96.8	1.5	15.2	75.1	98.9	92.2
7	2019	96.9	1.2	16.3	76.3	99.1	95.8
8	2020	97.1	1.3	15.6	75.9	99.3	96.7
9	2021	97.2	1.1	16.4	78.6	99.8	98.2
10	2022	97.1	1.1	17.1	76.2	99.7	98.1
11	2023	96.8	0.9	16.8	77.1	99.5	97.5
12	均值	96.48	1.46	17.44	73.73	98.59	89.3
13	标准差	0.65238026	0.38	1.907459043	5.095301758	1.140570033	9.474280975
14	标准差系数	0.00676182	0.260274	0.109372652	0.069107578	0.011568821	0.106094972
15	系数和	0.56317981					

图 11-66 计算全部指标变异系数总和

	A	B	C	D	E	F	G
1	年度	有效率(%)	病死率(%)	平均住院日(天)	病床使用率(%)	出入院诊断符合率(%)	甲级病案率(%)
2	2014	96.2	2.1	19.5	73.3	96.4	77.6
3	2015	95.6	1.8	21.0	70.9	97.8	79.2
4	2016	95.5	1.9	20.1	59.7	96.8	71.4
5	2017	95.6	1.7	16.4	74.2	98.6	86.3
6	2018	96.8	1.5	15.2	75.1	98.9	92.2
7	2019	96.9	1.2	16.3	76.3	99.1	95.8
8	2020	97.1	1.3	15.6	75.9	99.3	96.7
9	2021	97.2	1.1	16.4	78.6	99.8	98.2
10	2022	97.1	1.1	17.1	76.2	99.7	98.1
11	2023	96.8	0.9	16.8	77.1	99.5	97.5
12	均值	96.48	1.46	17.44	73.73	98.59	89.3
13	标准差	0.65238026	0.38	1.907459043	5.095301758	1.140570033	9.474280975
14	标准差系数	0.00676182	0.260274	0.109372652	0.069107578	0.011568821	0.106094972
15	系数和	0.56317981					
16	权重系数	0.0120065	0.4621507	0.194205561	0.122709616	0.020541966	0.188385608

图 11-67 计算各种指标的权重系数

附 录

附录 A　正态概率表

t	F(t)	t	F(t)	t	F(t)	t	F(t)
0.00	0.000 0	0.32	0.251 0	0.64	0.477 8	0.96	0.662 9
0.01	0.008 0	0.33	0.258 6	0.65	0.484 3	0.97	0.668 0
0.02	0.016 0	0.34	0.266 1	0.66	0.490 7	0.98	0.672 9
0.03	0.023 9	0.35	0.273 7	0.67	0.497 1	0.99	0.677 8
0.04	0.031 9	0.36	0.281 2	0.68	0.503 5	1.00	0.682 7
0.05	0.039 9	0.37	0.288 6	0.69	0.509 8	1.01	0.687 5
0.06	0.047 8	0.38	0.296 1	0.70	0.516 1	1.02	0.692 3
0.07	0.558 0	0.39	0.303 5	0.71	0.522 3	1.03	0.697 0
0.08	0.063 8	0.40	0.310 8	0.72	0.528 5	1.04	0.701 7
0.09	0.717 0	0.41	0.318 2	0.73	0.534 6	1.05	0.706 3
0.10	0.797 0	0.42	0.325 5	0.74	0.540 7	1.06	0.710 9
0.11	0.087 6	0.43	0.332 8	0.75	0.546 7	1.07	0.715 4
0.12	0.096 0	0.44	0.340 1	0.76	0.552 7	1.08	0.719 9
0.13	0.103 4	0.45	0.347 3	0.77	0.558 7	1.09	0.724 3
0.14	0.111 3	0.46	0.354 5	0.78	0.564 6	1.10	0.728 7
0.15	0.118 2	0.47	0.361 6	0.79	0.570 5	1.11	0.733 0
0.16	0.127 1	0.48	0.368 8	0.80	0.576 3	1.12	0.737 3
0.17	0.135 0	0.49	0.375 9	0.81	0.582 1	1.13	0.741 5
0.18	0.142 8	0.50	0.382 9	0.82	0.587 8	1.14	0.745 7
0.19	0.150 7	0.51	0.389 9	0.83	0.593 5	1.15	0.749 9
0.20	0.158 5	0.52	0.399 6	0.84	0.599 1	1.16	0.754 0
0.21	0.166 3	0.53	0.403 9	0.85	0.604 7	1.17	0.758 0
0.22	0.174 1	0.54	0.410 8	0.86	0.610 2	1.18	0.766 0
0.23	0.181 9	0.55	0.417 7	0.87	0.615 7	1.19	0.768 0
0.24	0.189 7	0.56	0.421 5	0.88	0.621 1	1.20	0.769 9
0.25	0.119 7	0.57	0.431 3	0.89	0.626 5	1.21	0.773 7
0.26	0.205 1	0.58	0.438 1	0.90	0.631 9	1.22	0.777 5
0.27	0.212 8	0.59	0.444 8	0.91	0.637 2	1.23	0.781 3
0.28	0.220 5	0.60	0.451 5	0.92	0.642 4	1.24	0.785 0
0.29	0.228 2	0.61	0.458 1	0.93	0.647 6	1.25	0.788 7
0.30	0.235 8	0.62	0.464 7	0.94	0.652 8	1.26	0.792 3
0.31	0.233 4	0.63	0.471 3	0.95	0.657 9	1.27	0.795 9

（续）

t	F(t)	t	F(t)	t	F(t)	t	F(t)
1.28	0.799 5	1.61	0.892 6	1.94	0.947 6	2.54	0.988 9
1.29	0.803 0	1.62	0.894 8	1.95	0.948 8	2.56	0.989 5
1.30	0.806 4	1.63	0.896 9	1.96	0.950 0	2.58	0.990 1
1.31	0.809 8	1.64	0.899 0	1.97	0.951 2	2.60	0.990 7
1.32	0.813 2	1.65	0.901 1	1.98	0.952 3	2.62	0.991 2
1.33	0.816 5	1.66	0.903 1	1.99	0.953 4	2.64	0.991 7
1.34	0.819 8	1.67	0.905 1	2.00	0.954 5	2.66	0.992 2
1.35	0.823 0	1.68	0.907 0	2.02	0.956 6	2.68	0.992 6
1.36	0.826 2	1.69	0.909 0	2.04	0.958 7	2.70	0.993 1
1.37	0.829 3	1.70	0.910 9	2.06	0.960 6	2.72	0.993 5
1.38	0.832 4	1.71	0.912 7	2.08	0.962 5	2.74	0.993 9
1.39	0.835 5	1.72	0.914 6	2.10	0.964 3	2.76	0.994 2
1.40	0.838 5	1.73	0.916 4	2.12	0.966 0	2.78	0.994 6
1.41	0.841 5	1.74	0.918 1	2.14	0.967 6	2.80	0.994 9
1.42	0.844 4	1.75	0.919 9	2.16	0.969 2	2.82	0.995 2
1.43	0.847 3	1.76	0.922 6	2.18	0.954 5	2.84	0.995 5
1.44	0.850 1	1.77	0.923 3	2.20	0.972 2	2.86	0.995 8
1.45	0.852 9	1.78	0.924 9	2.22	0.973 6	2.88	0.996 0
1.46	0.855 7	1.79	0.926 5	2.24	0.974 9	2.90	0.996 2
1.47	0.858 4	1.80	0.928 1	2.26	0.974 2	2.92	0.996 5
1.48	0.861 1	1.81	0.929 7	2.28	0.977 4	2.94	0.996 7
1.49	0.863 8	1.82	0.931 2	2.30	0.978 6	2.96	0.996 9
1.50	0.866 4	1.83	0.932 8	2.32	0.979 7	2.98	0.997 1
1.51	0.869 0	1.84	0.943 2	2.34	0.980 7	3.00	0.997 3
1.52	0.871 5	1.85	0.935 7	2.36	0.981 7	3.20	0.999 3
1.53	0.874 0	1.86	0.937 1	2.38	0.982 7	3.40	0.999 6
1.54	0.876 4	1.87	0.938 5	2.40	0.983 6	3.60	0.999 7
1.55	0.878 9	1.88	0.939 9	2.42	0.984 5	3.80	0.999 8
1.56	0.881 2	1.89	0.941 2	2.44	0.985 3	4.00	0.999 9
1.57	0.883 6	1.90	0.942 6	2.46	0.986 1	4.50	0.999 99
1.58	0.885 9	1.91	0.943 9	2.48	0.986 9	5.00	0.999 99
1.59	0.888 2	1.92	0.945 1	2.50	0.987 6		
1.60	0.890 4	1.93	0.946 4	2.52	0.988 3		

附录 B t 分布表

n	$\alpha=0.25$	$\alpha=0.1$	$\alpha=0.05$	$\alpha=0.025$	$\alpha=0.01$	$\alpha=0.005$
1	1.000 00	3.077 68	6.313 75	12.706 20	31.820 52	63.656 74
2	0.816 50	1.885 62	2.919 99	4.302 65	6.964 56	9.924 84
3	0.764 89	1.637 74	2.353 36	3.182 45	4.540 70	5.840 91
4	0.740 70	1.533 21	2.131 85	2.776 45	3.746 95	4.604 09
5	0.726 69	1.475 88	2.015 05	2.570 58	3.364 93	4.032 14
6	0.717 56	1.439 76	1.943 18	2.446 91	3.142 67	3.707 43
7	0.711 14	1.414 92	1.894 58	2.364 62	2.997 95	3.499 48
8	0.706 39	1.396 82	1.859 55	2.306 00	2.896 46	3.355 39
9	0.702 72	1.383 03	1.833 11	2.262 16	2.821 44	3.249 84

（续）

n	$\alpha=0.25$	$\alpha=0.1$	$\alpha=0.05$	$\alpha=0.025$	$\alpha=0.01$	$\alpha=0.005$
10	0.699 81	1.372 18	1.812 46	2.228 14	2.763 77	3.169 27
11	0.697 45	1.363 43	1.795 88	2.200 99	2.718 08	3.105 81
12	0.695 48	1.356 22	1.782 29	2.178 81	2.681 00	3.054 54
13	0.693 83	1.350 17	1.770 93	2.160 37	2.650 31	3.012 28
14	0.692 42	1.345 03	1.761 31	2.144 79	2.624 49	2.976 84
15	0.691 20	1.340 61	1.753 05	2.131 45	2.602 48	2.946 71
16	0.690 13	1.336 76	1.745 88	2.119 91	2.583 49	2.920 78
17	0.689 20	1.333 38	1.739 61	2.109 82	2.566 93	2.898 23
18	0.688 36	1.330 39	1.734 06	2.100 92	2.552 38	2.878 44
19	0.687 62	1.327 73	1.729 13	2.093 02	2.539 48	2.860 93
20	0.686 95	1.325 34	1.724 72	2.085 96	2.527 98	2.845 34
21	0.686 35	1.323 19	1.720 74	2.079 61	2.517 65	2.831 36
22	0.685 81	1.321 24	1.717 14	2.073 87	2.508 32	2.818 76
23	0.685 31	1.319 46	1.713 87	2.068 66	2.499 87	2.807 34
24	0.684 85	1.317 84	1.710 88	2.063 90	2.492 16	2.796 94
25	0.684 43	1.316 35	1.708 14	2.059 54	2.485 11	2.787 44
26	0.684 04	1.314 97	1.705 62	2.055 53	2.478 63	2.778 71
27	0.683 68	1.313 70	1.703 29	2.051 83	2.472 66	2.770 68
28	0.683 35	1.312 53	1.701 13	2.048 41	2.467 14	2.763 26
29	0.683 04	1.311 43	1.699 13	2.045 23	2.462 02	2.756 39
30	0.682 76	1.310 42	1.697 26	2.042 27	2.457 26	2.750 00
31	0.682 49	1.309 46	1.695 52	2.039 51	2.452 82	2.744 04
32	0.682 23	1.308 57	1.693 89	2.036 93	2.448 68	2.738 48
33	0.682 00	1.307 74	1.692 36	2.034 52	2.444 79	2.733 28
34	0.681 77	1.306 95	1.690 92	2.032 24	2.441 15	2.728 39
35	0.681 56	1.306 21	1.689 57	2.030 11	2.437 72	2.723 81
36	0.681 37	1.305 51	1.688 30	2.028 09	2.434 49	2.719 48
37	0.681 18	1.304 85	1.687 09	2.026 19	2.431 45	2.715 41
38	0.681 00	1.304 23	1.685 95	2.024 39	2.428 57	2.711 56
39	0.680 83	1.303 64	1.684 88	2.022 69	2.425 84	2.707 91
40	0.680 67	1.303 08	1.683 85	2.021 08	2.423 26	2.704 46
41	0.680 52	1.302 54	1.682 88	2.019 54	2.420 80	2.701 18
42	0.680 38	1.302 04	1.681 95	2.018 08	2.418 47	2.698 07
43	0.680 24	1.301 55	1.681 07	2.016 69	2.416 25	2.695 10
44	0.680 11	1.301 09	1.680 23	2.015 37	2.414 13	2.692 28
45	0.679 98	1.300 65	1.679 43	2.014 10	2.412 12	2.689 59
46	0.679 86	1.300 23	1.678 66	2.012 90	2.410 19	2.687 01
47	0.679 75	1.299 82	1.677 93	2.011 74	2.408 35	2.684 56
48	0.679 64	1.299 44	1.677 22	2.010 63	2.406 58	2.682 20
49	0.679 53	1.299 07	1.676 55	2.009 58	2.404 89	2.679 95
50	0.679 43	1.298 71	1.675 91	2.008 56	2.403 27	2.677 79
51	0.679 33	1.298 37	1.675 28	2.007 58	2.401 72	2.675 72
52	0.679 24	1.298 05	1.674 69	2.006 65	2.400 22	2.673 73

（续）

n	α=0.25	α=0.1	α=0.05	α=0.025	α=0.01	α=0.005
53	0.679 15	1.297 73	1.674 12	2.005 75	2.398 79	2.671 82
54	0.679 06	1.297 43	1.673 56	2.004 88	2.397 41	2.669 98
55	0.678 98	1.297 13	1.673 03	2.004 04	2.396 08	2.668 22
56	0.678 90	1.296 85	1.672 52	2.003 24	2.394 80	2.666 51
57	0.678 82	1.296 58	1.672 03	2.002 47	2.393 57	2.664 87
58	0.678 74	1.296 32	1.671 55	2.001 72	2.392 38	2.663 29
59	0.678 67	1.296 07	1.671 09	2.001 00	2.391 23	2.661 76
60	0.678 60	1.295 82	1.670 65	2.000 30	2.390 12	2.660 28
61	0.678 53	1.295 58	1.670 22	1.999 62	2.389 05	2.658 86
62	0.678 47	1.295 36	1.669 80	1.998 97	2.388 01	2.657 48
63	0.678 40	1.295 13	1.669 40	1.998 34	2.387 01	2.656 15
64	0.678 34	1.294 92	1.669 01	1.997 73	2.386 04	2.654 85
65	0.678 28	1.294 71	1.668 64	1.997 14	2.385 10	2.653 60
66	0.678 23	1.294 51	1.668 27	1.996 56	2.384 19	2.652 39
67	0.678 17	1.294 32	1.667 92	1.996 01	2.383 30	2.651 22
68	0.678 11	1.294 13	1.667 57	1.995 47	2.382 45	2.650 08
69	0.678 06	1.293 94	1.667 24	1.994 95	2.381 61	2.648 98
70	0.678 01	1.293 76	1.666 91	1.994 44	2.380 81	2.647 90
71	0.677 96	1.293 59	1.666 60	1.993 94	2.380 02	2.646 86
72	0.677 91	1.293 42	1.666 29	1.993 46	2.379 26	2.645 85
73	0.677 87	1.293 26	1.666 00	1.993 00	2.378 52	2.644 87
74	0.677 82	1.293 10	1.665 71	1.992 54	2.377 80	2.643 91
75	0.677 78	1.292 94	1.665 43	1.992 10	2.377 10	2.642 98

附录 C Excel 统计函数

函数	说明
AVEDEV 函数	返回数据点与它们平均值的绝对偏差平均值
AVERAGE 函数	返回其参数的平均值
AVERAGEA 函数	返回其参数的平均值，包括数字、文本和逻辑值
AVERAGEIF 函数	返回区域中满足给定条件的所有单元格的平均值（算术平均值）
AVERAGEIFS 函数	返回满足多个条件的所有单元格的平均值（算术平均值）
BETA.DIST 函数	返回 Beta 累积分布函数
BETA.INV 函数	返回指定 Beta 分布的累积分布函数的反函数
BINOM.DIST 函数	返回二项式分布的概率值
BINOM.INV 函数	返回使累积二项式分布小于或等于临界值的最小值
CHISQ.DIST 函数	返回累积 Beta 概率密度函数
CHISQ.DIST.RT 函数	返回 χ^2 分布的单尾概率

(续)

函数	说明
CHISQ.INV 函数	返回累积 Beta 概率密度函数
CHISQ.INV.RT 函数	返回 χ^2 分布的单尾概率的反函数
CHISQ.TEST 函数	返回独立性检验值
CONFIDENCE.NORM 函数	返回总体平均值的置信区间
CONFIDENCE.T 函数	返回总体平均值的置信区间（使用学生的 t 分布）
CORREL 函数	返回两个数据集之间的相关系数
COUNT 函数	计算参数列表中数字的个数
COUNTA 函数	计算参数列表中值的个数
COUNTBLANK 函数	计算区域内空白单元格的数量
COUNTIF 函数	计算区域内符合给定条件的单元格的数量
COUNTIFS 函数	计算区域内符合多个条件的单元格的数量
COVARIANCE.P 函数	返回协方差（成对偏差乘积的平均值）
COVARIANCE.S 函数	返回样本协方差，即两个数据集中每对数据点的偏差乘积的平均值
DEVSQ 函数	返回偏差的平方和
EXPON.DIST 函数	返回指数分布
F.DIST 函数	返回（左尾）F 概率分布
F.DIST.RT 函数	返回（右尾）F 概率分布
F.INV 函数	返回（左尾）F 概率分布的反函数
F.INV.RT 函数	返回（右尾）F 概率分布的反函数
F.TEST 函数	返回 F 检验的结果
FISHER 函数	返回 Fisher 变换值
FISHERINV 函数	返回 Fisher 变换的反函数
FORECAST 函数	返回沿线性趋势的值
FREQUENCY 函数	以垂直数组的形式返回频率分布
GAMMA.DIST 函数	返回 γ 分布
GAMMA.INV 函数	返回 γ 累积分布函数的反函数
GAMMALN 函数	返回 γ 函数的自然对数，$\Gamma(x)$
GAMMALN.PRECISE 函数	返回 γ 函数的自然对数，$\Gamma(x)$
GEOMEAN 函数	返回几何平均值
GROWTH 函数	返回沿指数趋势的值
HARMEAN 函数	返回调和平均值
HYPGEOM.DIST 函数	返回超几何分布
INTERCEPT 函数	返回线性回归线的截距
KURT 函数	返回数据集的峰值
LARGE 函数	返回数据集中第 k 个最大值
LINEST 函数	返回线性趋势的参数

（续）

函数	说明
LOGEST 函数	返回指数趋势的参数
LOGNORM.DIST 函数	返回对数累积分布函数
LOGNORM.INV 函数	返回对数累积分布的反函数
MAX 函数	返回参数列表中的最大值
MAXA 函数	返回参数列表中的最大值，包括数字、文本和逻辑值
MEDIAN 函数	返回给定数值集合的中值
MIN 函数	返回参数列表中的最小值
MINA 函数	返回参数列表中的最小值，包括数字、文本和逻辑值
MODE.MULT 函数	返回一组数据或数据区域中出现频率最高或重复出现的数值的垂直数组
MODE.SNGL 函数	返回在数据集内出现次数最多的值
NEGBINOM.DIST 函数	返回负二项式分布
NORM.DIST 函数	返回正态累积分布
NORM.INV 函数	返回标准正态累积分布的反函数
NORM.S.DIST 函数	返回标准正态累积分布
NORM.S.INV 函数	返回标准正态累积分布函数的反函数
PEARSON 函数	返回 Pearson 乘积矩相关系数
PERCENTILE.EXC 函数	返回区域中数值的第 k 个百分点的值，其中 k 为 0 到 1 之间的值（不含 0 和 1）
PERCENTILE.INC 函数	返回区域中数值的第 k 个百分点的值
PERCENTRANK.EXC 函数	将某个数值在数据集中的排位作为数据集的百分点值返回，此处的百分点值的范围为 0 到 1（不含 0 和 1）
PERCENTRANK.INC 函数	返回数据集中值的百分比排位
PERMUT 函数	返回给定数目对象的排列数
POISSON.DIST 函数	返回泊松分布
PROB 函数	返回区域中的数值落在指定区间内的概率
QUARTILE.EXC 函数	基于百分点值返回数据集的四分位，此处的百分点值的范围为 0 到 1（不含 0 和 1）
QUARTILE.INC 函数	返回一组数据的四分位点
RANK.AVG 函数	返回一列数字的数字排位，如果多个数值排名相同，则返回该组数值的最佳排名
RANK.EQ 函数	返回一列数字的数字排位，如果多个数值排名相同，则返回平均值排名
RSQ 函数	返回 Pearson 乘积矩相关系数的平方
SKEW 函数	返回分布的不对称度
SLOPE 函数	返回线性回归线的斜率
SMALL 函数	返回数据集中的第 k 个最小值
STANDARDIZE 函数	返回正态化数值
STDEV.P 函数	基于整个样本总体计算标准偏差
STDEV.S 函数	基于样本估算标准偏差
STDEVA 函数	基于样本（包括数字、文本和逻辑值）估算标准偏差
STDEVPA 函数	基于总体（包括数字、文本和逻辑值）计算标准偏差

(续)

函数	说明
STEYX 函数	返回通过线性回归法预测每个 x 的 y 值时所产生的标准误差
T.DIST 函数	返回学生的左尾 t 分布的百分点（概率）
T.DIST.2T 函数	返回学生的双尾 t 分布的百分点（概率）
T.DIST.RT 函数	返回学生的右尾 t 分布的百分点（概率）
T.INV 函数	返回作为概率和自由度函数的学生 t 分布的 t 值
T.INV.2T 函数	返回学生的 t 分布的反函数
TREND 函数	返回沿线性趋势的值
TRIMMEAN 函数	返回数据集的内部平均值
T.TEST 函数	返回与学生的 t 检验相关的概率
VAR.P 函数	计算基于样本总体的方差
VAR.S 函数	基于样本估算方差
VARA 函数	基于样本（包括数字、文本和逻辑值）估算方差
VARPA 函数	计算基于总体（包括数字、文本和逻辑值）的标准偏差
WEIBULL.DIST 函数	返回 Weibull 分布
Z.TEST 函数	返回 z 检验的单尾概率值

主要参考文献

［1］曾五一，肖红叶. 统计学导论［M］. 4版. 北京：科学出版社，2023.
［2］向蓉美，王青华，马丹. 统计学［M］. 3版. 北京：机械工业出版社，2023.
［3］贾俊平，何晓群，金勇进. 统计学［M］. 8版. 北京：中国人民大学出版社，2021.
［4］高孝伟，孔锐，何大义，等. 统计学：原理与数据分析［M］. 北京：清华大学出版社，2021.
［5］罗洪群，王青华. 新编统计学［M］. 3版. 北京：清华大学出版社，2018.
［6］刘思峰. 应用统计学［M］. 4版. 北京：高等教育出版社，2020.
［7］贾俊平，何晓群，金勇进. 统计学［M］. 8版. 北京：中国人民大学出版社，2022.
［8］李金昌，苏为华. 统计学［M］. 5版. 北京：机械工业出版社，2019.
［9］宫春子，刘卫东，刘宝，等. 统计学原理［M］. 3版. 北京：机械工业出版社，2020.
［10］向蓉美，王青华. 统计学［M］. 3版. 重庆：西南财经大学出版社，2018.
［11］李金林，马宝龙. 管理统计学应用与实践：案例分析与统计软件应用［M］. 2版. 北京：清华大学出版社，2014.
［12］田海霞，景刚. 统计学：原理与Excel应用［M］. 北京：机械工业出版社，2016.
［13］李洁明，祁新娥. 统计学原理［M］. 7版. 上海：复旦大学出版社，2017.
［14］俞海莲. 统计学原理［M］. 2版. 北京：中国轻工业出版社，2020.
［15］金勇进，杜子芳，蒋妍. 抽样技术［M］. 5版. 北京：中国人民大学出版社，2021.
［16］李金昌. 应用抽样技术［M］. 3版. 北京：科学出版社，2015.
［17］刘云忠，郝原. 统计综合评价方法与应用［M］. 北京：清华大学出版社，2020.
［18］茆诗松，程依明，濮晓龙. 概率论与数理统计教程［M］. 3版. 北京：高等教育出版社，2019.
［19］刘定平. 应用数理统计［M］. 北京：科学出版社，2021.